U0910942

儒家家庭教育思想研究

王永祥◎著

人民出版社

总　序

古往今来，人类历史上曾经产生了无数种思想、理论、学说，对人类实践和历史进程产生着这样那样的影响。但是，在人类思想史上，没有一种理论能达到马克思主义的高度，也没有一种思想能像马克思主义那样对人类文明进步产生如此广泛而深刻的影响。马克思主义犹如壮丽的日出，照亮了人类探索历史规律和寻求自身解放的道路，为我们认识世界、把握规律、追求真理、改造世界提供了强大思想武器。马克思主义是科学的理论、人民的理论、实践的理论、开放的理论，既是时代精神的精华又是整个人类精神的精华。从《共产党宣言》发表到今天，无论时代如何变迁、社会如何发展、科学如何进步，马克思主义依然显示出科学真理的伟力，在人类思想发展史上，终使占据着真理和道义的制高点。

中国共产党为什么能，中国特色社会主义为什么好，归根到底是马克思主义行，是中国化时代化的马克思主义行。马克思主义是不断发展的理论，本土化才能落地生根，时代化才能充满生机。中国共产党始终坚持把马克思主义基本原理同中国具体实际相结合、同中华优秀传统文化相结合，洞察时代大势，把握历史主动，进行艰辛探索，不断推进马克思主义中国化时代化，指导中国人民不断推进伟大社会革命，取得了举世瞩目的成就。实践证明，马克思主义深刻改变了中国，中国也极大丰富了马克思主义。习近平新时代中国特色社会主义思想是当代中国马克思主义、二十一世纪马克思主义，是中华文化和中国精神的时代精华，实现了马克思主义中国化时代化新的飞跃。

加强马克思主义理论研究、新时代中国特色社会主义理论与实践研究，是当代中国哲学社会科学发展的重要任务。马克思主义是博大精深的思想理论体系，也是开放发展的学术学科体系，是中国特色哲学社会科学的主体内容，更是中国特色哲学社会科学发展的最大增量。马克思主义理论学科是从整体上研究马克思主义基本原理和科学体系的学科，集中研究马克思主义基本原理、马克思主义发展史、马克思主义中国化时代化、国外马克思主义、中国共产党党史党建、思想政治教育、中国近现代史基本问题等基本内容。加强对这些内容的研究，是加快构建中国特色哲学社会科学的题中应有之义，也是哲学社会科学工作者和研究机构的时代责任。

兰州大学马克思主义学院是首批全国重点马克思主义学院，甘肃省首批重点马克思主义学院，是全国马克思主义教育教学、人才培养、科学研究、理论阐释、宣传宣讲的重要阵地。1950 年设立兰州大学马列主义教研室，开创新中国西部马克思主义教育之先河，马克思主义研究随之起步。1988 年成立马克思主义科学系、2008 年成立马克思主义学院、2016 年入选首批全国重点马院，马克思主义理论学科建设获得长足发展，马克思主义研究形成良好局面。近年来，学院在马克思主义基本原理、马克思主义经典著作、马克思主义中国化时代化、习近平新时代中国特色社会主义思想、思想政治教育理论与实践、中国近现代史基本问题、党史党建重要问题、马克思主义国际关系理论等研究领域，取得一批标志性成果，体现了学院马克思主义研究的创新动力、雄厚实力和生机活力。

实践没有止境，理论创新也没有止境，理论与实践研究也没有止境。中国特色社会主义新时代，要求马克思主义理论与实践研究不断迈向新台阶、拓展新领域、汇集新成果。为进一步加强全国重点马克思主义学院建设，促进兰州大学马克思主义理论学科高质量发展，提高马克思主义研究水平和思政课教学质量，兰州大学马克思主义学院决定开展“有组织”科学研究，聚焦学科前沿、深研时代课题、搭建科研平台、培育学术团队、推出优秀成果，编写《新时代马克思主义理论与实践研究丛书》。该丛书坚持习近平新时代中国特色社会主义思想的世界观和方法论，坚持和运用贯穿其中的立场观点方法，围绕新时代中国特色社会主义重要课题，聚焦主题和问题，注重道理、学理、哲理，力争推出有创新、有水平、有影响的学术专著。同时，我们也期待同行专家学者悉心指正、相互切磋，共同致力于为马克思主义研究添砖加瓦，为建设中华民族现代文明、中华民族伟大复兴贡献力量。

《新时代马克思主义理论与实践研究丛书》编审委员会

目　录

导　论

一、选题背景

2014 年中央电视台《新春走基层》栏目推出“家风是什么”的系列报道，受到社会范围内的关注和好评。2015 年 2 月 17 日，习近平总书记在春节团拜会上指出：“不论时代发生多大变化，不论生活格局发生多大变化，我们都要重视家庭建设，注重家庭、注重家教、注重家风。”①2015 年 7 月 20 日《人民日报》刊发了《浙江临安：“好家风”吹入千家万户》的报道。2015 年 8 月 1 日《焦点访谈》节目也以《好家风代代传》为主题对临安家风建设进行了专题报道。2015 年 12 月 25 日人民网转载了再次由《人民日报》刊发的《浙江临安“好家风”：盆景变风景、风景成风尚》的报道。2016 年 1 月 4 日中央电视台《新闻联播》播出了《浙江临安：传承家风、凝聚正能量》的报道。国家媒体通过对地方家风建设的持续报道向人们传递着重视家教、家风的讯息，亦为社会范围内重视家庭建设营造着社会氛围。2016 年 12 月 12 日，第一届文明家庭表彰大会召开，习近平总书记在大会上号召人们要注重家庭、注重家教、注重家风，他还在发言中特别强调：“要重视家庭文明建设，努力使千千万万个家庭成为国家发展、民族进步、社会和谐的重要基点，成为人们梦想启航的地方。要动员社会各界广泛参与家庭文明建设，推动形成爱国爱家、相亲相爱、向上向善、共建共享的社会主义家庭文明新风尚。”②这是国家首次举行的与家庭

---

① 习近平：《不论时代发生多大变化都要重视家庭建设》，见 http://politics.people.com.cn/n/2015/0217/c70731-26580958.html.

② 习近平：《动员社会各界广泛参与家庭文明建设推动形成社会主义家庭文明新风尚》，见 http://cpc.people.com.cn/n1/2016/1212/c64094-28943655.html.

有关的表彰会议，必将对今后的家庭建设产生深远的影响。2017 年 1 月 25 日，中共中央办公厅、国务院办公厅印发的《关于实施中华优秀传统文化传承发展工程的意见》也指出："广泛开展文明家庭创建活动，挖掘和整理家训、家书文化，用优良的家风家教培育青少年。"①与此前"新春走基层"节目相似，2017 年新春走基层栏目依然聚焦家庭，推出了"家是什么"的专题报道。这些都说明家庭、家教、家风问题在社会范围内已经越来越受到人们的重视，从自上而下的引导到普通家庭的自觉认同和践行，社会范围内建设和谐家庭、营造良好家风、重视家庭教育已经成为人们的普遍共识。

党的十八大以来，以习近平同志为核心的党中央高度重视对优秀传统文化的继承和发扬。2013 年 11 月 26 日，习近平总书记在山东考察时指出："一个国家、一个民族的强盛，总是以文化兴盛为支撑的，中华民族伟大复兴需要以中华文化发展繁荣为条件。"就此看来，"我国古代刊印流传的家训作品，数量多、历史久、影响大，是中国文化的重要组成部分。"②中华家教文化中的家庭教育思想是古人留给今人进行家庭建设的宝贵文化遗产。"中华民族历来重视家庭。中华民族传统家庭美德铭记在中国人的心灵中，融入中国人的血脉中，是支撑中华民族生生不息、薪火相传的重要精神力量，是家庭文明建设的宝贵精神财富。"③对传统家庭教育思想的整理和阐释能够使我们以历史为镜鉴更好地造福当下。"中华文明绵延数千年，有其独特的价值体系。中华优秀传统文化已经成为中华民族的基因，植根在中国人内心，潜移默化影响着中国人的思想方式和行为方式。"④中华传统文化包括了儒、释、道，诸子百家学说，但却是以儒家学说为主流的。儒家学说自成体系，包含丰富的内容，是中华民族传统文化的重要组成部分，而儒家家庭教育思想是儒家思想体系的有机组成部分，这部分内容在历史上有着深远影响。儒家家庭教育思想中的

---

① 中共中央办公厅、国务院办公厅：《关于实施中华优秀传统文化传承发展工程的意见》，《人民日报》2017 年 1 月 26 日。

② 中央纪委监察部网络中心编：《中国家规 · 序言》，中国方正出版社 2017 年版，第 1 页。

③ 习近平：《动员社会各界广泛参与家庭文明建设推动形成社会主义家庭文明新风尚》，见 http://cpc.people.com.cn/n1/2016/1212/c64094-28943655.html。

④ 习近平：《在北大历数中华文化中永不褪色的思想和理念》，见 http://politics.people.com.cn/n/2014/0505/c1024-24975949.html。

优秀精华部分是现代家庭建设、家庭教育的重要思想资源。但从目前学界研究的现状来看,涉及儒家家庭教育思想的研究还显得很单薄,尤其是深入而系统的高水平专门研究更是少见。家风、家教在社会范围内所引起的重视,使得思想政治教育工作者有责任和义务从理论上对此进行研究,以为今人的家庭教育、家风建设提供历史文化的自信,造福现代精神文明建设。

二、研究意义

中华民族历来重视家庭,重视家庭教育,儒家作为中国历史上最有影响力的学派,在形成发展过程中也在家庭教育领域提出了很多思想见解。本书旨在通过对儒家家庭教育思想做系统深入的探究,展现儒家家庭教育的基本理论、具体内容、方式、方法、历史发展脉络、价值目标等。以对儒家家庭教育思想的梳理为线索,阐释其中的优秀精华部分,为今人学习了解古代家庭教育提供便利和启迪。本书具有如下研究意义:

(一)理论意义

"家庭是人生的第一个课堂,父母是孩子的第一任老师。"①家庭教育在人的成长成才过程中发挥着无可替代的作用,中国古人很早就意识到了这一点,并自觉不自觉地对家庭教育给予了理论的关照,以更好地开展家庭教育,这方面尤以儒家的相关论述最为系统全面,影响也最为深远。对该部分内容的探讨有助于我们了解传统家庭教育的概况。"优秀传统文化是一个国家、一个民族传承和发展的根本,如果丢掉了,就割断了精神命脉。"②儒家家庭教育思想中的优秀精华部分无疑是今人开展家庭教育的重要思想资源。本书以对儒家家庭教育思想历史发展脉络的梳理,理论基础的阐述,教育目的的概括,教育方式、方法的归纳等来展现古人开展家庭施教的思想智慧。

从儒家家庭教育思想的具体内容来看,儒家家庭教育思想的核心是道德教育,是关于如何做人、成人的教育,指导家庭成员更好地为人处世是儒家家

① 习近平:《动员社会各界广泛参与家庭文明建设推动形成社会主义家庭文明新风尚》,见 http://cpc.people.com.cn/n1/2016/1212/c64094-28943655.html.

② 习近平:《在纪念孔子诞辰 2565 周年国际学术研讨会上的讲话》,见 http://cpc.people.com.cn/n/2014/0925/c64094-25729647.html.

庭教育的落脚点。所以,研究儒家家庭教育思想对我们更好地了解家庭在古人精神培育方面的作用机制有着十分重要的意义。此外,儒家思想作为古代中国社会最具有影响力的思想学说,在其大众化、世俗化的过程中家庭教育起到了十分重要的桥梁作用,正是家庭教育和社会教化的紧密结合使得社会主流价值观念得以深入寻常百姓家,成为人们价值理念的重要组成部分。其中,家训、家规、家礼等教育形式在此过程中发挥了重要作用,一些文人士大夫的家庭教育更是严格按照儒家的人伦理念来具体施教。这种客观的社会效应对于我们今天的社会教化无疑具有重要的启迪意义,这就需要对传统家庭教育做多方面的探究,努力挖掘其中蕴含的思想智慧,揭示主流价值观通过家庭并最终得以社会化的历史经验。

(二)现实意义

任何理论研究都要以回应、解答社会所面临的现实问题为依归。儒家家庭教育思想作为历史文化遗产,依旧具有启迪今人的价值。“对历史文化特别是先人传承下来的价值理念和道德规范,要坚持古为今用、推陈出新,有鉴别地加以对待,有扬弃地予以继承,努力用中华民族创造的一切精神财富来以文化人、以文育人。”①家庭教育在人的“三观”形成过程中发挥着基石性的作用。当下,社会范围内正如火如荼地进行着文明家庭风尚的建设,怎样更好地引导人们开展家风建设就成为现代德育工作者必须要直面的问题。从本民族历史文化传统中寻找现代家风建设的有益思想资源无疑是值得探究的思路之一。本书的研究旨在通过系统深入解剖,在展示传统家庭教育经验的同时,重点揭示儒家家庭教育在中国历史上形成、发展、流变的历史经验,展现传统家庭教育思想历久弥新的思想内涵,以实现古为今用。

现代家风是现代家庭基于自身社会生活背景和家庭状况经过长期的实践逐渐沉淀下来的文化氛围。本书的研究将展现儒家家风思想的丰富多元,能够为现代家风培育提供实践的抓手。儒家家庭教育中传承的方式、方法也能够为现代家庭教育的开展提供方法路径的历史经验。儒家家庭教育丰富多样

① 习近平:《在中共中央政治局第十三次集体学习时的讲话》,《人民日报·海外版》2014年7月31日。

的价值诉求及家庭美德也契合“爱国爱家、相亲相爱、向上向善、共建共享”的现代家风建设要求。此外，学界目前也在关注“推动儒学融入现代社会”的时代问题，而历史上儒学已然融入古代社会的历史经验表明儒家家庭教育在这一过程中的重要作用，这无疑对开展以培育和践行社会主义核心价值观为核心的文明家庭建设具有示范意义。再者，对儒家家庭教育思想的研究，也是现代德育实现价值引领、树立文化自信的重要表现，是德育工作者对“重视家庭、重视家教、重视家风”的德育工作新要求的具体践行。最后，家庭还是思想政治教育的重要场域，承担着德性养育的重要使命，对儒家家庭教育思想的阐释为今人开展现代家庭德育提供了历史文化的参照。

三、研究现状综述

家庭教育是一个古老而常新的话题，从现有的研究成果来看，学界对该问题的研究起步相对较晚，成果相对较少，研究成果整体上可分为专著和论文两大类，二者在研究的具体内容上独具特色、不尽相同，但大都属于儒家家庭教育思想的研究范畴，是对儒家家庭教育思想或系统或专门的研究。

（一）专著

目前，学界关于儒家家庭教育的专门研究显得不足，从本书写作过程中搜集到的与本研究有直接或间接关系的著作共 66 部。其中，专著类 29 本，家教文献汇编类 37 本。需要说明的是这些专著均是改革开放以来的研究成果，而这些著作的研究时间跨度达 30 余年。专著是研究传统家庭教育思想较为系统的文献，这一类的研究涉及的内容广泛且系统深入，是进一步研究相关问题可以参考的宝贵资料。从作者查阅到的著作来看，这类专著可以分为两类。

首先是传统家庭教育学术研究专著（见附表一）。这类专著又可分为以下四类：

1. 关于中国古代家庭教育历史的研究。这类著作以历史为线索，一般是将不同历史时期较有影响的家教文本根据时间段进行划分，在不同的历史背景下探讨这些家教文本所揭示的具体内容和时代影响，重历史线索梳理的背后是轻家教文本思想内涵的深度解析和理论升华，有助于加深对历史上家教文本基本概况的了解。如徐少锦和陈延斌所著《中国家训史》①,该书共分四编39章,“遴选了从先秦到清末几千年中二百多位典型人物,将他们训育子女的理论基础、主要内容、基本原则、具体方法等,进行分类归纳”②,是到目前为止最为全面系统的家训史著作,具有很强的阅读性。类似的著作还有马镛的《中国家庭教育史》③,徐梓的《家范志》④,常建华的《宗族志》⑤等,这些著作大都以历史线索为依据,研究深入系统,可以作为进一步研究的参考。

2. 关于儒家家庭教育思想通俗类读本。这类著作一般是以家庭教育中的常见的话题为核心,通过对传统家庭教育文本的解读来说明儒家家庭教育在这些问题上的认识,从而为当前的家庭教育提供若干意见和建议。这类研究多为早期研究传统家庭教育思想的著作,由于受研究者所处的历史背景等的制约,研究者往往对问题深度的把握有限,一个突出的表现就是著作本身略显单薄的同时缺乏系统深入的阐释,但该类研究适合在民众中普及,有一定的阅读性。如毕诚的《中国古代家庭教育》⑥,该书四章,包含一些名人家教的案例和对不同时期典型家庭教育方式、特点的说明,但文本单薄缺乏深度解析。同类的著作还有阎爱民的《中国古代的家教》⑦,该书前后两版内容并无差别,可作一般性阅读使用。此外,还有杨良志的《中国古代家教故事》⑧,侯又白的《图说古代圣贤教子》⑨,杨茂义的《中国古代家庭教育简论》⑩等。

3. 关于儒家家庭教育思想某方面问题的专门研究。这类研究由于问题导向明确,文献材料旁征博引,对问题线索阐述的系统深入,有的重于历史脉络的梳理,有的重于理论的探讨,具有较高的学术参考价值。如刘咏聪所著《中

① 徐少锦、陈延斌:《中国家训史》,人民出版社2011年版。

② 徐少锦、陈延斌:《中国家训史·序言》,人民出版社2011年版,第4页。

③ 马镛:《中国家庭教育史》,湖南教育出版社1997年版。

④ 徐梓:《家范志》,上海人民出版社1998年版。

⑤ 常建华:《宗族志》,上海人民出版社1998年版。

⑥ 毕诚:《中国古代家庭教育》,台湾商务印书馆1994年版。

⑦ 阎爱民:《中国古代的家教》,台湾商务印书馆1998年版。

⑧ 杨良志:《中国古代家教故事》,黑龙江少年儿童出版社1987年版。

⑨ 侯又白:《图说古代圣贤教子》,团结出版社2006年版。

⑩ 杨茂义:《中国古代家庭教育简论》,北京理工大学出版社2009年版。

国古代育儿》①,该书着眼于古代家庭教育中的"幼儿"(按照作者的界定主要指包括胎儿、婴儿、幼儿、及还未正式但即将要步入社会的青少年)教育,作者以"中国古代的人如何抚育他们的下一代"②为核心问题,探讨了古人的生育观念、生育庆典、育俗习俗、起居和疾病料理、家庭教育的内容等方面。具体涉及古代育儿的程序及内容,皇族阶层和士大夫阶层的育儿情况,作者将古人育儿之道概括为"无微不至"、"以身作则"、"循序渐进"、"切忌放纵"、"适度体罚"、"不偏不倚"六个方面,将家庭教育内容概括为"日常生活"、"道德修养"、"功名思想"、"学术文化"四个方面,论述了父母在家庭育儿过程中的角色定位,对家庭教育与"家庭以外的教育"关系做了简要分析。对了解古代家庭教育中的童蒙教育具有参考价值。张怀承的《中国的家庭与伦理》③以家庭伦理为线索,对古代家庭婚姻及婚姻伦理、亲子关系、同辈关系等具体内容做了理论分析,探讨了古今家庭模式的变迁及其表现和产生的原因等,对家庭与社会历史文化,家庭在社会结构中的地位和影响等都有论述。类似的著作有郭晶和易帆所著的《紫禁城的学堂》④等,因所论较为集中,此不赘述。

4. 关于古代家庭教育思想的整体性研究。这一类研究系统深入理论性强,基本上能涵盖古代家庭教育思想研究的主要内容,但是这方面的研究数量有限,加上研究切入的视角不同,缺乏宏观审视的视角,有必要借鉴现代学术研究范式进一步深化研究。如王长金的《传统家训思想通论》⑤,该书是研究以家训为主要方式的家庭教育思想的著作,对家训这一家庭教育方式的历史发展,主要训教内容,家训中常用的教育方法,以及传统家庭和现代家庭的异同都做了较为深入的说明,作者认为家训是农耕文化和宗族文化以及儒家文化的产物,家训的核心理念是儒家思想,家训是儒家思想大众化的桥梁,基于这样的认识,作者所论"家训的家庭伦理"、"家训的人生哲学"、"家训的道德

① 刘泳聪:《中国古代育儿》,台湾商务印书馆 1998 年版。

② 刘泳聪:《中国古代育儿》,台湾商务印书馆 1998 年版,第 5 页。

③ 张怀承:《中国的家庭与伦理》,中国人民大学出版社 1993 年版。

④ 郭晶、易帆:《紫禁城的学堂》,中国海关出版社 2006 年版。

⑤ 王长金:《传统家训思想通论》,吉林人民出版社 2005 年版。

观念”等都体现着浓厚的儒家道德伦理学说的思想痕迹，作者把传统家训教育中的具体内容看作是儒家道德哲学在家庭中的实践，因而有意从儒家道德哲学入手对所论的具体问题作宏观把握，但这样的研究在其著作只占很小的部分，有待进一步从儒家思想的整体入手对古代家庭教育思想再作理论上的升华。类似的著作还有李润强的《传统家庭形态及家庭教育—以隋唐五代家庭为中心》①，戴素芳的《传统家训的伦理之维》②，符得团和马建欣合著的《古代家训培育个体品德探微—以〈颜氏家训〉为例》③等。

附表一　家教类专著

序号	作　者	书　名	出版单位	时间
1	张　弛	《我国古代家庭教育浅谈》	宁夏人民出版社	1984
2	詹文元	《古人教子篇》	浙江人民出版社	1984
3	杨良志	《中国古代家教故事》	黑龙江少年儿童出版社	1987
4	姜庭景	《教子方略》	大连出版社	1989
5	李保民	《古代家教故事》	百家出版社	1990
6	兰　平	《古代谋略与教子之道》	广东旅游出版社	1993
7	张怀承	《中国的家庭与伦理》	中国人民大学出版社	1993
8	毕　诚	《中国古代家庭教育》	台湾商务印书馆	1994
9	杜家骥	《中国古代人际交往礼俗》	商务印书馆	1996
10	马　镛	《中国家庭教育史》	湖南教育出版社	1997
11	常建华	《宗族志》	上海人民出版社	1998
12	徐　梓	《家范志》	上海人民出版社	1998
13	刘咏聪	《中国古代育儿》	台湾商务印书馆	1998
14	阎爱民	《中国古代的家教》	台湾商务印书馆	1998
15	滕小五	《家鉴》	中国戏剧出版社	2000
16	刘永翔	《家学渊源》	上海人民出版社	2002

① 李润强：《传统家庭形态及家庭教育——以隋唐五代家庭为中心》，人民出版社 2008 年版。

② 戴素芳：《传统家训的伦理之维》，湖南人民出版社 2008 年版。

③ 符得团、马建欣：《古代家训培育个体品德探微——以〈颜氏家训〉为例》，中国社会科学出版社 2012 年版。

续表

序号	作　者	书　名	出版单位	时间
17	宋希仁	《家风家教》	中国方正出版社	2002
18	王长金	《传统家训思想通论》	吉林人民出版社	2006
19	郭晶、易帆	《紫禁城的学堂》	中国海关出版社	2006
20	侯又白	《图说古代圣贤教子》	团结出版社	2006
21	李润强	《传统家庭形态及家庭教育—以隋唐五代家庭为中心》	人民出版社	2008
22	戴素芳	《传统家训的伦理之维》	湖南人民出版社	2008
23	李润强	《中国传统家庭形态及家庭教育》	人民出版社	2008
24	杨茂义	《中国古代家庭教育简论》	北京理工大学出版社	2009
25	方碧玉	《东晋南北朝士族家庭教育研究》	花木兰文化出版社	2009
26	邵泽水	《孟母教子经》	中国文史出版社	2010
27	徐少锦 陈延斌	《中国家训史》	人民出版社	2011
28	王　燕	《中国古代家庭教育》	吉林文史出版社	2011
29	符得团 马建欣	《古代家训培育个体品德探微—以〈颜氏家训〉为例》	中国社会科学出版社	2012

第二类是古代家庭教育文献汇编类著作(见附表二)。这类著作将不同历史时期著名的家教文本进行汇集,有的还以不同的家教主题进行分类摘编,文白对应,是学习了解传统家庭教育思想不可或缺的工具书,很多未能以单行本出版的古代家教文献都可以通过对这类著作的学习来了解其内容。这类著作可细分为三类:

一是就历史上专门的家教文本进行汇编。这类文本一般包括了较有名的家训、家书、家范、家礼、家规、家约、教子诗等多种形式的家教文本,有的全部收编,有的只选择部分内容收编。这一类著作的特点是信息量大、涉及的范围广泛。如郭齐家和李茂旭合编的《中华传世家训经典》①,该书收集了从古到今的400多位作者共2000余则家训作品,分“励志·勉学”、“修身·处世”、“治家·为政”、“慈孝·婚恋养生”,四卷八部分,是收集古代家庭教育文献资料最为丰富的编著,具有很高的参考价值。类似的编著还有允生的《中国传

① 郭齐家、李茂旭:《中华传世家训经典》,人民日报出版社2010年版。

统家教宝典》[1]，谢宝耿的《中国家训精华》[2]，王人恩的《古代家训精华》[3]，陆林的《中华家训》[4]等，这些研究体例相近。

二是就古代家教某方面的题材做专门的整理汇编。这一类著作主题鲜明，是学习了解传统家庭教育思想其它组成部分的重要工具书。蒙学是古代家庭在子女幼童阶段的重要教育形式，在家庭教育中有重要的地位，关于这方面的文献汇编有谢宝耿所编的《中国蒙学名著鉴赏辞典》[5]，全书分为两大部分，其中“全文鉴赏篇”收录了“三字经”、“百家姓”、“千字文”、“弟子规”、“弟子职”、“神童诗”、“朱子家训”共七篇古代有名的童蒙读物，并就其中的义理作了阐释；“分类鉴赏篇”分为“勤学惜时”、“修身励志”、“爱众从善”、“敬老尊师”、“明辨达理”、“交友处世”、“举止仪态”、“诚信德行”共八大类，收录了包括《幼学琼林》、《家诫要言》、《增广贤文》、《千家诗》、《老学究语》、《明贤集》、《格言联璧》、《蒙训》、《小儿语补》、《女论语》、《蒙求》等众多历史上有名的蒙学文本，是学习了解古代家庭童蒙教育的不可或缺的工具书。类似的著作还有南宫庄等编著的《蒙养书集成》[6]，依然所编的《中国历代童蒙读物大全》[7]，杨维森所编的《古代杨氏名人家训》[8]，成晓军所编的《名儒家训》[9]、《慈母家训》[10]、《名臣名儒家训》[11]、《帝王家训》[12]等。这类著作根据自身编辑的主题需要，大都汇编了在各自选题范围内的重要家教文本，对于从事与之相关的专门研究者来说是不可或缺的读物。这些著作的一个特点是把儒家的道德伦理为人处世之说通过形式多变、语言质朴的方式表达出来，对传统社会的主流价值观念在童蒙阶段的教育起到了重要作用，历史影响深远，有些

---

① 允生：《中国传统家教宝典》，中国广播电视出版社 1992 年版。

② 谢宝耿：《中国家训精华》，上海社会科学出版社 1997 年版。

③ 王人恩主编：《古代家训精华》，甘肃教育出版社 1997 年版。

④ 陆林：《中华家训》，安徽人民出版社 2000 年版。

⑤ 谢宝耿：《中国蒙学名著鉴赏辞典》，上海辞书出版社 2015 年版。

⑥ 南宫庄：《蒙养书集成》，三秦出版社 1989 年版。

⑦ 依然：《中国历代童蒙读物大全》，中国广播电视出版社 1990 年版。

⑧ 杨维森：《古代杨氏名人家训》，贵州人民出版社 2002 年版。

⑨ 成晓军：《名儒家训》，湖北人民出版社 1996 年版。

⑩ 成晓军：《慈母家训》，重庆出版社 2008 年版。

⑪ 成晓军：《名臣名儒家训》，重庆出版社 2008 年版。

⑫ 成晓军：《帝王家训》，湖北人民出版社 1994 年版。

至今仍然是不可多得的孩童教育读物。

三是属于古代家教文献汇编,但在文献的选择上超出了专门的家教文本。即是将历史上著名思想家有关家庭教育问题的论述辑录进来,既有专门的家教文本,又有古代思想家的专门论述。这类家教题材的文献汇编对于开拓研究者的视野,跳出家庭教育思想研究上的门户之见十分有益,如由中共中央组织部研究室选编的《古人谈从政育人教子》①。全书采录的古代文献共 42 篇,分为三个部分。第三部分主要是"供负有教育子女义务的干部阅读",这部分文献由《触龙说赵太后》、《鱼我所欲也》、《勉学》(即《颜氏家训·勉学篇》)、《诫子书》、《为学一首示子侄》构成。可以看出,这类教子文献在选择上超出了一般学者通常选用的家庭教育文献的范畴。如《触龙说赵太后》和《鱼我所欲也》并非是通常意义上的家庭教育文献,但在内容上却包含着极为重要的家庭教育理念,这两则文献历史影响深远,对培育人的价值观念十分有益,是完全可以运用于家庭教育的。这启示我们:对于传统家庭教育文献的选择要跳出单纯就传统家庭教育言说家庭教育的窠臼,对于古代家庭教育的认识应该有一个更为宽广的学术视野。

附表二　家训集成类著作

序号	作者	书　名	出版单位	时间
1	马卓慧	《中国古代家庭教育文选》	未来出版社	1985
2	中共中央组织部研究室	《古人谈从政育人教子》	北京大学出版社	1987
3	石云祥	《古代家教篇》	青海人民出版社	1989
4	梁汝成	《蒙养书集成》	三秦出版社	1990
5	依　然	《中国历代童蒙读物大全》	中国广播电视出版社	1990
6	石成金	《传家宝全集》	北京师范大学出版社	1992
7	允　生	《中国传统家教宝典》	中国广播电视出版社	1992
8	徐少锦	《中国历代家训大全》	中央广播电视出版	1993
9	毛水清	《中国传统蒙学大全》	广西人民出版社	1993
10	刘光明	《中华古代家训》	京华出版社	1994

① 中共中央组织部研究室:《古人谈从政·育人·教子》,北京大学出版社 1987 年版。

续表

序号	作者	书　名	出版单位	时间
11	丁晓山	《中国古代家训精选》	中国国际广播出版社	1995
12	沙北虹	《中华家教选粹》	辽宁人民出版社	1996
13	谢宝耿	《中国家训精华》	上海社会科学出版社	1997
14	汪　兴	《中国历代名人家训精华》	山西古籍出版社	1997
15	从　余	《中国历代名门家训》	东方出版中心	1997
16	王人恩	《古代家训精华》	甘肃教育出版社	1997
17	赵忠心	《中国家训名篇》	湖北教育出版社	1997
18	汪兴祐	《中国历代名人家训精华》	山西古籍出版社	1997
19	侯又白	《古代圣贤教子篇》	中国大地出版社（团结出版社）	1999
20	张　鸣	《中华大家名门家训集成》	内蒙古人民出版社	1999
21	陆　林	《中华家训》	安徽人民出版社	2000
22	该书编委会	《诫子弟书》	北京出版社	2000
23	王　若	《修身齐家》	辽海出版社	2001
24	夏家善	《家训粹语》	南开大学出版社	2001
25	翟　博	《中国家训经典》	海南出版社	2002
26	王昳、桂雍	《千古家训》	安徽文艺出版社	2002
27	杨维森	《古代杨氏名人家训》	贵州人民出版社	2002
28	喻岳衡	《历代名人家训》	岳麓书社	2003
29	卢正言	《中国历代家训观止》	学林出版社	2004
30	李　楠	《传世家书家训宝典》	西苑出版社	2006
31	张艳国	《家训辑览》	武汉大学出版社	2007
32	浦卫忠	《中国古代家庭教育选萃》	北京理工大学出版社	2008
33	郭齐勇 李茂旭	《中华传世家训经典》	人民日报出版社	2010
34	包东波	《中国历代名人家训精粹》	安徽文艺出版社	2010
35	赵　振	《中国历代家训文献叙录》	齐鲁书社	2014
36	成晓军	《名儒家训》（1996）《慈母家训》（2008）《名臣名儒家训》（2008）《帝王家训》（1994）	湖北人民出版社；重庆出版社；重庆出版社；湖北人民出版社	1994—2008
37	谢宝耿	《中国蒙学名著鉴赏辞典》	上海人民出版社	2015

（二）论文

从目前所能搜集到的研究文献来看（这里主要以博士学位论文为例说明，见附表三），关于儒家家庭教育思想研究的博士学位论文从2002年开始逐渐增多（详见附表），这方面的文献因专业视角多样，因而涉及的内容十分广泛，有的是关于儒家家庭教育思想的专门研究，有的则只是在具体研究过程中略有涉及。具体可分为以下八类：

1. 特定历史时期家庭教育问题的专门研究。这一类的研究大都系统深入，文献资料充实，为我们了解该时期家庭教育的基本面貌提供了有益的借鉴。如陈志勇所著的《唐宋家训研究》①，该文首先从唐宋社会经济制度，社会阶层及家庭结构，儒学复兴及学校教育事业的繁荣，科举制度的兴盛和发展等方面论述了这一时期家训发展的社会历史背景，从家训包含的伦理思想、经济思想、教育思想、应世思想、人文思想等方面对该时期家训的思想内涵作了解析，把该时期家训的发展看作是由上而下和由下而上两方面的互动所致，认为这一时期家训从内容到体裁，再到方法手段等都有所发展和创新。文章还探讨了家训在政治统治、儒学社会化、家族发展、家训文献等方面的社会功能和价值，也就该时期家训自身的历史局限作了解析。文章最后探讨了古今家庭教育的不同，认为可从内容和方法两方面借鉴吸收该时期家训的经验和教训。尤需指出的是文章还借鉴社会学方法，对这一时期的家训作了定量的数据分析，尽管显得简单，但现代科学研究方法的使用值得借鉴。类似的研究还有刘欣的《宋代家训研究》②，柳称的《魏晋南北朝时期家庭教育研究》③，邵正坤的《北朝家庭形态研究》④，刘晓飞的《金代汉族家庭形态研究》⑤等。

2. 特定类型的家庭教育思想的研究。中国古代的家庭教育可分为宗室家庭教育（也叫帝王家庭教育）、士大夫家庭教育、文人名儒家庭教育及百姓家庭教育，这些不同的家庭教育与施教者的社会地位、文化认知、生活背景等有

---

① 陈志勇：《唐宋家训研究》，福建师范大学2007年博士学位论文。
② 刘欣：《宋代家训研究》，云南大学2010年博士学位论文。
③ 柳称：《魏晋南北朝时期家庭教育研究》，南开大学2014年博士学位论文。
④ 邵正坤：《北朝家庭形态研究》，吉林大学2006年博士学位论文。
⑤ 刘晓飞：《金代汉族家庭形态研究》，吉林大学2013年博士学位论文。

密切关系，因而在内容、方法上既有一致的地方，也表现出很大的不同，反映了不同的家教旨趣，学界的研究对此已有涉及。如闫续瑞的《汉唐之际帝王、士大夫家训研究》[①]，该文根据研究设定，将研究内容分为汉代、魏晋南北朝、唐代三个阶段，分别从“文献考察”、“内容研究”、“形势分析”等方面对这三个历史时期中的帝王、士大夫家训进行了深入解析，作者对这些时期的帝王和士大夫家训文献搜集得较为全面。在教育内容上，帝王家教注重治国理政之道的传授，而重视修身养德、勉励读书治学、教导为官处世等则构成了士大夫家教的主要内容。作者还专门就唐代女教做了考察，并讨论了这些家庭教育对之前的家教实践的继承和发展。也有专门探讨明清时期士绅家庭教育的，如王瑜的《明清士绅家训研究（1368—1840）》[②]，该文分“治家观”、“修身观”、“治学观”、“训女观”，家庭教育实际效果检视（实际是个案研究），最后谈及明清士绅家训的特点和现代启示。文章所论大部分内容是对儒家家庭伦理、道德修养学说、治学思想的阐发，这也反映了古代家庭教育自觉践行社会主流价值观念的家教倾向。类似的研究还有胥文玲的《明清闽北家族教育研究》[③]，王仁磊的《魏晋南北朝家庭关系研究》[④]，崔延平的《北宋士大夫交游研究》[⑤]，田欣的《宋代商人家庭研究》[⑥]等。

3. 历史上著名的家庭教育文本及其思想内涵的研究。《颜氏家训》素有“古今家训，以此为祖”[⑦]的美誉，《颜氏家训》所开创的家训体例几乎成为后世家训的范型，之后的诸多家训对其都有直接或间接的吸收和借鉴，在中国家训史上具有十分重要的地位，也受到学界的普遍关注，从博士学位论文到硕士学位论文，再到学术性很强的专业论文，对此都无不有所涉及，而研究的视角和研究方法亦是多样，其中一个最为学界关注的研究点就是对其所反映的士族阶层文化或家族文化传承及其影响的研究，如田雪的《〈颜氏家训〉中的士

① 闫续瑞：《汉唐之际帝王、士大夫家训研究》，南京师范大学 2004 年博士学位论文。
② 王瑜：《明清士绅家训研究（1368—1840）》，华中师范大学 2007 年博士学位论文。
③ 胥文玲：《明清闽北家族教育研究》，福建师范大学 2010 年博士学位论文。
④ 王仁磊：《魏晋南北朝家庭关系研究》，郑州大学 2010 年博士学位论文。
⑤ 崔延平：《北宋士大夫交游研究》，山东大学 2011 年博士学位论文。
⑥ 田欣：《宋代商人家庭研究》，河北师范大学 2011 年博士学位论文。
⑦ 王三聘：《古今事物考·家训》（卷二），上海书店影印本 1987 年版。

族文化研究》[①]就属于此类研究，该文首先回顾了颜之推的家世生平，交代了研究的背景，在随后的三章中对该时期士族文化中的崇佛现象、文学建树、人物批评做了深入分析，第五章对士族文化重文、推崇儒家家庭伦理道德的特征做了分析。第六章对《颜氏家训》与同样具有重要历史影响的宋代家训名著《袁氏世范》进行了比较研究。需要说明的是，古代家教是施诸于“门内”的教育形式，尽管家教文本涉及的内容丰富，但从整体看来学理性不强，重心不在构建完整的理论体系，而是侧重对日常生活、居家、子弟言行修养的训导，有些家庭教育文本一如作者所言“仓促之间……殊欠伦序”[②]，再加上文本短小，不同于思想家的鸿篇巨制，故以古代家庭教育代表性的文本研究为博士学位论文选题的相对较少，大部分见于硕士学位论文选题和其它类研究。

4. 历史上著名人物的家庭教育思想的研究。曾国藩的家庭教育被认为是中国传统封建社会士大夫家教的集大成者，出自其手的一系列家书、家信、日记也是晚清变革时局中家庭教育领域影响最为深远的家教文本，影响至今不衰，对其家庭教育思想的研究学界多有关注。如周俊武的《激扬家声——曾国藩家庭伦理思想研究》[③]，该文将曾国藩的家庭伦理思想内涵概括为四个方面，分别是“孝悌为立家之本”、“勤俭为持家之道”、“教化为兴家之策”、“睦邻为和家之辅”，并就这些方面所包含的具体内容一一进行了解析，从中可以看出曾国藩家庭教育中的伦理教育思想基本上是对儒家传统家庭伦理道德的继承和发扬。类似的博士学位论文还有刘铁铭的《曾国藩德育思想及其当代价值研究》[④]，该作对其“修身德育思想”、“家庭德育思想”、“为学德育思想”、“为官德育思想”等做了深入解剖，并就各自蕴含的现代意义进行了依次的说明，具有较强的现实意义。类似的研究还有罗晶的《司马光伦理思想研究》[⑤]，该作首先分析了司马光伦理思想的哲学基础，并从“治家理念”、“父母之道”、“子女之道”、“夫妇之道”、“兄弟之道”对司马光的家庭伦理思想作了全面解

① 田雪：《〈颜氏家训〉中的士族文化研究》，河北师范大学2013年博士学位论文。

② ［明］杨继盛：《给子应尾、应箕书》。

③ 周俊武：《激扬家声——曾国藩家庭伦理思想研究》，湖南师范大学2004年博士学位论文。

④ 刘铁铭：《曾国藩德育思想及其当代价值研究》，中南大学2011年博士学位论文。

⑤ 罗晶：《司马光伦理思想研究》，湖南师范大学2013年博士学位论文。

析,并在其他章节探讨了司马光的政治伦理思想、经济伦理思想等,尽管所论并不局限于司马光的家庭教育,但其中的有关章节为我们学习了解司马光的家教理念提供了启迪。

5. 古代家庭教育特定方式方法的研究。中国古代的家庭教育形式多种多样,有家训、家诫、家范、家规、家法、家仪、家约、家箴、家语、家书、家鉴等主要形式,这些方式彼此间既有区别也有联系,古人在这些方式的交错运用中进行家庭教育,此类研究有助于我们探究古人运用不同的家教方式具体开展家庭教育的机理。这一类的论文专业性强,系统深入,对了解儒家家庭教育思想十分有帮助,缺点是类似的博士学位论文数量有限。这方面的博士论文有朱明勋的《中国传统家训研究》①,该文将我国古代家训教育历史发展划分为先秦、汉魏六朝、隋唐、宋元明清四个阶段,并对家训在该时期的发展情况、表现形式、思想内涵、产生发展的原因及影响都有简要的论述,论文还以图表的形式详细列举了不同历史时期家训类代表性文献,对它们的存遗情况做了说明,为深入研究古代家教提供了便捷的找寻文献的路径。此外还有吕振宇的《〈家礼〉源流编年辑考》②,由于这一类研究有相似之处,此不赘述。

6. 历史上特定姓氏、族群家庭教育及相关问题的研究。中国历史上有许多所谓的"名门望族",他们或聚族而居,或散落在不同地区,但由于这些家族累世传承的家庭文化使得人们易于把他们在不同领域的卓越表现以及他们行为处事的方式同他们的家庭文化联系起来并加以研究。事实上,历史上有些家族为了家族的长远利益,他们不仅重视文化传家,而且还制定所谓的"家法族规"来约束同姓子弟在为人处世方面的行为,这种现象意味着"家庭教育的制度化、规范化",具有强制性的特点。这方面的研究如柏贵喜的《四—六世纪内迁胡姓家族制度研究》③,该文以四至六世纪少数民族内迁并与汉族融合的历史现象为研究的着力点,探讨了胡姓少数民族通过对儒家文化的认同、吸收、借鉴等方式完成了自身的汉化,该文作者认为:"母教女训将汉族家族文化内化为胡姓家族观念与行为方式","胡姓家族则得到儒家文化和宗法精神

① 朱明勋:《中国传统家训研究》,四川大学 2004 年博士学位论文。

② 吕振宇:《〈家礼〉源流编年辑考》,华东师范大学 2013 年博士学位论文。

③ 柏贵喜:《四—六世纪内迁胡姓家族制度研究》,华中师范大学 2002 年博士学位论文。

的塑造”，所论重点在于探讨民族融合过程中的文化作用，但涉及对胡姓少数民族政权内部在汉化的过程中表现出来的一系列文化与制度努力，而少数民族政权上层内部对于汉文化的吸收无疑对其民族由氏族社会转变为以家族为主要组织形式的社会起到了积极的作用。从家庭教育的视角来看，宗室内部自上而下的力行倡导对这一过程起到了促进作用。这也说明了家国关系互动中的家庭功能的重要作用，为我们了解儒家家庭教育在中国历史上的功能、地位提供了充足的历史参考。与该研究的宏大叙事不同，关于以特定家族、族群与家庭教育相关的研究还有刘泽友的《湘鄂西土家族家族司法研究》①，赵红卫的《明清安丘曹氏家族文化与文学研究》②，马金亮的《魏晋南朝东海王氏家族文化研究》③，高田的《锡山秦氏家族文学研究》④等。

7. 古代家庭教育与社会历史文化关系的研究。古代重教崇文的家教理念使历史上的很多家庭、家族在文化、科技等领域做出了突出的贡献，乃至于所谓“书香门第”、“文化世家”、“工匠世家”、“诗书传家”、“家法”、“家学”等现象不绝于史，一个家庭世守一业、一技成为了古代社会的文化现象。这体现了传统家庭教育在我国文化领域的重要价值。学界对此现象的研究由来已久，如张秉国的《临朐冯氏文学世家研究》⑤，该作对明清临朐颇负盛名的文学世家——冯氏一门的一系列家庭文化活动进行了考察。作者设计的研究内容主要包括冯氏家族成员的文学著述、诗文创作、戏曲作品等方面。该文作者认为“整个冯氏家族在精神品格、文学趣尚的承传等方面表现出惊人的一致性……小而言之，它表现的是一种良好传统的继承和发扬；大而言之，它却反映出中国传统文化中的某些特征，冯氏家族身上所反映出来的那种稳健的步伐，积极的精神，坚韧的生命力，不正是农耕文明所造就的华夏民族特有的‘实践理性’”⑥，作者着眼于从整体上挖掘冯氏家族文化活动所体现的民族精神品格，希望揭示二者之间的互动关系，该文作者认为“冯氏家族以儒学立

① 刘泽友：《湘鄂西土家族家族司法研究》，湘潭大学2009年博士学位论文。

② 赵红卫：《明清安丘曹氏家族文化与文学研究》，山东师范大学2012年博士学位论文。

③ 马金亮：《魏晋南朝东海王氏家族文化研究》，山东师范大学2015年博士学位论文。

④ 高田：《锡山秦氏家族文学研究》，苏州大学2013年博士学位论文。

⑤ 张秉国：《临朐冯氏文学世家研究》，四川大学2006年博士学位论文。

⑥ 张秉国：《临朐冯氏文学世家研究》，四川大学2006年博士学位论文。

身行世……代代躬行实践,不尚空谈,由此种务实态度我们可以管窥到中华民族的理性精神。"[①]这显示了中国古代家庭教育对文化传统、发展、创新所作出的贡献。类似的研究还有赵雷的《士族与魏晋南朝文学研究》[②],孙艳庆的《中古琅邪颜氏家族学术文化与文学研究》[③],黄金元的《明清之际济南府望族与诗歌研究》[④],梁尔涛的《唐代家族与文学研究》[⑤],常昭的《六朝琅邪颜氏家族文化与文学研究》[⑥],汪仕辉的《唐代士族家学研究——以京兆韦氏、赵郡李氏、吴郡陆氏为例》[⑦],丁蓉的《科举、教育与家族:明清常州庄氏家族研究—以毗陵庄氏族谱文献为中心》[⑧],邓玲的《海南家谱与汉文化南迁研究》[⑨]等。

8. 以其他研究视角为主而涉及古代家庭教育相关问题的研究。古代家庭教育最显著的功能就是以家为中心的育人作用,而以其他视角为切入点的研究还揭示了古代家庭教育发挥的政治作用、文化作用、社会作用等。故在一些博士学位论文选题当中,研究者在其研究范围之内,会直接或间接涉及古代家庭教育的相关议题。这类研究为我们了解古代家庭教育的多方面价值和作用提供了宏观的视角,有助于加深我们对传统家教社会历史地位的认识。这方面的研究如黄清敏的《魏晋南北朝教育制度述论》[⑩],该文重点考察魏晋南北朝时期的国家教育制度,这些制度包括中央官学(如太学)、地方官学、私学形式,同时,用两章内容专门考察了这一时期的皇子教育及家族教育,并以陈郡谢氏文学家族为个案对这一时期世家大族普遍爱尚文义的现象做了深度分析,为我们探究这一时期家庭教育与文化发展、传承之间的关系提供了相关历

① 张秉国:《临朐冯氏文学世家研究》,四川大学2006年博士学位论文。

② 赵雷:《士族与魏晋南朝文学研究》,苏州大学2009年博士学位论文。

③ 孙艳庆:《中古琅邪颜氏家族学术文化与文学研究》,扬州大学2010年博士学位论文。

④ 黄金元:《明清之际济南府望族与诗歌研究》,山东师范大学2010年博士学位论文。

⑤ 梁尔涛:《唐代家族与文学研究》,苏州大学2011年博士学位论文。

⑥ 常昭:《六朝琅邪颜氏家族文化与文学研究》,山东师范大学2011年博士学位论文。

⑦ 汪仕辉:《唐代士族家学研究——以京兆韦氏、赵郡李氏、吴郡陆氏为例》,武汉大学2011年博士学位论文。

⑧ 丁蓉:《科举、教育与家族:明清常州庄氏家族研究——以毗陵庄氏族谱文献为中心》,华东师范大学2012年博士学位论文。

⑨ 邓玲:《海南家谱与汉文化南迁研究》,华中师范大学2012年博士学位论文。

⑩ 黄清敏:《魏晋南北朝教育制度述论》,华中师范大学2012年博士学位论文。

史证据。类似的研究还有刘静的《走向民间生活的明代儒学教化研究》①,该研究探讨明代"儒学教化"的问题,按照作者的理解是指:"儒学所倡导的伦理道德规范是如何渗透于基层社会,获得其民间形态的"②,故研究内容中有涉及"家族书院",非学校组织的家规族法与儒学教化,并以家庭为中心考察了该时期妇女、儿童的儒学教化。这些研究涉及古代家庭教育的相关问题,为我们了解儒学社会化提供了便捷路径。与之相似的研究还有鲍永军的《汪辉祖研究》③,秦海滢的《明代山东教化研究》④,王有英的《清前期社会教化研究》⑤,赵楠的《唐代的教育和教育诗》⑥,杨建宏的《宋代礼制与基层社会控制研究》,张雪红的《传播与转型:走向生活世界的宋代社会教化研究》⑦,张祎琛的《清代善书的刊刻与传播》⑧,冯江的《明清广州府的开垦、聚族而居与宗族祠堂的衍变研究》⑨等,研究范式与前述大体相近,故不赘述。

附表三 博士学位论文中涉及儒家家庭教育主题研究情况一览表

序号	作者	著作名	时间	专 业
1	柏贵喜	《四—六世纪内迁胡姓家族制度研究》	2002	历史文献学
2	黄清敏	《魏晋南北朝教育制度述论》	2003	历史学
3	刘 静	《走向民间生活的明代儒学教化研究》	2004	教育史
4	朱明勋	《中国传统家训研究》	2004	中国古典文献学
5	闫续瑞	《汉唐之际帝王、士大夫家训研究》	2004	中国古代文学
6	鲍永军	《汪辉祖研究》	2004	中国古代史

① 刘静:《走向民间生活的明代儒学教化研究》,华东师范大学2004年博士学位论文。

② 刘静:《走向民间生活的明代儒学教化研究》,华东师范大学2004年博士学位论文,第1页。

③ 鲍永军:《汪辉祖研究》,浙江大学2004年博士学位论文。

④ 秦海滢:《明代山东教化研究》,东北师范大学2004年博士学位论文。

⑤ 王有英:《清前期社会教化研究》,华东师范大学2005年博士学位论文。

⑥ 赵楠:《唐代的教育和教育诗》,南京师范大学2006年博士学位论文。

⑦ 张雪红:《传播与转型:走向生活世界的宋代社会教化研究》,华东师范大学2010年博士学位论文。

⑧ 张祎琛:《清代善书的刊刻与传播》,复旦大学2010年博士学位论文。

⑨ 冯江:《明清广州府的开垦、聚族而居与宗族祠堂的衍变研究》,华南理工大学2010年博士学位论文。

续表

序号	作者	著作名	时间	专　业
7	周俊武	《激扬家声——曾国藩家庭伦理思想研究》	2004	伦理学
8	秦海滢	《明代山东教化研究》	2004	中国古代史
9	王有英	《清前期社会教化研究》	2005	教育史
10	赵　楠	《唐代的教育和教育诗》	2006	中国古代文学
11	杨建宏	《宋代礼制与基层社会控制研究》	2006	中国古代史
12	罗小红	《唐代家礼研究》	2006	中国古代史
13	张秉国	《临朐冯氏文学世家研究》	2006	中国古代文学
14	邵正坤	《北朝家庭形态研究》	2006	中国古代史
15	王　瑜	《明清士绅家训研究(1368—1840)》	2007	历史文献学
16	陈志勇	《唐宋家训研究》	2007	专门史
17	邹　强	《中国当代家庭教育变迁研究》	2008	教育学原理
18	刘泽友	《湘鄂西土家族家族司法研究》	2009	诉讼法学
19	赵　雷	《士族与魏晋南朝文学研究》	2009	中国古代文学
20	刘　欣	《宋代家训研究》	2010	中国古代史
21	孙艳庆	《中古琅邪颜氏家族学术文化与文学研究》	2010	中国古代文学
22	胥文玲	《明清闽北家族教育研究》	2010	教育史
23	张雪红	《传播与转型:走向生活世界的宋代社会教化研究》	2010	教育史
24	战秀梅	《北宋士大夫地方教化研究》	2010	中国古代史
25	张祎琛	《清代善书的刊刻与传播》	2010	中国古代史
26	冯　江	《明清广州府的开垦、聚族而居与宗族祠堂的衍变研究》	2010	建筑历史与理论
27	王仁磊	《魏晋南北朝家庭关系研究》	2010	中国古代史
28	黄金元	《明清之际济南府望族与诗歌研究》	2010	中国古代文学
29	郑丽萍	《宋代妇女婚姻生活研究——以〈全宋文〉所涉4802篇墓志为例》	2010	中国古典文献学
30	康维娜	《清代浙江闺秀文章研究》	2010	中国古代文学
31	梁尔涛	《唐代家族与文学研究》	2011	中国古代文学
32	常　昭	《六朝琅邪颜氏家族文化与文学研究》	2011	中国古代文学
33	崔延平	《北宋士大夫交游研究》	2011	中国古代史
34	宋　祥	《中国古代劝学文研究》	2011	中国古代文学

续表

序号	作者	著作名	时间	专　业
35	汪仕辉	《唐代士族家学研究——以京兆韦氏、赵郡李氏、吴郡陆氏为例》	2011	中国古代史
36	宇培峰	《“家长权”研究——中、西法文化视野中的“家长权”》	2011	法律史
37	田　欣	《宋代商人家庭研究》	2011	中国古代史
38	张　凡	《明代家产继承与争讼——以判牍为中心》	2011	法律史
39	丁　蓉	《科举、教育与家族：明清常州庄氏家族研究——以毗陵庄氏族谱文献为中心》	2012	中国古典文献学
40	刘铁铭	《曾国藩德育思想及其当代价值研究》	2012	思想政治教育
41	邓　玲	《海南家谱与汉文化南迁研究》	2012	历史文献学
42	赵红卫	《明清安丘曹氏家族文化与文学研究》	2012	区域文化与中国文学
43	罗　晶	《司马光伦理思想研究》	2012	伦理学
44	王吉清	《唐代的早期教育与文学》	2012	中国古代文学
45	杨　涛	《曾国藩儒学士大夫人格探析》	2012	中国哲学
46	刘成栋	《北齐社会与士人思想研究》	2012	专门史
47	梁　君	《由思想而行动—南宋理学家伦理实践研究》	2012	中国哲学
48	原美林	《中国传统家族司法研究》	2012	法学
49	朱星瑶	《明清家庭题材文言小说研究》	2012	中国古代文学
50	王司瑜	《中国古代教化思想及方式研究》	2013	伦理学
51	魏志远	《礼秩与实用：从明代中后期的日用类书看儒家伦理民间化》	2013	中国哲学
52	孙鸿博	《萧绎的理想人格试探—以〈金楼子·后妃篇〉、〈终制篇〉、〈戒子篇〉为核心》	2013	中国古代文学
53	谢孝明	《“俭以广惠”：左宗棠理学经世的路径——以其廉俸的使用为视角》	2013	专门史
54	高　田	《锡山秦氏家族文学研究》	2013	中国古代文学
55	陈家红	《六朝吴郡陆氏家族文化与文学研究》	2013	中国古典文献学
56	吕振宇	《〈家礼〉源流编年辑考》	2013	中国古典文献学
57	刘晓飞	《金代汉族家庭形态研究》	2013	中国古代史
58	田雪	《〈颜氏家训〉中的士族文化研究》	2013	专门史
59	刘华荣	《儒家教化思想研究》	2014	思想政治教育
60	柳　称	《魏晋南北朝时期家庭教育研究》	2014	中国古代史

续表

序号	作者	著作名	时间	专　业
61	张德安	《身体教育的历史(1368~1919)——关于近世中国教育的身体社会史研究》	2014	中国古代史
62	陈永坤	《对话式家长教育研究》	2014	课程与教学论
63	贺　琴	《明清时期山左新城王氏家族文学研究》	2015	中国古代文学
64	邵鹏宇	《学缘、血缘与地缘——以常州学派为中心的学术史、家族史与地域史的考察》	2015	中国古代史
65	马金亮	《魏晋南朝东海王氏家族文化研究》	2015	区域文化与中国文学

总之,以上研究视角和内容基本上涵盖了儒家家庭教育的主要内容,尽管在此只以专著和博士学位论文为例进行了说明,但是其他诸如硕士学位论文选题,及其它专业性的学术研究大都可以归入这些研究类别的范围之内。需特别说明的是:截至目前,从附表作者专业一栏来看,从思想政治教育视角对儒家家庭教育思想做专门研究的博士学位论文还未出现,而家庭作为思想政治教育的重要施教场,古代家庭教育在这方面积累了丰富的经验,值得深入挖掘。

四、研究思路与方法

本研究从思想政治教育的角度,以家庭教育学为基础,以社会现实提出的问题为导向,立足学术前沿,吸收借鉴前人研究的成果和多学科知识,以儒家家庭教育为研究对象,以儒家元典和后儒的家庭教育著述为依据,探讨儒家家庭教育的历史流变、理论基础、施教目的、内容、方法等,总结归纳儒家家庭教育的相关规律性认识,以期系统全面地展现传统家庭教育的思想精华。

(一)研究思路

当前,家风、家教成为了社会关注的热点,但学界关于家庭教育的相关研究成果仍较缺乏,尤其是单就儒家家庭教育思想而做的系统深入的研究相较其他题材的研究更为少见。本研究以马克思主义理论为指导,以儒家家庭教育思想的历史演进为线索,从理论基础、施教目的、内容、方法等方面入手,运用多学科的研究视角,注重史论结合,呈现儒家家庭教育思想中的优秀理念。在具体行文中,遵循以下研究思路:

第一，从历史发展的脉络出发，并结合儒家思想的演进发展线索，将儒家家庭教育思想划分为相应的阶段，从该阶段最具有典型性的家庭教育思想和实践出发，对该历史时期涌现出的家庭教育思想、个案作理论的阐释，探究其中蕴含的儒家家庭教育思想，并就历史发展过程中家庭教育所展现出的社会历史文化作理论上的交代，探究变化的具体表现及影响。

第二，从儒家人生哲学的角度出发，总结概括出儒家家庭教育思想的理论基础，如连接儒家自然哲学观和人生哲学观的天人合一思想，探究人之教育得以成立的人性论和相关的心理学思想。相较而言，这部分内容具有理论的系统性，尽管不为所有的家庭教育文本所强调，但是这部分内容对人的影响是或隐或显的，在一些较为系统而全面的家庭教育文本中，这部分内容或多或少是家庭教育立论的基础。

第三，对儒家家庭教育思想价值诉求的总结、概述。不同于以往有关的研究中涉及的家教目的的阐述，本书的研究主要着眼于对反映家教思想整体宏观目的的把握，且尤为注重对家庭教育与社会教化二者关系的揭露，在展现家庭教育之目的的同时，从家庭教育和社会教化相互依存的视角探究儒家家庭教育的社会价值，而这种社会价值从某种层面来讲，是儒家家教思想中最具有启示意义的内容。

第四，是对儒家家庭教育具体内容的总结。儒家家庭教育包括了对和谐家庭关系的教育，这是儒家家庭教育的重中之重，也是家庭教育的本然要求。从具体的家庭教育实践出发就可以看出，儒家家庭教育主要以人伦道德的教育为主，并在持家、治家方面提供了很多宝贵的经验，很多理念凝练成为具体的目的形式，为历代家庭教育所重视。此外，儒家家庭教育把儒家的仁民爱物的理念践行到具体的家庭教育过程中，着重培养人的家国情怀，把为人处世之道的教育作为重要的施教内容，使家庭教育从小家、小我走向了大家、大我，在注重个体、家庭利益的同时，把社会整体利益放在了重要地位，甚至是优先地位。

第五，是对儒家家庭教育方式、方法的总结，儒家家庭教育成效的取得离不开行之有效的施教方式和方法，在众多的家庭方式、方法中，将最具有典型性和代表性的方式、方法做一理论的梳理，展示这些方式、方法作用的机理和具体的理论蕴含,探究古人家庭施教过程中最具有应用性的实践智慧,使人们了解到儒家家庭教育思想背后具体的施教理念。

(二)研究方法

儒家家庭教育思想是传统文化的重要组成部分,其中的精华部分更是历史留给我们的宝贵精神财富,对这部分内容的研究要“坚持古为今用、推陈出新,有鉴别地加以对待,有扬弃地予以继承”的指导原则,在具体研究过程中主要用到以下方法:

1. 历史与逻辑相统一的方法。儒家家庭教育思想丰富而繁杂,精华与糟粕并存,对这些历史文献的研究要去粗取精、去伪存真,从个别中抽象出一般,运用历史与逻辑相统一的方法使之呈现出理论特质。在具体研究过程中,要将儒家家庭教育思想和实践活动置于具体的历史进程中去分析,从儒家家庭教育思想不同历史阶段的特定社会环境出发,作符合历史实际的解读,达到理论与实践相结合,亦使文本蕴含的儒家思想气息得以呈现。本书第一部分即是“儒家家庭教育思想的历史发展”,这部分内容将儒家家庭教育思想依次分为“形成时期”、“发展时期”、“完善时期”、“繁盛及转型时期”,并根据时间先后选取了各个时期典型的家庭教育代表人物及其文本为分析的依据,通过对文本的分析来呈现不同历史时期的家庭教育思想的内涵与异同,并对有关的问题从当时的历史背景出发作了相应的说明,使论述呈现出史论结合的特点。其他部分的写作则根据写作需要以历史上的相关家庭教育文本为依据,呈现思想本身的前后相继和发展演进逻辑。

2. 文献研究法。本书的研究离不开对丰富而庞杂的儒家家庭教育文献的梳理和解读,在对既有的能代表儒家家庭教育思想文献资料的占有和分析的基础上,联系具体的社会历史背景,解读文献折射出的时代气息。通过对典型家教文本和家教个案的深度解剖,探究传统优秀家教思想在理论和实践上呈现出来的规律和历史经验。对这些家教文献的研究,涉及对文献本身作横向梳理和纵向比较,围绕各章节设定的具体问题,从发掘优秀传统家教思想的立意出发,使文献既保存客观性的同时,又能从中阐释出新意。在对文献的分析解读过程中,既涉及对不同历史时期家教文本在相关问题上所呈现出的思想差异的比较,也涉及对同一时期不同家教文本在相似问题上认识差异的对比。

在众多的儒家家庭教育文献中，“五经四书”具有基础性地位，儒家家庭教育思想尽管经历了诸多的发展阶段，但对由儒家元典所确立的基本家庭教育思想理念的遵循是儒家家庭教育在变化中呈现出不变的基本理论特质。此外，后儒对家庭教育的思考及凝结成的文本也是儒家家庭教育文献的重要组成部分，按照学者的统计这样的文献多达数千余种，单就蒙教类的文本就有1500多种，可谓汗牛充栋。这些文本都是我们分析儒家家庭教育思想的重要依据。同时，本书的研究还注重吸收借鉴学界已有的相关研究成果，这部分内容包含着众多的研究话题，是前人对传统家庭教育思想的积极探索。本书希望通过对既有的家教文本和现有研究成果的解读和梳理，客观全面地展示儒家家庭教育思想中的精髓，并力图全面而客观地呈现思想的本来面目。

3. 跨学科研究法。本书的研究以马克思主义理论为指导，立足思想政治教育学，以作者专业提供的理论范畴为镜鉴，同时借鉴社会学、教育学、伦理学、政治学、阐释学等学科理论和知识，运用多学科结合的研究方法，全面而又深入地探讨儒家家庭教育思想的主要理论特质。如从历史唯物主义的原则出发，本书将儒家家庭教育思想从与历史紧密结合的角度划分为四个阶段，从尊重历史史实的本来面目出发解读有关家教思想之外包藏的历史信息，使思想本身尊重客观的历史，避免隔离社会历史现实的主观臆断；借鉴思想政治教育学科的范畴，作者在具体的研究中对儒家思想是如何深入传统家庭以塑造和影响人的世界观、人生观、价值观的作用机理做重点阐述，以此来探究儒家思想是如何通过家庭教育得以社会化的，作者潜隐的学术旨趣是想通过对历史上主流社会价值观得以社会化规律的探寻来为今人更好地传播主流价值观服务，尤其是为价值观深入个体的家庭生活提供历史的视角；作者借鉴社会学的研究方法，在正式行文之前先对家庭、教育、家庭教育等概念作了理论的说明，尤其是对家庭这一社会学术语从古今对比的角度做了解释，在行文过程中借鉴社会学人文主义的研究理念，阐发儒家家庭教育在具体施教过程中的人文关怀，对不同社会阶层家教文本的选择则更有助于了解不同阶层在家庭教育方面的重点和施教旨趣，展示社会不同阶层对儒家家庭教育思想的不同关切和共性需求；儒家家庭教育主要是道德伦理的教育，对这部分内容的阐释就要借鉴伦理学的相关知识；儒家家庭教育也不是独自运行的，家庭教育与社会教化的紧密相连和相辅相成，既为家庭教育提供了动力也为社会教化深入家庭提供了载体，对这部分内容的阐释则需要借鉴政治学的相关知识。总之，研究方法是服务于研究内容和目的的，多学科研究方法的运用旨在深入阐释儒家家教思想的丰富内涵，为系统深入的研究搭建起有效沟通和理解的桥梁。从现实出发，结合目前社会关注的涉及家庭教育诸方面的热点话题，本着古为今用的研究宗旨，注意把总体的宏观研究与具体方法的综合运用有机结合起来，以期形成系统而又具有现实意义的理论研究成果。

五、研究创新及不足

理论研究要有在前人既有研究成果基础上进一步延伸、细化的意识，这是任何研究创新的内在要求，是建立在对既有研究现状整体把握和科学研判基础上的。同时，由于研究问题自身的繁复、庞杂，理论创新也都是有限度的。这是因为人们只能对既有的研究所未能涉及，或已经涉及但并未做系统概述的方面做出新的梳理和阐释，这些方面也往往成为研究的重难点，对这些问题解决的深入与否也决定了相关研究的成败。

（一）研究的创新

本书在界定儒家家庭教育相关概念的基础上，以儒家家庭教育为研究对象，重点阐述了儒家关于家庭教育的一系列理论思考。本书的创新主要体现在三个方面：

一是提出了一些新的认识。如本书根据儒家思想发展的历史脉络，将儒家家庭教育思想历史发展分为四个阶段，这一划分既呼应了儒家思想发展的阶段特点，也回应了儒家家庭教育思想的历史事实，更具有科学性；本书还首次对“五经四书”在儒家家庭教育思想中的重要地位做了专门的分析和论述；儒家注重优良家风的培育，本书从“循礼守制”、“累世美德”、“传世之学”入手分别做了新的阐释，并就儒家培育家风的原则主张做了深入的探讨；本书对儒家家庭教育价值诉求的概括则是在既有家教文献的基础上突出了家庭教育的社会价值，以着重阐释家庭、社会、国家间的互动机制，寓意着对社会教化深入寻常百姓家的作用机理的阐释。儒家注重在家庭教育中传承“家国情怀”，本书则从四个方面对此进行了概括，展示了古人积极的应世、入世情怀。本书突破既有的齐家理念,补充说明了后儒丰富完善的“治生齐家”和“制用齐家”的理念,这种概括为古今齐家思想之间的转化搭建起了桥梁。本书还对过往的家庭教育方式做了新的解说,并就彼此间的异同做了说明。本书提出的“儒家制度化家庭教育”等的表述较前人的论说更能概括相应的家庭教育方式的特点;本书对家训、家规、家礼之不同作用机理的探讨,清晰地展示了全面而有效的家庭德育从视、听、言、动入手进行德育的实践智慧。

二是对儒家家庭教育思想理论体系做了新的概括。本书从构建完整的理论体系的立意出发,重点对儒家家庭教育思想的理论基础作了总结,以儒家天人关系和人性思想及相关的心理学思想作为儒家家庭教育思想的理论基础,并将之运用到对儒家家庭教育思想历史发展、价值诉求、主要内容、方式方法的解说中,既突出了理论体系的完整性,也力求理论解说的系统深入,为人们了解儒家家庭教育思想的博大深厚提供具有说服力的解说,避免了单纯说理和条块式分割造成的生硬感。

三是研究方法的创新。本书主要使用了历史与逻辑相统一的方法、文献研究法、跨学科研究法等方法。在研究过程中,注意借鉴思想政治教育学的相关研究范式,同时吸收社会学、教育学、伦理学、政治学等学科理论知识,阐发儒家家庭教育思想的多重蕴涵。需特别指出的是:本研究涉及诸多古代文献的阐释,借鉴有关阐释学的理论知识,本文对诸多既有的古典文献在尊重元典自身内容的同时,对之做了新的阐释,这种阐释使得文本焕发出了新意,如本文对孔子有关言论的阐释,对齐家思想的阐释,对“亲亲”与“尊尊”理念内涵的阐释等。此外,本书在论理方式上注重史论结合,突出内容的理论性和可读性的统一,全面而又深入地探讨了儒家家庭教育思想的主要理论特质。

（二）研究的难点

本研究的难点首先在于如何对儒家家庭教育思想所涉及的若干核心概念作出科学的界定。我们从中国家庭史的研究现状可知:目前学界对于家庭,尤其是对中国古代家庭——这一概念本身还存在不同的认识(这在“导论”的相关部分会有说明),并未形成统一的共识性的结论。作为研究儒家家庭教育思想的核心范畴之一,家庭概念的不明确也为我们具体界定古代家庭教育的范畴提供了难点。是故，作者从目前学界的诸多界说中选择了最为人们所信服的相关说法，并以之为立论的基础。其次，对儒家家庭教育思想发展脉络阶段的划分及各阶段内具有代表性的儒家家庭教育文本的选择也具有一定的挑战性。如本书收入的诸葛亮的《诫子书》一文，有学者对此的解说是从道家思想入手，如何对之作出具有儒家理论特质的解说就成为了一个研究的难点。再如，《颜氏家训》产生的年代是儒学式微而玄学盛行的时期，《颜氏家训》本身就同时具有多种理论色彩，本书要将构成该文本主要思想特质的儒家思想解说清楚，就需要在了解作主主要的思想倾向和社会活动特点外，还要着重阐发该文本产生的社会文化背景与文本思想之间的关联。此外，对儒家家庭教育思想理论基础的总结归纳及如何将儒家家庭教育思想所涉及的基础理论与对儒家家庭教育思想的其他构成部分的说明紧密结合起来，避免在论说过程中导致理论基础和构成该理论的其他部分之间呈现出“两张皮”的现象也构成了本研究的难点所在。最后，对儒家家庭教育价值诉求所包含的若干方面的界定，尽管前人也有所涉猎，但并未形成完整的认识，尤其是对家庭教育之社会价值的论说，在具体研究过程中则还缺乏相应的研究成果可供参照，对这一部分的界说更多地需要结合儒家家庭教育实践和古代国家与家庭教育之间的关系等加以论说。儒家家庭教育方式也是多样的，对这些方式之间异同的说明也需要在克服过往研究误区的基础上做有益的探索。

（三）研究的不足

儒家家庭教育思想内容丰富，这种思想的丰富奠基于“五经四书”构成的儒家经典体系，更得益于后儒对家庭教育的实践和理论升华。在本论题的写作过程中，从最有利于论题写作的原则出发，本书在具体的研究过程中选择了较有代表性的文本作了分析，这些文本大都为人们所熟知，甚至个别文本还有十分成熟的研究成果。但作者认为，对儒家家庭教育思想整体面貌的了解，需要对儒家家庭教育文本的整体面貌都有所涉猎，这就要求尽可能多地涉猎儒家家庭教育的文本，更需要对同一时期不同作主的家教思想进行对比研究，也需要对不同时期的家教文本思想旨趣的异同在结合作主本人思想倾向和具体社会背景的基础上进行比较研究。尽管这可能是另一选题研究的范畴，但作者认为这种研究十分必要。本书在写作过程中有意收录了众多的家教文本，但仍然有众多具有重要价值的家教文本未能收入,这是本文研究的一大不足,也为本文日后的完善提供了新的方向。此外,儒家家庭教育思想作为儒家思想体系的重要组成部分,二者之间是有紧密联系的,儒家家庭教育思想必然会同儒家思想的不同发展形态之间有或多或少的联系,但本论题在写作过程中更多地聚焦于儒家家庭教育思想的阐述,较少涉及该方面的内容,而对这一问题的深入更能为我们了解社会主流价值观深入大众生活提供思想镜鉴。同时,任何思想家的家庭教育思想必然与其整体的思想旨趣之间存在关联,比如理学家朱熹的家庭教育思想就与其整体的治学思想一脉相承,王阳明的家庭教育思想就充满了心学气息。本书在写作过程中,由于涉及诸多人物的家庭教育思想,故而未能过多地就其他一些代表人物的家庭教育思想与其本人整体学术旨趣之间的关系做深入的阐述。最后,任何时代的思想都有时代的印迹,如本书提到的朱柏庐在家庭教育过程中流露出的明哲保身理念和宋明时期家庭教育中的重爱国、重气节的教育,都与该思想产生的时代社会现实紧密相关。而本书在写作过程中,对儒家家庭教育文本思想与当时社会历史文化背景之间关系的揭示还有待进一步挖掘。总之,这些不足既为进一步研究儒家家庭教育思想提供了理论深入的参照,也为作者日后的学习和思考提供了深入的方向。

六、概念界定及相关问题说明

学术研究需要遵循特有的规范,明晰的概念是认识事物的基础,概念的内涵和外延为我们认识事物提供了思想言说的基础。对儒家家庭教育思想的研究,首先需要对与之相关的概念作出学理上的分析和界定,并对研究中涉及的相关术语和问题一道给以理论的回应,以为与之相关的言说奠定话语基础。

(一)家庭

人们日常所言家庭多属于现代意义上的概念,源自于西方社会学和人类学的研究范畴,《辞海》解释为“由婚姻、血缘或收养而产生的亲属间的共同生活组织。有广狭两义。狭义指一夫一妻制个体家庭(单偶家庭)。广义泛指群婚制出现后的各种家庭形式,包括血缘家庭、亚血缘家庭(普纳路亚家庭)、对偶家庭与一夫一妻制个体家庭……家庭与婚姻有密切联系,婚姻是家庭产生的前提,家庭是缔结婚姻的结果。家庭的性质、职能、形式、结构以及与它相联系的道德观念,都随生产方式的变革而不同。"①这一解释道出了现代家庭的核心要件:家庭主要是由血缘或拟血缘关系组成的共居形式。《中国百科大辞典》的解释更为深入:"基于婚姻关系、血缘关系和收养关系而形成的社会生活共同体,人口再生产的单位。通常由夫妻、父母子女、兄弟姐妹和其他近亲属组成……家庭有其本身的自然属性,是以两性结合和血缘联系为其自然条件。但是,家庭的性质、特点及其在社会生活中的作用,主要由其社会属性所决定,一定的家庭形式总是与社会发展的一定阶段相适应……作为社会关系特殊形式的家庭关系,具有复杂的社会内容,其中既包括物质的、经济的关系,又包括感情的、伦理的、法律的等思想关系。"②这种解释突出了家庭的社会属性,不仅看到了构成家庭的物质经济的因素,还突出了情感的、伦理、法律的等关系,这一认识足可为家庭教育的研究提供更为宽阔的思路。学者们的认识也大都是以上两种认识的某种变形,如"家庭是以婚姻血缘关系为纽带的社会生活组织形式"③;"家庭就是两个异性——一男一女——经过社会承认的婚媾后,依据相互的旨趣和经济能力,来经营共同生活,来作生育传种的团体"④;"建立在婚姻关系、血缘关系和收养关系基础上的同居、共财、合爨的人类生活共同体"⑤,等等。以上这些关于家庭的界定,尽管多就现代家庭而言,但为我们研究与家庭相关问题提供了基本的遵循。

中国传统社会与"家"关系紧密的还有庭、户等概念。这些概念既有联系也有区别。许慎的《说文解字》释"家"为"尻也,从宀,豭省声",而《说文》中释"尻"则为"处也","处"则为"止也";《尔雅·释宫》则说:"牖户之间谓之家,其内谓之衺",即是把家看作"共同居住的场所";《周礼·地官·小司徒》中有"上地家七人。"《礼记·地官·媒氏》中说:"是男无家,女无夫,男女相对,男称女为家,所以成家。"这两则材料中的"家"更多地是指男女所居之室。

① 辞海编辑委员会:《辞海》,上海辞书出版社1999年版,第2761页。

② 中国百科大辞典编撰委员会:《中国百科大辞典》(第四卷),中国大百科全书出版社1999年版,第2559页。

③ 潘允康:《社会变迁中的家庭:家庭社会学》,天津社会科学出版社2002年版,第45页。

④ 麦惠庭:《家庭改造问题》,东方文化书局1970年版,第2页。

⑤ 邵正坤:《北朝家庭形态研究·序言》,科学出版社2008年版,第3页。

而通常“庭”则指厅堂或堂前空地。“户”则是一个政治意义较浓的概念,多与封建国家的赋税徭役等有关,历史上的“百室合户”、“编户齐民”等就是这种意义上的使用。“家庭”合用最早可以追溯至汉代,《后汉书·郑钧传》记载:“常称病家廷,不应州郡召。”古代“廷”与“庭”通用,故这一出处可以视为“家庭”一词的最早使用。《晋书·钟雅传》中有:“陶无大臣忠慕之节,家庭侈靡,声妓纷葩,丝竹之音流闻衡路。”一般而言,在我国古代社会,多用“家”来指称家庭,而其与现代意义上的家庭在概念上既有吻合的地方,也有不一致之处。

中国传统社会是血缘宗法制社会,与家、家庭紧密相关的还有宗族等组织,这些组织既像家但又不是简单的扩大了的家,这种家庭或者大家庭(有的也叫“联合家庭”)中除了经济关系外,还有情感、伦理、法律、政治乃至于宗教等关系。这就使得家庭内外关系的协调和日常生产生活的规划,婚丧娶嫁、送往迎来、子弟成长成才构成了家庭日常生活的重要内容。家与家族紧密相关,对于数世同居的长辈来说,这里的家显然超出了现代意义上“核心家庭”的范畴。对于数世共祖的家庭而言,他们显然具有直系的血亲关系,但从家庭内部横向关系来看,由于这种横向关系随着代际层级的增加血亲关系越显疏远,所以,这种大家庭则又可以看做旁系血亲的共居组织。关于“家”和“族”的关系,有的学者认为“中国家庭,向称家族。”①即认为二者之间没有多大差别,可视之为一物;而有的学者更进一步认为中国历史上的宗族和家族也并无二致②;也有学者对此有其他的看法,张国华在《中国家庭史·卷首语》中有这样的一段论述:

> 今日的所谓“家庭”,古代就称为“家”。但是中国历史上的“家”的含义也是很复杂的。主要有两个,其中一个的基本含义是同居共爨的血缘、亲缘或姻缘关系组合的社会单元。“家”的另外一个含义就是指关系密近的家族共同体,例如史籍里的“合家”百口、二百余口、三百口等,都是指比较大的近亲集团。“家”的后面这一种含义严格讲应该属于家族的范围③。

① 孙本文:《社会学原理》,商务印书馆1931年版,第441页。

② 徐杨杰:《中国家族制度史》,人民出版社1992年版,第4页。

③ 张国刚主编:《中国家庭史·卷首语》(先秦至南北朝时期),人民出版社2013年版,第2页。

也有学者对家做了更为宽泛的理解，使其在内涵上有包容族等的特点。如：

> 在中国乡土社会中，家并没有严格的团体界限，这社群里的分子可以依需要，沿亲属差序向外扩大……扩大的路线是单系的，就是指包括父亲这一面①。

这样的理解就使得家既能变小（单个的家，即类似所谓的“核心家庭”），也能变大（族，即“群体家庭”）。

一般来说，家相对较小，而族、宗族相对较大；家庭内部关系不像家族、宗族那样复杂；家庭在功能上并不像族或宗族那样完善；家的影响也不及家族、宗族那样广泛久远。但需要指出的是，正如学者所言的：“由于对家庭的内涵有不同理解，各种家庭定义歧异互见，更由于家庭的历史内容极其繁复，故中国家庭史研究从起步至今虽然已将近一个世纪，却仍未形成一个较为完整的学术架构。”②关于儒家家庭教育思想的研究也面临着类似的问题，由于家庭概念的内涵以及与之相关的宗、族等概念在内涵和外延上的界定不清，就使得我们很难对之有一个清晰的认识。这种状况也体现在目前关于该问题相关的研究现状上：学者们有关儒家家庭教育思想涉及的具体内容见仁见智，既有重合的地方，也有不一致之处（参见“研究现状”的相关内容）。这种状况的出现也可以说是学界在有关该议题研究上尚处于探索阶段的一个象征。这样的研究现状既给研究者带来了困难，但也给予了很多自主发挥的空间。不过，需要强调的是，无论是多富有新意的探索都必须要尊重、吸收、借鉴前人已有的研究成果。

以上关于家庭相关概念的界定对我们了解儒家家庭教育思想具有启示意义。首先，任何历史时期的家庭都是由婚姻、血缘关系组成的，家庭的这一特征是具有普遍意义的；其次，一定历史时期的家庭形态还与该时期的社会发展紧密相连，家庭的发展不可能脱离具体的历史背景。如与宋代社会发展相协调，社会上出现了很多的“联合家庭”，即具有“同居共财”、“累世同居”的特点的家庭，这与宋代恢复宗子制的社会潮流是密切相关的，其赖以存在的经济

① 费孝通：《乡土中国生育制度》，北京大学出版社1998年版，第39页。

② 张国刚主编：《中国家庭史·绪论》（先秦至南北朝时期），人民出版社2013年版，第2页。

基础则是宋自开国以来累世公卿之家数世发展形成的庄园经济。学者针对这一点曾指出“宋仁宗时期是宗族制度发展史上的一个重要阶段，这时宋朝统一全国已有七十余年，社会安定，政治上的科举制和经济上的土地私人占有制已确立。在宋代社会中成长起来的最初几代士大夫进入权力和财富的鼎盛时期，他们不约而同地肩负起复兴宗族制度的历史使命……而治理宗族被看成是齐家的行为。”①再次，无论是家庭还是家族都是人类社会历史发展到一定阶段的产物：“以婚姻和血缘关系结成的社会单位。在原始群的性杂交时期，尚未产生家族。而后有血缘家庭（族）。随母权制氏族公社的形成，乃有母系大家族，即男子居住女方，世系依母系计（群婚时代知母而不知父）。至父权制氏族公社时代，则出现了父系大家族，即女子居住男方，世系依父系计。随原始公社制解体，父系大家族渐分裂为若干个体家族。中国古代曾长期存留父系大家族制或父家长制。”②家族的演变是如此，家庭则是在农业生产技术得到发展，出现了剩余并在家庭成为生产单位的主要组织形式之后才开始逐渐得以形成和发展壮大的。

（二）教育

教育是人类社会特有的现象。恩格斯指出：“动物仅仅利用外面的自然界，单纯地以自己的存在来使自然改变；而人则以他所引起的改变来迫使自然界服务于他自己的目的，来支配自然界。”③虽然低等动物也存在哺育幼小一代的行为，但这只是动物的本能条件反射的体现，它们只是被动地适应自然，而不是主动地去从事与之相关的活动，更不会构筑与之相关的传承机制，而人类的教育活动则是有目的的主动创造活动。马克思指出：“蜘蛛的工作与织工的工作相类似；在蜂房的建筑上，蜜蜂的本事，曾使许多以建筑师为业的人惭愧。但使最劣的建筑师都比最巧妙的蜜蜂更优越的，是建筑师以蜂蜡建筑蜂房以前，已经在他脑筋中把他构成了。”④人们在生产生活的过程中彼此间发生联系，在劳动的过程中创制了劳动工具，人与人之间不仅发生物质关系，

---

① 常建华：《宗族志》，上海人民出版社 1998 年版，第 38—39 页。

② 辞海编辑委员会：《辞海》，上海辞书出版社 1999 年版，第 2759 页。

③ 《马克思恩格斯论教育》，人民教育出版社 1958 年版，第 284 页。

④ 《马克思恩格斯论教育》，人民教育出版社 1958 年版，第 195 页。

同时也在劳动过程中把积累的生产经验作为重要的精神遗产在彼此间进行交流与传授,并将之在代际之间口耳相传,在文字出现以后还将之载于书帛。“为了进行生产,人们便发生一定的联系和关系;只有在这些社会联系和社会关系的范围内,才会有他们对自然界的关系,才会有生产。”①从这样的角度出发,《中国大百科全书·教育》认为教育是“培养人的一种社会现象,是传递生产经验和社会生活经验的必要手段。它随着人类社会的产生而产生,随着人类社会的发展而发展。”②

就个体而言,要成长为社会的一份子,就需要从生物性的个体逐渐成长为社会性的个体,这中间就需要对历史文化传统的吸收和认同,教育也就因此而生。原始时期,尚且没有家庭的观念,更谈不上家庭教育,人们集体劳作和生产,劳动成果共同占有和分配,这一时期流行着部落和氏族观念,教育也主要是由部落首领等来完成,部落成员间的关系也主要是通过部落内部约定俗成的习俗来协调。随着生产和分工的发展,尤其是私有制家庭的产生,教育也就成为了家庭的重要职责之一,因为教育除了可以传递生产生活的经验外,还在社会范围内起着更为重要的作用。《辞海》在“教育”条目下注为“广义指以影响人的身心发展为直接目的的社会活动。狭义指由专职人员和专门机构进行的学校教育。教育随社会的产生而产生,是作为个体的人与社会发展必不可少的手段,为一切社会所必须,又随社会的进步而发展;受社会政治、经济、文化等方面的制约,也对社会整体及其诸多方面产生影响。教育还受制于个体的身心发展规律。”③

我国古代文献中,“教”和“育”很少连在一起使用。关于“教”古人认为是“以善先人者谓之教”④。《学记》认为“教也者,长善而救其失也”。《说文解字》解释“教”为“上所施,下所效也。”解释“育”为“养子使作善也”。“教育”一词最早见诸于《孟子·尽心上》,其中有“得天下英才而教育之,三乐也”

① 《马克思恩格斯选集》(第一卷),人民出版社1995年版,第362页。

② 中国大百科全书总编辑委员会《教育》编辑委员会:《中国大百科全书·教育》,中国大百科全书出版社1985年版,第1页。

③ 辞海编辑委员会:《辞海》,上海辞书出版社1999年版,第3966页。

④ [战国]荀况:《荀子·修身》(上),王天海校释,上海古籍出版社2005年版,第49页。

的记载。可见,教育一词最早就同言传身教、教育子女联系在了一起。但需要指出的是,现代意义上的教育概念则是近代以来的舶来品,中国古人在家庭教育中经常使用教养、教诲、教训、教子等词来表达教育的意义。如“教养”在传统家庭教育文献中就具有“教育培养”的意思,如在嵇康的《与山巨源绝交书》中讲到的“今但愿守陋巷,教养子孙。”这里的教养就是教育培养的意思①;教诲,即“教导;训诲”,如《诗·小雅·小宛》:“螟蛉有子,蜾蠃负之。教诲尔子,式穀似之。”②这里的教诲就表达教导、训诲的意思;教训则指“教育;训练”,也指“教导;训诲”,如“颛顼有不才子,不可教训。”即是说颛顼的儿子不成材,不接受教导之意。这些多样化的概念是古代家庭教育中最常见的核心词汇,它们同中有异,在不同的语境下表达特定的意义,从家庭教育的角度来看,大都指向家庭内部的教养训导。

总的来看,教育是“培养人的活动”③,由施教者和受教者构成,同时还要借助一定的载体来施教。一个完整的教育过程应该包括教育者、受教者、教育内容、教育的方法以及教育的手段等。具体到家庭,教育就指主要由父母长上所进行的,发生在家庭范围内以和谐家庭关系、教育子弟成长成才、传授持家营生经验、处理人际交往等一系列活动为中心的经验传授活动。

(三)家庭教育

《中国百科大辞典》认为家庭教育是“父母及其他年长者在家庭内对子女进行的教育。其任务是:儿童入学前,使他们的身心健康发展,为接受学校教育做好准备;儿童入学后,紧密配合学校,督促他们完成学习任务,关心其身体状况,培养良好的思想品德。家庭教育具有奠基性、感染性、针对性、长期性、灵活性和社会性。”④这是一种立足于现代家庭概念所做的阐释,由于传统中国的家庭概念在许多地方涵容了现代家庭的概念,所以,这一概念对我们理解古代家庭教育有启示意义。古代家庭教育是在传统家庭内部进行的一系列教

① 辞海编辑委员会:《辞海》,上海辞书出版社 1999 年版,第 3967 页。

② 《诗经·小雅·小宛》,程俊英译注,上海古籍出版社 1985 年版,第 386 页。

③ 王道俊、王汉澜:《教育学》,人民出版社 1999 年版,第 28 页。

④ 中国百科大辞典编撰委员会:《中国百科大辞典》(第四卷),中国大百科全书出版社 1999 年版,第 2559 页。

育活动，有胎教，也有童蒙教育，但因为我国古代社会教育的完成很大程度上要依靠家庭的支撑，家庭教育贯穿家庭成员的一生，专门化的家庭教育（狭义上的家庭教育）甚至在一些历史时期是上层社会的家庭特有活动，并不为一般家庭所能享有，再加上古代教育内容和理念的特殊性，使得家庭教育和正规的学校教育之间在很大程度上起到了互补互促作用，使家庭教育在联系社会和国家方面也起到了独特的作用，“君子不出家而成教于国”，家庭教育还发挥着传播主流意识形态的作用。

学界通常所用的“小家庭”和“大家庭”概念，“核心家庭”与“扩大家庭”的概念，“直系家庭”和“复合家庭”等的提法也为我们认识传统家庭结构，尤其是家族、宗族等传统中国社会特有的家庭形态提供了理论言说的话语。古代“耕读传家”的理念表明了传统家庭作为生产组织和教育组织的同一性。传统家庭的繁衍生息也发挥着人口再生产的作用，“同姓不婚”的理念则还表明了古人在人口生产方面的正确认识。“节俭持家”的理念也表明了古代社会的消费理念。家庭教育中重视孝的传统，也表明赡养老人、抚育子女为家庭承当的社会义务。本书所谈论的核心问题也正是把传统家庭作为一个特殊的施教场域来看，并借以探讨这一施教场所内部施教的一些规律性认识。基于这样的认识，我们认为传统家庭教育就是历史上存在于中国家庭当中的家人之间的相互教育和感化活动，在血缘关系较为复杂的家庭乃至于大家庭中，家庭内部的和谐离不开持之有效的一系列教育实践活动；尽管家长在传统中国家庭教育中起着主导作用，但这并不意味着家长是家庭教育中的唯一施教者。家庭中的子女对于父祖的言行以及思想认识上的矫正、劝诫都构成了家庭教育的题中应有之义。这也正是学者所说的：“家庭教育不仅是指父母或家庭中的其他年长者对年幼者提出要求，期望，施以引导，影响和激励的过程，还应包括家庭成员之间相互影响的所有过程。不仅父母教育子女，而且夫妻之间的期待和勉励，子女对父母的规谏和交流，兄弟姐妹之间的表率和示范等，都是家庭教育。”①

当然，由于古代家庭的特殊性，我们认为应该对传统家庭教育也做狭义和

① 熊少严、戴双翔：《社会变迁中的家庭教育》，广东科技出版社2009年版，第61页。

广义的划分。狭义的家庭教育专门指子弟族众的训导,这种教育主要由家长、德能突出者承担,好比是"核心家庭"所进行的教育,是以父权制家长为核心构成的家庭成员内部的教育。广义上的家庭教育包括了持家、治生、制用经验的教授,家庭内部关系协调的道德伦理规范,子弟、族众的成长成才,人际交往常识的灌输,家庭社会责任的强调等,这些发生于代际之间(纵向进行)或同辈之间(横向进行)的教育实践活动贯穿着传统古人为人处世的基本价值理念,是对儒家"修齐治平"的人生诉求的张扬。在传统家庭教育文献中有很多的"教子文"、"戒子书"等,这里的"子"不光指儿子,如"子又生孙,孙又生子"①。也包含了女儿,如孔子就曾评价公冶长到:"可妻也,虽在缧绁之中,非其罪也,以其兄之子妻之"②。这样的认识,有助于我们从广义上理解古代家庭教育。

古代家庭教育的方式多样,家训、家范、家礼等都是最主要的家庭教育形式。除此之外家诫、家教、家规、家法、家仪、家约、家矩、家则、家要、家箴、家语、家言、家书、家政、家制、家订、家鉴、宗范、族范、世范、宗规、族规、宗训、宗约、族约、宗式、宗仪、宗誓、宗教、宗典、宗型、宗政、燕翼、贻谋、庭训、庭诰、庭语、遗令、遗戒、遗敕、遗言、遗训、遗教、遗疏、遗书、遗嘱、顾命、遗命、"将死之鸣"、闲家、教家、治家、传家、齐家、慈训、母训、慈教、母教、祠规、规矩、规条、条规、塾训、塾铎、祖训、垂训、训言、条约、公约、庸言、庸行、训儿、训子、示儿、示子等都是传统家庭教育的形式。在这些名称各异的家教形式中,有一些形式单纯地从字面看来就同家庭教育关系密切,如"家教"和"教家",但也有许多仅从字面意义上很难使人将之与家庭教育联系起来,但当我们深入到这些家庭教育形式的具体所指之后,我们会发现这些形式其实都是家庭教育结合具体的言说内容而形成的不同行文方式而已,仍然超不出家庭教育的范畴。

在此对家庭教育中个别重要概念的内涵做如下特别说明:

1. 家训。一是"父母对子女的训导",二是"父祖为子孙写的训导之辞",为传统家庭教育的最主要形式之一,影响深远,这方面的代表为《颜氏家训》。而家训则可以看作是"在中国传统社会里形成和繁盛起来的关于治家教子的

① 杨伯峻:《列子集释·汤问篇》,中华书局1979年版,第160页。

② 杨伯峻:《论语译注·公冶长》,中华书局2010年版,第59页。

训诫,是以一定时代社会占主导地位的文化内容作为教育内涵的一种家庭教育形式。"①传世的家训名作大都出自仕宦家庭或家族。

2. 家教。《辞海》解释的蕴含有三:一是"在家教授弟子";二是指"旧时对儿童的启蒙读物";三是指"家庭中的立法或父母对子女的教育"②。

3. 家风。即"门风",指"一家的传统作风、风尚。"如庾信在《哀江南赋序》中说:"潘岳之文采,始述家风";陆游在《书感》中说:"烟蓑雪笠家风在,送老湖边一钓矶"。③

4. 家学。即"家传之学",如"式少专家学"④,苏轼在《刘壮舆长官是堂》中说:"刘君有家学,三世道益孤"⑤。

5. 家法。有两种含义:一是"汉儒治经学,训诂句读皆由口授。师之所传,徒之所受,一字不敢出入,是为'师法'。后来五经博士曾至十三家,每家又有各自的'家法',所以,'家法'本出自经学"⑥,所谓"于是立五经博士,各以家法教授"⑦;二是"旧时家长统制家族、训饬子弟的法规",如"既以民望所宗,造次必存礼法,凡动止施为,及书翰仪体,后人皆依仿之,谓之'王太保家法'"⑧;还如:"先是,韩休家训子侄至严,贞元间言家法者尚韩穆二门云。"⑨三是"旧时家长责打女奴仆的用具。"如李渔在《蜃中楼·抗姻》中所说:"叫丫鬟取家法过来,待我赏他个下马威。"⑩

6. 家范。则是指"中国古代家庭教育的读物。"⑪

7. 家道。即"治家之道",如《易·家人》:"父父,子子,兄兄,弟弟,夫夫,

---

① 张艳国:《家训辑览·前言》,武汉大学出版社2007年版,第1页。

② 辞海编辑委员会:《辞海》,上海辞书出版社1999年版,第2761页。

③ 辞海编辑委员会:《辞海》,上海辞书出版社1999年版,第2760页。

④ [唐]李延寿:《北史·卷三十四·列传第二十二》,中华书局2000年版,第843页。

⑤ 辞海编辑委员会:《辞海》,上海辞书出版社1999年版,第2760页。

⑥ 费成康:《中国的家法族规》,上海社会科学出版社2016年版,第7页。

⑦ [宋]范晔:《后汉书·卷七十九上·儒林列传第六十九上》,中华书局2000年版,第1717页。

⑧ [梁]沈约:《宋书·卷四十二》,中华书局1974年版,第1322页。

⑨ [宋]欧阳修、宋祁:《新唐书·卷一百六十三·列传第八十八》,中华书局2000年版,第3900页。

⑩ 辞海编辑委员会:《辞海》,上海辞书出版社1999年版,第2760页。

⑪ 辞海编辑委员会:《辞海》,上海辞书出版社1999年版,第2760页。

妇妇而家道正。”也指“家庭经济状况”，如“陈亡，随例入长安。家道壁立，所生母患，欲粳米为粥，不能常办。”①

8. 家书。即是家信的代称，是家人之间传递讯息的一种交通手段。孔安国《尚书序》中有：“及秦始皇灭先代典籍，焚书坑儒，天下学士，逃难解散，我先人用藏其家书于屋壁。”这被学者认为是“家书”称谓的最早出处，这里的“家书”是家中藏书的意思，而最早有家信之意的“家书”范畴的出现，应在曹丕《典论·太子》中：“余蒙隆宠，忝当上嗣，忧惶踧踖，上书自陈。欲繁辞博称，则父子之间不文也；欲略言直说，则喜惧之心不达也。里语曰：‘汝无自誉，观汝作家书’，言其难也。”②当然，具有家信意义的交通往来，则可以追溯至更为久远的时代。

以上八种家庭教育形式和载体常见于有关家庭教育的研究中，对它们内涵和外延的把握，有助于我们对有关问题形成明晰的认识。

（四）儒家家庭教育思想

明人张一桂认为：“三代而上，教详于国；三代而下，教详于家。非教有殊科，而家与国所繇异道也。”③说的是教育从“学在官府”逐渐深入普通家庭的历史，儒家也创生于官学下移的时代，儒家创始人孔子还是先秦时期促成教育社会化的重要代表人物，《论语》不仅记载了他的私学教育实践，还记录了他的家庭教育的诸多案例和言论。孔子以后，家庭教育开始受到社会范围内的重视，形成了一系列关于家庭教育的基本主张，后人在此基础上进行家庭教育并结合社会历史实际丰富了儒家家庭教育的理念。

“人是家庭的人，社会的人。人只有在家庭之中才能生长为人。家庭给与了人生命，使人认识到本身的价值，存在的美好，有了生存的欲望，生存的意义，人的意义。”④这样的家教理念是儒家思想中最为光彩的内容，具有跨越时代的恒久意义。中国古代“家国同构”，国是放大了的家，家是微型的国：“家

---

① ［唐］李延寿：《南史·卷六十二·列传第五十二》，中华书局2000年版，第1021页。

② 王人恩、黄强：《中国家书精华·前言》，甘肃教育出版社2001年版，第3页。

③ 张国刚主编：《中国家庭史》（隋唐五代时期），人民出版社2013年版，第325页。

④ 刘烈：《重构孔子：历史中的孔子与孔子心理初探》，中国国际广播出版社2011年版，第325页。

庭成了个体的生存、种族的绵延、子女的扶育、人格的发展、道德的维系、文化的传递以至国家的建立、社会秩序的维护的基础。”①儒家作为传统中国最具有影响力(从整体上看)的学术文化派别,自创始以来以重视血缘亲情为理论旨趣,尤为重视家庭伦理道德等一系列涉及家庭教育的问题,并随着社会历史的发展和变迁,儒家家庭教育思想也不断地发展,形成了自身的理论特质和规律性的思想线索。儒家家庭教育思想形成了内容丰富的体系,如优生思想、胎教理论、优育思想、养护理论、优教思想、早教理论、差异理论、环境理论、示范理论、知性理论、时效理论、教化理论等②。这些思想观点有着特定的内涵,需要通过探索加以呈现,并作出有益的借鉴。《中国大百科全书·教育》认为传统家庭教育“以封建家庭的所有成员为对象,教诫他们遵守封建的道德准则和伦理关系,以及治家的方法等”③;并认为历史上的诸多“家训”、“家范”、“家诫”、“家教”都是传统家庭教育方面的著作;认为在小农经济社会,家是社会的基层组织,而修齐治平的人生轨迹就意味着“家长首先按照封建的伦理标准,修养自己的身心,然后以身作则教育全家的人。只要一家人教育好了,推而广之,便可以影响一方,一国”;认为传统家庭教育尽管重男轻女、男女异教,“培植子女成为封建社会的忠臣孝子,贤妻良母”,但“重视子女的家庭教育,有许多思想、观点还是可取的。”如“正本”与“胎教”、早教、强调环境感染的思想、爱教结合的思想,认为要用“正道”引导子女的思想,认为教育子女应该“因材施教”和循序渐进的思想等。这种正反两方面的认识为我们探究儒家家庭教育思想提供了可资借鉴的思路。

家庭生活极其广泛,这就决定了儒家家庭教育思想也是包含诸多内容的,儒家家庭教育思想不只是“经过儒家整理、抽象和演绎的家庭伦理和道德规范”。有学者就指出:“家庭教育,除向家庭子弟灌输为人处世之道——即伦理规范、道德观念、社会礼节等之外,还要传授文化知识和生产、生活技能。与

① 冯瑞龙、詹杭伦主编:《华夏家训·序三》,天地出版社1995年版,第6页。

② 熊少严、戴双翔:《社会变迁中的家庭教育》,广东科技出版社2009年版,第18—40页。

③ 中国大百科全书总编辑委员会《教育》编辑委员会:《中国大百科全书·教育》,中国大百科全书出版社1985年版,第533页。

学校教育相比，家庭教育的内容事实上可能更丰富一些。”①这种说法可以在有“古今家训，以此为祖”之称的《颜氏家训》中得到印证。《颜氏家训》由二十篇专论构成，依次分别是《序致》、《教子》、《兄弟》、《后娶》、《治家》、《风操》、《慕贤》、《勉学》、《文章》、《名实》、《涉务》、《省事》、《止足》、《诫兵》、《养心》、《归心》、《书证》、《音辞》、《杂艺》、《终制》。涉及家庭生活的方方面面，作为我国历史上第一部完整、系统的家庭教育著作，既继承了此前的家庭教育思想，也发展了此前的家庭教育思想，也为后世家庭教育奠定了模型。

儒家家庭教育思想保存在儒家的经典和后学的著述之中，其中“五经四书”奠定了儒家家庭教育的基本格局，这些典籍大都诞生于先秦时期，与这一时期简单的家庭生活相适应，这些典籍中较多地在讨论家庭成员的道德伦理规范，这也是儒家家庭教育的核心所在，但是随着社会的发展，家庭结构、模式的变化，家庭生活也变得多样化，后世学者适应变化了的家庭生活，并从所处的时代背景出发提出了很多治家、持家、教育家庭成员、族众的有益见解，并在日常的家庭生活和社会生活中践行这些思想理念。这部分内容对于丰富和完善儒家家庭教育思想有着重要的价值。由此，也能看出儒家家庭教育思想开放、发展、与时俱进的一面，这也为儒家家庭教育思想更好地服务社会发展提供了宽广的道路。

儒家家庭教育思想从其赖以产生并发展的社会现实出发，强调个人、家庭、社会、国家的整体关联性，这种关联性集中概括在儒家经典《大学》中，即：

> 古之欲明明德于天下者，先治其国；欲治其国者，先齐其家；欲齐其家者，先修其身；欲修其身者，先正其心；欲正其心者，先诚其意；欲诚其意者，先致其知，致知在格物。物格而后知至，知至而后意诚，意诚而后心正，心正而后身修，身修而后家齐，家齐而后国治，国治而后天下平②。

儒家的这种家国理念把个人的道德修养和家庭的幸福安康以及社会的理想作为相互关联的对象来考察，这种家庭教育思想使得家庭教育在具体的实践中把家国情怀作为家人、子弟、族众教育的重要内容，所谓“自天子以至于庶人，

---

① 张国刚主编：《中国家庭史·绪论》（先秦至南北朝时期），人民出版社2013年版，第20页。

② 《大学·中庸》，王国轩译注，中华书局2006年版，第4页。

壹是皆以修身为本”，这就使得家庭教育成为社会各阶层普遍重视的社会文化现象，上至王公贵族，下至普通百姓，尽管可能由于时代原因或者社会地位所导致的家庭具体情况的差异，但是在整体上都可以纳入这样的教育纲领当中，学者就此论说道：“家庭教育是在一家一户中进行的，这就容易被看作是家庭私事而不被重视，儒家则把家教与治国平天下联系起来。”①

祝瑞开在《中国婚姻家庭史》一书中谈到五四以来对儒家的批判浪潮时指出：“实际儒家对我国婚姻、家庭的发展曾起了积极的进步作用，对我国民族的发展作出了重要贡献。”②这里“积极进步作用”的发挥自然是同儒家重视家庭教育的传统分不开的。当然，儒家家庭教育思想当中有很多糟粕性的东西，但对这部分内容需要以科学的态度进行整理之后并加以取舍，不能大而化之地对其进行评价，也不能不加分析地随意采用。

儒家家庭教育在中国历史上的影响是深远的，即便是儒学式微的时代，家庭教育仍是促成儒学社会化的中坚力量，如魏晋南北朝时期，玄学盛行儒学正统地位不再，但正是在这个年代，却出现了大量的世家大族，这些家庭通过严格的家庭教育，用儒家的人伦道德理念整肃门内，使得家族在动荡的年代得以保全、发展、壮大，甚至对这一时期社会政治经济文化等都产生了重要影响。学者就指出：“中古士族传承十数代，绵延数百年，房支众多，如果没有一套宗族戒律或规范，那是很难维护宗族和睦的。从当时家训的总体情况看，其共同的特征是培养世族子弟‘能具孝友之内行’，这便决定了士族社会家教的核心内容是伦理道德规范。过去有一种肤浅的看法，以为中古玄学思潮带来了人性的解放，摧垮了汉代的礼法传统……但这并非当时世家大族文化的主流，当时有教养的士族为维系家族，十分注意以礼整齐家族秩序，形成了普遍的风气。”③而对于儒家家庭教育的作用，余英时先生的评价更高，他在评论中古士风时认为士人“正心修身之资，老、释二家亦夺孔孟之席”，也就是说士人大都崇尚玄言道语，然而，“唯独齐家之儒学，自两汉下迄近世，纲维吾国社会者越二千年，固未中断也。而魏晋南北朝则尤以家族为本位之儒学之光大时代，盖

① 马镛：《中国家庭教育史》，湖南教育出版社1997年版，第220页。

② 祝瑞开：《中国婚姻家庭史》，学林出版社1999年版，第8—9页。

③ 王永平：《六朝家族》，南京出版社2008年版，第442页。

应门第社会之实际需要而然”①。余先生一则指出了魏晋南北朝时期儒家家庭教育的特殊地位,另则指出了儒家家庭教育从古至今的深远影响。

最后要强调的是,儒家是有自我革新精神的,所谓“殷因于夏礼,所损益可知也;周因于殷礼,所损益可知也;其或继周者,虽百世可知也。”②包括儒家家庭教育思想在内的儒家思想也是随着社会历史条件的发展而因时而动的,这种思想的变化也体现在具体时代的家庭教育中,这种变动本身具有深远的理论意义。学者指出:“儒家家庭伦理的基础奠立甚早,在历史发展中,历代儒者对家庭的本质,家庭的组成形式,家庭生活的各个方面特别是冠婚丧祭等,都发展出系统的解释,形成了定型的家庭伦理规范。但儒家伦理是不断发展变迁的,从孔子对古礼(包括家庭伦理)的损益,到历代思想家对不适应当时家庭发展变迁的伦理内容的因革,一直到当代思想家主张对儒学进行创造性转化,儒家的家庭伦理仍然处在变迁之中。”③时下,在倡导文化自信的社会热潮中,相信对于包括儒家家庭教育思想在内的优秀传统文化的弘扬会迎来新的高潮,发扬儒学本身就有的创新应世精神和学以致用精神,对儒家家庭教育思想作系统全面的整理,去粗取精,以使这一民族文化中的宝贵精神财富造福当下,显得尤为迫切和重要。

---

① 余英时:《士与中国文化·汉晋之际士之新自觉与新思潮》,上海人民出版社 1987 年版,第 398—399 页。

② 杨伯峻:《论语译注·为政》,中华书局 2010 年版,第 29 页。

③ 张学智:《〈颜氏家训〉与现代家庭伦理》,《中国哲学史》2003 年第 2 期。

第一章 儒家家庭教育思想的发展历程

儒家家庭教育思想伴随着社会历史的发展也有一个形成、发展、完善的过程。在不同的时期,儒家家庭教育亦显现出不同的时代特征。同一历史时期的家庭教育在方式、内容等方面也因人、因家而异,不同历史时期更是由于时代大背景的不同,呈现出明显的差异。本章从对家庭教育历史发展脉络的梳理当中展现儒家家庭教育思想的流变,有助于加深我们对儒家家庭教育思想理论特质的把握和了解儒家家庭教育思想的全貌。

第一节 先秦时期:儒家家庭教育思想的形成

儒家学说诞生于先秦时期,该时期的贵族家庭教育具有浓厚的血缘宗法色彩。儒家家庭教育思想也在这一时期得以萌生,"五经四书"形成的儒家思想格局亦奠定了儒家家庭教育思想的雏形,儒家家庭教育的基本理念逐渐确立,对后世家教具有基石性意义。儒家创始人不仅有对家庭教育的相关专门论述,且已自觉开展了家庭教育。

一、周公家教:以《康诰》、《大诰》与《酒诰》为中心

周公,即姬旦,为周文王之子,武王之弟,成王之叔父,史料记载:"武王即位,旦常辅翼武王,用事居多"①,即是肯定了周公对周朝之建立具有重要的作用。武王去世后,周公辅佐年幼的成王,"代成王摄行政当国"②,平定了"三

① 司马迁:《史记·卷三十三·鲁周公世家第三》,中华书局2000年版,第1269页。
② 司马迁:《史记·卷三十三·鲁周公世家第三》,中华书局2000年版,第1271页。

监之乱”,对周初稳定局面的形成作出了贡献,终使“诸侯咸服宗周”。《尚书大传》中对此指出:“周公摄政,一年救乱,二年克殷,三年践奄,四年建侯卫,五年营成周,六年制礼作乐,七年致政成王”①。周公也因功被封为鲁公:“成王以周公为有勋劳于天下,是以封周公于曲阜,地方七百里,革车千乘,命鲁公世世祀周公以天子礼乐。”②周公在辅政期间,代成王摄行国政,继承文王和武王的遗志,“改正朔,立宗庙,序祭祀,易牺牲,制礼乐,一统天下。”③西周实行封建宗法制度,家国一体,周王是大宗,各诸侯为小宗,周天子既是天下共主,也是天下大宗。周天子一方面禀受天命统治天下,另一方面则还行使封建家长的权利来教育管理同姓诸侯,这使得周公在辅政期间代表成王实施的一系列治理国家的举措具有了家庭教育的性质。《尚书》中的《康诰》(康叔受封在殷地,周公对康叔的训诫)、《大诰》(为周公平定管叔、蔡叔等的叛乱后,对国家面临的困难的说明和对反对派进行的说服教育)、《酒诰》(为周公告诫康叔避免腐化堕落的说教)等就是周公辅政期间发布的诰命,这些诰命的受教者大都是周王室的同姓诸侯,核心内容是“对夏、商、周先王得失天命经验的总结及对周今王谨守天命的告诫”。通过对这些文献思想脉络的梳理,就可总结出周公家教的主要内容。

(一)敬天保民。君权天授是夏商周维护统治的精神支柱。夏商周都崇奉天命(在周公的诰命中多用“帝”、“上帝”等的称谓),把君权看作是上帝的授受,但夏商之变和殷周之变使“惟命不于常”④的观念渐为人所熟知,这意味着上帝所授受的天命并非是一成不变的,统治的长久与否与人的因素有重要的关系。从《尚书》的有关记载可以看出,夏秉承天命,然而,“有夏不适逸”,夏人不能节制自己的放纵行为,“则惟帝降格,向于时夏”,上天便降下深知天命的人以教导夏人弃恶从善,但夏人不听从上帝的训教,变本加厉,“大淫泆有辞”,轻慢上帝的训示,以至于上帝出于惩罚废弃了夏所受的天命。殷商之

① 《尚书大传》,见《四库全书总目·卷十二·经部十三·书类存目一·尚书大传》。

② 《礼记正义·明堂位》,郑玄注,孔颖达正义,吕友仁整理,上海古籍出版社2008年版,第1262—1263页。

③ 《尚书大传》,中华书局1985年版,第97页。

④ 《尚书·康诰》,王世舜、王翠叶译注,中华书局2012年版,第195页。

所以丧亡,也是因君主不能节制自己的奢欲,终为上帝废弃而将天命改授于周。周公认为周之所以取代殷并非是周人自求、自取的结果,他说:“非我小国敢弋殷命,惟天不畀允罔固乱,弼我,我其敢求位? 惟帝不畀,惟我下民秉为,惟天明畏”,只是因上帝不把天命交给胡作非为的人,而正是在上帝的辅助下,周人才禀受上帝的意旨行事取代了殷商。从政权天(帝)授的角度出发,周公教导同姓诸侯一定要“敬天”。周公曾对召公(姓姬名奭,周公之同宗兄弟)说:“天寿平格,保乂有殷,有殷嗣,天灭威”,认为上天把统治人民的权利交给了深知天命的人,而殷商君王却蔑视、背弃了上天的威严,进而招致灭亡,他希望召公要吸取历史教训敬畏天命,治理好刚刚建立的国家。周公说:“今惟殷坠厥命,我其可不大监,抚于时”,也是希望其弟康叔能够吸取前代灭亡的经验教训,励精图治不废天命。夏商周的易代使周公认识到较之于不可知的天命,民意具有更为重要的意义,他说:“天畏棐忱,民情大可见”,故将民意看作为上天是否诚心辅助国运的表现,这就使得“保民”在确保国祚绵延过程中的地位突显。周公对康叔(姓姬名封,周公之弟)说:“若保赤子,惟民其康乂”,要像呵护小孩一样关爱百姓,以此求得国固邦宁;“用康乂民作求”和“用康乂民”则是希望康叔通过治理好属地人民以实现封国的安康。周公教导同姓诸侯要“保民”,要重视民情、民意,他说:“天视自我民视,天听自我民听”,认为上天是根据民情来决定天命的授受。“人,无于水监,当于民监”,要求享有封国的诸侯要关心人民疾苦。从这样的立论出发,周公还希望康叔不要杀掉属地内旧有的手工业者及管理他们的百工,即使他们依然保留前代的奢靡之风,他仍奉劝康叔用教育的方式使他们改过迁善,使之服务于属国的发展①。

(二)明德慎罚。“皇天无亲,惟德是辅”。周革殷命,使得人们不得不反思作为拥有天命一方的殷商何以为西方小国周所取代,这种政权统治合法性的来源到底在那里? 这也是包括周公在内的周室贵族和新兴贵族亟需为人们尤其是殷商遗民解释的问题。这个问题不解决,就意味着埋下了不稳定因素(周初的殷民作乱就突显了这个问题)。周公从以往既有的政权天授出发,对

① 《尚书》,王世舜、王翠叶译注,中华书局2012年版,第197页。

此做了解释,认为周之所以取代殷商,就是因殷商无德而周有德,突出了“德”的重要性:“惟不敬厥德,乃早坠厥命”,而“自成汤至于帝乙,罔不明德恤祀”,正是因为从成汤到帝乙的商王能够“明德”才成就了殷商的功业。《尚书·多士》中也说:“惟天不畀不明厥德,凡四方小大邦丧,罔非有辞于罚。”是说上帝不会把天命交给无德之人,正是因为丧德才终致国家无论大小最终灭亡。周公在《康诰》中说:“惟乃丕显考文王,克明德慎罚;不敢侮鳏寡,庸庸,祗祗,威威,显民……惟时怙冒,闻于上帝,帝休,天乃大命文王。殪戎殷,诞受厥命越厥邦民。”在周公看来,文王能够尊崇道德、谨慎地使用刑罚,同情怜悯鳏寡孤独,用人得当,尊重贤人,惩罚邪恶者,让人民了解施行的治国之道,正是文王勤勉的德行为上帝所知,上帝才命令文王灭掉殷商,接受天命建立新邦。故他反复强调要继承文王之德政:“我道惟宁王德延,天不庸释于文王受命”,只有继承文王之德,上天才不会舍弃文王所受的天命。周公一方面强调先王的德行、德政,另一方面也提倡姬姓诸侯要学习殷商先王重德的治国传统:“爽惟民迪吉康,我时其惟殷先哲王德,用康乂民作求”,教导他们通过学习历史经验实现民治国安。周公教导同姓诸侯要加强道德修养,这种道德修养大体包括“勤政”、“节性”、“惠爱”①。从“明德”的思想出发,周公强调要任用贤德之人,周公在对召公的诰命中指出,文王之所以禀受天命并通过修德把天下治理的好,就在于他能任用虢叔、闳夭、散宜生、泰颠、南宫括等贤能之人,“无能往来,兹迪彝教,文王蔑德降于国人”,若不是他们的得力辅佐,宣扬德教,文王的美德就不会为人所称道,则是在告诫召公要效法文武之道,任用贤德之人。周公强调“明德”,也要求百姓修养自己的德性,若“我民用大乱丧德”,上天降下惩罚就是因民众犯上作乱,丧失了他们应该遵守的道德,而对于人民而言“不孝不友”是不可饶恕的罪行,周公一再教导同姓诸侯对犯罪之人要“慎罚”,即谨慎地使用刑罚。《康诰》就记载周公要求康叔学习殷商圣王之治国之道,特别强调学习殷商刑法的重要性,周公说:“外事,汝陈时臬,司师,兹殷罚有伦”,即是要求康叔对治下的遗民宣布他是按照殷商旧有的刑法准则来治理他们的。他希望康叔不要以自己的意旨随意使用刑罚,“蔽殷彝伦,用其

① 宰堪生、李学林:《周公评传》,四川大学出版社 2005 年版,第 161 页。

义刑义杀”，而运用殷商刑法时一定要坚持应该受到惩罚的一定要加以惩罚，应该要杀掉的就一定要杀掉的原则，对于犯罪之人的供词一定要慎之又慎地加以审察：“要囚，服念五六日，至于旬时，丕蔽要囚”，即是要康叔经过长时间的审察最终裁决案件，不能轻易而为①。审理处罚罪犯，要分清是否为有意犯罪，故意犯罪者屡犯不改，要严刑处罚，而悔罪改过者则要宽大处理：“人有小罪，非眚，乃惟终，自作不典，式尔，有厥罪小，乃不可不杀。乃有大罪，非终，乃惟眚灾，适尔；既道极厥辜，时乃不可杀。”值得一提的是，周公十分强调对于不遵家庭伦理之人要严惩不贷，将之视为“元恶”，对于类似行径周公主张要果断迅速裁决，所谓“乃其速由文王作罚，刑兹无赦”，按照先王成法不得宽恕。

（三）无逸戒奢。这方面的训教意在教导同姓诸侯和统治者避免腐化堕落，相关言论集中在《康诰》、《酒诰》、《无逸》等篇中。周公认为殷商的先王中宗、高宗、祖甲等都能按照天命的要求做事，严肃谨慎勤于政务，知稼穑之苦和小民之不易，所以都不贪图安逸，他们统治时期国泰民安，而后继之君逐渐丧失了这些品德，以致于到末代君主时奢靡腐化而亡国，他说：“于先王勤家？诞淫厥泆，罔顾于天显民祇，惟时上帝不保，降若兹大丧。”正是由于殷商后继君主沉迷于饮酒作乐之中，不去成就上帝降给他的天命以建功业，置上天的教导和人民的疾苦于不顾，不敬上帝、不思悔改、纵欲无度，失去了应有的威仪，带坏了社会风气，众叛亲离自取灭亡，终被上帝所抛弃。周公在《酒诰》中亦表达了同样的认知，他说：“我闻亦惟曰：在今后嗣王，酣，身厥命，罔显于民祇，保越怨不易……弗惟德馨香祀，登闻于天；诞惟民怨，庶群自酒，腥闻在上。故天降丧于殷，罔爱于殷，惟逸。天非虐，惟民自速辜。”所以，他教导年幼的成王要吸取历史的教训勿要贪图安逸。周公在《无逸》开篇即说：“君子所其无逸”，认为统治者不能贪图安逸，而要知人事艰辛以自律：“先知稼穑之艰难，乃逸，则知小之依”，只有明白了种田人的艰辛之后才能在安逸的条件下体恤下民不忘生民之苦。周公以文王从事诸如整修道路、耕种土地等卑贱劳作使百姓安居乐业，终禀受天命的事迹来教导成王效法先王不贪图享乐的品

① 《尚书》，王世舜、王翠叶译注，中华书局2012年版，第187—188页。

德,故他要求成王“无淫于观、于逸、于游、于田,以万民惟正之供”,即不要把万民进贡的赋税浪费在过渡的游玩享受和田猎上①。周公教导成王要以殷商的中宗、高宗、祖甲、文王为学习的榜样,“嗣王其监于兹”,学习他们乐于听取别人的批评意见,并能对照检查改正失误的优良品德,及时纠正自身存在的问题。周公不仅要求成王戒奢戒淫,他还要求姬姓诸侯加强自我约束,《酒诰》就是周公专论饮酒以教导康叔及同姓诸侯戒酒去奢的诰命。在周公看来,只有祭祀的时候才能用酒,平时不可肆意饮酒。他从历史的经验中认识到:天之所以降威就在于“罔非酒惟行”和“罔非酒惟辜”,即是因饮酒过度导致悖德乱行,而“德将无醉”则是他要求人们饮酒时要按照德行的要求切莫喝醉。周公还希望人们都能够遵照先王彝训以戒酒,他将“尚克用文王教,不腆于酒”看做周人所以取代商而受命的重要原因,希望人们继承这种传统。周公认为纵情饮酒而导致的危害比贪图享乐还要严重,所以他要求百官臣僚都要兢兢业业各司其职,切不可饮酒作乐荒废政务。他要求人们“刚制于酒”,即都要强行戒酒。他还对康叔指出,如若属地内有聚众饮酒者一定要严肃处理。在《酒诰》一文的最后,周公语重心长地说:“汝典听朕毖,勿辨乃司湎于酒”,希望康叔一定要听从自己的教诲,使治下的臣民不要以饮酒为乐事。

周公的家教具有浓厚的血缘宗法意味,在典型的“家国一体”时代,这些家庭教育思想则与贵族统治阶层的政治活动紧密相关。周公被认为是早期儒家思想的重要贡献者,周公家教中的“明德慎罚”等德性主义文化被以孔子为代表的儒家所继承,形成了儒家重德的家庭教育传统。周公“敬天保民”、“无逸戒奢”的训教,也是后世帝王宗室家教中的民本思想和帝王修身思想的重要内容。

二、孔子家教

孔子是儒家的创始人,其家庭教育思想的写作自然是“儒家家庭教育思想研究”的重中之重,但考虑到在写作“儒家家庭教育思想”的具体过程中,会在不同的章节援引孔子有关家庭教育的相关论述,故为避免重复之嫌,在这里

① 《尚书》,王世舜、王翠叶译注,中华书局2012年版,第259页。

不对孔子的家庭教育思想作全面的梳理,而是从整理挖掘家庭教育文献、材料的角度入手,来探讨孔子家庭教育思想的研究过程中未被人们所关注的有关孔子家庭教育思想的内容,以此来展示孔子家庭教育思想的丰富多样。这部分思想元素和本书写作过程中提到的孔子关于家庭教育的论述共同构成了孔子完整的家庭教育思想。需强调的是,从《论语》一书来看,孔子的家庭教育思想系统而全面,既有思想的阐述,也有具体的实践,一个特点就是突出道德教育。《论语》中提到了很多的道德科目,如仁、义、礼、智、信、温、良、恭、俭、让、忠、孝、弟(悌)、等等,"这些德目被罗织在以'仁'为核心、以'礼'为形式的网络中,形成为一种道德形上学体系。"①孔子的家庭教育方法则倡导言传身教、学思结合,倡导克己修身、见贤思齐,倡导博学约礼、躬行有恒等,这些方法与他的教育实践相结合,取得了积极的成效。

前孔子时代,"非天子,不议礼,不制度,不考文"②,故孔子说他"述而不作",《论语》一书也并非出自孔子本人之手,这种状况说明了"学在官府"的社会文化现象。所以,我们看到此前的家庭教育文本大都涉及贵族阶层的家庭教育。孔子首创私学打破了这一限制,此后,加速了学术文化的下移,更多的普通家庭的教育活动现象逐渐显现并为人所关注,孔子的家庭教育活动也是这种历史背景下的产物。学者在选取关于孔子家庭教育文献时大都会择取《论语·季氏篇》中关于"孔鲤过庭受训"的典故。这是关于孔子进行家庭教育的最确切的记载。其文为:

陈亢问于伯鱼曰:"子亦有异闻乎?"

对曰:"未也。尝独立,鲤趋而过庭,曰:'学《诗》乎?'对曰:'未也。''不学《诗》,无以言。'鲤退而学《诗》。他日,又独立,鲤趋而过庭,曰:'学《礼》乎?'对曰:'未也。'不学《礼》,无以立。'鲤退而学《礼》。闻斯二者。"

陈亢退而喜曰:"问一得三,闻《诗》,闻《礼》,又闻君子之远其子也。"

① 安德义:《论语解读·序》,中华书局2007年版,第3页。
② 《大学·中庸》,王国轩译注,中华书局2006年版,第122页。

这一段文字家庭教育的色彩十分浓厚,是孔子教育其子——孔鲤的真实记载。从中可以看出孔子教育儿子的基本梗概,也能体会到孔子在教育学生和自家子女上"吾无隐乎尔"的坦诚布公。与此相关,《论语·阳货篇》中还记载了另一条与此相关的材料。说的是:

> 子谓伯鱼曰:"女为《周南》、《召南》矣乎?人而不为《周南》、《召南》,其犹正墙面而立也与?"

上一则材料显示了孔子教儿子要多读《诗经》,多学《礼》,这一章承接上一章,强调了要重点学习《诗经》中的《周南》、《召南》篇的重要性。两则材料共同揭示了孔子家庭教育中"一以贯之"的"诗教"特质。

此外,《论语》中还有数则与家庭教育有关的文献资料,如《公冶长篇》中就记载了两则关于孔子择婿的故事:

> 子谓公冶长:"可妻也。虽在缧绁之中,非其罪也。"以其子妻之。
>
> 子谓南容:"邦有道,不废;邦无道,免于刑戮。"以其兄之子妻之。

前一则材料是孔子嫁女,后一则材料则是孔子嫁侄女。这两则材料可以看出孔子在子女择偶嫁娶问题上重德行而轻行迹的倾向,是一种开明的婚嫁观,也间接展现出孔子之伟大。

《论语》还有若干材料,都可以作为孔子家庭教育思想的表达。如《为政篇》中讲:

> 吾十有五而志于学,三十而立,四十而不惑,五十而知天命,六十而耳顺,七十而从心所欲,不逾矩。

这一则材料明显是孔子晚年言行的记录,联系到孔子晚年归鲁后被尊为国老,在家著述编修文献的事迹,可以想见,在家颐养天年的孔子回顾自己的一生,对包括子女在内的众人讲述了其一生道德学业精进的过程,勉励子弟们要好学不倦,具有勉励后进的深意。

《论语》中关于孔子家庭教育的思想是具体而微的,如《子路篇》中孔子评价卫公子荆的话,就间接地揭示了孔子的"知足常乐"的治家理念。原文是:

> 子谓卫公子荆:"善居室,始有,曰:'苟合矣'。少有,曰:'苟完矣'。富有,曰:'苟美矣'。"

孔子十分赞赏卫公子荆居家之道,认为他在家中东西逐渐多起来时就已经知道满足了，而到了结余富足后则就十分知足了，再等到盈实之后就认为已经完美了。通过孔子之口，我们看到了卫公子荆在居家方面“欲而不贪”——不过分奢求的持家风范。孔子此语其实是在夸奖卫公子荆知足而乐的治家之道。这与道家所谓“祸莫大於不知足，咎莫大於欲得，故知足之足常足矣”[①]表达了相近的诉求。《围炉夜话》中说：“读《论语》公子荆一章，富者可以为法”[②]，就是教那些生活条件优于他人的人应该学习卫公子荆知足而乐的持家、居家态度。

《论语》中还有一则材料则表明了孔子在家庭成员关系上的“亲亲”原则，材料如下：

> 叶公语孔子曰：吾党有直躬者，其父攘羊，而子证之。孔子曰：吾党之直者异於是，父为子隐，子为父隐，直在其中矣。

孔子从血缘亲情的角度出发，认为家庭成员之间应该相互容隐过错，“大义灭亲”以至损害家人之间血缘关系的做法并不为孔子提倡。

《论语》中还有一则记录孔子思想的材料，作者认为可以从家庭教育的角度来理解，而这种理解还使材料本身焕发出新意。这则材料就是《阳货篇》中记载的：

> 子曰：“唯女子与小人为难养也。近之则不孙，远之则怨。”

这则材料大都被看做是孔子诋毁女性的罪证而受到批判。这则材料若从家庭教育的角度来理解就会有新的意蕴，而这种意蕴莫过于熊贤君在《中国女子教育史》一书中将之与孔子所说的“困而学之”相连所作的阐释。熊贤君认为“‘难养’之因，是她们‘困而不学’。……孔子将女子与小人并提，实际上并不是谩骂、咒语，不是把广大女性诬为‘无德之人’。孔子的本意无非是将女子驱逐出‘唯上智与下愚不移’的‘上智’之列，而使之与‘下愚’为伍……孔子‘唯女子与小人难养也(原文误写为“唯女子与小人为难养也”，作者注)’之语，便表征着女子地位的变化及随之出现的受教育权的失落。”[③]具体到家庭教育，则可以将之理解为是对女性教育重要性的强调，反映的是女子在古代受

① 罗义俊：《老子译注》，上海古籍出版社 2012 年版，第 48 页。

② [清]王永彬：《围炉夜话》，乙力编译，三秦出版社 2008 年版，第 45 页。

③ 熊贤君：《中国女子教育史》，山西教育出版社 2009 年版，第 16 页。

教育权受到不公正待遇的社会现实。这种阐释使得文本焕发出新的思想内涵,对阐释《论语》的丰富思想还具有启示意义。《论语》中把弟子称为“小子”的并不少见,教导弟子(包括孔鲤在内)都要学做君子,勿要学小人,即便就是学习儒家,也要做“君子儒,无为小人儒”。考虑到《论语》中的这些思想因素,前引孔子之语还可具体地理解为是对普通人和幼女难以教育的强调:过于亲近就会行为乖张随意,过于疏远则就会导致埋怨。所以,教育一般人和幼女都要保持一定的距离感,这样的理解实则是要人们掌握好“严而有慈”的家庭教育方式。

值得一提的还有《孔子家语》一书,从字面来看该书是孔子留给家人的语录,虽然被后人认为并非出自孔子之手,但作者认为,即便是后人伪做,也不可能全是空穴来风的杜撰,《论语》一书(尤其是后十篇)也多被人认为是后人整理而成,但也被认为是孔子思想的写照。同样的道理,《孔子家语》中的某些内容应该是有出处的,如果能对这部分内容做一详细的梳理,与《论语》中的孔子思想相联系,或许能进一步丰富孔子的家庭教育思想。

此外,《论语》中的一些篇章,也为我们了解先秦时期的家庭教育思想提供了素材,如《微子篇》中记载:

> 周公谓鲁公曰:“君子不施其亲,不使大臣怨乎不以。故旧无大故,则不弃也。无求备于一人。”

本章就思想内涵而言是说作为一国之君用人不能独偏亲属,不要使大臣们产生怨愤。老臣们没有什么大的错误就不要罢免,更不要做事求全责备于一人。但从这里言说双方的身份来看,则属于帝王家庭教育的范畴。这里的鲁公是鲁国的首任君主——伯禽,即周公的儿子(周建立之后“分邦建国”,对周室宗亲、贵族以及勋臣大肆分封,周公之子即是鲁国首任君主),这一章记载周公向其子传授治国理政的经验,对于研究周公家庭教育思想具有重要的价值。《尚书》中记载了很多周公在辅政期间教育宗室人员的事迹,《论语》中的这则记载则是周公教诫儿子的有力佐证。这则材料与《诫伯禽书》一道为我们展示了周公教子的基本面貌。《诫伯禽书》一文如下:

> 君子力如牛,不与牛争力;走如马,不与马争走;智如士,不与士争智。德行广大而守以恭者,荣;土地博裕而守以险者,安;禄位尊盛而守以卑

者，贵；人众兵强而守以畏者，胜；聪明睿智而守以愚者，益；博文多记而守以浅者，广。去矣，其毋以鲁国骄士矣！

这则材料是周公教儿子要虚怀若谷、戒骄戒躁，加强自身道德修养的说教，注重的是个人内在素养。《论语》中记载的周公教子的材料则是周公治国理政经验的传授，强调的是具体施政的方法。这两则材料相互配合，有助于我们了解周公的家教思想和政治思想。

《论语》中的诸多章节为我们了解孔子的家庭教育思想及此前的有关家庭教育理念提供了文献依据，尽管这一时期“家庭教育文本缺乏”，但通过对留存的有关文献的整理，可以挖掘出传达该时期家庭教育思想的新的材料。这些材料往小里看只是就具体问题的表述，但当我们放在论者整个思想体系中来作观察时，就会焕发出新意。这样的尝试无疑是有助于我们了解和掌握早期儒家家庭教育思想的精神面貌，对于丰富和完善先秦儒家家庭教育思想是有益的。

三、儒家家庭教育思想的基本经典：“五经”与“四书”

“夫圣贤之书，教人诚孝，慎言检迹，立身扬名，亦已备矣。”①从儒家“圣贤之书”中正可以发现“已备”的道理，而儒家“圣贤之书”中最重要者莫过于“五经四书”。“五经四书”在儒家经典序列中具有举足轻重的地位，儒家基本的思想理念大都蕴含其中，而儒家家庭教育思想作为儒家思想体系中的重要组成部分，也受到“五经四书”所确立的儒家基本精神的影响：“学问当以《孝经》、《论语》、《中庸》、《大学》、《孟子》为本，熟味详究，然后通求之《诗》、《书》、《易》、《春秋》，必有得也。”②说的是教育子弟学习经典应先易后难循序渐进。“子弟年十六以上，许行冠礼，须能暗记四书五经正文，讲说大义方可行之。”③则是要求家中子弟年龄达到一定界限者，都要习读儒家经典。这些都说明以“五经四书”为主要代表的儒家经典在家庭教育中的地位是特殊重要的。

---

① ［北齐］颜之推：《颜氏家训集解·致序》，王利器集解，中华书局1993年版，第1页。

② ［宋］吕本中：《童蒙训》。

③ ［明］郑太和等：《郑氏规范》。

(一)“五经四书”的集结

儒家家庭教育的目的决定着家庭教育的内容,家庭教育的内容服务于家庭教育的目的。古代官学以外的私塾、家塾、义学、社学等都将“五经四书”奉为习读指南。儒家“五经四书”的形成经历了一个发展过程。孔子最早用来教育门人的文本是《易》、《书》、《诗》、《礼》、《乐》和《春秋》,这些书籍成为了最早的儒家典籍。这些典籍的形成并非始于孔子,早在孔子之前的贵族阶层家庭教育中,便用《诗》、《书》、《易》等来教育国子和贵胄子弟,后来有了所谓的“六艺”,即《礼》、《乐》、《书》、《诗》、《易》、《春秋》,后被尊为“六经”,但并非为儒家独有。《乐》后来焚于秦火,到汉代只剩下“五经”。汉武帝“罢黜百家,独尊儒术”,设立“五经博士”,大力褒扬儒家经典,“五经”逐渐成为显学,并且在传承方式上自成系统,形成了所谓的“家法”,在社会上形成了经学世家,乃至于当时有“遗子黄金,不如遗子一经”的说法,以“五经”为代表的儒家经典在社会范围内逐渐产生了重要影响,其所宣扬的人伦道德理念也逐渐深入社会各个层面。儒家经典在后来的发展过程中衍生出了所谓的“九经”、“十二经”、“十三经”等各种说法,大都是各个时代根据不同的历史背景对经典的序列所做的调整。南宋时期,程朱理学形成,朱熹将《礼记》中的《大学》和《中庸》单独抽出来,以服务于理学思想的建构,伴随着理学思想的完善和社会影响的扩大,在原有经典的基础上,就逐渐形成了“五经四书”的经典体系。“五经”指《诗》、《书》、《易》、《礼》、《春秋》,“四书”指的是《论语》、《孟子》、《大学》、《中庸》。后来的元明清大都推崇程朱理学,就使得“五经四书”成为了数百年间上至帝王将相下至百姓人家所熟知的内容,都无不将之作为修身、齐家、治国理政的思想之源,也成了帝王宗室教育和普通百姓家教教育的重要依据。明代杨继盛在《给子应尾、应箕书》中说:“习举业,只是要多记多作。四书、五经、记文一千篇,谈论一百篇,策一百问,表五十道,判语八十条。”康熙在《庭训格言》中就说:“凡人养生之道,无过于圣人所留之经书。故朕惟训汝等熟习五经、四书,性理诚以其中,凡存心养性立命之道,无所不具故也。看此等书,不胜于习各种杂学乎?”①这些家庭教育表明“五经四书”对传

① [清]爱新觉罗·玄烨:《庭训格言》,唐汉译注,中国社会科学出版社 2008 年版,第 37 页。

统家庭教育影响之巨。

(二)“五经四书”确立了儒家家庭教育的基本格局

儒家以“五经四书”为代表的经典奠定了儒家家庭教育思想的基本格局,为儒家家庭教育的开展提供了基本的思想依据,后世家庭教育也以此为尊。

首先,“五经四书”确立了儒家家庭教育的指导思想。先秦时期家教思想就已萌芽,有“群经之首”之称的《周易》是古人认识自我与外部世界智慧的结晶,《周易》中的有关内容开了重视家庭教育的先河。《周易》明确强调了家庭教育的重要性。《周易·序》中有:“家道穷必乖”,认为家庭的兴盛荣辱同家庭成员的行为处事方式有必然的联系;《周易·蒙》中所载的“蒙以养正,圣功也”和“蒙,君子以果行育德”,就已明确提出要重视童蒙教育,并强调了以正确的方式引导幼童的重要性。“闲有家,志未变也”,则是说家庭教育可防患于未然,故要对家人及早施教,家中长辈尤其责无旁贷,家长要通过自己的言行实现对家庭成员的感化。《周易》较为系统地阐述了家庭教育的思想,《家人》卦就是专门论述家庭教育的,连同《彖传》的解释性文字一道,系统地表达了《周易》的家庭教育及角色分工等思想。该卦卦辞说:

> 家人:利女贞。
>
> 初九:闲有家,悔亡。
>
> 六二:无攸遂,在中馈。贞吉。
>
> 九三:家人嗃嗃。悔,厉,吉。妇子嘻嘻,终吝。
>
> 六四,富家,大吉。
>
> 九五:王假有家,勿恤。吉。
>
> 上九:有孚威如,终吉。

卦辞开宗明义讲《家人》卦表征了一家人,是利于女子守持正道的。《彖传》解释说:“女正位乎内,男正位乎外”,这奠定了后世家庭关系中男主外而女主内的基本原则;《彖传》还指出:“家人有严君焉,父母之谓也”,认为父母(即家长)在家庭教育中起着主导作用,“有严君而后家道正”,是说家长首先严以律己才能进一步理顺家庭关系。《彖传》还说:“父父、子子、兄兄、弟弟、夫夫、妇妇,而家道正。正家而天下定矣。”则指出家庭成员要素行其位,各尽其责,实现家门内的和顺,以家庭的和睦来实现国家的安定有序。卦辞表达的具体内容依次为:“初九”是说“防止邪恶才能保全家人”,教人要防恶于初,即强调要及早施教;“六二”认为女子主管家中炊饮之事,家人就可以得到吉祥,表达了对女性的角色定位;“九三”认为家长要严以律家避免出现过失,妇女要节制行为以免给家人带来不幸;“六四”是说家庭内部关系和谐秩序井然,就能使家庭富裕起来家人获福;“九五”是说君王(在家则指父亲)以美德正己正家,家无忧患因而得福;“上九”是说家长诚实守信,严以律家,终使家人获福。从家庭教育的角度看来,《家人》认为家长要严肃治家,提倡以柔顺为核心的妇女行为处事理念,认为妇人、女子行为的放纵会给家庭带来灾难,要家庭成员严肃行事,强调家人在家庭中的地位和其自身的道德素养有关,认为只有躬行身教才能培育出健康融洽的良好家风。

《周易·家人》确立了儒家家庭教育的基本理念,后世家教大都尊此而行。如司马光《家范》第一卷《治家》篇首全文引用《周易·家人》以立说。范仲淹遵循《周易·家人》亦著有《家人》一文专门阐释家庭教育重要性,并对之作了一定的衍绎。他说:

> 《家人》,阳正于外,谓五也。阴正于内,其二也。阴阳正而男女得位,君子理家之时也。明乎其内,理则著焉。内挂明也。顺乎其外,孝悌形焉。外挂顺也。礼则著而家道正,孝悌形而家道成。成必正也,正必成也。圣人将成其国,必正其家。一人之家正,然后天下之家正。天下之家正,然后孝悌大兴焉,何不定之有!故曰“刑于寡妻,以御于家邦”。然则正家者,贵闲其初也。故初九有悔,闲得其道,乃首得“悔亡”。至于九五“王假有家”,则天下化成,故勿悔而吉也。

可以看出,范仲淹所论是对《周易·家人》卦义理的高度凝练。

明代姚舜牧在所著的《药言》中也以《家人》的内容为施教的圭臬。他说:

> 凡处家不可不读《家人》卦。卦本风自火出,文王只系“利女贞”三字,周公初爻即系“闲”之一字。“闲”从门从木,门有拱木,内外始有关防。二爻系“无攸遂,在中馈。”申“利女贞”之意,然大纲却在男子身上。故三爻系“家人嗃嗃,悔厉吉;妇子嘻嘻,终吝。”嗃嗃固似太严,而嬉嬉可称家节哉?言妇则责夫,言子则责父,是不可不身任其责者。如是始称有家。故四爻系“富家”以志顺,五爻系“假家”以志爱,然又须诚实而威严,

可以常保得，故上爻系“是孚威如”之辞。《象》申之曰：“反身之谓也。”反身者何？言有物、行有恒而已。圣人论家政纲纪节目曲折无遗盖如此，有家者尚三复于此哉！

姚舜牧以《周易·家人》为本，强调了区别家庭内外之重要，突出了男性家长在治家过程中的地位，认为治家要严宽相济以身作则。

清代张英在《聪训斋语》中也说：“治家之道，谨肃为要。《易经·家人》，义理极完备。……常以自警，亦愿吾子孙共守也。”①这些都是后世家教对《家人》在治家过程中的指导地位的强调，说明了《周易·家人》确立的家庭教育理念对儒家家庭教育的深远影响。

其次，“五经四书”确立了家庭教育的基本内容。儒家家庭教育的基本内容是人伦教育，也就是“父慈子孝”、“兄友弟恭”、“夫义妻贤”、“长幼有序”，这些要求在“五经四书”中就已经初具形态，且对有些内容的表述已经相当完备。《左传·昭公二十六年》就说：“父慈而教，子孝而箴，兄爱而友，弟敬而顺，夫和而义，妻柔而正，姑慈而从，妇听而婉，礼之善物也。”②如关于父子关系，《尚书·大禹谟》中记载：“帝初于历山，往于田，日号泣于旻天，于父母。负罪引慝。祗载见瞽叟，夔夔斋栗，瞽亦允若。”③说的是“伯益向大禹称颂虞舜能以诚心孝敬父母而使父母为之感化的事迹。”④《尚书·康诰》中说：“元恶大憝，矧惟不孝不友。子弗祗服厥父事，大伤厥考心；于父不能字厥子，乃疾厥子。于弟弗念天显，乃弗克恭厥兄；兄亦不念鞠子哀，大不友于弟。惟吊兹，不于我政人得罪，天惟与我民彝大泯乱，曰：乃其速由文王作罚，刑兹无赦。”⑤这是周公在辅政期间对即将赴任的康叔所做的诰命，希望他“明德慎罚”重视以德化民，他将不孝父母不友兄弟的行为看做是最不可饶恕的罪行，希望康叔在封地对于类似的行径要严惩不贷，以儆效尤化民导俗。《尚书·蔡仲之命》

---

① ［清］张英、张廷玉：《父子宰相家训》，张舒、丛伟注，陈明审校，新星出版社2015年版，第66页。

② ［春秋］左丘明：《左传·昭公二十六年》（下），郭丹、程小青、李彬源译注，中华书局2012年版，第2009页。

③ 《尚书·大禹谟》，王世舜、王翠叶译注，中华书局2012年版，第365页。

④ 徐儒宗：《人和论——儒家人伦思想研究》，人民出版社2008年版，第153页。

⑤ 《尚书·康诰》，王世舜、王翠叶译注，中华书局2012年版，第189页。

说:“懋乃攸绩,睦乃四邻,以蕃王室,以和兄弟”,强调兄弟之间要和睦。《尚书·酒诰》说:“肇牵车牛,远服贾,用孝养厥父母”,则是要求子女要“孝养”父母。《尚书》也注意到了人在家敦行人伦并进而施诸于社会的重要性,《尚书·君陈》中说:“君陈,惟尔令德孝恭。惟孝友于兄弟,克施有政。命汝尹兹东郊,敬哉!”这是明确地将家庭人伦与治国理政联系起来。这种理念后被《大学》发展成为“修身、齐家、治国、平天下”的思想。

《诗经》中有很多诗篇也是描述父母兄弟情义的。如《魏风·陟岵》就是表达行役在外的征士感念家中父母兄长期盼家人团聚的诗作;《唐风·鸨羽》中反复出现的“父母何怙”、“父母何食”、“父母何尝”等诗句,则表达了在外的军士担忧父母的生计、期盼早日回家孝养父母的人子之情;《邶风·凯风》中说的“棘心夭夭,母氏劬劳”、“有子七人,母氏劳苦”、“有子七人,莫慰母心”等,则是对父母抚育子女辛劳的歌咏,与此主题相似的诗篇还有《小雅·蓼莪》,其中说:“无父何怙,无母何恃。出则衔恤,入则靡至。父兮生我,母兮鞠我。拊我畜我,长我育我。顾我复我,出入腹我。欲报之德,昊天罔极。”① 既表达了父母抚育儿女的艰难,也表达了子女回报孝养父母的天经地义。另外,《诗经》中的《小雅·斯干》、《邶风·日月》、《小雅·小弁》、《邶风·谷风》等都涉及到对人伦亲情的描写。《诗经》中的这些内容是儒家家庭教育中“明人伦”思想的重要来源。

《尚书》和《诗经》中提到的家庭伦理到了孔子、孟子的时代已经成了系统化的伦理要求。我们知道“孝”是代际之间关系的指称,“悌”是同辈之间关系的指称,而将“孝悌”并称则就意味者对这两伦关系认识的深化。这种情况到了后来的《论语》、《孟子》中已经很常见了。《论语》中虽然“孝悌”只出现了1次(即“孝悌也者,其为仁之本与”),但在《论语》中所占的分量是很重的,联系到孔子所言:“弟子入则孝,出则弟”、“宗族称孝焉,乡党称弟焉”等的表述,就可以看出孔子对家庭伦理的重视。相较而言,《孟子》中“孝悌”出现了6次,如“是犹或紾其兄之臂,子谓之姑徐徐云尔。亦教之孝悌而已矣”,“谨庠序之教,申之以孝悌之义,颁白者不负戴于道路矣”,“壮者以暇日修其孝悌忠

① 《诗经·小雅·蓼莪》,程俊英译注,上海古籍出版社1985年版,第405—406页。

信,入以事其父兄,出以事其长上……”等。这就说明到了春秋战国,家庭伦理已经形成了具有特定内涵的理论形态,成为了普遍的道德要求。如“孝”在《论语》中出现19次,在《孟子》中出现29次,在《大学》中出现了3次,在《中庸》中出现了4次。从“四书”对孝的具体表述可以看出,“孝”这一家庭伦理已形成了完备的理论形态。

《中庸》和《大学》较之前述更进了一步。《中庸》借孔子之口希望人们能够尽力敦行人伦要求,所谓:“君子之道四,丘未能一焉:所求乎子以事父,未能也;所求乎臣以事君,未能也;所求乎弟以事兄,未能也;所求乎朋友先施之,未能也。庸德之行,庸言之谨,有所不足,不敢不勉,有余不敢尽。”①《中庸》还把践行人伦道德看做是天下人需要共同遵循的公理,所谓:“天下之达道五,所以行之者三。曰:君臣也,父子也,夫妇也,昆弟也,朋友之交也;五者,天下之达道也。”《中庸》还对人伦关系间的联系作了规定,所谓:“获乎上有道:不信乎朋友,不获乎上矣;信乎朋友有道:不顺乎亲,不信乎朋友矣;顺乎亲有道:反诸身不诚,不顺乎亲矣;诚身有道:不明乎善,不诚乎身矣。”也就是说五伦关系之间是紧密相连的,只有从践行家庭伦理开始,才能进一步扩展到非血缘的社会关系领域,使之顺畅。这种理念与《大学》宣扬的:“古之欲明明德于天下者,先治其国;欲治其国者,先齐其家;欲齐其家者,先修其身;……身修而后家齐,家齐而后国治,国治而后天下平”有着内在联系。《中庸》还讲:“诚者,天之道也;诚之者,人之道也”,认为为人要以真诚的态度来协调各种关系,要人们效法天道真实无妄的特点,“至诚无息”,不遗余力地去理顺人伦关系,做到人之为人应该尽的要求,并努力践行“极高明而道中庸”的行为处事准则,成己成物最终实现天人合一。

儒家家庭教育中对祖先的追念构成了重要的教育内容。《礼记·祭统》中就说:“夫祭,教之本也;外则教之以尊其君,内则教之以孝其亲”;《礼记·郊特牲》则说:“万物本乎天,人本乎祖,此所以配上帝也。郊之祭也,大报本反始也。”《礼记·礼器》还说:“礼也者,反本修古,不忘其初者也。”这种教育传统的形成与“慎终追远”的理念密切相关。《诗经·大雅·荡》中说:“靡不

---

① 《大学·中庸》,王国轩译注,中华书局2006年版,第73页。

有初，鲜克有终。”就教人们要敬始善终。《诗经·大雅·下武》中说：“永言孝思，昭哉嗣服，昭兹来许，绳其祖武，于万斯年，受天之祜，受天之祜”，表达了对祖先的追念。《论语》中就有“慎终追远，民德归厚矣”的说法，说的是谨慎地对待死者牢记祭祀祖先，民风就会逐渐敦重起来，强调了家庭教育和社情民风之间的联系。这样的诉求就使得“慎终追远”具有了双重的意义，“亲祖死，葬之以礼，祭之以礼，符合礼制，而且通过祭祀祖先使后人常存追念先人之孝思。……一方面表达后人的孝意，体现着孝的伦理精神，另一方面也可以起到教民以孝的作用。”①这一理念在儒家家礼教育中占有重要地位，也使得“事死如生”具有了社会意义：“哀夫！敬夫！事死如事生，事亡如事存，状乎无形影，然而成文。”②也就是说家庭教育和社会教化紧密相关。

“四书”还提出了一些具体的家庭伦理要求，如《孟子》中有“五不孝”的提法，即：“世俗所谓不孝者五：惰其四支，不顾父母之养，一不孝也；博养好饮酒，不顾父母之养，二不孝也；好货财，私妻子，不顾父母之养，三不孝也；从耳目之欲，以为父母戮，四不孝也；好勇斗狠，以危父母，五不孝也。”③这种理念被认为是十分适合于小农经济社会和宗法社会的④，亦受到人们的推崇。孟子提倡的“父子不责善”也成了儒家家庭教育的重要理念。值得一提的是，《孟子》还发展了孔子提倡的“亲亲”思想，使之具有了更广泛的社会意义。孟子说“仁之实，事亲是也”，“事，孰为大？事亲为大。事亲，事之本也”，“人人亲其亲、长其长，而天下平”，这些是对儒家“亲亲”原则的理论升华。孟子还说：“王如施仁政于民，省刑罚，薄税敛，深耕易耨。壮者以暇日修其孝悌忠信，入以事其父兄，出以事其长上，可使制梃以挞秦统楚之坚甲利兵矣。”表明孟子注意到了家庭教育的社会意义，这是《孟子》家庭教育中的突出特点。如孟子所说的：“老吾老以及人之老，幼吾幼以及人之幼”，是强调从具有血缘性的“亲亲”走向具有社会化意义的“泛爱”；孟子提出的：“出入相友，守望相助，

---

① 田亮、陈丛兰、敬晓庆：《中国传统伦理概论》，西北工业大学出版社 2011 年版，第 63—64 页。

② ［战国］荀况：《荀子·礼论》（下），王天海校释，上海古籍出版社 2005 年版，第 802 页。

③ 杨伯峻：《孟子译注·离娄下》，中华书局 2015 年版，第 217 页。

④ 祝瑞开：《中国婚姻家庭史》，学林出版社 1999 年，第 464 页。

疾病相扶持,则百姓亲睦”,也是强调家庭教育要超越自身血缘性的局限。这些理念为后世家庭教育中提倡“亲宗族”、“睦乡邻”、“爱国家”等提供了思想资源。

《中庸》在家庭教育方面也有独到的地方。《中庸》提倡“素富贵,行乎富贵;素贫贱,行乎贫贱”,这种“君子素其位而行”的观念为家庭教育形成合理的消费理念提供了思想资源。《中庸》还引《诗经》中的话说:“妻子好合,如鼓瑟琴;兄弟既翕,和乐且耽;宜尔室家;乐尔妻帑。”①强调家庭内部关系的和顺对于家庭的重要性,并将之看做是长辈对晚辈最大的希望。《中庸》还提出“父作之,子述之”的理念,这被看成是“孝”的重要内容,也就是《中庸》说的“夫孝者:善继人之志,善述人之事者也。”《中庸》在“亲亲”之外,还使“尊尊”成为了基本的家教原则。《中庸》说:“宗庙之礼,所以序昭穆也;序爵,所以辨贵贱也;序事,所以辨贤也;旅酬下为上,所以逮贱也;燕毛,所以序齿也。践其位,行其礼,奏其乐,敬其所尊,爱其所亲,事死如事生,事亡如事存,孝之至也。”这是《中庸》继承了《礼记》中的“亲亲”和“尊尊”原则,并对其重要性所做的强调,《中庸》使这两项原则成为了基本的人伦理念。《中庸》中说:“仁者人也,亲亲为大;义者宜也,尊贤为大;亲亲之杀,尊贤之等,礼所生也。”这样的表述提升了“亲亲”、“尊尊”原则的义理化程度。《中庸》说:“尊贤则不惑,亲亲则诸父昆弟不怨”,认为尊重贤人就不会困惑,亲爱亲族就不会令亲族叔伯们怨恨;认为只要是人就一定要践行“亲亲”、“尊尊”的理念,认为“凡有血气者,莫不尊亲,故曰配天”,把这两项原则看作是天道对于人道的要求。

宏观的家庭教育理念之外,“五经四书”还提出了诸多的为人处世的具体道德要求。如《易经》倡导的“自强不息”(谦卦),“厚德载物”(坤卦),“艰难困难育新生”(屯卦),“正己守道无忧惧”(履卦),“谦虚”(谦卦),“生于忧患,死于安乐”(豫卦),“善于改过自新”(复卦),“人贵有恒心”(恒卦),“百折不挠”(明夷卦),“循序渐进”(渐卦),“依礼行事”(归妹卦),“适可而止知节制”(节卦),“讲诚信善待人”(中孚卦),“逊顺容人成大器”(旅卦)等②,这

---

① 《诗经·小雅·常棣》,程俊英译注,上海古籍出版社1985年版,第294页。

② 青石:《〈易经〉的智慧》,中国华侨出版社2015年版,第1—3页。

些理念是家庭教育中培养子弟优良品德的基本要求。此外,《论语》中倡导的仁、义、礼、智、信、温、良、恭、俭、让、直、敏、刚、忠、谦、敬等的道德要求;《孟子》中的仁、义、礼、智(即“四心”);《中庸》中的“诚”;《大学》倡导的“明德”等,则还是后世家教进德修身教育环节的主要内容。

再次,“五经四书”确立了家庭教育的原则方法。儒家家庭教育主张施教者要以正确的方式施教,以正施教、教子以正是必须要遵循的原则方法。这种思想在《论语》中被多次提及,如“政者,正也”,“子帅以正,孰敢不正”、“其身正,不令而从。其身不正,虽令不从”。家庭教育的施教主体要在家施之以“正”教,一则是要求家长自身要严以律己,正己正人、正家;再则是要求家长教育子弟要以正道,教子修德以进业,走正途不投机取巧。班固在《汉书》中记载了一个“教子谄媚”的故事,很好地诠释了“以正施教”的理念。故事内容如下:

> 陈咸字子康,年十八,以父任为郎。有异材,抗直,数言事,刺讥近臣,书数十上,迁为左曹。父尝病,召咸教戒于床下,语至夜半,咸睡,头触屏风。父大怒,欲杖之,曰:“乃公教戒汝,汝反睡,不听吾言,何也?”咸叩头谢曰:“具晓所言,大要教咸谄也。”父乃不复言①。

这则家教故事说的是西汉权臣陈万年位高权重,其子陈咸受荫迁为郎官,陈万年在生病期间将陈咸叫到病榻旁边对其进行“为官之道”的教育,内容却大都是教子如何溜须奉迎以取悦君上。陈咸性耿直,拒斥父亲的功利化的教育内容,对其不以为然,竟不受父教打起了盹,并直言其所教之误。看来陈万年官运亨通离不开其善言迎合的功夫,这种教育之所以受到陈咸的主动反对,就是因为其父所行非正,所教亦非正。

颜之推也倡导“以正施教”的理念,他在《颜氏家训·教子》中说:

> 齐朝有一士大夫,尝谓吾曰:“我有一儿,年已十七,颇晓书疏,教其鲜卑语及弹琵琶,稍欲通解,以此伏事公卿,无不宠爱,亦要事也。”吾时俛而不答。异哉,此人之教子也!若由此业,自致卿相,亦不愿汝曹为之②。

---

① ［汉］班固:《汉书·卷六十六·列传第三十六》,中华书局2000年版,第2186页。

② ［北齐］颜之推:《颜氏家训·教子》,檀作文译注,中华书局2011年版,第31页。

教育子女要导之以“正”,培养其为人处世的能力素养,如若家庭教育单纯以功利为目的则不如不教,一味偏重于应世接物,则可能会把子女导向“邪路”,这也是颜之推引齐朝士大夫教子故事的目的所在。

《孟子》中也有关于“以正施教”的讨论,《孟子·离娄上》中有一则关于“君子教子之难”的辩论。其文是:

> 公孙丑曰:“君子之不教子,何也?”孟子曰:“势不行也。教者必以正,以正不行,继之以怒。继之以怒,则反夷矣。夫子教我以正,夫子未出于正也。则是父子相夷也。父子相夷,则恶矣。古者易子而教之,父子之间不责善。责善则离,离则不祥莫大焉。”

孟子认为家庭教育要以正相教,但在施教者本人“未出于正”,或所教子内容不能为受教者接受的情况下,不仅教育目的不能实现,反而还会破坏父子之间的关系。所以,孟子认为解决问题的办法就是“易子而教”,也就是主张通过第三方来施教,即长辈不亲自教授子弟。班固就赞同孟子提倡的这一原则,他认为:“父所以不自教子何?为其渫渎也。又授受之道,当极说阴阳夫妇变化之事,不可以父子相教也”①。班固认为涉及阴阳男女交合之类的内容是不能父子相教的,否则是有违身教之本意的。颜之推也继承了这一观点,并在阐释孔子过庭之训的教育思想时对之做了进一步的发挥。他在《颜氏家训·教子》中说:

> 或问曰:“陈亢喜闻君子之远其子,何谓也?”对曰:“有是也。盖君子之不亲教其子也,诗有讽刺之辞,礼有嫌疑之诫,书有悖乱之事,春秋有邪僻之讥,易有备物之象:皆非父子之可通言,故不亲授耳。”

颜之推在这里引述的故事出自《论语·季氏篇》,也就是“孔子家教”部分提到的“过庭之训”。颜之推认为孔子之所以远其子,就是因为有些事理是不能在父子之间教授的。如在颜之推看来《诗经》中有讽刺君主的言辞,《礼记》中有自避嫌疑的告诫,《尚书》中有违礼作乱的成事,《春秋》中有对淫乱行为的批评,这些内容大都有违正道,是不能在父子之间教授的。否则,就违背了代际之间关系的适度和融洽。因为,在他看来,只有“父子之间,不可以狎;骨肉之

① [汉]班固等:《白虎通义·辟雍》。

爱,不可以简”,才能更好地施教,也才能更有益于教育效果的取得。

第二节　两汉至魏晋南北朝时期:儒家家庭教育思想的发展

汉代,儒家学说一度成为社会主流价值理念,家庭教育自然而然受到这种趋向的影响。尽管魏晋南北朝时期社会分裂动荡,儒家学说影响力下降,但由儒家学说倡导的封建人伦理念却深入社会各阶层,成为家庭教育的主要思想来源之一。尤其是在动荡年代,人们更加迫切地思考如何安身立命,在这种大背景下诞生了我国最早的家庭教育专著——《颜氏家训》。本节主要介绍汉高祖刘邦、董仲舒、司马谈、诸葛亮、颜之推的家教实践和智慧。

一、刘邦《手敕太子文》

刘邦(公元前256年—前195年)是汉朝的开创者,布衣出身,秦朝时担任过沛县泗水亭长一职,故他常自称:“吾以布衣提三尺剑取天下”①。刘邦在建国过程中得到了众多贤臣良将的辅佐,也得到了其妻吕后一族的大力支持,故立与吕后所生之子为太子,但是刘邦在政局逐渐稳定后渐渐有了废太子另立继承人的打算。《史记》中记载:

> 吕太后者,高祖微时妃也,生孝惠帝、女鲁元太后。及高祖为汉王,得定陶戚姬,爱幸,生赵隐王如意。孝惠为人仁弱,高祖以为不类我,常欲废太子,立戚姬子如意,如意类我。戚姬幸,常从上之关东,日夜啼泣,欲立其子代太子。吕后年长,常留守,希见上,益疏。②

刘邦因为太子刘盈优柔寡断,而其与戚夫人所生之子刘如意英武果敢很像自己,故意欲立其为后继之君,但鉴于吕后势力及朝中一班老臣的反对而迟迟没有做最终决定。在一系列主客观因素的作用下,刘邦最终取消了废太子的动议,并为刘盈留下了《手敕太子文》的遗诏,这既是他对后继之君的政治遗嘱,

---

① ［汉］班固:《汉书・卷一・高帝纪第一》,中华书局2000年版,第18页。
② ［汉］司马迁:《史记・卷九・吕太后本纪第九》,中华书局2000年版,第279页。

也是他布告天下最终确立刘盈政统地位的宣言，其中透露出很多的信息。其文是：

吾遭乱世，当秦禁学，自喜，谓读书无益。洎践阼以来，时方省书，乃使人知作者之意，追思昔所行，多不是。尧舜不以天下与子而与他人，此非为不惜天下，但子不中立耳。人有好牛马尚惜，况天下耶？吾以尔是元子，早有立意。群臣咸称汝友四皓，吾所不能致，而为汝来，为可任大事也。今定汝为嗣。吾生不学书，但读书问字而遂知耳。以此故不大工，然亦足自辞解。今视汝书，犹不如吾。汝可勤学习。每上疏，宜自书，勿使人也。汝见萧、曹、张、陈诸公侯，吾同时人，倍年於汝者，皆拜，并语於汝诸弟。吾得疾遂困，以如意母子相累，其馀诸儿皆自足立，哀此儿犹小也。

秦末天下大乱，烽烟四起，刘邦生于此间，加上秦朝实行“焚书坑儒”使许多人失去了读书上进的路径，再加上底层出身，客观上的不现实和主观上的不爱学习导致刘邦“不学书”，只求浅尝辄止能应世务即可。刘邦轻视文化知识的事例不胜枚举，如他曾有侮辱儒生的轻慢之举，“郦生见沛公”的记载中就有“沛公不好儒，客冠儒冠来者，沛公辙解其冠，溲溺其中”①的非礼之举。刘邦通过对自己学习成长经历的回顾和反思意在要刘盈重视读书学习。

刘邦关于“尧舜不以天下与子而与他人”的论述则是说古代帝位的传承制度——禅让制，而他引用这样的“先王之成法”就是为了表明自己是遵照由来已久的成宪，为自己的做法增加历史依据。刘邦所言“此非为不惜天下，但子不中立耳”，是说三代帝位传承是以贤能为主的，传不传子全在于其子能不能胜任，即是说三代禅让注重“德”和“才”，这是在表明自己选择继任者也是充分地考察了他的德能。刘邦在遗命中提到的三代禅让的故事，在儒家政治思想中具有重要的象征意义。关于三代帝位传承重德的说法，早在孟子那里就推崇备至，《孟子·万章上》对此有过详细讨论：

万章问曰：“人有言：‘至于禹而德衰，不传于贤而传于子。’有诸？”

孟子曰：“否，不然也。天与贤，则与贤；天与子，则与子。昔者舜荐

① ［汉］司马迁：《史记·卷九十七·郦生陆贾列传第三十七》，中华书局2000年版，第2079页。

禹于天，十有七年。舜崩，三年之丧毕，禹避舜之子于阳城，天下之民从之，若尧崩之后，不从尧之子而从舜也。禹荐益与天，七年。禹崩，三年之丧毕，益避禹之子于箕山之阴。朝觐讼狱者，不之益而之启。曰吾君之子也。讴歌者，不讴歌益而讴歌启，曰吾君之子也。丹朱之不肖，舜之子亦不肖。舜之相尧，禹之相舜也，历年多，施泽于民久。启贤，能敬承继禹之道。益之相禹也，历年少，施泽于民未久。舜禹益相去久远，其子之贤不肖，皆天也，非人之所能为也。莫之为而为者，天也；莫之致而至者，命也。匹夫而有天下者，德必若舜禹，而又有天子荐之者。故仲尼不有天下。继世以有天下，天之所废，必若桀纣者也，故益、伊尹、周公不有天下。伊尹相汤以王于天下，汤崩，太丁未立。外丙二年，仲壬四年，太甲颠覆汤之典刑，伊尹放之于桐。三年，太甲悔过，自怨自艾，于桐处仁迁义，三年，以听伊尹之训。已也，复归于亳。周公之不有天下，犹益之于夏，伊尹之于殷也。孔子曰：‘唐虞禅，夏后殷周继，其义一也。’”①

刘邦希望刘盈能礼遇追随自己打天下的一班老臣，并希望诸皇子都能对他们礼遇有加：“汝见萧、曹、张、陈诸公侯，吾同时人，倍年於汝者，皆拜，并语於汝诸弟。”刘邦这里提到的萧是指萧何，曹是指曹参，张是指张良，陈是指陈平，这些人是为刘汉王朝的建立立下汗马功劳的元勋，刘邦曾讲过：“夫运筹帷幄之中，决胜千里之外，吾不如子房；镇国家、抚百姓、给饷馈，不绝粮道，吾不如萧何；连百万之众，战必胜攻必取，吾不如韩信。”②这里的子房就是指张良，而韩信则因为被人告发谋反而为吕后及萧何等人斩于钟室，未能善终。

刘邦教子要亲贤人。刘邦之所以能取得天下，和他能知人善任是分不开的，他曾说过：“盖闻王者莫高于周文，伯者莫高于齐桓，皆待贤人而成名。”③他虽然在打天下的过程中看不起儒生，建国后一度还认为应该马上治天下，儒生陆贾对“秦所以失天下”的原因剖析劝进中才令刘邦晓得了读书明理以治国的重要性，认识到了人才对于国家的重要性。叔孙通制定朝仪也使得刘邦逐渐认识到礼乐文化对于国家治理的重要，不明乎此就不能治理好国家。他要求刘

---

① 杨伯峻：《孟子译注·万章上》，中华书局2015年版，第241—242页。

② ［汉］班固：《汉书·卷一·高帝纪第一》，中华书局2000年版，第42页。

③ ［汉］班固：《汉书·卷一·高帝纪第一》，中华书局2000年版，第52页。

盈广泛学习,凡事要亲力亲为不可假他人之手,督促他练习书法,提升文化修养。

遗诏中提到"商山四皓",从史料来看此四人在刘盈夺位过程中有起到了关键性的作用,"四皓"指的是"汉兴有(东)园公、绮里季、夏黄公、角里先生(又作角里先生),此四人者,当秦之世,避而入商洛深山"①。《史记·留侯世家》引《陈留志》就他们的情况有较为详细的记载:"园公姓庾,字宣明,居园中,因以为号。夏黄公姓崔名广,字少通,齐人,隐居夏里修道,故号曰夏黄公。角里先生,河内轵人,太伯之後,姓周名术,字元道,京师号曰霸上先生,一曰角里先生。"这四位隐士在楚汉争霸过程中洁身自好,不与任何一方结交,刘邦建国后欲求之而不得:"高帝拨乱诛暴,庶事草创,日不暇给,然犹修祀六国,求聘四皓"②,但刘盈一方最终争取到了他们的加入,无疑提升了刘盈的政治砝码。《商山四皓赞》说:"应命太子,汉嗣以宁",就是对其重要性的认可。四皓接受太子邀请的事迹载于《史记·吕太后本·索隐》与《史记·留侯世家》:"令太子卑词安车,以迎四皓也。太子得毋废。"

刘邦迟迟未能正式确定刘盈的地位,与刘如意母子关系甚大,他在最终确立刘盈的地位之后,则在遗诏中强调"以如意母子相累,其馀诸儿皆自足立,哀此儿犹小也",委婉地希望后继之君能释怀,不要在他身死之后为难赵王母子,希望他能顾念手足之情。刘邦死后,刘盈逐渐被架空,朝政大权逐渐被吕后所窃据,吕后以怨报怨,先毒死赵王刘如意,其生母则被残忍折磨成"人彘"而死。

总的来看,刘邦的这则教子文是特殊的政治环境下的产物,其中表达了他对后继之君的殷切希望,也有对治国方略的授受,情真意切。但由于刘盈的"仁弱",刘邦之后的朝局为吕后一党把持,刘邦的诸多希望并未能真正地实现。这体现了封建政治内部的相互倾扎和残酷,令人为之惋惜。

二、董仲舒的家庭教育思想

董仲舒(公元前 179—前 104),西汉著名思想家、哲学家、政治家。史书记载他生于汉广川郡,即今河北景县广川镇。少治《春秋》三年不窥园,专精

① [汉]司马迁:《史记·卷五十五·留侯世家第二十五》,中华书局 2000 年版,第 1634 页。

② [汉]班固:《汉书·卷十八·表第六》,中华书局 2000 年版,第 565 页。

一思好学不倦,终成一代儒学大师,后人称赞他:“仲舒遭汉承秦灭学之后,六经离析,下帷发愤,潜心大业,令后学者有所统壹,为群儒首。”①董仲舒在景帝时立为博士,但处于养而不用的境地,汉武帝继位之后,励精图治求贤问策,董仲舒连上三策(“天人三策”),阐述了“天变道亦变的政治改革主张”,为武帝所赏识,官拜江都王相。随着统治政策的转向,儒学迎来了大兴时期,跃居独尊地位,董仲舒居功至伟。其著述颇丰,史载:“仲舒所著,皆明经术之意,及上疏调教,凡百二十三篇。而说《春秋》事得失,《闻举》、《玉杯》、《蕃露》、《清明》、《竹林》之属,复数十篇,十余万言,皆传于后世。”②大部分亡佚,今人熟知者为《春秋繁露》,疑为后人根据其生前所述辑录而成。值得一提的是,董仲舒虽被视为儒宗,但诸子百家之言皆在其涉猎范围之内:“天人感应”学说就有阴阳家思想的精华,“德主刑辅”的思想则是吸收了法家的思想,“阳为德,阴为刑”的理论则吸收了道家的思想;“深察名号”的理念则吸收了名家的思想③。董仲舒对人伦道德的论述,也包含着阴阳家的思想痕迹。董仲舒的家庭教育思想是作为他的整个学说中的一部分出现的,而这一部分内容在其思想体系中则占有十分重要的地位,他从封建家庭关系的角度来推论封建政治关系,使其家庭教育思想在其整个思想体系中显得尤为重要。董仲舒重视“五常”的为人之道,与“三纲”一道形成了“三纲五常”的人伦道德规范,使得纲常名教成为了后世人伦教育的重心,所谓“纲者张也,纪者理也,大者为纲,小者为纪,所以张理上下,整齐人道也”,对后世家庭教育、社会教育、官学教育等都起到了纲举目张的作用。其家庭思想主要包括以下几个方面:

(一)天人相副。天人关系思想是董仲舒思想的基础,也是他家庭教育思想的基石。在董仲舒看来,“天人同类”,或曰“天人一也”,即天和人之间具有相通之处,天和人一样都具有喜怒哀乐。他说:“天亦有喜怒之气,哀乐之心,与人相副,以类合之,天人一也。”④认为自然界四季的更替,如春生、夏养、秋

---

① [汉]班固:《汉书·卷五十六·董仲舒传二十六》,中华书局2000年版,第1920页。

② [汉]班固:《汉书·卷五十六·董仲舒传二十六》,中华书局2000年版,第1920页。

③ 王永祥:《董仲舒评传》,南京大学出版社1995年版,第72—73页。

④ [汉]董仲舒:《春秋繁露·阴阳义》,张世亮、钟肇鹏、周桂钿译注,中华书局2012年版,第445页。

杀、冬藏就如同人具有喜怒哀乐一样循环往复。同时，人所以与天同类，则是因为："人之形体，化天数而成；人之血气，化天志而仁；人之德行，化天理而义；人之好恶，化天之暖清；人之喜怒，化天之寒暑；人之受命，化天之四时。"由于天具有至高无上的地位，故"天地之间人为最贵"，因为人所禀受的一切都化生于天，独人有仁有义。在董仲舒看来，包括家庭伦理关系在内的一切人伦思想都是天意的表达。他说："天地者，万物之本也，先祖之所出也。广大无极，其德昭明……君臣父子夫妇之道取之，此大礼之终也。"将天地看做是宇宙万物共同的大本大源，且将君臣、父子、夫妇之道都看成是效法天地之道而生，也就是将天地视为人伦的终极根源。"人生于天，而取化于天。喜气取诸春，乐气取诸夏，怒气取诸秋，哀气取诸冬……故四时之行，父子之道也；天地之志，君臣之义也；阴阳之理，圣人之法也。"父子之道、君臣之义都是对天道的效法，也就是说，"人所具有的喜怒哀乐和德刑的情感意志以及人类社会之所以要建立如封建社会那样的君臣、父子、夫妇的人伦关系，都是取化于天、效法于天的。"①董仲舒还将天与阴阳五行联系起来，从而也就使得他的家庭人伦思想具有了阴阳五行学说的特质，阴阳五行之道是天道的表现，自然也就成了人道的根据。他说："天有五行：木、火、土、金、水是也。木生火，火生土，土生金，金生水。"在董仲舒看来，五行之相生是天道运行的表征，五行之间的前后相生关系就代表人伦关系的先后顺序，他说"由此观之，父授之，子受之，乃天之道也"，认为家庭人伦关系是天道的体现，为人子之所以要行孝道，乃是因孝道是天之经地之义（即天地之道）在家庭生活中的具体体现。董仲舒不仅反复用五行之轮序来论证家庭人伦关系，同时也用人伦关系来论证五行关系，前者使得家庭关系具有了形上的色彩，后者则使得象征天地之道的五行具有了拟人化的道德属性，他说："木居左，金居右，火居前，水居后，土居中央，此其父子之序，相受而布……诸授之者，皆其父也；受之者，皆其子也。常因其父以使其子，天之道也。"这就使得天道（以五行运行为标志）和人道之间实现了互通，在二者的交互说明、比副中将人伦道德提升到至高的地位，也使得天具有了人文气息，这种做法在其整个思想体系中的作用就是：为其论证封

① 王永祥：《董仲舒评传》，南京大学出版社1995年版，第119页。

建人伦关系的正当性提供了理论依据。董仲舒强调“土”在五行中的殊重地位，将土视为最尊至贵的“五行之主”，他说：“忠臣之义，孝子之行取之土”，“圣人之行，莫贵于忠，土德之谓也”，土德成了忠孝的象征，在这样的立意中，封建父子、君臣之间的关系就具有了绝对的权威，而这也就为其论证封建伦常关系奠定了基础。

（二）三纲五常。《白虎通·三纲六纪》中说：“三纲者何谓也？谓君臣、父子、夫妇也……《含文嘉》曰：君为臣纲、父为子纲、夫为妻纲。”而这种包含了家庭两伦关系的理念就肇始于董仲舒的家庭伦理理念。在董仲舒那里，“人是化天数而成，人类社会也是按照天的伦常关系建立和运行的”①，家庭生活中的父子、夫妇、兄弟等的人伦要求自然也是对天道的践行，董仲舒把这种要求上升至不容置疑的纲常名教地位，他说：“是故仁义制度之数，尽取之天。天为君而覆露之，地为臣而持载之；阳为夫而生之，阴为妇而助之；春为父而生之，夏为子而养之；秋为死而棺之，冬为痛而丧之。王道之三纲，可求于天。”董仲舒认为人事活动中的准则制度都是效法上天而来的，天代表君王而润泽大地，地则如臣下般支持、承载万物。阳气代表丈夫生长万物，阴气好比妻子助长万物，自然界的春天如同父亲生长万物，夏天象征儿子养育万物，即将父为子纲、夫为妻纲、君为臣纲看做是天之四季阴阳的化生，将家庭伦理关系视为封建家庭必须要遵循的原则。董仲舒的这一表述形成了以“三纲”为核心传统道德规范。董仲舒不仅为家庭生活设计了理想的图式，且还为人设计了为人处世应遵循的基本道德原则——五常，也就是仁、义、礼、智、信。“五常”的道德规范尽管在董氏之前的儒家思想中已经多有论述，有的道德规范甚至还是某些先秦儒家思想的核心（如仁之于孔子，仁义之于孟子，礼之于荀子），但是并没有像董仲舒那样将之提升到绝对化的地位，并对其内在关系作出系统化的阐释。董仲舒不仅将之提升至“五常之道”的高度，且将之纳入了他的阴阳五行学说中，使之成为上至君主下至百姓共同的道德标的，他提出一系列的教化主张来化民导俗，培育人们形成五常之德。董仲舒讲：“夫仁、义、礼、智、信五常之道，王者所当修饬也；五者修饬，故受天之佑，而享鬼神之灵，德施

① 王永祥：《董仲舒评传》，南京大学出版社 1995 年版，第 99 页。

于方外,延及群生也。”在董氏的五常之教中,天就是仁德的化身,人禀受天命而赋有天的德性:“仁之美者在于天。天,仁也。天覆育万物,既化而生之,有养而成之……是故人之受命天之尊,父兄子弟之亲……惟人道可以参天。”仁的具体内涵就是在处理人际关系时要有爱人之心、恻隐之心。董仲舒谈义是与仁相提并论的,原因是二者作用的向度是不同的:“仁之法在爱人,不在爱我;义之法在正我,不在正人。我不自正,虽能正人,弗与为义;人不被其爱,虽厚自爱,不予为仁。”仁是处理与他者关系的原则,义则是自治的要求,二者只有配合才能使人做事得体,不失之于一偏,也就是他说的:“以仁治人,义治我,躬自厚而薄责于外,此之谓也。”董仲舒认为礼也是“取法天地之气、承继阴阳之行迹而形成的一种带有某种先验性质的绝对规范”①,他说:“礼者,继天地,体阴阳,而慎主客,序尊卑、贵贱、大小之位,而差内外、远近、新旧之级者也,以德多为象。”礼是“体情而防乱者也”。董仲舒论智:“莫近于仁,莫急于智,不仁而有勇力、材能,则狂而操利兵也……仁而不知,则爱而不别也;知而不仁,则知而不为也。”把知看作是对仁之偏辟的纠正,以使行为合乎“三达德”的要求。

(三)尊卑有等。“长幼有序”是儒家家庭教育的重要原则,这一原则在董仲舒的家庭教育思想中就是“尊卑有等”,这与其重天地之道、阴阳五行的致思倾向一脉相承。在董仲舒的思想中天、地是有别的,天处于尊的地位,地处于卑的地位,天地之道就是尊卑、上下之道,而人世间的父子、夫妇、君臣关系都要效法天道。他再三强调天的至尊地位,如:“天者,万物之祖,万物非天不生”,认为“万物没有天就不能生成”;“人之为人本于天,天亦人之曾祖父也”,将天看做人的始祖、本源。人则是可以通过观察作为天地之常的阴阳进而领悟天之志的,父子、夫妇、君臣间人伦关系都是遵循阴阳法则,他说“阴者,阳之合;妻者,夫之合;子者,父之合;臣者,君之合;物莫无合,而合各有阴阳。”夫妇、父子、君臣之间也就要像阴阳间的配合一样相辅相成。阴阳所具有的诸如“阳尊阴卑”、“阳贵阴贱”、“阴为阳之助”、“阳主阴辅”等的特性无疑也标

① 余志平:《唯天为大——建基于信念本体的董仲舒哲学研究》,商务印书馆2003年版,第300页。

示家庭及社会也是存在尊卑、贵贱、主辅,所谓“阳贵而阴贱,天之制也”,“天下之尊卑随阳而序位”。阴和阳既是构成天地的源泉,也是天地不变的总的规律和法则,长幼贵贱各处于相应的地位:“幼者居阳之所少,老者居阳之所老,贵者居阳之所盛,贱者居阳之所衰。藏者言其不得当阳。……”家庭伦理具有等级分明的特征,董氏强调人伦关系中处于卑弱的一方应该效法天地中的地,如他说:“为人子者,视土之事火也……地,天之合也,物无合会之义。”人世间的等级关系还被他用“受命”的思想来解释,董氏认为包括家庭成员在内的人与人之间的关系是逐层受命而来:“天子受命于天,诸侯受命于天子,子受命于父,臣妾受命于君,妻受命于夫。诸所受命者,其尊皆天也。”这种关系体现的正是尊上者对卑下者的主导关系,反过来就是卑弱的一方对尊上一方的顺受,即是要求臣、子、妻要绝对听命于君、父、夫,不然,“妻不奉夫之命,则绝”。而《孝经》所阐释的“天经地义”之孝,在董仲舒看来即是“诸父所为,其子皆奉承而续行之”,“父授之,子受之”,而所谓“地之义”,则为“下事上,如地事天”,“是故孝子之行,忠臣之义,皆法于地也。地事天也,犹下之事上也。”春生、夏长、秋收、冬藏的自然之运行现象也具有此授彼受的特性:“是故父之所生,其子长之;父之所长,其子养之;父之所养,其子成之。诸父所为,其子皆奉承而续行之,不敢不致如父之意。尽为人之道也。”人道就是对天道的奉承和继行,天与地的尊卑和授受关系就是对人世间尊卑等级关系的最有力的说明。《春秋繁露》中还有很多篇章都涉及对该问题的论述,如《循天之道》《天地之行》《天地阴阳》等,但总的落脚点都是放在了论证“尊卑有等”的人伦关系理念。

三、司马谈的《命子迁》

西汉时期的司马谈(公元前 165 年—前 110 年)的《命子迁》一文是对儒家求名以立世思想的继承和实践。儒家并不否定人为了求名所做的积极努力:“君子疾没世而名不称焉”。在孔子看来,君子以终生无可称道之事迹为耻。孔子认为齐景公虽然贵为诸侯,但到他去世的时候,人民没有因为其德行而称赞他。相反,伯夷、叔齐虽饿死在首阳山下,但人民对其高尚的德行称颂不绝。这种立名、求名的观念在儒家那里被上升至“孝”乃至于“至孝”的地位,构成了儒家扬名显亲以成全孝的道德要求。《孝经》中就讲:“夫孝,始于事亲,中于事君,终于立身。”《礼记·祭义》中也说“孝有三,大孝尊亲,其次弗辱,其下能养。”这里的“尊亲”和“弗辱”在学者看来主要的蕴涵就是:“子女为人处世,成家立业,都要堂堂正正,有所作为……为父母和整个家族曾辉”①,而这种孝亲思想“……虽然是从家庭本位出发,但却激励人们修行创业,奋发有为,把孝悌行为和处世立业及整个社会联系起来,……是有积极意义的。”②

司马谈早年立志要写一部通史,并为此作了许多准备工作。他在公元前110年随汉武帝登封泰山途中染病,不幸病卒于洛阳,临终想到自己的志愿未曾实现,故而把希望寄托在了儿子身上,他对司马迁说道:

> 余先,周室之太史也;自上世尝显功名于虞夏,典天官事……今汉兴,海内一统,明主贤君忠臣死义之士,余为太史而弗论载,废天下之史文,余甚惧焉!汝其念!且夫孝,始于事亲,中于事君,终于立身。扬名于后世以显父母,此孝之大者③。

“人之将死其言也善”。司马谈临终之际追溯了他的祖先世代修史的家族荣耀,以他的家族因此而闻名于世而自豪,也深感作为家族一份子有责任和义务要继承为国修史的家族传统,他为自己将不久于人世不能承继这一使命而感到后怕。他认为自己死后儿子司马迁一定会继承自己的职位,所以希望他不要忘记世代相沿的责任。他引用《孝经》中的话,希望司马迁能继承乃父的遗志,将此视为最高的孝。

司马谈的临终遗教体现了儒家“三不朽”的人生价值追求,而这种人生价值追求理念早在春秋战国时期就已经为人熟知,载于《左传·襄公二十四年》中:

> 二十四年春,穆叔如晋。范宣子逆之,问焉,曰:“古人有言曰:‘死而不朽’,何谓也?”穆叔未对。宣子曰:“昔匄之祖,自虞以上为陶唐氏,在夏为御龙氏,在商为豕韦氏,在周为唐杜氏,晋主夏盟为范氏,其是之谓乎?”穆叔曰:“以豹所闻,此之谓世禄,非不朽也。鲁有先大夫曰臧文仲,

① 祝瑞开:《中国婚姻家庭史》,学林出版社1999年版,第465页。
② 祝瑞开:《中国婚姻家庭史》,学林出版社1999年版,第465页。
③ [汉]司马迁:《史记·卷一百三十·太史公自序第七十》,中华书局2000年版,第2492页。

既没，其言立，其是之谓乎！豹闻之，‘太上有立德，其次有立功，其次有立言’，虽久不废，此之谓三不朽。若夫保姓受氏，以守宗祊，世不绝祀，无国无之，禄之大者，不可谓不朽。”①

孔颖达的《春秋左传正义》对这里的“立德”、“立功”、“立言”分别进行了阐发：“立德，谓创制垂法，博施济众”；“立功，谓拯厄除难，功济于时”；“立言，谓言得其要，理足可传”。范宣子同叔孙豹在这里讨论的核心议题是人生价值问题，范宣子以自己家族世代受爵禄为贵族而为不朽，但叔孙豹对此并不以为然，在叔孙豹看来成就无上的德行、建立泽被后世的丰功伟绩、有足可称道的言行才能算得上是不朽，这种诉求其实是将一个人的精神价值视为不朽的核心要件，这种思想观念为后世儒家所继承，开启了儒家修德立业积极入世博施济众的人生情怀。

司马谈的临终遗训对其子司马迁一生行事产生了深远影响。司马迁遭遇变故后以“究天人之际，通古今之变，成一家之言”自励，忍辱负重写成了我国第一部纪传体通史——《史记》。他所取得的成就和他本人遭遇羞辱后对“身毁不用”的人生价值的思考有关，而父亲司马谈的临终教诲和他对家族世传的文化历史责任的自觉担当则亦是他了悟“大抵贤圣发愤之所为作也”②后重新振作起来投入到写作《史记》的精神动力之源。

“三年无改父之道，可谓孝也”，实现父亲的遗命成了司马迁“继志述事”以行孝道的原动力，也是奠定他在中国历史上“史圣”地位的关键原因。司马迁在谈及孔子作《春秋》时，间接地表达了他作为人子行孝以成全“父子礼义”的思想。该段思想材料记录于《太史公自序》：

《春秋》之中，弑君三十六，亡国五十二，诸侯奔走不得保其社稷者不可胜数。察其所以，皆失其本已。故《易》曰‘失之毫厘，差之千里。’故曰‘臣弑君，子弑父，非一旦一夕之故也，其渐久矣’。……夫不通礼义之旨，至于君不君，臣不臣，父不父，子不子。夫君不君则犯，臣不臣则诛，父不父则无道，子不子则不孝。此四行者，天下之大过也。

---

① ［春秋］左丘明：《左传·襄公二十四年》（中），郭丹、程小青、李彬源译注，中华书局2012年版，第1328页。

② ［汉］司马迁：《史记·卷一百三十·太史公自序第七十》，中华书局2000年版，第2494页。

在司马迁看来，造成春秋时期的乱局的原因是“皆失其本”，“臣弑君，子弑父”现象的产生也非一朝一夕所致，推究本源则是君臣父子“不通礼义之旨”，以至于君背离了为君的行为准则，臣背弃了臣的行事准则，父亲丢掉了为人父的道德要求，儿子舍弃了为人子的行为规范，而避免该现象发生的办法则是君臣父子各行其道，按照各自的行为规范去做。从这样的角度来看，司马迁一生行事，从遵从父训和传承家族历史责任的角度来看，则是在践行“子道”，也就是行孝。这是他不断自我激励进取的重要精神动力。

司马谈要求司马迁行孝以立世扬名的思想还有着深远的文化影响：“孝道以一种特殊的形式寄托了中国人的历史意识，通过强调‘继述先人之志’，表现出中国人所特有的那种为家庭、民族、国家负责，为子孙万代造福的精神。一个人的生命所以有价值，就在于他把个人有限的生命，融入了历史的长河中，把自己看做是历代祖先文化理想的实现者。所以，中国人所追求的永恒并不是在超验的上帝那里获得的，而宁愿在这充满人情和理想的历史中获得永恒。”①而这种精神追求构成了传统中国人生价值的重要理念。后世儒家重“名教”，就是在劝导世人在孜孜于“名”的过程中实现自我的价值。古代的精英家庭教育和世俗家庭教育都继承了这一传统。颜之推《颜氏家训》中就专门列有“名实”的章节，表达了对声名和实际行事二者关系的看法。在颜之推看来，人的声名要建立在厚实的道德修养和足可称道的行为事迹之上：“德艺周厚，则名必善焉；容色姝丽，则影必美焉。”名可求但不能做窃名之徒，这种家教思想值得称道。

四、诸葛亮的《诫子书》与《诫外甥书》

诸葛亮（181 年—234 年），字孔明，祖籍徐州琅邪郡阳都，三国时期著名的军事家、政治家。刘备死后辅佐后主刘禅：“鞠躬尽瘁，死而后已”，“声烈震于遐迩”。诸葛亮主政期间赏罚严明励精图治，文武兼备，促成了三国鼎立之势的形成，有“智圣”的美誉，后人对其多有推崇：宋代封其为忠惠仁济显应王；元代封之为威烈忠武显灵仁济王；明洪武年间为其定帝王庙；清雍正二年

① 田亮、陈从兰、敬晓庆：《中国传统伦理概论》，西北工业大学出版社 2011 年版，第 64 页。

则特旨从祀孔庙①。诸葛亮形象的"高、大、全"则成为后世文人士大夫的精神楷模之一,起着特殊的社会教化作用。此外,诸葛亮还在家庭教育方面留有《诫子书》等专门论述,为我们从侧面了解其人格的高大提供了线索。

据《琅邪郡全裔堂诸葛氏宗谱》记载:"自丰公后,传至数世,有诸葛珪,字君贡,为太山郡丞。珪生三子,长瑾、次亮、三均。"②从这段记述来看,诸葛一门祖述诸葛丰。诸葛丰《汉书》有传,在汉元帝时任司隶校尉,期间清正廉明,不畏强权,曾因此受到好评,但最终也因此而被降职,继而"免为庶人",病没亡故于家,但其名节为后人称颂。诸葛亮的父亲诸葛珪,担任过郡丞的职务,生有三子,分别为瑾、亮、均,诸葛亮排行老二。诸葛瑾二子诸葛乔曾过继给诸葛亮为子,后又归宗。诸葛亮躬耕隆中期间娶妻黄氏,婚后育有三子,分别为诸葛瞻,仕蜀,终以身报国;次子诸葛京,蜀灭国后仕晋;幼子诸葛怀,蜀灭后不赴晋召,躬耕田野。诸葛一门多节烈之士,颇为人称道,这些与那个时代讲求"家风"和"世德"的社会文化氛围多有关系,但也与诸葛亮教子有方是分不开的,其《诫子书》和《诫外生书》("生"即"甥",下文同)就是他家庭教育思想的代表。前者全文是:

> 夫君子之行,静以修身,俭以养德。非淡泊无以明志,非宁静无以致远。夫学须静也,才须学也。非学无以广才,非志无以成学。淫慢则不能励精,险躁则不能治性。年与时驰,意与日去,遂成枯落,多不接世,悲守穷庐,将复何及!

"地势坤,君子以厚德载物"③,《易经》认为正人君子要锤炼自己的道德品质,以抚育万物、造化万方。诸葛亮认为道德修养就要抓住一个"静"字,心性的安静平和是做人成事的最基本要求。关于"静",《礼记·经解》中有一段重要的论述,原文是:

> 人生而静,天之性也。感于物而动,性之欲也。物至知知,然后好恶形焉。好恶无节于内,知诱于外。不能反躬,天理灭矣。夫物之感人无穷,而人之好恶无节,则是物至而人化物也。人化物也者,灭天理而穷人

① 熊梅:《论诸葛亮形象的伟儒倾向》,《青海社会科学》2011年第2期。

② 余明侠:《诸葛亮评传》,南京师范大学出版社1996年版,第26页。

③ 《周易》,杨天才、张善文译注,中华书局2011年版,第29页。

欲者也。于是有悖逆诈伪之心,有淫逸作乱之事。是故强者胁弱,众者暴寡,知者诈愚,勇者苦怯,疾病不养,老幼孤独不得其所,此大乱之道也。

这是说人的本性是好静的,这是上天赋予人的本性。人因为受外物侵扰,故而产生种种欲念,人通过体察这些道理就能判断事物的善恶。人的喜好如果不能从内心中寻找节制的办法,就会被外物所纠缠。不能对自身的喜好进行反思,人存于内心的主静的本能就会丧失。身外之物对人的影响无所不在,而人如不对之加以节制,人就会成为外物的附属品。如此人的欲望就会永无止境,各种社会不良现象就会发生,老弱孤残就得不到应有的关怀,社会就会出现危机,国家就会混乱。《礼记》中的这一说法实际是强调了人心对于外物应有的驾驭能力,而这种驾驭能力的获得,在诸葛亮看来就是要培养“静”的道德修养:“夫君子之行,静以修身,俭以养德。非澹泊无以明志,非宁静无以致远。”君子修身以立世,要培养不为外物所侵扰的思想定力,不为物质欲望所牵绊,不慕奢华,清俭自守,以此来锤炼坚定的意志,唯此才能有利于个人的成长和事业的发展。

“博学于文,约之以礼”,学习要广博,但是不能没有一以贯之的思考。诸葛亮认为人的才能是通过学习得来的,但只有广泛的学习和思考才能掌握精博的道理,而这些都需要有顽强的意志力做保证,即所谓的:“夫学须静也,才须学也,非学无以广才,非志无以成学。”他认为学习上不能随意而为,没有一定之规,没有对事物的深刻体察就不能获得深刻的认识:“淫慢则不能励精,险躁则不能冶性。”浅尝辄止的涉猎就不能获得真知灼见,而不加深思的轻浮举动就不能陶冶性情。

“逝者如斯夫,不舍昼夜”。光阴似箭转瞬即逝,东隅已逝桑榆非晚。诸葛亮鼓励子弟不要辜负年华,更不能碌碌无为虚度光阴蹉跎岁月:“年与时驰,意与日去,遂成枯落,多不接世,悲守穷庐,将复何及!”勉励子弟学有所成,名有所就,实现人生志向,体现了儒家积极入世的精神。诸葛亮不希望子弟坠入下流,成为平庸之人而无所成就。

人不能没有高尚的志趣追求,所谓“三军可夺帅也,匹夫不可夺志也”。在《诫子书》中诸葛亮讲到:“非淡泊无以明志”、“非志无以成学”,这些都是他希望子弟一定树立远大志向,成就卓越人生的教诲。而他的《诫外生书》,

则是专门谈立什么样的志向、怎样立志的问题。他说：

> 夫志当存高远、慕先贤、绝情欲、弃疑滞，使庶几之志，揭然有所存，恻然有所感。忍屈伸，去细碎，广咨问，除嫌吝，虽有淹留，何损于美趣？何患于不济？若志不强毅，意不慷慨，徒碌碌滞于俗，默默束于情，永窜伏于凡庸，不免于下流矣。

"见贤思齐"，诸葛亮希望后进子弟能够仰慕先贤，树立自己学习效法的榜样，不可贪图安逸声色犬马，要去掉迟疑怠惰止步不前的缺点。让志向成为鞭策自己奋进的力量，在近似苦修的过程中扩充、坚定志向。要能屈能伸，不要为琐碎的事物分散精力，要就不明了的事物广泛请教，不要优柔寡断好疑鄙吝，如此个人德性就不会有大的损伤。道德修养好了，做起事情也来就不愁穷于应付了。但如果立志不坚定，意气消沉、狭隘，就不能超越沉溺于日常生活的格局，就会在顾恋儿女情长的人生境地中变得凡庸，成为"养其小者"、"从其小体"的普通人。

"志于道，据于德，依于仁，游于艺"，儒家把立志求道，行事守德，遵循仁的要求，博学多能看作是成就人生的基本要求。诸葛亮的这两则家教材料因为教诲对象的不同，尽管在境界上有所差别，但体现出施教者注重子弟道德修养的共性，施教者把学习看做是具备广博技艺的必由之路，认为学习不能浮于表面，教导子弟要从多方面入手培养坚定的志向，珍惜年华积极入世，把所学所能用之于社会实践，实现人生价值。"淡泊明志，宁静致远"，诸葛亮的家教理念已成为儒家家教思想精华的代表。

五、古今家训之祖：《颜氏家训》

颜之推(531 年—590 年)，祖籍琅邪临沂，南北朝时期著名学者，历仕梁、北齐、北周、隋，著有《训俗文字略》、《证俗音字略》、《急就章注》、《笔墨法》、《集灵记》、《冤魂志》、《七悟》、《稽圣赋》、《观我生赋》等①，所著《颜氏家训》有"古今家训，以此为祖"②之誉，影响颇巨，是传统知识分子家庭教育的典范，

---

① ［北齐］颜之推：《颜氏家训·前言》，檀作为译注，中华书局 2011 年版，第 2 页。

② ［清］王三聘：《古今事物考》。

"包笼广泛,情感真挚,说理透辟,针对性强"①,为历代传颂。清人王钺曾说:"北齐黄门侍郎颜之推《家训》二十篇,篇篇药石,言言龟鉴,凡为人子弟者,当家置一册,奉为明训,不独颜氏。"②范文澜先生评价道:"《颜氏家训》的佳处在于立论平实。平而不流于凡庸,实而多异于世俗,在南方浮华北方粗疏的气氛中,《颜氏家训》保持平实的作风,自成一家言,所以被看做处世的良轨,广泛地流传在士人群中"。颜之推的家庭教育思想是对儒家倡导的人生哲学的继承和实践,可做如下解析:

(一)修德进业的家教理念。颜之推从家庭教育的独特性出发,认为:"夫同言而信,信其所亲;同命而行,行其所服。"强调他写家训就是要"整齐门内,提撕子孙",以勉励家人族众敦品好学上进。颜之推在家庭教育中注重对道德伦理的灌输,言传身教间希望子弟能筑牢道德根基,并将之施诸于经世实践。颜氏首先注重家庭伦理道德观念的教育,他认为理想的家庭关系应该是父慈子孝夫义妇顺兄友弟恭,认为这三伦关系是家庭乃至于家族和谐稳定的基础,他说:

> 夫有人民而後有夫妇,有夫妇而後有父子,有父子而後有兄弟:一家之亲,此三而已矣。自兹以往,至于九族,皆本于三亲焉,故于人伦为重者也,不可不笃。

颜之推的施教就是要教导子弟明晓这些人伦道德理念并在家庭生活中积极践行,推而广之地协调好家庭内外的关系。颜之推认为长辈要自觉担负起教育晚辈的责任,把父慈转化为教育子弟成才的道德义务,不能对子弟有爱无教,对子弟一视同仁不可偏爱。"孝为百行之首",颜之推并没有过多谈论子弟如何奉养双亲以尽孝,而是希望子弟能够追求声名,将此作为对长辈的孝和对继承累世传承的家风之责任担当,体现了"立身行道,扬名于后世,以显父母,孝之终也"③的理念。他特别强调晚辈间的团结和睦,认为兄弟关系具有天然的亲密性:"兄弟者,分形连气之人也。"即使行为有过错也要多加怜惜,希望兄弟间的关系不要"为旁人之所移",以此来为子侄们处理关系作出榜样。颜之

① 张学智:《〈颜氏家训〉与现代家庭伦理》,《中国哲学史》2003年第2期。

② [北齐]颜之推:《颜氏家训·前言》,檀作为译注,中华书局2011年版,第3页。

③ 《礼记·孝经》,胡平生、陈美兰译注,中华书局2007年版,第221页。

推不赞许妇女“代子求官，为夫诉屈”的举动，认为父义妻贤才是可取的治家之道，他希望为人妇者要能“辅佐君子，助其不足”，把妇女的职能定位为协助丈夫处理日常家务。此外，颜氏在家人道德修养方面还提出了诸多具体要求，如知足少欲：“宇宙可臻其极，情性不知其穷，唯在少欲知足，为立涯限尔”；自省改过：“每常心共口敌，性与情竞，夜觉晓非，今悔昨失，自怜无教，以至于斯；”少言省事：“无多言，多言多败；无多事，多事多患；”戒骄戒奢：“天地鬼神之道，皆恶满盈。谦虚冲损，可以免害；”谨慎交游：“人在少年，神情未定，所与款狎，熏渍陶染……君子必慎交游焉”，等等。这些道德素养都是为人处世的经验之谈，对于个人社会实践具有很强的指导意义，虽有明哲保身的现实诉求，但充满对道德实践的理性思考。

儒家提倡内道德而外事功的人生价值轨迹，主张把德性修养付诸社会实践，使言行都符合道德的要求，在事功的过程中为他人和社会带来利益。颜之推继承了这种价值取向，他不但不反对子弟求名，还鼓励他们积极追求“勋业”，不可勤于无益之事，这种理念使他在学习上有提倡实用主义的倾向：“但明练经文，粗通注义，常使言行有得，亦足为人”。他认为人的能力有差别，希望子弟在进仕过程中不要贪多求全，在诸多的事业中“能守一职，便无愧耳”。需指出的是，在颜氏那里事功并非是没有原则的，通过取悦上官以获拔擢的行径就是他所不愿为的。他说：

> 齐朝有一士大夫，尝谓吾曰：“我有一儿，年已十七，颇晓书疏，教其鲜卑语及弹琵琶，稍欲通解，以此伏事公卿，无不宠爱，亦要事也。”吾时俛而不答。异哉，此人之教子也！若由此业，自致卿相，亦不愿汝曹为之。

颜之推曾仕职于北齐政权，朝廷显贵中多鲜卑族成员，掌握少数民族语言文化便成了仕进的阶梯，尽管如此，颜氏依然希望子弟要通过真才实学以求起用，勿走捷径。颜之推的这种家教显得可贵，这与他一贯重视子弟自立自强的教育是分不开的，他说：“父兄不可常依，乡国不可常保，一旦流离，无人庇荫，当自求诸身耳。”[①]在社会兵连祸结动荡不安的时局背景下，唯有反求诸己才能得以安身。颜氏的这种教育理念与当时许多世家大族子弟不学无术的现实形

---

① ［北齐］颜之推：《颜氏家训·勉学》，王利器集解，中华书局1993年版，第157页。

成了对比，他在《勉学》就指出：

> 多见士大夫耻涉农商，差务工伎，射则不能穿札，笔则才记姓名，饱食醉酒，忽忽无事，以此销日，以此终年。或因家世余绪，得一阶半级，便自为足，全忘修学；及有吉凶大事，议论得失，蒙然张口，如坐云雾；公私宴集，谈古赋诗，塞默低头，欠伸而已。有识旁观，代其入地。何惜数年勤学，长受一生愧辱哉！

魏晋以来，世家大族多有注重家庭教育的传统，但在门阀制度之下，多不尚实学，逐渐腐化，应事接物窘态百出。颜氏一门有重教的传统，颜之推写道："颜氏之先，本乎邹、鲁，或分入齐，世以儒雅为业，遍在书记。"①颜之推不愿子弟为衣食之计而弃学："使汝弃学徇财，丰吾衣食，食之安得甘？衣之安得暖？"这除了对"绍家世之业"的自觉外，也与他真切的人生经验有关。颜之推本人自幼受到家庭教育的启蒙，他回忆儿时受教的情形时说："吾家风教，素为整密，昔在龆龀，便蒙诱诲"，家庭的早期教育使他受益匪浅，但也对因亲人的逝去而未能受到完善的教育而痛惜，这使他意识到及早接受教育和学习的重要性。

爱子就要为之计深远，颜之推特别重视家族子弟的学业，《勉学》篇就是为劝导子弟致力于学所作，他认为学习是最便捷的增长才干的途径："世人不问愚智，皆欲识人之多，见事之广，而不肯读书，是犹求饱而赖营馔，欲暖而惰裁衣也。"故他希望子弟能够继承发扬世传的"素业"，即他说的"周、孔之业"，以儒家伦理道德和经世致用的学说理念熔铸身心，达到"博览机要，以济功业"的目的。学习具有特殊重要的作用，用颜之推的话说就是"开心明目，利于行耳"，通过多方面的学习可起到"补不足"的作用，进而增强行动能力。尽管学习的内容很多，但颜之推强调学习要把握重点，他批评士大夫子弟"不肯专儒"的学习倾向，希望子弟能"明六经之指，涉百家之书"，在重儒的同时博学广识开阔视野。颜之推主张既要师法古人，也要从身边的人学起，凡"农商工贾，厮役奴隶，钓鱼屠肉，饭牛牧羊"中的贤达之士都是学习的对象，他还鼓励早年失学者"犹当晚学"，不可自暴自弃，如此进则可以增益德行，退则可以

① ［北齐］颜之推：《颜氏家训·诫兵》，王利器集解，中华书局1993年版，第348页。

得一技以自资，在动荡的世势中安身立命。这些家教思想充满人文关怀，在今天看来也有可取之处。

（二）知行结合的家教方法论。知行关系是传统家庭教育中的基本问题，是古人对如何施教、如何受教及如何将所教所知运用于实践的哲学思考。“知之非艰，行之惟艰”，说的是“知易行难”的问题，深层的意蕴是要人们把知用于行，用所知服务于所行。在儒家“躬行践履”思想的影响下，颜之推在日常的家教过程中把“知行结合”作为教育子弟的重要方法，勉励子弟先知后行、边知边行、边行边知，把道德修养、知识学习和践履结合起来，在知以致用的过程中体现所知的价值。在家教何以必要的问题上，颜之推承续了先前儒家的理论实践。儒家创始人孔子认为人有着相似的本性，不过是由于后天的习染才使人在道德学养上有了分殊，他关于“生知”、“学知”的论断似乎表明人有“不教而知”的本能，但在其思想体系中占主导地位的是强调通过学来完善包括个体道德认知在内的诸种修养和才干，孔子说自己“非生而知之者，好古，敏以求之者也”①，承认是好学才使自己与众不同。颜之推有着类似的思想倾向，他说：“上智不教而成，下愚虽教无益，中庸之人，不教不知也。”②他本着中庸之人要通过教育才能增强识见的认识，在《勉学》篇中着重论述了通过学来增进子弟道德修养和为人处世的能力并最终用之于实践的道理。

颜之推“知行结合”的家教理念体现在日常施教过程中，在道德认知和实践上，颜氏主张“知而后行”，认为道德认知对道德践行有指导作用，教导子弟在内化道德认知的基础上培养道德情感，进而转化为道德践履，他说：

> 未知养亲者，欲其观古人之先意承颜，怡声下气，不惮劬劳，以致甘腝，惕然惭惧，起而行之也；未知事君者，欲其观古人之守职无侵，见危授命，不忘诚谏，以利社稷，恻然自念，思欲效之也；素骄奢者，欲其观古人之恭俭节用，卑以自牧，礼为教本，敬者身基，瞿然自失，敛容抑志也；素鄙吝者，欲其观古人之贵义轻财，少私寡欲，忌盈恶满，赒穷恤匮，赧然悔耻，积而能散也；素暴悍者，欲其观古人之小心黜己，齿弊舌存，含垢藏疾，尊贤

① 杨伯峻：《论语译注·述而》，中华书局2016年版，第101页。

② ［北齐］颜之推：《颜氏家训·教子》，王利器集解，中华书局1993年版，第8页。

> 容众，苶然沮丧，若不胜衣也；素怯懦者，欲者观古人之达生委命，强毅正直，立言必信，求福不回，勃然奋厉，不可恐慑也：历兹以往，百行皆然。纵不能淳，去泰去甚。

教导子弟通过观览学习古人行为处事的方式，长善救失更好地进行人生实践。颜之推说："人或交天下之士，皆有欢爱，而失敬于兄者，何其能多而不能少也！人或将数万之师，得其死力，而失恩于弟者，何其能疏而不能亲也！"兄友弟恭本是自然而然的道德要求，奈何为人弟者失敬于兄，为人兄者失亲于弟，原因就在于对兄弟间道德伦常关系的不知不行。同样，妯娌之间关系的融洽，也离不开对"恕己而行，换子而抚"等家庭美德的认知和践行。颜之推在《风操》篇中通过对大量对具体事例的分析来阐述各种称谓、忌讳及人在日常行礼中的不合人情的地方，就是要教导子弟明晓其中的缘由，以利于应世接物。这就不难理解颜氏为什么教子弟学以致用而反对脱离实践的无用知识："夫所以读书学问，本欲开心明目，利于行耳……世人读书者，但能言之，不能行之，忠孝无闻，仁义不足……军国经纶，略无施用。故为武人俗吏所共嗤诋，良由是乎！"人贵在有自知受教之明，士大夫们的无知和不行就难免被人耻笑。

颜之推批评子弟在行为上表现出的虽合乎道德常识但缺乏实践理性的"行而不知"之弊，他说"人足所履，不过数寸，然而咫尺之途，必颠蹶于崖岸，拱把之梁，每沉溺于川谷者，何哉？为其旁无余地故也。君子之立己，抑亦如之。至诚之言，人未能信，至洁之行，物或致疑，皆由言行声名，无余地也。吾每为人所毁，常以此自责。若能开方轨之路，广造舟之航，则仲由之言信，重于登坛之盟，赵熹之降城，贤于折冲之将矣。"①颜氏认为人的言行过于纯洁真诚不见得就能在实践中取得最佳的效果，以至言行效果受损，并将其中的缘由归结于人在日常行为中不懂得言行要留有余地的道理，故而以自己切身的经历说教，希望子弟能在言行上不说过激之言、不做过激之事。从实践的层面来看，这种教育理念有明哲保身的意味，但绝不是人们所说的"为了让子女在乱世中保全自己"那样简单，颜之推说过："夫生不可不惜，不可苟惜"，认为若是行忠孝仁义之举即便因此而获罪身灭，也在所不惜。颜之推更是对言过其行、

① [北齐]颜之推：《颜氏家训·名实》，王利器集解，中华书局1993年版，第304页。

表里不一之举不以为然:"吾见世人,清名登而金贝入,信誉显而然诺亏,不知後之矛戟,毁前之干橹也。"他对显贵之人虽"以孝著声"却弄虚作假沽名钓誉的行径嗤之以鼻。

颜氏主张知行结合以知促行,认为士君子所患在"知而不行",故他反对平日只会品藻古今空谈虚论而至"及有试用,多无所堪"的文学之士。"士君子处世,贵能有益于物耳,不徒高谈虚论,左琴右书,以费人君禄位也。"教导子弟要行有所守能担方面之任。他批评魏晋以来不尚实务的不实学风:"学之兴废,随世轻重……末俗已来不复尔,空守章句,但诵师言,施之世务,殆无一可。"等等。总的看来,颜之推知行结合的家庭教育法体现了一个以"儒雅之业"为己任的传统知识分子经世致用的情怀。他所主张的知的内容虽主要侧重于道德伦理的学习和了解,但也包括处事态度倾向的问题,还涉及经世济用的实际才干,而从行的方面来看虽主要是践行道德伦理素养,但强调将所学运用于社会政治实践的诉求值得肯定。

(三)重教崇化的家教诉求。古代中国,国家不仅重视家庭教育作用,且家庭教育也在自觉施行着道德教化,所谓"君子不出家而成教于国"①,在家国同构的宗法政治制度下,"家庭家族教育也是普及民众道德教化的方式之一"②。颜之推的家教实践就说明了这一点。颜氏在《观我生赋》中说:"举世溺而欲拯,王道郁以求申",表明了自己修齐治平的家国情怀。颜氏家教对致力于社会教化——"敦厉风俗"的诉求毫不隐晦,颜之推在《名实》中就讲:

> 或问曰:"夫神灭形消,遗声余价,亦犹蝉壳蛇皮,兽远鸟迹耳,何预于死者,而圣人以为名教乎?"对曰:"劝也,劝其立名,则获其实。且劝一伯夷,而千万人立清风矣;劝一季札,而千万人立仁风矣;劝一柳下惠,而千万人立贞风矣;劝一史鱼,而千万人立直风矣。故圣人欲其鱼鳞凤翼,杂沓参差,不绝于世,岂不弘哉?四海悠悠,皆慕名者,盖因其情而致其善耳。抑又论之,祖考之嘉名美誉,亦子孙之冕服墙宇也,自古及今,获其庇荫者亦众矣。夫修善立名者,亦犹筑室树果,生则获其利,死则遗其泽。

① 《大学·中庸》,王国轩译注,中华书局2006年版,第26页。

② 张造群:《礼治之道——汉代名教研究》,人民出版社2011年版,第209。

世之汲汲者,不达此意,若其与魂爽俱升,松柏偕茂者,惑矣哉!”

“名教”观念在颜之推生活的时代依然存在,这种观念与儒家的伦理纲常紧密相连,被认为是“儒学意识形态化的总纲”。颜氏在这里推崇的“名教”实际上就是儒家的“德教”,即“教之以德”,言语间流露着“意欲借扩充人的道德自觉意识来协调人与人之间的关系,进至社会有序和谐的理想。”反观颜氏“生于乱世,长于戎马,流离播越”①,数为亡国之人的人生境遇,这种“致力于重建民间儒学的家庭道德教育”②是有积极的现实意义的,并非仅是“为了保持家庭的和谐稳定和兴旺发达”。儒家提倡扬名显亲的人生追求,颜氏鼓励子弟求名、立名,这除了“传业扬名为务”的功利目的外,还寄托着他希望以世人好名的“性情”来劝导世人向善的深情厚意。颜之推家教的可贵之处在于强调修养道德对于立名的基石性地位:“名之与实,犹形之与影也。德艺周厚,则名必善焉;容色姝丽,则影必美焉。今不修身而求令名于世者,犹貌甚恶而责妍影于镜也。”③《家训》中载有大量古圣先贤等足可称道的人物及其事迹,颜氏希望子弟以他们为榜样,这种“典型示范”的正面引导教育契合“以名为教”的道德教化传统。当然,从宏观的角度来看,《家训》中所宣扬的“孝悌忠信、敦宗睦族”,“以农为本,重农抑末”,“少欲知足、勤俭为本”,“励志勉学、承续家风”等内容大都为传统家教所吸收和借鉴,这对儒家价值理念的社会化无疑起到了重要的推动作用,影响波及后世,传统家教的社会教化意味自不待言。

儒家有着“修己安人”的经世致用情怀,希望建立理想化的道德社会。魏晋时期玄学盛行,清谈成为了该时期名士的象征,“名教”与“自然”的争论是这一时期的核心话题,清玄之风盛行致使儒家伦理的教化在很大程度上得到了冲击。颜之推对这一关乎社会前途命运的问题间接表明了自己的看法,他在《勉学篇》中说:

夫老、庄之书,盖全真养性,不肯以物累己也。故藏名柱史,终蹈流沙;匿迹漆园,卒辞楚相,此任纵之徒耳。何晏、王弼,祖述玄宗,递相夸

---

① [北齐]颜之推:《颜氏家训·慕贤》,王利器集解,中华书局1993年版,第127页。

② 尹旦平:《〈颜氏家训〉的道德教育思想》,《江汉论坛》2001年第1期。

③ [北齐]颜之推:《颜氏家训·名实》,王利器集解,中华书局1993年版,第303页。

尚，景附草靡，皆以农、黄之化，在乎己身，周、孔之业，弃之度外。而平叔以党曹爽见诛，触死权之纲也；辅嗣以多笑人被疾，陷好胜之阱也；山巨源以蓄积取讥，背多藏厚亡之文也；夏侯玄以才望被戮，无支离臃肿之鉴也；荀奉倩丧妻，神伤而卒，非鼓缶之情也；王夷甫悼子，悲不自胜，异东门之达也；嵇叔夜排俗取祸，岂和光同尘之流也；郭子玄以倾动专势，宁後身外己之风也；阮嗣宗沈酒荒迷，乖畏途相诫之譬也；谢幼舆赃贿黜削，违弃其余鱼之旨也：彼诸人者，并其领袖，玄宗所归。其余桎梏尘滓之中，颠仆名利之下者，岂可备言乎！直取其清谈雅论，剖玄析微，宾主往复，娱心悦耳，非济世成俗之要也①。

对空虚清谈之风，颜之推的态度是“性既顽鲁，亦所不好”，委婉地透露出不尚清风的态度。颜氏批评清雅之士未能了解老庄之学的真谛，以“清谈雅论”自许的名士却为世俗名利所羁绊，背离了老庄之学教人不受外物牵制的本质，仅将之作为“娱心悦耳”的个人爱好，不像儒家学说以“济世成俗”为旨趣，在推崇功业的同时劝民敦化，把个人价值和社会价值有机统一起来。需要注意的是，《家训》的教化理念不同于政治教化，这种教化是古代文人士大夫在儒家精神的熏陶下自觉承担起来的社会责任意识的体现，“关心国家社会，以天下风教是非为己任，这是中国传统士人的群体品格。”②作为“世以儒雅为业”的一份子，颜之推对绍继家风是既有自信也有自觉的。颜之推的这种社会担当意识，体现了传统知识分子的家国情怀。《家训》之后，家道、家风、家规、家训、家范、家法等家庭教育形式都不同程度地执行着“重教敦品”的教化职能，这为儒家价值观的下潜和践行提供了家庭教育的背景，家教蕴含的“轨物范世”的教化作用不言而喻。

此外，《家训》中充满了对社会不良风气的鞭挞，批判的对象包括不良的政风、学风、世风等，体现出作者致力于社会教化的思想倾向。颜之推生活的时代，士大夫阶层浮华奢靡：“梁世士大夫，皆尚褒衣博带，大冠高履，出则车舆，入则扶侍，郊郭之内，无乘马者。周弘正为宣城王所爱，给一果下马，常服

---

① ［北齐］颜之推：《颜氏家训·勉学》，王利器集解，中华书局 1993 年版，第 186—187 页。

② 钱国旗：《〈颜氏家训〉的社会批判思想——论颜之推对不良士风及学风的揭露和批判》，《江海学刊》2005 年第 3 期。

御之,举朝以为放达。至乃尚书郎乘马,则纠劾之。及侯景之乱,肤脆骨柔,不堪行步,体羸气弱,不耐寒暑,坐死仓猝者,往往而然。建康令王复性既儒雅,未尝乘骑,见马嘶喷陆梁,莫不震慑,乃谓人曰:'正是虎,何故名为马乎?'其风俗至此。"士大夫的养尊处优为国家和其个人的灭亡埋下了隐患。这种风尚也影响到他们的子弟:

> 梁朝全盛之时,贵游子弟,多无学术,至于谚云:"上车不落则著作,体中何如则秘书。"无不熏衣剃面,傅粉施朱,驾长檐车,跟高齿屐,坐棋子方褥,凭斑丝隐囊,列器玩于左右,从容出入,望若神仙。明经求第,则顾人答策;三九公宴,则假手赋诗。

贵族子弟不涉实物,不学无术,长袖翩翩,生活奢华,靠着门阀制度坐享高官厚禄,假他人之手延揽名声,不能应涉世务,乃至于遭逢离乱之后,"求诸身而无所得,施之世而无所用。被褐而丧珠,失皮而露质,兀若枯木,泊若穷流,鹿独戎马之间,转死沟壑之际。"①远不能事君护国,近不能保身全家,贻害无穷。颜之推对学风上的浮华也作了尖锐的批评:"俗间儒士,不涉群书,经纬之外,义疏而已",对士族子弟"读书不过二三百卷,天才钝拙,而家世殷厚,雅自矜持,多以酒犊珍玩,交诸名士,甘其饵者,递共吹嘘",忍俊不禁。颜之推对南北妇女行事风格的批评也流露出他维护儒家传统礼教的诉求,等等。颜之推对社会不良现象的批判,既是他教导子弟"勿坠凡庸"保全身家的谆谆教诲,也是他对社会风化的忧思。

第三节　唐宋时期:儒家家庭教育思想的完善

唐宋时期的家庭教育在内容和形式上都得以丰富和发展,宗室家教范本的出现展示了帝王之家家庭教育的系统全面。宋代,全国范围内开始了大规模复建宗族组织的社会现象,文人士大夫的家庭教育不仅强调对子弟的教养,且自觉地将对宗族的周恤和教导作为家庭、家族施教的重要内容。学者们著书立说,从多个方面探讨家教教育,着意建构系统的家庭教育理论。与儒学的

① [北齐]颜之推:《颜氏家训·勉学》,王利器集解,中华书局1993年版,第148页。

发展相适应,这一时期的家庭教育还有超越个体、小家庭的理论诉求,更具有社会价值。本节主要介绍李世民、范仲淹、包拯、欧阳修、司马光、朱熹的家庭教育思想,呈现帝王家教和文人士大夫家庭教育的丰富多彩。

一、李世民的家庭教育思想

李世民是唐朝第二代皇帝,在位期间励精图治形成了中国历史上有名的“贞观之治”。在位期间推崇儒家思想注重社会教化,他说:“朕看古来帝王以仁义为治者,国祚延长,任法御人者,虽救弊於一时,败亡亦促。既见前王成事,足是元龟,今欲专以仁义诚信为治,望革近代之浇薄也。”①魏晋以降,玄学盛行,“越名教而任自然”的主张之下儒家学说开始式微,而这一时期的崇佛、崇道潮流,还使得儒家学说在社会范围内的影响降至低谷。李世民提倡仁礼德治在一定意义上是对既往流弊的反正,他希望通过在社会范围内推行儒家思想实现国家的长治久安和社会风气的纯美。为此,他下令置弘文馆,选天下儒生作为学士;在国学中设置孔庙,奉孔子为“先圣”;并扩大国子监的规模,使得“四方儒士”“云会京师”,表彰儒家经典等,以至于时人感叹“儒学之盛,古昔未之有也”②。他的这种推崇儒化治国的思想,也体现在他对皇子、宗室的教育思想中。《帝范》和《戒皇属》等就是他专门用来训示皇亲国戚的,鉴于《诫皇属》一文与《帝范》多有重合之处,故在此以《帝范》为重点来说明其家教思想。《帝范》分四卷十二篇,谈到了为君治国方方面面的问题,被李世民看作是“帝王之大纲也,安危兴废,咸在兹焉”,李世民希望儿子李治能够以此要求自己并在治国的过程中加以运用。

(一)为君之道。李世民首先在《君体篇》对君主治国之道作了总括性的概述。“体”代指事物本质、根本要求,“君体”说的就是作为人君的本分、根本,即是君主治国牧民的方式、方法,或曰治国之道。李世民开宗明义地提出:“为人君,尽君道”③,认为君主就要尽力做好分内之事。他认为先有国家后有

① ［唐］吴兢:《贞观政要·仁义第十三》,谢保成集校,中华书局2003年版,第249页。

② ［后晋］刘昫等:《旧唐书·卷一百八十九上·列传第一百三十九上·儒学上》,中华书局2000年版,第3360页。

③ ［唐］李世民:《帝范·君体》。

君主，而为君之道则高大如山岳稳健而不动，又好像日月一样泽被天下。普天之下的人民对君主无不心怀敬意，视之为领袖。所以君主要有高远的志向，来包容天下之人，要用公平正直之心来处理天下的事务。恩威并施，使远者来近者悦。要对宗室贵胄怀有仁爱之心以安抚他们，对大臣则要以礼相待。君主应效法先王追思祖宗创立的事业，修身以肃恭敬畏，竭尽全力地去办事，推行仁义德治。李世民将这些看做是君主必须要明白的道理，希望李治能谨遵奉行。

（二）封建亲戚。分邦建国以藩卫国家，这种制度安排自西周以来就开始施行，并在不同时期对国家的稳定起到过不同的作用，李世民也十分重视这一问题，《建亲篇》就是专门谈封建亲戚以藩卫国家的重要性的篇章。李世民认为，治理天下不能仅靠君主一人，需要与人共治，所谓："旷道不可偏制，故与人共理之；重任不可独居，故与人共守之"①，如此就可以取得"安危同力，盛衰一心"的政治作用。从历史上的经验出发，李世民认为分封要掌握好度，既不能过滥，也不能过疏，否则都会影响到国家的稳定。他认为周代之所以能兴盛，就是因为实行了分邦建国的制度，使得"内有晋郑之辅，外有鲁卫之虞"，确保了周朝的长治久安，"故卜祚灵长，历年数百"。而秦统一六国之后，并没有采纳博士淳于越等的意见，实行了郡县制，破坏了封建统治的基础，失去了封建国家赖以自保的统治基础，乃至于二世速亡。李世民痛惜道："斯岂非枝叶不疏，则根柢难拔；股肱既殒，则心腹无依者哉！"②但他也认为，汉代矫枉过正，又犯了分封过滥的弊病："广封懿亲，过于古制"，没有遵守既有的分封原则，以至于尾大不掉，埋下了不稳定的因素，才有了"七国之乱"的发生。即便如此，李世民认为不能不实行分封，一个重要的历史经验就是曹操创立了事实上的魏国，但并没有做好长远谋划，未能及时分封子弟，乃至于"外无维城以自固，内无盘石以为基"，以至于政权为司马氏所窃取。这正是他说的："夫封之太强，则为噬脐之患；致之太弱则无固本之基。"③他为此而提出的安定国家的基本方略则是："莫若众建宗亲而少力。使轻重相镇，忧乐是同。则上无猜

---

① ［唐］李世民：《帝范·建亲》。

② ［唐］李世民：《帝范·建亲》。

③ ［唐］李世民：《帝范·建亲》。

忌之心，下无侵冤之虑。”①主张广泛分封，但在规模上要加以节制，使得彼此能相互制约，使之成为稳定社会的政治力量。李世民认为分封以外，还要治理好郡县，而这离不开兴办教育，用儒道来教化民众。而正如儒家“十六字箴言”一样，李世民也认为：“术以神隐为妙，道以光大为功。括苍旻以体心，则人仰之而不测；包厚地以为量，则人循之而无端。荡荡难名，宜其宏远。”②即文治策略要深远广大，使人虚心受教而不为所察。他认为尧舜等圣王都是通过这些办法来治理国家，这样既可成全人伦之亲使得骨肉之间心心相惜，还可有效地拱卫国家，实现国家长治久安。

（三）选贤任能。《求贤篇》专门谈这个问题。孔子感叹“才难”，人才难得。治理国家离不开人才，而卓越优秀的人才对国家的兴衰存亡关系尤甚。“贞观之治”的形成离不开贤臣良将的辅佐，李世民对此深有感触，他曾在贞观十五年专门下诏求贤，其中有“若夫构大厦者，采众材于山岳；善为国者，求异人于管库。”③表达了求贤若渴的期盼。《帝范·求贤篇》中仍持类似的看法：“夫国之匡辅，必待忠良。任使得人，天下自治。”要实现国家的良政善治就离不开贤臣的辅佐，而他的这种用人理念也是对历史上既有经验的借鉴，他认为尧舜禹的禅让就是对尊贤任能的倡导：“舜年二十以孝闻。三十而帝尧问可用者，四岳咸荐虞舜”④，李世民也说“故尧命四岳，舜举八元，以成恭己之隆，用赞钦明之道。”即认为贤能之士才能堪国用。他意识到贤能之士大都隐匿于市井，需要有机会施展才华，所以有国者就要“旁求俊乂，博访英贤，搜扬侧陋。”⑤通过各种办法寻访他们并委以重任。他告诫李治不要因为他们身份卑微而轻视他们，对他们要以礼相待。他列举了伊尹、吕望、管夷吾、韩信、姬文等人，虽身处卑微却身怀治国之能而终获任用，终施展抱负建功立业的事迹来佐证自己的观点。他以历史上的齐桓公任用管仲而成霸业，刘邦采纳张良的计谋而建立汉朝的史实，一再告诫李治要选贤任能。李世民吸收了儒家君

---

① ［唐］李世民：《帝范·建亲》。

② ［唐］李世民：《帝范·建亲》。

③ ［清］董诰、阮元、徐松、胡承洪等编纂：《全唐文·卷六·求访贤良限来年二月集泰山诏》。

④ ［汉］司马迁：《史记·卷一·五帝本纪第一》，中华书局2000年版，第26页。

⑤ ［唐］李世民：《帝范·求贤》。

礼臣忠的思想,认为管理国家应该“君臣共治”,他曾对魏征言道:“夫为人臣,当进思尽忠,退思补过,将顺其美,匡救其恶,所以共为治也”①。他在这篇政治遗嘱中也讲到:“故舟航之绝海也,必假桡楫之功;鸿鹄之凌云也,必因羽翮之用;帝王之为国也,必藉匡辅之资。故求之斯劳,任之斯逸。”认为君主治理国家离不开贤臣良将的辅佐,国家应以他们为宝。

(四)量才授用。“君人御下,统极理时,独运方寸之心,以括九区之内,不资众力何以成功?”②李世民认为治理国家没有官僚的齐心协力是不可想象的,君主要做到量才以授用。官员是执行政令的主体,他们的职责事关国家治理的善否。“无求备于一人”③,君主任用人才就好比是木匠加工木头,要因材制用、量才任用,君主要能识才,要会用其所长,避其所短:“故明主之任人,如巧匠之制木,直者以为辕,曲者以为轮;长者以为栋梁,短者以为栱角。无曲直长短,各有所施”④。尽管人的智识有差别,但这不妨碍他们在相应的位置上发挥特长:“智者取其谋,愚者取其力;勇者取其威,怯者取其慎,无智、愚、勇、怯,兼而用之。”⑤用人切忌求全求美,不能因为小的过错就不任用,也不能因为小的瑕疵就忽视了既往的功劳。大材不可小用,小材亦不可大用:“有轻才者,不可委以重任;有小力者,不可赖以成职。”⑥国家治理离不开百官群僚的努力,更需要辅弼之臣的辅佐:“立国制人,资股肱以合德;宣风道俗,俟明贤而寄心。”他以大自然的现象设喻:群星列布才能使得光照大地,百川归海才使得海深不可测,从海之深月之明离不开川流和群星闪烁中,他得出了君主选贤任能才能实现国治的结论。所以,治国就要明确官员的职责所在,辨明官吏的才能,循名责实授以官职,使官吏各尽其力以实现“风行化洽”。需要指出的是,李世民的用人之道也不乏帝王权术的成分。李世民本人在君臣关系上虽倡导君臣共治,如说:“朕今志在君臣上下,各尽至公,共相切磋,以成治道”⑦,但他也认

① [唐]吴兢:《贞观政要·君道第一》,谢保成集校,中华书局2003年版,第19页。
② [唐]李世民:《帝范·审官》。
③ 杨伯峻:《论语译注·微子》,中华书局2016年版,第275页。
④ [唐]李世民:《帝范·审官》。
⑤ [唐]李世民:《帝范·审官》。
⑥ [唐]李世民:《帝范·审官》。
⑦ [唐]吴兢:《贞观政要·求谏第四》,谢保成集校,中华书局2003年版,第85—86页。

为:“君,源也;臣,流也;浊其源而求其流之清,不可得矣。”①则是君帅臣从思想。他在遗命中对李治讲到:“汝于李勣无恩,我今将责出之。我死后,汝当授以仆射,即荷汝恩,必致其死力。”②亦可见其明于君臣之分驾驭臣僚之权术的一面。

(五)虚己纳谏。《纳谏篇》对此做了论述。李世民的纳谏在中国古代政治史上传为佳话:“贞观六年,太宗以御史大夫韦挺、中书侍郎杜正伦、秘书少监虞世南、著作郎姚思廉等上封事称旨,召而谓曰:‘朕历观自古人臣立忠之事,若值明主,便宜尽诚规谏,至如龙逄、比干,不免孥戮。为君不易,为臣极难。朕又闻龙可扰而驯,然喉下有逆鳞。卿等遂不避犯触,各进封事。常能如此,朕岂虑宗社之倾败!每思卿等此意,不能暂忘,故设宴为乐’,仍赐绢有差。”③这段话是对李世民主动求谏的写照,纵观李世民一朝臣下积极进言,君主虚心纳谏,将古代君臣关系几乎作了完美的演绎。李世民认为,君主身居九重更多的时候是通过间接手段来获取信息,难免对一些事情的真相不能悉知。这就需要倾听忠正良善之言,不因人废言亦不因言废人:“言之而是,虽在仆隶刍荛,犹不可弃也;言之而非,虽在王侯卿相,未必可容。”④只要进言者说的在理,就不要去责怪细枝末节,做到:“其义可观,不责其辩;其理可用,不责其文。”以使忠者尽其忠,使智者尽其谋。君臣之间心心相惜,臣下就能做到知无不言言无不尽,君主就能周知事情的原委。而昏庸的君主往往自高自大唯我独尊,到头来落得个身死国灭。忠言逆耳良药苦口,一个封建帝王如何对待别人的意见决定了其事业的格局。“法语之言,能无从乎?改之为贵。巽与之言,能无说乎?绎之为贵。说而不绎,从而不改,吾未如之何也已矣。”⑤说的正是遵正言辨佞语的重要性。“巽与之言”隐而微,稍不察觉,便会为其所惑;“法语之言”掷地有声,闻之难耐,但却是正道直理,为君者若能受之,于国于民都有好处。李世民认为:“良由逆耳之辞难受,顺心之说易从。彼难受

① [唐]李世民:《帝范·审官》。
② [后晋]刘昫:《旧唐书·卷六十七·李勣》,中华书局2000年版,第1675页。
③ [唐]吴兢:《贞观政要·纳谏第四》,谢保成集校,中华书局2003年版,第100页。
④ [唐]李世民:《帝范·纳谏》。
⑤ 杨伯峻:《论语译注·子罕》,中华书局2010年版,第133页。

者，药石之苦喉也；此易从者，鸩毒之甘口也！”[①]他将谗佞之徒比作为国之蛀虫，认为这些人为荣华富贵不择手段，阿谀谄媚搬弄是非，结党营私祸害忠良："奸邪之志，恐富贵之不我先。朋党相持，无深而不入；比同相习，无高而不升。”[②]对关乎国家安危的事视而不见听而不闻，只知道迎合君主："令色巧言，以亲于上；先意承旨，以悦于君。”[③]历史上，因小人谗言导致疏远了亲属以至于有了“伊戾之祸”，楚国囊瓦因听信谗言而杀害了郤宛，这些事情都是昏庸的君主受到蛊惑所致，而受冤的则是那些忠臣孝子。故为君之人一定要明察奸诈邪恶和搬弄是非之人，否则会为国家带来祸患。李世民认为君主修身莫过于听取忠言，不然就会为谗佞之徒所蛊惑。他强调人的容颜虽然在眼皮底下，但人却无法看清自己的面容，所以，事情的曲直并非表面显示的那样，君主不可不查。人修饰容貌需要借助于镜子，君主欲修其德就要访求贤达，自作聪明实不可取。良药苦口利于病，他再三叮嘱李治要做一位积极纳谏的有道明君。

（六）诫盈崇俭。李世民认为为君之人要做到“俭”和“静”："俭以养性，静以修身”[④]，因为俭约之人就不会为诸事过于劳神费思，主静的话就不会受到周围人的纷扰。一旦君主不能自我节制，滥用民力就会导致怨声四起，他说："人主好奇技淫声、鸷鸟猛兽，游幸无度，田猎不时。如此则徭役烦，徭役烦则人力竭，人力竭则农桑废焉。人主好高台深池，雕琢刻镂，珠玉珍玩，黼黻絺绤。如此则赋敛重，赋敛重则人才遗，人才遗则饥寒之患生焉。”[⑤]他认为但凡“乱世之君”大都穷奢极欲，致黎民百姓生活疾苦于不顾，造成民力凋敝上下乖离，最终自取灭亡。轻徭薄赋是贞观一朝的重要国策，唐太宗曾和群臣论及止盗的方法，就谈到与民休息轻徭薄赋的思想："上与群臣论止盗。或请重法以禁之，上哂之，曰：民之所以为盗者，由赋繁役重，官吏贪求，饥寒切身，故不暇顾廉耻耳。朕当去奢省费，轻徭薄赋，选用廉吏，使民衣食有余，则自不为

① ［唐］李世民：《帝范·纳谏》。
② ［唐］李世民：《帝范·纳谏》。
③ ［唐］李世民：《帝范·纳谏》。
④ ［唐］李世民：《帝范·戒盈》。
⑤ ［唐］李世民：《帝范·戒盈》。

盗,安用重法邪!"[①]说的正是李世民戒奢崇俭不与民争利,存养百姓以实现社会安定和谐的治国理念。"聪明睿智,守之以愚;功被天下,守之以让;勇力振世,守之以怯;富有四海,守之以谦。"[②]他希望李治遵行圣人的教诲,做一个"圣世之君",时时躬行节俭谦卑自牧:"不以身尊而骄人,不以德厚而矜物。"不要追求物质生活的享受:"茅茨不剪,采椽不斫,舟车不饰,衣服无文,土阶不崇,大羹不和。"从日常生活细节入手严格要求自己。"正己正人",上行下效,纯化社会风气。他认为要做到这些关键要从自身做起:"骄出于志,不节则志倾;欲生于心,不遏则身丧。"[③]所以要清心寡欲对欲望加以节制:"五关近闭,则嘉命远盈;千欲内攻,则凶源外发。"[④]明君圣贤和昏主庸君的差别就在于能否节制个人欲求。商纣是历史上有名的纵欲灭国的君主,而"三代"时期的君主都能因自我约束而得以国祚绵延。人的喜好能反映一个人的志向追求,不能不加以节制。

(七)严明赏罚。在儒家的治国理念中,礼乐政刑都是施政的手段:"道之以政,齐之以刑,民免而无耻;道之以德,齐之以礼,有耻且格。"[⑤]用政略来引导,用刑罚来治理,人民虽然有幸免于祸乱但没有对罪恶的耻辱感;用道德来引导,用礼来治理,人民就会因知道耻辱而远离罪恶。李世民深悉此道,他虽然推崇仁礼德治,但也并没有舍弃刑赏。他将君行仁道视为是对天道周行的遵循,为他的治国方略提供形而上的理论依据。他认为:"寒暑既调,则时无疾疫;风雨不节,则岁有饥寒。仁爱下施,则人不凋弊;教令失度,则政有乖违。"[⑥]就像大自然的寒来暑往一样,要刑赏并用,以免政令失度出现乖张。他引用《尚书·洪范》中的话:"无偏无党,王道荡荡;无党无偏,王道平平;无反无侧,王道正直。"李世民认为人君要善于从根本上解决问题:"防其害源者,使民不犯其法;开其利本者,使民各务其业。"[⑦]用刑罚来震慑作恶,用赏善来

① [宋]司马光:《资治通鉴·唐太宗论止盗》。
② [唐]李世民:《帝范·崇俭》。
③ [唐]李世民:《帝范·崇俭》。
④ [唐]李世民:《帝范·崇俭》。
⑤ 杨伯峻:《论语译注·为政》,中华书局2010年版,第16页。
⑥ [唐]李世民:《帝范·赏罚》。
⑦ [唐]李世民:《帝范·赏罚》。

引导人民从化。为臣者虽然提出了迎合己意的对策,但只要有碍于大道的施行,就不能因此而对其加官进爵,大臣提出的意见建议虽然与自己的意见相悖,但只要于国有利就不应施之以惩罚。赏庆刑罚都不因个人的主观意愿而实行,臣下和人民就会遵分而行,君主就会得到拥护。

(八)劝课农桑。中国传统社会是小农经济社会,农业在国计民生中占有十分重要的地位,自汉代开始实行的"重农抑商"政策一直为后世所承续。李世民重农思想的一个重要方面就是强调"食为人天",强调农业在国家中的基础性地位。"仓廪实则知礼节,衣食足则知荣辱"①,李世民认为只有人民的物质生活得到相应的保障,人民才会倾心向善,知礼仪明廉耻。出于对农业的重视,他希望李治不要废弃每年例行躬耕于国之东郊的惯例,以此宣示对农业的重视,并颁布当年的农时节令,以指导人们按照节令安排农业事宜。李世民认为有备才能无患,家庭没有盈余就无法抵挡寒暑的侵扰,国家没有积蓄就不能应对自然灾害等突发事件。所以,他一再强调农业对于国计民生的重要意义,认为不能因为贪图财货而动摇了以农立国的国策:"求什一之利,废农桑之基。以一人耕而百人食,其为害也,甚于秋螟。"②不然,"生之者寡而食之者众",就会埋下危亡的隐患。"劝穑务农,则饥寒之患塞;遏奢禁丽,则丰厚之利兴"③,只有劝课农桑劝民稼穑才能形成淳朴厚实的民风,也只有去伪存真人才能常怀仁义之心,他希望有国者要恩威并用赏善罚恶,以使天下归心。"君之化下,如风偃草",他希望君主加强自我约束,否则,"上不节心,则下多逸志;君不约己,而禁人为非"④,只能上行下效适得其反,好比烈火燎原而寄希望于添加薪木以止其燃。"莫若先正其身,则人不言而化矣",是故,君主只有严以律己、正己正人,躬行身教,才能治理好家邦。

(九)慎武崇文。孔子对待斋戒、战争、疾病等十分谨慎。卫灵公向孔子请教如何打仗。孔子就以自己闻所未闻做了回答,并离开了卫国,以示对穷兵黩武者的不耻。文治武功向来是为君之道的重要内容,文治和武功"递为国

---

① [春秋]管仲:《管子·牧民》,刘柯、李克和译注,黑龙江人民出版社2002年版,第1页。

② [唐]李世民:《帝范·务农》。

③ [唐]李世民:《帝范·务农》。

④ [唐]李世民:《帝范·务农》。

用”,就能实现国泰民安,李世民对此深有体会。他说:“文武二途,舍一不可,与时优劣,各有其宜。武士儒人,焉可废也。”①认为文治和武功都不可偏废,各有优劣,需要相机而用。他说:“夫兵甲者,国之凶器也。”一个国家土地虽然辽阔,但是好战就会导致民生凋敝,人口稀薄;国家虽然安定,但好战也会使人心浮动不安。民生凋敝就不能保全国家,人心惶惶就不能抵御外侮。所以,战争不能完全抛弃,但也不能经常使用。李世民主张应该在农闲之际讲武习练防患于未然。“以不教人战,是谓弃之”,军队只有常加训练才能在战场上取胜,历史上勾践练兵终成霸业,徐偃弃武终至国灭。李世民认为忘战必忧,军队的训练不能松弛,否则,不利于长治久安。同时,守成之君还要制礼作乐,劝导民俗民风,恢弘文治,推崇教化,劝民向善。文道悠远广大,君主本人必须要学习了解:“不临深溪,不知地之厚;不游文翰,不识智之源。”②为人君者要善于学习,乐于学习,社会范围内重文氛围的形成非一日一时之功效,需要日积月累。所以就要设立明堂、建学校,博览百家学说,对儒家之道要精通熟练,这样就可以做到垂拱而治教化万方,社会范围内就能形成慕学的风尚。在武功和文治的关系上,李世民认为太平之世要重文轻武,而勇力逞强之际要重武轻文,即他所说“贵干戈而贱庠序”,而等到社会稳定海内晏然之时,则要“轻甲胄而重诗书”,罢兵习文,“敷九功之大化”,教化民众。

李世民的《帝范》作为他留给后继之君的政治遗训,系统全面地阐述了君主治理国家需要协调、处理的各方面关系,涵盖了为君者的修养、统御臣僚的方式、任贤人、开言路、重农务本等,涉及政治、经济、文化、军事诸方面,后世帝王家教鲜有能出其右者。

二、范仲淹的家庭教育思想

范仲淹(989 年—1052 年),字希文,北宋著名政治家、文学家,被后人视为“一代明世之臣”(元末丞相元脱脱语)。范仲淹少年便怀有“不为良相,则为良医”的抱负,他生活于北宋由盛而衰的时代,他“居庙堂之高则忧其君”,

① [唐]李世民:《帝范·崇文》。

② [唐]李世民:《帝范·崇文》。

在内忧外患积贫积弱的国势下，为北宋边务作出了重要贡献；他对怠政之弊病深恶痛绝，主张变法图强，是“庆历新政”的领袖人物；他关心民生疾苦，因上《百官图》为民请命遭贬；他为官屡受排挤，但其清正形象对宋代士风产生了深远影响，时人评价他“竭忠尽瘁，知无不为……天下正人之路，始公辟之”①，是士人效法的楷模；他功勋卓著，担任参知政事，死后追谥为“文正”，在当时被视为“谥之至美，无以复加”，亦可见其有大功于国家；他“先天下之忧而忧，后天下之乐而乐”的积极忧患思想至今仍被人传颂。范仲淹在立德立言立行等方面都有可称道之处，这与他个人的成长经历促发的自强不息的人格有关，其家教中的崇尚节俭周济族人等思想亦都与他的成长经历有关。范仲淹著有《给诸子书》、《家训百字铭》、《家人》、《四德说》、《义庄规矩》等家教文本和条规，多收录于《范仲淹全集》中。他的家庭教育思想可以从以下几个方面来把握：

首先，自强好学。史料记载：“仲淹二岁而孤，母更适长山朱氏，从其姓，名说。少有志操，既长，知其世家，乃感泣辞母，去之应天府，依戚同文学。昼夜不息，冬月惫甚，以水沃面；食不给，至以糜粥继之，人不能堪，仲淹不苦也。”范仲淹幼年丧父，母亲谢氏改嫁朱文翰，仲淹也改姓朱，继父待之视如己出，但因受到朱氏兄弟的讥讽而发愤自强。范仲淹读书甚为用功，前文提到的“划粥割齑”的成语就是出自他在勤学苦读期间将冷凝后的粥块用作充饥之用的故事。他的学术旨趣博采众家之长又以儒为宗，他长期苦读侵淫于儒家经典：“仲淹泛通《六经》，长于《易》，学者多从质问，为执经讲解，亡所倦。”他对儒家经典的推崇也与他后来在人才方面的观念紧密相关。范仲淹自立自强，他也希望子辈能自学成才，不要依赖于父祖的恩荫，他说：“二郎、三郎并劝修学，日立功课，彼中儿男，切须令苦学，勿使因循。须候有事业成人，方与恩泽文字。”其子也大都能嗜学如父，《宋史・范纯仁传》中谓纯仁“昼夜肄业，至夜分不寝，置灯帐中，帐顶如墨色”，说范纯仁好学不倦常常至深夜时分，以至于帐顶在灯烟的长期作用下都变成了黑色，足见其用功之勤。范仲淹说：

① ［宋］范仲淹：《范仲淹全集・附录三・范仲淹著作历代序跋》（中），李勇先、王蓉贵校点，四川大学出版社 2002 年版，第 963 页。

“京师交游，慎于高论，不同当言责之地。且温习文字，清心洁行，以自树立平生之称。”教导子弟要谨慎交游，要以学业为重，通过自己的努力来树立声誉；“慎勿作书求人荐拔，但自充实为妙”，希望子弟不要汲汲于功名求人举荐，要通过自学来努力提高自己。这些思想对于范氏一门形成好学上进的门风起到了推动作用。

其次，崇尚节俭。范仲淹早年求学生活简朴，使他养成了勤俭节约不慕荣禄的个人品质，史载范仲淹时常反省自己是否自奉有所浪费，如有则寝食难安夜不能寐，翌日就要及时改正。《宋史》中说：“仲淹内刚外和，性至孝。以母在时方贫，其后虽贵，非宾客不重肉。妻子衣食，仅能自充。”①范仲淹要求家人“要忍穷”，不要贪图享受生活。他说“贤弟请宽心将息，虽清贫，但身安为重。家间苦淡，士之常也，省去冗口可矣。”要朱氏兄弟切勿争富，劝导他们裁减日用以维持家庭开支。范仲淹不慕荣华、不计家用有无，身居显职但生活一如贫贱之时，常将省吃俭用的结余用来资助族人、扶危救困、周施将佐，他不仅身居庙堂为国分忧，也担心子弟过着安逸的生活而不思进取：“汝母已早世，吾所最恨者，忍令若曹享富贵之乐也。”这也使得范氏逐渐养成了崇尚节俭的家风。范仲淹为次子纯仁择妇王质长女，当他听说成长于富贵人家的儿媳将要以罗绮作帷幔之用时，认为这是乱了自家素俭的家风，甚为不悦，亲到王家当面质问，足见其俭素持家之严，此事还被后人作为家庭教育的题材广为流传。“惟俭可以助廉”②，在家行俭在官就能守廉。宋代盛行恩荫，也就是官宦人家子弟可凭借父祖的官声而获得一定的官职，但范仲淹认为自己的后人如要受荫，就必须要做到廉俭。他说：“汝等但小心，有乡曲之誉，可以理民，可以守廉者，方敢奏荐。”其子纯仁就是以父训来要求自己为官做人，以至有“廉俭如一”的美誉。淡泊以明志，范仲淹虽然在生活上严格要求自己和众子弟，但他强调不能因循常人之情，要怀忧国忧民之心，希望子弟树立远大志向报效家国：“门才起立，宗族未受赐，有文学称，亦未为国家所用，岂肯循常人之情，

---

① ［元］脱脱等：《宋史·卷三百一十四·列传第七十三·范仲淹传》，中华书局2000年版，第8282页。

② ［元］脱脱等：《宋史·卷三百一十四·列传第七十三·范纯仁传》，中华书局2000年版，第8294页。

轻其身汩其志哉!”不因贫贱而忘国忧。

再次,敦伦力行。“孝道当竭力,忠勇表丹诚。兄弟互相助,慈悲无边境。”①生父的早逝对于范仲淹来说是人生的不幸,对于这样一位处处以儒家伦理道德律己的文人士大夫而言,他的孝行主要施诸于母亲。他曾对子辈们说“吾贫时,与汝母养吾亲,汝母躬执爨而吾亲甘旨,未尝充也。今得厚禄,欲以养亲,亲不在矣。”说的是范仲淹初仕广德和夫人一起尽心事母十载的故事。扬名显亲是行孝的重要表现,范仲淹在父母亡故后还曾上表请求封赠父母,他说:“窃念臣在襁褓之中,已丁何怙。鞠养在母,慈爱过人。恤臣幼孤,悯臣多病,夜扣星象,食断荤茹,逾二十载,至于其终。又臣游学之初,违离者久,率常殒泣,几至丧明。而臣仕未及荣,亲已不待。”②所言情真意切,希望朝廷能够旌表其母,而对继父及朱氏诸兄弟他也多能予以关照。范仲淹的谆谆教诲和身体力行为子辈树立了好榜样。其长子虽因病早故,但其随父守环庆能尽忠,染疾在家能尽孝。次子纯仁中皇佑元年进士,调知武进县,但其以不能奉养老父为由不就,后改调离家较近的长葛依旧不往。范仲淹劝他:“汝昔日以远为言,今近矣,复何辞?”③而纯仁答道:“岂可重于禄食,而轻去父母邪?虽近,亦不能遂养焉。”④直到父亲亡故后才出仕。纯仁事兄如事父,“药膳居服,皆躬亲时节之”⑤,还屡次以不能奉养兄长故推辞转迁。

最后,敬宗收族。儒家的仁爱思想主张从爱自亲始到推己及人,由近及远以至于博施济众:“泛爱众,而亲仁”,“穷则独善其身,达则兼济天下”。范仲淹创办义庄周济族人正体现了仁爱的情怀。范仲淹说:“吴中宗族甚众,与吾固有亲疏,则饥寒者吾安得不恤也。自祖宗来积德百余年,而始发于吾,得至大官,若享富贵而不恤宗族,异日何以见祖宗于地下,今何颜以入家庙乎?”他

---

① 周鸿度:《范仲淹史料新编》,沈阳出版社1989年版,第95页。

② [宋]范仲淹:《范仲淹全集·卷第十九·求追赠考妣状》(上),李勇先、王蓉贵校点,四川大学出版社2007年版,第430—431页。

③ [元]脱脱等:《宋史·卷三百一十四·列传第七十三·范纯仁传》,中华书局2000年版,第8287页。

④ [元]脱脱等:《宋史·卷三百一十四·列传第七十三·范纯仁传》,中华书局2000年版,第8287页。

⑤ [元]脱脱等:《宋史·卷三百一十四·列传第七十三·范纯仁传》,中华书局2000年版,第8287页。

认为，尽管自己与族中众人在关系上有远近亲属之分，但这不能作为不接济穷困族人的借口。“积善之家必有余庆”，范仲淹把自己所以能有高官厚禄归结为祖宗积德行善之果，认为自己周济族众才能回报祖宗的恩泽。所以他创设义庄用以接济范氏族众，还亲自编写了《义庄规矩》十三条以使这种家族内部的抚恤保障制度化，其内容主要涉及“对诸房宗族供给衣食及婚嫁丧葬之用的发放标准、范围、数量等具体事宜”①。范仲淹的身教也为诸子所继承，其子一如其父尽力于义庄，范纯仁将“所得奉赐，皆以广义庄；前后任子恩，多先疏族。没之日，幼子、五孙犹未官”②，将俸禄和奖赏所得用来广施义庄，而对于朝廷的恩荫则首先推荐宗族中的他人，《义庄规矩》也经其后代的增补不断完善。范仲淹一门的义举为后人称道：“范文正公置义田、义宅，至今四十年，而丞相、侍郎兄弟继成其志，近益曾广。九族之间，莫不被其惠。”③

范仲淹在家庭教育方面的良苦用心，取得了显著的成效，在其诸子当中，除长子因病早逝外，二子范纯礼、三子范纯粹皆有声名，而尤以四子范纯仁为世所重。范纯仁继承了乃父的遗风，崇尚节俭，不事奢华，体恤亲族，公忠体国，政绩突出。《宋史》记载：“纯仁性夷易宽简，不以声色加人，谊之所在，则挺然不少屈。自为布衣至宰相，廉俭如一……范纯仁位过其父，而几有父风。元祐建议攻熙、丰太急，范纯仁救蔡确一事，所谓谋国甚远，当世若从其言，元祐党锢之祸，不至若是烈也。仲淹谓诸子，范纯仁得其忠，纯礼得其静，纯粹得其略。知子孰与父哉！”

“天命之谓性，率性之谓道，修道之为教”④。范仲淹生长于“寒儒之家，世守廉素”，故以勤俭持家。他深知“荣利无穷，千古困人”，故不贪荣禄；“其于富贵贫贱、毁于欢戚，不一动其心，而慨然有志于天下”⑤，心怀家国天下，倡导在家行孝在外尽力尽忠。他的《四德说》就是要教家人正己正家敦行父慈子孝夫义妇顺的家庭美德，他将践行人伦作为毕生的行道准则。他说：“道者

---

① 方健：《范仲淹评传》，南京大学出版社2001年版，第413页。

② ［元］脱脱等：《宋史·卷三百一十四·列传第七十三·范纯仁传》，中华书局2000年版，第8294页。

③ ［宋］朱长文：《乐圃余稿·卷九·与诸弟书》。

④ 《大学·中庸》，王国轩译注，中华书局2006年版，第46页。

⑤ ［宋］欧阳修：《范碑》。

何？率性之谓也。从者何？由道之谓也。臣则由乎忠，子则由乎孝，行己由乎礼，制事由乎义，保民由乎信，待物由乎仁。此道之端也。……然后可以言国，可以言家，可以言民，可以言物，岂不大哉！”①他虽贵为宰辅，但不改素行，进则入世为国分忧，退则严以律己在家施教，其言传身教不令而行，为时人世人所仰慕，其诸子大都有乃父风范，尤其以次子范纯仁官至宰相成就最高，成就了“父子宰相”的美名，三子、四子亦都位列朝班为世所重。经其创办的范氏义庄在数百年的时间里为范式家族的发展、壮大等提供了保障，得到了社会的认可，在我国社会福利事业发展史上具有重要影响，受到文人士大夫的推崇和仿效，影响波及至今。

三、包拯的《包拯家训》

包拯(999年-1062年)，字希仁，庐州合肥(今安徽肥东)人，仕至监察御史，为言官有声名，“立朝刚毅，贵戚宦官为之敛手，闻者皆惮之”②。史料记载，包拯为了尽孝，在宋仁宗天圣五年(1027)中进士后被任命为建昌县令，但他因顾念双亲年事已高曾要求朝廷让他在临近郡县就职，只因二老仍不愿离开故地，所以，他为了在家尽孝便辞官在家专门奉养双亲，直至父母亡故守丧期满后才出来做官：“当是时，同中第者，虽下流庸人，犹数日月而往贵仕。公拂衣去养，十年亡宦，意其心亡他，止知孝于亲而为得也。”③这也一如学者所评价的“孝亲思想是包拯思想中的主要部分，在家孝亲，在朝忠君，孝亲是忠君的基础，孝亲忠君是一个整体思想结构。”④包拯也曾自言：“臣生于草茅，蚤从宦学，尽信前书之载，窃慕古人之为，知事君行己之方，有竭忠死义之分，确然素守，期以勉励。”⑤由此看来，包拯“竭力于亲，尽瘁于君”的美名绝非徒有虚名。包拯在家行孝，于国尽忠，堪称楷模，而其治

① ［宋］范仲淹：《南京府学生朱从道名述》。

② ［元］脱脱等：《宋史·卷三百一十六·列传第七十五·包拯传》，中华书局2000年版，第8310页。

③ ［宋］张田编：《包拯集·题辞》，中华书局1963年版，第1页。

④ 陈旭：《清官——研究传统中国文化的一个独特视角》，中国社会科学出版社2010年版，第246页。

⑤ ［宋］张田编：《包拯集·卷十·求外任三》，中华书局1963年版，第132页。

家亦甚严格。南宋吴曾所撰《能改斋漫录》记录了他的家训格言,读来令人深思。其文为:

> 后世子孙仕宦,有犯脏滥者,不得放归本家;亡殁之后,不得葬于大茔之中。不从吾志,非吾子孙。”共三十七字。其下押字又云:“仰珙刊石,竖于堂屋东壁,以诏后世。”又十四字。珙者,孝肃之子也。

包拯的家训一如他的为官一样严明,其言辞甚为决绝,体现了他刚毅的人格魅力。包拯要求他的子孙后代若入仕为官者,就不许贪赃枉法,否则,活着的时候要被逐出家门,死后也不能进葬祖坟。他认为子孙中如有不遵守他的遗训的,就不是他的后代。他还要求其子包珙将这则教训刻石立于堂屋东侧,以时时警告家人,劝勉子孙。

在儒家礼乐教化的传统下,包拯的形象还被演化成为艺术的形式,在民间广为传颂。包拯的形象后来被圣化、神化,演绎出了诸多的传说,用艺术化的手法向世人传递着包拯公正严明严以律家的高贵品格。京剧《赤桑镇》中有一段包拯铡贪赃枉法的侄子包勉的故事,说的是包拯前往陈州放粮,其嫂吴妙贞令子包勉前去饯行,包拯闻知包勉贪赃枉法,则将侄子包勉就地正法的故事。兹摘录一段戏词如下:

> 包　拯:恨包勉他初为官贪赃罔上,在长亭铜铡下丧命身亡。命王朝下书信合肥县往,嫂娘亲闻凶信定要悲伤。闷恹恹坐馆驿心中惆怅,嫂娘亲为此事亲到赤桑。
>
> …………
>
> 吴妙贞:见包拯怒火满胸膛,骂声忘恩负义郎!我命包勉长亭往,与你饯行表心肠。谁知道你把那良心丧,害死我儿在异乡。有何脸面你活在世上,快与我儿把命偿。
>
> 包　拯:嫂娘年迈如霜降,远路奔波到赤桑。包勉他初任萧山县,贪赃枉法似虎狼。小弟居官法执掌,岂能做事负君王?叔侄之情何曾忘,怎奈这王法条条。
>
> 吴妙贞:你昧了天良!国法今在你手上,从轻发落又何妨?
>
> 包　拯:弟也曾前思后又想,徇私舞弊犯王章。
>
> 吴妙贞:手摸胸膛你想一想,我是包勉他的娘。

包　拯:还望嫂娘你多体谅,按律严惩法治伸张。

………

包　拯:劝嫂娘休流泪你免悲伤,养老送终弟承当,百年之后弟就是戴孝的儿郎。

吴妙贞在包拯的劝导下最终原谅了包拯,并为自己教子无方深感愧疚。戏剧中的这一包拯形象用艺术化的手法体现了包拯执法严明不徇私情的刚正品格,也塑造了他舍小家而顾公义严以律家的风范。包拯的形象也成了后世家庭教育中传颂的对象,被人们用来教育家人族众养成诚实、正直、无私的品格。南宋吕本中《童蒙训》中就将其作为说教的题材。说的是:

荥阳公尝言:世人喜言“无好人”三字者,可谓自贼者也。包孝肃公尹京时,民有自言:“有以白金百两寄我者,死矣。予其子,其子不肯受。愿召其子予之。”尹召其子,其子辞曰:“亡父未尝以白金委人也。”两人相让久之。公因言:“观此事而言无好人者,亦可以少愧矣。”人皆可以为尧舜,盖观于此而知之。

吕本中通过包拯审案一事间接表达了希望人子学做好人的思想,而通过包拯这一严明公正形象的代表使得所言更具有说服力、也更具形象化、生动化。足见包拯家训及其人格魅力在中国民间教化和家庭教育中的重要影响。时至今日,包拯遗训依然是安徽省肥东县大包村村民们谨遵的家训。

四、欧阳修的家庭教育思想

欧阳修(1007 年-1072 年),字永叔,号醉翁,晚年号六一居士,吉州永丰(今属江西省吉安市永丰县)人,诗文俱佳,以继承韩愈开创的古文运动为己任,为“唐宋八大家”之一,对宋代新文风的形成有着重要影响,有《欧阳文忠公集》传世。其文被苏轼誉为“论大道似韩愈,论事似陆贽,记事似司马迁,诗赋似李白。”①他幼年丧父,由寡母抚育成人,也得到了叔父的悉心教导。欧阳修在《泷冈阡表》中深情怀念了母亲的抚育之恩和父亲的伟岸形象对他的影

① [元]脱脱等:《宋史·卷三百一十九·列传第七十八·欧阳修传》,中华书局 2000 年版,第 8353 页。

响,以自己取得的功名成就来回报对父祖的抚育教养之恩。他本人也注重子弟的教育,《诲学说》就是他专门用以教子的文献。其家庭教育有以下几方面的内容:

(一)幼承母教。欧阳修成长于单亲家庭,父亲欧阳观于其四岁时去世,留下孤儿寡母相依为命,“寡母抚孤”说的正是欧阳修在母亲的教诲下成长的故事。欧母出身名门知书达理:“太夫人姓郑氏,考讳德仪,世为江南名族。太夫人恭俭仁爱而有礼”①,即是欧阳修对其母仪的高度赞扬。“修不幸,生四岁而孤。太夫人守节自誓;居穷,自力于衣食,以长以教俾至于成人。”②郑氏含辛茹苦守节教子对欧阳修的成长成才起到了重要的作用。郑氏注重节俭,常以其夫居官廉洁自守乐善好施的往事教诲幼子:“汝父为吏廉,而好施与,喜宾客;其俸禄虽薄,常不使有余。曰:‘毋以是为我累。’故其亡也,无一瓦之覆,一垄之植,以庇而为生;吾何恃而能自守邪?”③欧阳观礼待宾朋不营家业竟至其亡故后家庭生活几陷于绝境,郑氏只得携年幼的欧阳修投奔欧阳修叔父欧阳晔门下。郑氏虽出身大户但一向节俭持家,日用不超常规,所谓:“自其家少微时,治其家以俭约,其后常不使过之”。郑氏深知“俭薄所以居患难也”,贫淡俭约的生活才能确保衣食无忧。欧阳修在遭贬生活困顿之际能安贫自守离不开母亲的教诲:“汝家故贫贱也,吾处之有素矣。汝能安之,吾亦安矣”,习惯了贫淡生活的欧阳修对于人生际遇的大起大落也自然就多了几分安之若素的镇定。郑氏在过门之前婆婆已去世,所以她自言“不及事吾姑”,对未能尽孝于姑婆多有遗憾,而丈夫尽心事母的行迹和其事死如事生的竭诚行孝令她尤为钦佩。正是丈夫坚定执着的仁厚之举使她坚定了不畏艰难抚养幼子成才以继夫志的信心。她希望欧阳修能以其父的行迹自勉自强,不要辜负了乃父寄希望于后人的殷切期盼。“夫养不必丰,要于孝”,孝事父母不一定非要丰衣足食,但一定要尽心竭力地去做才最为重要,对于母亲的这些教诲欧阳修铭记在心,这对欧阳修公正不阿的人品的形成具有重要影响。

---

① [宋]欧阳修:《泷冈阡表》。
② [宋]欧阳修:《泷冈阡表》。
③ [宋]欧阳修:《泷冈阡表》。

（二）仁民爱物。欧阳观处世有“利虽不得博于物，要其心之厚于仁”①的高贵品德，欧阳修居官宽仁博厚与民休养生息，与其父为官处世有一脉相承之处。欧阳修虽然没有亲承父教，但其父“吾不及见儿之立也，后当以我语告之”的遗训使得母亲郑氏未曾忘却亡夫的叮嘱，这督促她不忘将其一生行事转授于欧阳修。欧阳修之父欧阳观五十余岁方始入仕，做过几个地方的判官和推官之类的低级官吏，主要负责堪断案件，但他存心仁厚，“每决重辟，尤加审谨，苟理有可脱，必平反之”②，察判案件审慎尤详，遇到于理有悖之处，务必要为当事人平反，为其争取生机。欧母亦言道：“汝父为吏，常夜烛治官书，屡废而叹。吾问之，则曰：‘死狱也，我求其生，不得尔。’吾曰：‘生可求乎？’曰：‘求其生而不得，则死者与我皆无恨。夫常求其生，犹失之死，而世常求其死也。’”③说的也是欧阳观对于死刑案件处理的谨慎态度，欧阳观哀叹世人对人之生命的轻视，希望能在自己的查验中可以找到犯人存活的依据，即便是于事无补也要劳神费思以免有憾。父亲的行事也被欧阳修记录于纪念乃父的《泷冈阡表》中。父亲的这种处事方式对欧阳修有重要影响，史料记载“修闻而服之终身”④，一生以父亲的行事作为自己居官任事的指针。欧阳修被贬夷陵期间，于闲暇之际翻阅过往案卷，发现其中多有冤假错案，他有感于一地一邑尚且如此，何况天下之大，这使得他遇事更加不敢懈怠轻视，也使他认识到应该通过积极的政治实践去做于民有利益或革除旧弊的重要性。他为政务求“宽简而不扰”，轻徭薄赋与民休息生养，关心百姓疾苦，不费民力为民请命。欧阳修的很多奏议都是关心民间疾苦痛诉官吏贪腐的，他的《论乞赈救饥民札子》、《论救赈雪后饥民札子》、《乞一面除放欠负札子》，还有他为阻止不惜民力乱修河道所作的一系列辩诉状所体现的“节用爱民”的理念，都体现了他关心百姓疾苦仁政爱民的风范。尽管他的这些行事离不开他本人的积极努力和

---

① ［宋］欧阳修：《泷冈阡表》。

② 韩琦：《故观文殿学士太子少师致仕赠太子太师欧阳公（修）墓志铭》，见《欧阳文忠公集》附录卷二。

③ ［元］脱脱等：《宋史·卷三百一十九·列传第七十八·欧阳修传》，中华书局2000年版，第8353页。

④ ［元］脱脱等：《宋史·卷三百一十九·列传第七十八·欧阳修传》，中华书局2000年版，第8353页。

客观的政治境遇，但从其所受的家庭教育来看，亦少不了郑氏以其父行事为核心的家庭教育的影响。

（三）学以志道。欧阳修自幼聪明伶俐，母亲画荻以教子，叔父是除母亲外给予欧阳修生活关照和学业指导最多的人，因家贫无力购书，无书可读便借人之书誊抄后再阅读，但往往书未抄完已能成诵，他最早接触韩愈诗文就发生于借阅李姓大户人家藏书的过程中。欧阳修嗜书如命好学不倦，本人对此也很自信："平生惟好读书，坐则读经史，卧则读小说，上厕则阅小辞，盖未尝顷刻释卷也"[①]。他深知学习对于人之成才的重要性，所以十分重视子弟的学习，《诲学说》就是他专门写给次子欧阳奕的，但影响不限于一人，在这篇六十余字的短文中间折射出的是他本人好学不倦和教子读书明理以成才的良苦用心。他说："玉不琢，不成器；人不学，不知道。然玉之为物，有不变之常德，虽不琢以为器，而犹不害为玉也。人之性，因物则迁，不学，则舍君子而为小人，可不念哉？"欧阳修以玉设喻，认为玉料不经加工就不能成为玉器；而人不读书学习就不能知书达理。尽管如此，玉石作为原料，即便不加工仍然能保持其本来的质地，而人的习性则不可能不受外物的影响，君子不学习难免最终沦落为小人。欧阳修是希望子弟能够通过学习以成才、自立，避免坠入凡庸："以谓玉不因琢，器莫得以自贵；人不因学，道无由而内勖。故我诱之于人，谕之以玉"[②]。欧阳修平生最重"道"，作为宋代文坛新风的领军人物，他把承接自韩愈以来倡导的"文以载道"的理念在宋代作了创新性的实践，以复兴儒家道统为己任，主张学以致用身体力行，为宋代文体改革作出了重要贡献。他的这些理念不仅为其子弟继承，也被他用来勉励后进，宋代位列唐宋八大家的其他几位人物大都受到他的提携与教诲。欧阳修本人"好古嗜学"，其子在其教导下不仅好学，且大都有乃父遗风：长子欧阳发自幼好学，师事理学思想先驱胡瑗，独好古代文物制度，对历代政治制度沿革、天文、地理都博览穷涉，被苏轼视为深得其父遗风；三子欧阳棐博闻强识，善文辞，父亡后受荫入仕，所制遗表亦有其父风范，为人所重。

---

① ［宋］欧阳修：《归田录》。

② ［宋］欧阳修：《监试玉不琢不成器赋》。

（四）同道为朋。处世交游是家庭教育的重要内容，与什么人交往一定程度上反映了人的识见和抱负。“道不同，不相为谋”，“群而不党”，孔子提倡人们道义相砥结朋而行，认为君子处世持重而不与人争，与人团结而不结党苟合，欧阳修以此来行世，也为其后人树立了行为处世的榜样。谈到欧阳修的交游思想，不能不提北宋历史上的“景祐党争”。宋仁宗景祐三年，身为开封府伊的范仲淹与时任宰相吕夷简之间因政见不合而渐生嫌疑，范仲淹被指为结党离间君臣而遭贬饶州，余靖、尹洙、欧阳修继而为之争辩曲直，故均被视为范仲淹一党而遭贬斥。欧阳修为申辩作有《朋党论》，他从“道”和“利”的角度来论述“君子有朋”而“小人无朋”的交游思想。他说：“君子以同道为朋，小人以同利为朋，此自然之理也。臣谓小人无朋，惟君子则有之。”①以此来证明自己和有关朝臣之间的交游乃是出于公义，绝不是为人所指斥的结党营私为利而动。欧阳修并不忌讳道义相同者之间的朋友往来，他认为小人所好者利禄所贪者财货，故在有利可图之时就会引以为党，看似彼此的往来亲密如友人，实则不是。当他们的利益发生冲突的时候就会相互争夺，因利而结亦因利而斗，最后即便兄弟亲戚都不能自保，而君子之间以道义相砥砺，行事真实无所欺，不违道德名教。正是因为共同的道义追求，使得他们同进退共荣辱，所以他们在国事上才表现出同舟共济终始不弃的责任担当。他认为桀纣和武王一败一兴的原因就在于前者有群小而无真朋，后者亲真朋而去群小，他希望统治者能够从中吸取教训不要为群小所蒙蔽。此论虽然是因政事而发，但亦可以从中看出欧阳修以道义为重的交游旨趣，日常往来中的欧阳修奖掖后进以探求道义的交游也正是他的这种理念的体现。关于欧阳修的交游，《宋史》亦有着墨：“奖引后进，如恐不及，赏识之下，率为闻人。曾巩、王安石、苏洵、洵子轼、辙，布衣屏处，未为人知，修即游其声誉，谓必显于世。笃于朋友，生则振掖之，死则调护其家。”②此论道出了欧阳修交游中提携后进宽厚仁恕的一面。苏轼曾在怀念欧阳修文中讲到“欧阳公好士为天下第一。士有一言中于道，

---

① ［元］脱脱等：《宋史·卷三百一十九·列传第七十八·欧阳修传》，中华书局2000年版，第8350页。

② ［元］脱脱等：《宋史·卷三百一十九·列传第七十八·欧阳修传》，中华书局2000年版，第8353页。

不远千里而求之,甚于士之求公。”即是说欧阳修以道求士交游。欧阳修好士提携后学也少不了为人所负,遇到这样的情况他总是将责任归之于自己,而不抱怨他人,践行着“躬自厚而薄责于人”的教诲,是他不偏不党道义相砥之高风亮节的体现。

五、司马光的家庭教育思想

司马光(1019 年—1086 年),字君实,号迂叟,因出生于陕州夏县涑水乡,故又被称涑水先生。北宋著名的政治家、思想家、史学家,被誉为“有宋第一等人物”。他主持编写的《资治通鉴》一书,被看作“鉴于往事,有资于治道”,为世所重,有《司马文正公集》传世。他所著《家范》也是一则旁征博引往圣先贤家教思想言论的集著,其中很多的家教事例都能起到资以治家的模范作用,故被学者看作是家庭内部执教的“治家通鉴”。司马光的家庭教育思想与其哲学观点紧密相关,他说:“天者,万物之父也,父之命子,敢逆?君之言,臣不敢违……违天之命者,天得而刑之;顺天之命者,天得而赏之。”他把封建人伦道德看做是本源于天的大道,认为人事应该效法天道,依中而行。司马光作为北宋政治史上具有重要影响的人物,一生行事很好地诠释了儒家对理想人生轨迹设定。司马光认为治国和治家并无二致,而要想治理好国家,就必先治理好家庭:“家者,治之至小者也,然有严君之道焉。”①家庭虽小却同样离不开严格的管束。《家范》篇首就引《大学》“八条目”强调了从修身到齐家治国乃至于平天下的重要性。此外,《训俭示康》、《居家杂仪》等遗训都是他家庭教育思想的重要文本。需强调的是,司马光从其历史学家的素养出发,所论在引经据典之余,大量引述历史典故,间以己意以评判,这种史论结合的言说方式增强了文本内容的说服力。其主要的家庭教育思想可以概括为以下几个方面:

(一)崇尚节俭。司马光要求子弟铭记清白自守的家风。他以自己质朴不慕奢华的本色劝导子弟家人:“众人皆以奢靡为荣,吾心独以俭素为美”②,以自己当年进士及第赴闻喜宴独不肯戴花,在同年的劝说下才勉强戴花的故

---

① 《司马光讲周易:白话〈温公易说〉》,袁永锋、马卫东译,长春出版社 2010 年版,第 54 页。

② [宋]司马光:《训俭示康》。

事现身说法。司马光平日生活简朴，对衣食并无过多的要求，他之所以这样做并不是为了沽名钓誉，而是出自本性。司马光的质朴有些特立独行，故常为人所不解，当此之际他便以古训为自己鼓劲。他批评当时奢侈的风尚："古人以俭为美德，今人乃以为俭相诟病，嘻，异哉！"①对世风不古表示担忧。司马光认为招待客人"会数而礼勤，物薄而情厚"则可矣，他对父亲在做群牧判官之时的待客之道深表怀念，而反观眼下："近日士大夫家，酒非内法，果、肴非远方珍异，食非多品，器皿非满案，不敢会宾友。常数月营聚，然后敢发书。"②人际交往多是形式大于内容，所食所用都务必追求新奇奢华，不如此延请宾客就会被视为浅陋吝啬，他对士大夫不能对此有所限制反而推波助澜表示痛惜。而较之以往的宋真宗时期的宰相李沆、参知政事鲁宗道、仁宗时宰相张文节等他们都以自奉节俭持家有方著称。司马光认为"家人习奢已久，不能顿俭"③，一旦家庭遭遇变故则就有倾家覆族的危险，而勤俭持家则可以有备无患。司马光认为："夫俭则寡欲。君子寡欲，则不役于物，可以直道而行。小人寡欲，则能谨身节用，远罪丰家。"④无论在上位的士大夫之家，还是身处社会底层的普通家庭，节俭有百益而无一害。相反，君子侈靡就会多欲，就会贪慕富贵，就会悖礼乱法自取灭亡，小人多欲就会日用无度，家道亏损以至生活困顿，有奢侈之心的人为政临民，则必然会贪污腐败贻害无穷。司马光认为，清白质朴传家就能使家道久远，家业后继有人，骄奢淫逸虽侈冠一时，然不能长久终将倾败。他认为历史上的这种经验教训汗牛充栋，不能一一道来，只希望子孙能明白其中的道理，以此来修身持家。司马光是史学家，在其眼中"成由勤俭败由奢"可谓是一条不变的历史定律。他要求家人勤俭节约的另外一个重要原因是与他对历史上王朝兴衰存亡的认识有关系。他批评汉初营建未央宫的行为为劳民伤财，他认为安史之乱所以爆发直接导源于统治者的奢靡而不自敛，他高度评价北周高祖宇文邕、宋文帝等戒奢寡欲与民休息的国策。从历史的经验和个人家风的传承以及自我的历史体认出发，司马光一再强调勤俭持家方能家道久远的思想。

---

① ［宋］司马光：《训俭示康》。

② ［宋］司马光：《训俭示康》。

③ ［宋］司马光：《训俭示康》。

④ ［宋］司马光：《训俭示康》。

（二）以礼治家。司马光重视礼在家庭教育及日常生活中的作用，他把礼看作是“中和之法”，这也是他治学思想的核心，有着形而上的理论依据。他认为“易有太极，一之谓也。分而为阴阳，阴阳之间，必有中和。”①在司马光看来，“中和”无疑是人行事的最高原则：“中和之道，崇深闳远，无所不周，无所不容。人从之者，如鸟兽依林；去之者，如鱼虾出水。得失在此。”②“中和”的幽深博远无所不至的特点要求人事要遵此道而行，其《居家杂仪》及相关论述都是阐述家庭日常生活中应以礼而行的，他在援引先贤教诲的基础上对其稍作阐发，以为己用。司马光认为家长应带头遵守礼法：“凡为家长，必谨守礼法，以御羣子弟及家众。”③家长要安排好家庭的日用百事，家庭成员要按照家长的安排行事，凡事不能自作主张，俱要禀告家长，如此，“则号令出于一人，家政始可得而治矣”，④为人子为人媳不得有私藏：“俸禄及田宅所入，尽归之父母舅姑。”⑤子弟孝养双亲，乃至于孝养“祖辈”都应该按照相同的要求行事，要尽心尽力地照顾好长辈的日常生活起居，无事之时则要谦卑恭谨地侍候在家长身旁，长辈交代的事情要及时去做，做好了还要及时汇报情况。而对于家长所言之不可行者则要和颜悦色地曲折谏告，待家长权衡利弊。如果家长有不是的地方，就要及时且不厌其烦地加以规劝。即便身居高位，也不能在父兄宗族乡党之间居傲自持，应谦卑和蔼以待之。“为人亲者，无一念而忘其子，故有倚闾倚门之望。为人子者。无一念而忘其亲，故有出告反面之礼。”⑥人伦亲情是自然而然的，有事外出回来后一定要当面回禀家长，免其挂念。父母有恙，一定要随侍在身侧，常念其病痛，不可嬉笑宴乐，悖礼悖情。奉养父母要以养其志为上，以父母之忧为忧，以父母之乐为乐。对于人媳而言，其言行举止有不当的地方父母舅姑就要及时指点，要恩威并施地加以训导。家庭内部一定要谨守男女之别，恪守男主外女主内的礼法，男子不随便出入闺门，女子亦不随便出入家门。

① ［宋］司马光：《易说》。
② ［宋］司马光：《传家集·卷六二·与范景仁论中和书》。
③ ［宋］司马光：《居家杂仪》。
④ ［宋］司马光：《居家杂仪》。
⑤ ［宋］司马光：《家范》。
⑥ ［宋］司马光：《居家杂仪》。

"坐而尊长过之,则起。出遇尊长于涂,则下马。"①坐卧起居都要处处对尊长表示敬意。司马光还详细列举了如何向尊长行礼的具体要求,这些规范在当时是必须遵守的行为准则,虽已过时,但却是尊老孝亲思想理念的真实反映。

(三)家风纯正。《家范》篇首引《周易·家人》作为全文纲领,而《家人》主要阐述正家之道,具体即指"父父、子子、兄兄、弟弟、夫夫、妇妇"的正身正家之理,故《家范》主要谈如何形成纯正家风的问题。全文十卷:卷一为"治家";卷二为"祖";卷三为"父母";卷四和卷五为"子";卷六为"女、孙、伯叔父、侄";卷七为"兄、弟、姑姊妹、夫";卷八和卷九为"妻";卷十为"舅甥、舅姑、妇妾、乳母"。实际论述的是家庭成员不论长幼如何遵行各自的家庭道德责任和义务:"所著家范,父子、祖孙、兄弟、叔侄、夫妇,一家之中,各尽其道。"②各尽其道以实现家门和顺。这里择其要者加以介绍。关于治家,在司马光看来治家务必要遵从儒家经典中有关治家的规范行事,如《周易》、《诗经》、《论语》、《孟子》、《大学》、《孝经》等中的教诲,更要取法历史上治家有方的典范。正家首要的是恪守男女之别,故司马光尤其重视《礼记·内则》中的训示,希望男子尽力于外事,女子则尽心于家务。治家务必要使家门和睦团结、敦亲礼让,勤俭致富、仗义疏财、睦邻友好,教导子弟使其成才,依礼而行培育素谨的家风。关于"祖",司马光认为为人祖者为子孙长久计就应该留好的德行家风于后世,而不是一味积累财富以遗子孙,要教导子孙知书达理,不使子孙养成奢靡怠惰的生活习性。关于"父、母",司马光认为,君子要教子以正道,使其知晓诗书礼乐,父子之间不应简慢,要做到威严而有慈,及早及时施教,从培养子弟良好的行为举止入手,循序渐进加以诱导;父母要做子女言出必行言而有信的好榜样,为子弟成长提供良好的环境;不能无视子女的缺点于不顾,不能只爱不教娇生惯养,也要对诸子弟一视同仁,不可偏爱偏信;父母不慈爱子女和子女不孝敬父母在性质上没有差别;母亲对于子女的成长有重要的影响,慈爱子女无可厚非,但要避免溺爱,要多向过往的母教事例吸取教子的智慧。关于"子",司马光着重强调了"子孝",教导子弟在家行孝。司马光

---

① [宋]司马光:《家范》。

② [清]陈弘谋:《训俗遗规》。

认为人子要以父母之优乐为优乐，养父母心志而不是口腹，要和颜悦色地照顾好父母的衣食起居，父母有所命不能怠慢，而要尽心尽力去做，不私藏财货，要取法古圣先贤敬事父母的事迹，双亲有病更要耐心细致地照顾好他们的衣食，即便自己有痛楚也要隐忍，以免使父母受委屈；父母有错要规劝，勿陷父母于不义，即便父母对自己的孝心报以冷漠也要竭力尽孝，"后母如母"，待后母也要尽心尽力，虽同父异母也要尽到孝养的责任；要严格管束媳妇尽孝，不能令其肆意妄为。要事死如事生，安排好父母的身后之事。

由上可见，司马光的家庭教育思想系统且全面，涉及家庭教育的方方面面，是对此前儒家家庭教育思想的继承和结合需要的引证阐释，并无多少创建性的思想，体现了司马光持重守制的思想特点，也与他的政治实践趋向保守的行事特点相一致。司马光的家庭教育在当时就产生了一定的社会效应："诚心自然，天下敬信，陕、洛间皆化其德，有不善，曰：'君实得无知乎？'"乡里为其纯正家风所感化，司马氏家教成为人们借以施教的范本。司马光的《家范》也成为士大夫家教的重要蓝本，南宋时期的赵鼎在教导子孙的《家训笔录》中就说："司马温公《家范》，可各录一本，时时一览，足以为法。"①朱熹所著《家礼》、《小学》亦都受到司马光家庭教育思想和实践的影响，其所著家教文本中的有些内容甚至直接沿用司马光的有关论述。而司马光家教的影响还远不止于此，学者指出："宋初，宗法关系松弛，'礼义亡阙'，司马光作《书仪》、《家范》、《古文孝经指解》，都是有为而作。他所确定的日用伦常和礼节制度，实际上为宋代家族组织确定了一套长幼有序、贵贱有等的符合封建礼教标准的生活方式，人们言行举止各从规矩，冠婚丧祭皆有定式，从而为宋以后的封建社会的家族建设确定了一个基本的框架。因此，可以说司马光是宋元以后家庭伦理思想和家族建设的创始巨擘"②。从此评价可以看出司马光家庭教育思想的广泛社会影响和深远意义。

六、朱熹的家庭教育思想

朱熹（1130年—1200年），字元晦、仲晦，号晦庵，江西婺源人，宋代著名

---

① ［宋］赵鼎：《家训笔录》。

② 李昌宪：《司马光评传》，南京大学出版社1998年版，第324页。

哲学家、教育家,儒学思想的集大成者,其思想学说与“二程”(即程颢、程颐)之学合称为“程朱理学”,元、明、清三代对其推崇备至。朱熹自幼聪慧好学不倦,“厉志圣贤之学”,曾有过“十年寂寞抱遗经”的父教经历。其父朱松的严格家教和爱国主张对幼小的朱熹产生了深远影响,父亲亡故后他谨遵父训,师承乃父好友,学业日进,十九岁中得进士,这成为他进一步学习研究儒家思想学说的重要节点。朱熹的家庭教育思想与他的理学思想紧密相关,他认为家庭伦理道德是“天理”的重要内容,人要尊行天理以行人道,去除“人欲”。他说:“所谓天理,复是何物? 仁、义、礼、智岂不是天理? 君臣、父子、兄弟、夫妇、朋友岂不是天理?”①将人际交往的道德规范和家庭伦理上升至天道的高度:“父子、兄弟、夫妇皆是天理自然,人皆莫不自知爱敬,君臣虽亦是天理,然是义合”②。认为与有血缘关系的家庭伦理比较起来,社会性的伦理道德更多的是外在行为要求的行事所宜。《大学》修齐治平的思想也是他治学、仕宦生涯的指导原则,他说:“为君者不知君之道,为臣者不知臣之道,为父者不知父之道,为子者不知子之道,所以天下之治日常少而乱常多,皆由此学(指“《大学》之道”,作者注)不讲之故也”。以此规劝宁宗,希望他能以儒家修身齐家治国平天下之道以自勉,重振家邦。这样的经世致用思想使得朱熹的家庭教育具有浓厚的封建纲常名教特点,再加上朱熹致力于儒学思想的研究,且有专门的家教文本传世,使得他的家庭教育思想系统而全面。他一生著作颇丰,最为名世者当属《四书集注》,而与家庭教育有关的就有《论语训蒙口义》、《训蒙绝句》、《家礼》、《祭仪》、《仪礼经传通解 · 家礼》、《古今家祭礼》、《小学》、《童蒙须知》、《与长子受之》、《戒子塾文》、《戒子帖》、《与长儿书》等。统观朱熹家庭教育思想,主要有以下几个显著的特点:

(一)重视蒙教。朱熹十分重视早期教育,所谓“谨其始”③,在这方面著有《小学》和《童蒙须知》,专门阐释他的早期教育思想。《小学》一书分内外

① [宋]朱熹:《朱子全书 · 第二十五册 · 答吴斗南》,朱杰人等主编,上海古籍出版社 2010 年版,第 420 页。

② [宋]朱熹:《朱子全书 · 第十二册 · 朱子语类》,朱杰人等主编,上海古籍出版社 2010 年版,第 365 页。

③ [宋]朱熹:《朱子全书 · 第十三册 · 小学 · 立教》,朱杰人等主编,上海古籍出版社 2010 年版,第 395 页。

两篇,内篇又四部分构成:即“立教”、“明伦”、“敬身”、“稽故”;外篇有“嘉言”和“善行”两部分①。“立教”主要讨论包括“胎教”在内的早期儿童教育,援引古典中的重教施教言论,说明重视教育的古今传统,对教育的废弛表示痛惜。这部分内容具体又分为“立胎育保养之教”、“立小大始终之教”、“立三物四术之教”、“立师弟授受之教”。“明伦”②部分共有108则具体内容,说的是“父子之亲”、“夫妇之别”、“长幼之序”、“君臣之义”、“朋友有信”的道理,遍引儒家经典中关于上述为人处世的道德训条,间以朱熹本人的衍义。再次是“敬身”③,共46则,训教的本意是从儒家“敬身为大”的理念出发,在儒家看来,“身体发肤受之父母,不敢毁伤”,“身也者亲之枝也”,所以要保养身体以全孝,如“不能敬其身,是伤其亲,伤其亲,是伤其本,伤其本,枝从而亡。”④“稽古”⑤部分共有47则内容,以历史上的典故为主以论证“立教”、“明伦”、“敬身”之意。“嘉言”部分共91则,取历代教子育人之名训良方以资借鉴。“善行”部分共81则,取在为人处世方面足可效法者以供慕学,涉及勤俭持家、好学敦品、善行义举等方面。需要强调的是,朱熹作为理学大家,在其所论中大量引用理学家的论述,使得他对“小学之道”的论述充满了道学气息。朱熹还著有《童蒙须知》,相较于《小学》则更为具体,是不折不扣的童蒙生活习惯养成教育文本。他说:“夫童蒙之学,始于衣服冠履。次及语言步趋,次及洒扫涓洁,次及读书写文及有杂细事宜,皆所当知。”⑥所以,他不厌其烦地将之书以成文,希望将之奉为家训用来教育家人。从这样的立意出发,《童蒙须知》

① [宋]朱熹:《朱子全书·第十三册·小学·立教》,朱杰人等主编,上海古籍出版社2010年版,第395—448页。

② [宋]朱熹:《朱子全书·第十三册·小学·立教》,朱杰人等主编,上海古籍出版社2010年版,第405—413页。

③ [宋]朱熹:《朱子全书·第十三册·小学·立教》,朱杰人等主编,上海古籍出版社2010年版,第415页。

④ [宋]朱熹:《朱子全书·第十三册·小学·立教》,朱杰人等主编,上海古籍出版社2010年版,第415页。

⑤ [宋]朱熹:《朱子全书·第十三册·小学·立教》,朱杰人等主编,上海古籍出版社2010年版,第422页。

⑥ [宋]朱熹:《朱子全书·第十三册·童蒙须知·序》,朱杰人等主编,上海古籍出版社2010年版,第395页。

的内容依次为"衣服冠履"①、"语言步趋"②、"洒扫涓洁"③、"读书写文字"④、"杂细事宜"⑤。这些内容涵括了孩童日常穿衣吃饭、衣服形容、读书写字、人际交往、进退揖让等良好生活行为习惯的培育,是孩童早期教育不可多得的范本。

(二)强调礼教。朱熹十分重视礼教,这与他对"礼"的重要性的认识有关,所谓"立于礼",在他看来就是"礼以恭敬辞让为本,而有节文度数之详。不可以毫髪僭差也。故习于礼则德性坚定,而得所以自处之正位。"⑥在朱熹看来礼有文有本,在家行礼就能形成长幼有序的家庭氛围,使人们养成恭敬辞让的道德素养,而治家无方的重要表现就是失去了家礼的教育,以至于扰乱正常的人伦亲情:"古礼既废人伦不明,以至于治家皆无法度,是不得立于礼也。"⑦为此,他还专门著有《朱子家礼》。《郑氏规范》中讲到:"子弟当冠,须延有德之宾,庶可责以成人之道。其仪式尽遵《文公家礼》"⑧,这里的"文公家礼"就是朱熹的家礼。朱熹在《朱子家礼》序言中说:"凡礼有本、有文,自其施於家者言之,则名分之守、爱敬之实,其本也。冠婚丧祭,仪章度数者,其文也。其本者,有家日用之常,礼固不可以一日而不修;其文,尤皆所以纪纲人道之始终,虽其行之有时,施之有所,然非讲之素明,习之素熟,则其临事之际,亦无以合宜而应节,是亦不可以一日而不讲且习焉者也。"朱熹认为礼有所本亦有外文,对于家庭而言,礼的根本作用就是使家人按照礼的要求尽各自的本

① [宋]朱熹:《朱子全书·第十三册·童蒙须知》,朱杰人等主编,上海古籍出版社 2010 年版,第 371 页。

② [宋]朱熹:《朱子全书·第十三册·童蒙须知》,朱杰人等主编,上海古籍出版社 2010 年版,第 372 页。

③ [宋]朱熹:《朱子全书·第十三册·童蒙须知》,朱杰人等主编,上海古籍出版社 2010 年版,第 373 页。

④ [宋]朱熹:《朱子全书·第十三册·童蒙须知》,朱杰人等主编,上海古籍出版社 2010 年版,第 373 页。

⑤ [宋]朱熹:《朱子全书·第十三册·童蒙须知》,朱杰人等主编,上海古籍出版社 2010 年版,第 374 页。

⑥ [宋]朱熹:《朱子全书·第十三册·小学·立教》,朱杰人等主编,上海古籍出版社 2010 年版,第 397 页。

⑦ [宋]朱熹:《朱子全书·第十三册·小学·立教》,朱杰人等主编,上海古籍出版社 2010 年版,第 397 页。

⑧ [明]郑太和:《郑氏规范》。

分,这是一个家庭日用的常道,一日不可废弛,遵照家礼的要求就能使家庭内部的亲亲爱敬之要求得以保全,家庭就能有序和睦。冠、婚、丧、祭等的行为仪式则是礼的外在要求,传递的是家庭内部长幼有序的行事精神,虽然只在特定的时间和场所下施行,但更需要日常加以操练,以备“临时之际”做的得体合仪。“一家仁,一国兴仁;一家让,一国兴让”①,朱熹有着强烈的社会责任意识,他认为“三代”礼法完备,但传至于今的“起居之节”都是不合时宜,后人所做详略不等,多失之于本末倒置,后人想要因习却苦于无从下手,所以他探究古籍,在承继“大体不可变者”的基础上,因世制宜,希望能对凡庶习礼以导民能起到“小补”的作用,也就是希望能对社会范围内的尊礼崇化有所助益。《家礼》共有《通礼》、《冠礼》、《昏礼》、《丧礼》、《祭礼》构成,继承和发展了《礼记》和《仪礼》的有关精神,体现了作者“以礼正俗”、“因俗制礼”的思想意图。

(三)突出人伦。朱熹在《小学》中,尤其是在“立教”中明确教育的重要性时,就已经确立了“名人伦”的教育宗旨。他认为“人之有道”或人的“秉彝之性”就是“父子有亲,君臣有义,夫妇有别,长幼有序,朋友有信”,这是圣人之教的本真面目,舜命契“敬敷五教”,就是在百姓中间进行“五伦”的教育。故在朱熹那里家庭教育的核心就是教以人伦,也就是使家庭成员各自明晓作为家庭成员的本分。朱熹强调人伦教育的思想,也体现在他的社会教育和官学教育当中。他认为教育的失策导致了民风的凋敝:“窃谓秦汉以来,圣学不传,儒家惟知章句训诂之为事,而不知复求圣人之意,以明夫性命道德之归。”②在他看来,先王圣人之教的核心就是人伦的教育:“昔者圣王作民君师,设官分职,以长以治。而其教民之目,则曰:父子有亲,君臣有义,夫妇有别,长幼有序,朋友有信,五者而已……是以圣王之教,因其固有,还以道之,使不忘乎其初。”③他在书院教学过程中,也把“名人伦”作为教育的中心,这从《白鹿

① 《大学·中庸》,王国轩译注,中华书局2015年版,第26页。

② [宋]朱熹:《朱子全书·第二十三册·中庸集解·序》,朱杰人等主编,上海古籍出版社2010年版,第450页。

③ [宋]朱熹:《朱子全书·第二十六册·琼州学记》,朱杰人等主编,上海古籍出版社2010年版,第328页。

洞书院学规》和岳麓书院《书院教条》中可见一斑。需要强调的是，朱熹重视家庭伦理的教育，但他更强调家庭教育要超越自身，从小家小我走向大家大我，体现着"民吾同胞"思想追求。儒家思想主张爱有差等，这种理念在具体的实践中在涉及公和私的关系问题上有走向家族主义的弊病，即从"爱自亲始"的原则出发更多地顾及自身、自家的利益，他在对张载《西铭》的评价中明确表达了超越"各亲其亲，各自其子"追求"兼爱"的道德要求，这样的家庭教育思想具有重要的理论意义："宋代理学在阐述'仁'、'礼'等思想时，表现出'泛爱'的理论色彩和'齐'、'平'、'共'的思想要求……在阐述维护个体家庭的伦理思想时，同样表现出'公'、'平'的思想要求，主张把体现'亲亲之情'的小家庭和'无我之公'的大社会，把'小家'和'大家'紧密联系起来，融为一体，从而实现'天下一家'的'大同'、'大公'的理想社会。这是理学对传统家庭伦理思想的重要发展。"①朱熹的家庭教育思想无疑是这种思想诉求的典范。

（四）有序施教。朱熹在《小学·嘉言》中说："明道先生曰，君子教人有序。先传以小者近者，而后教以大者远者。非是先传以近小，而后不教以远大也。"②而他的家庭教育思想就特别强调有序施教。这首先要求教育的内容要从简单到复杂，这在朱熹那里有"小学"、"大学"之分。朱熹主张教育应该从最初的"小学之教"的小节小义开始逐渐深入到"大学之教"的大节大义。他著《小学》和《童蒙须知》，就是希望以这些初级教育的内容为基础，在学习了解这些基本常识的基础上循序渐进地提升施教内容，而对日常生活习惯和常识的教育更不能取代"大学之教"。他说："杂细事宜品目甚多，姑举其略，然大概具矣。凡此五篇（指《童蒙须知》的五部分内容，作者注），若能遵守不违，亦不失为谨厚之士，必又能探讨圣贤之书。恢大此心，进德修业，入于大贤君子之域，无不可者。汝曹宜勉之。"③他希望子弟明晓这些日用常识的同时，能够通过探讨"圣贤之书"来恢弘气度，成就君子事业。而能够成就君子事业的

---

① 祝瑞开：《中国婚姻家庭史》，学林出版社1999年版，第474—475页。

② ［宋］朱熹：《朱子全书·第十三册·小学·嘉言》，朱杰人等主编，上海古籍出版社2010年版，第456页。

③ ［宋］朱熹：《朱子全书·第十三册·童蒙须知》，朱杰人等主编，上海古籍出版社2010年版，第376页。

“大学”指的是穷理尽性、治国安邦之道的学习和了解。朱熹一生遍注儒家经典，对《论语》、《孟子》、《大学》、《中庸》等都做过专门的研究，有《四书集注》传世，而朱熹对《大学》一书情有独钟，临终前还在修订校注此书。在他看来，《大学》是“圣贤之书”，教授的是大人之学、君子之学，对于这类书籍的学习自然要到掌握了最基本的做人要求之后才能去学习。他在《大学章句序》中说：“人生八岁，则自王公以下，至于庶人之子弟，皆入小学，而教之以洒扫、应对、进退之节，礼乐、射御、书数之文；及其十有五年，则自天子之元子、众子，以至公、卿、大夫、元士之适子，与凡民之俊秀，皆入大学，而教之以穷理、正心、修己、治人之道。”①这种分阶段施教的内容正是初级教育和高级教育的划分。朱熹有序施教的另一个表现是他要求教育要遵循人的智识成长的规律，一个最为显著的要求就是要遵照不同年龄段的特点施教，他认为这是家庭教育、学校教育都应该遵循的规律。朱熹在这方面有详细的论述，他在《小学·立教》中对《礼记·内则》的内容作了解释说明，流露出他对根据年龄增长有序施教的肯定，如：“子能食食，教以右手。能言男唯女俞”，“稍有知则教之以恭敬尊长”，“六年教之数与方名”②，“七年男女不同席，不共食”，“八年出入门戸，及即席飲食，必后长者”，“九年教之数日”，“十年出就外传”，“十年以后有学无教”，“十有三年学乐诵诗舞勺”，“成童舞象学射御”，“二十而冠，始学礼”，“三十而有室，始理男事”，“四十始仕，方物出谋发虑”，“五十命为大夫，服官政”，“七十致事”③，论述颇为周密，体现了他“循序渐进”的施教思想。

朱熹是儒学发展史上少有的大儒，是程朱理学的主要代表人物，他的学说对之后的元、明、清产生了深远影响，而朱熹的教育思想也被认为是“代表了我国封建社会教育思想的最高成就”④。他有意识地建构了家庭教育从童蒙教养到成人教育的完整理论体系，且强调家庭教育方法的得当。他一如既往

① [宋]朱熹：《朱子全书·第六册·大学章句》，朱杰人等主编，上海古籍出版社2010年版，第13页。

② [宋]朱熹：《朱子全书·第十三册·小学·立教》，朱杰人等主编，上海古籍出版社2010年版，第395页。

③ [宋]朱熹：《朱子全书·第十三册·小学·立教》，朱杰人等主编，上海古籍出版社2010年版，第396页。

④ 陈学恂主编：《中国教育史研究》(宋元分卷)，华东师范大学出版社2009年版，第59页。

地强调人伦之于人的重要性,将之上升到“存天理”的高度。他的《家礼》还把儒家提倡的理念转化为可供操作的行为实践。我们也可以说:朱熹的家庭教育思想是我国古代最为完备的儒家家庭教育思想。

第四节　明清时期:儒家家庭教育的繁盛及转向

明清时期是家庭教育的繁盛时期,统治阶层身体力行地重视家庭教育和人伦教化,使这一时期流传下来的家教文本远胜过历史上的其他时代,且家教文本在体例上有所创新。明清交替之际的遗民家教则投射出浓厚的时代气息,既重视气节教育也有明哲保身的说教。晚清社会的变化使家庭教育在多个方面朝着近代转型。本节主要介绍王阳明、朱柏庐、曾国藩的家教教育,并说明家庭教育在社会变革过程中发生的若干变化。

一、王阳明的家庭教育思想

王守仁(1472 年—1529 年),字伯安,号阳明,是明代著名的哲学思想家,自幼聪颖过人,文武双全,被后世视为完人。儒家倡导的“修身、齐家、治国、平天下”和“三不朽”思想在其身上得以淋漓尽致地体现。王阳明为官之初困惑于程朱学说心理二分的问题,醉心于佛道思想,但终意识到“仙释二氏之非”,故在思想上重归于儒。他出于公义而因言获罪被贬贵州龙场驿作驿丞,并迁居于“阳明洞”过着欲隐而不得的生活,精神上的纠结使他有了“吾今惟俟死而已,他复何计”①的念头,但其并没有停止思想,这段艰辛的生活使他彻悟到“圣人之道,吾性自足,向之求理于事物者误也”的道理,即是圣人之道不假外求全在于己性(心)之本然,从此意气为之大振,开始了他的讲学生涯,并终生奉行。他的家庭教育有着思想的自觉,他从其所处的社会现实出发认识到“近世人家子弟之不能大有成就,皆由父兄之所以教之者陋而望之者浅”②,

---

① [明]王阳明:《王阳明全集》(卷三八),吴光等编校,上海古籍出版社 2011 年版,第 1557 页。

② [明]王阳明:《王阳明全集·卷三二·上大人书一》,吴光等编校,上海古籍出版社 2011 年版,第 1334 页。

即认识到家庭教育的不当对人的成长的误导,故他十分强调家庭教育的社会作用,认为当时社会动荡叛乱频发的原因之一就是家庭教育的失当。他为官一任教化一方,重视人才提拔奖掖后进,兴办学校,讨伐叛逆平定匪乱,为稳定明王朝立下赫赫战功。他是明代大儒,其学说被尊为"王学",其思想开枝散叶风靡于当时的思想界:"今天下之好称守仁者十之七八"①。他有感于程朱理学影响下人们"外假仁义之名而内行其自私自利之实",重言轻行文辞浮华学风空虚等流弊,所以寄希望以"知行合一"之学来唤醒人们的良知。王阳明说:"所贵乎师者,涵育薰陶,不言而喻,盖不诚未有能动者也"②,他在倥偬行旅中写有多封家书,表达了对家人子弟的殷切关爱和教诲之心,可归结为以下内容:

(一)立志。王阳明重视立志:"夫志,气之帅也,人之命也,木之根也,水之源也"③,把志向看成是像人之精神气魄一样根本的东西。"志不立,天下无可成之事。"④认为立志是成就事业的前提,"虽百工技艺,未有不本于志者"⑤,一技一能的习得都需要立志专研,而人无志就会无所事事,安逸纵情虚度光阴。《孟子》中有"父子不责善"的理念,认为责善是朋友相处之道,父子之间"责善"就会使父子关系恶化,但王阳明认为行善是人所共同的期盼,要立志作善为君子,他尤其强调家庭成员宗族乡党在这方面有责无旁贷的责善义务:"为善则父母爱之,兄弟悦之,宗族乡党敬信之,何苦而不为善、为君子?"他引程子的话说"有求为圣人之志,然后可与共学。"这些都体现了他希望子弟以圣贤自期共进的愿望。王阳明希望子弟以"圣贤以为期",在他看来"满街都是圣人",为圣为贤并不是遥不可及的,圣人之所以为圣人则是因"其心之纯乎天理而无人欲",切近的做法就是去人欲存天理,而实现这一目标的

① 王世贞:《弇州史料前集》(卷二十五)。

② [明]王阳明:《王阳明全集·卷二十六·又与克彰太叔》,吴光等编校,上海古籍出版社2011年版,第1088页。

③ [明]王阳明:《王阳明全集·卷七·示弟立志说》,吴光等编校,上海古籍出版社2011年版,第290页。

④ [明]王阳明:《王阳明全集·卷二十六·教条示龙场诸生》,吴光等编校,上海古籍出版社2011年版,第1073页。

⑤ [明]王阳明:《王阳明全集·卷二十六·教条示龙场诸生》,吴光等编校,上海古籍出版社2011年版,第1073页。

方法则是“正诸先觉，考诸古训”①，尽管通过师法古圣先贤，在明理尽性的基础上可以去人欲存天理，但他认为立志成圣贤亦并非易事，所以要时时处处督促自己立志履志，有一念私欲、一毫客气乃至于丝毫怠心、忽心、燥心、妒心、忿心、贪心、傲心、吝心起心动念之际，就要立志责志以去人欲。这使得他十分重视学习：“盖终身问学之功，只是立得志而已。”②且同样强调立志对于学习的重要性：“夫学，莫先于立志。志之不立，犹不种其根而徒事培拥灌溉，劳苦无成矣。”③坚定了志向，就要勤勉学习，只有坚定志向才能不知疲倦地学习，而要想学习进步就要谦虚。王阳明十分重视子弟的学习，他说“读书敦行，是所至嘱”④，“读书执礼，日进高明，乃吾之望”⑤，他在戎马生涯之际仍然不忘时时训导子弟读书上进，他希望继子正宪不要急于科考，只念其“本领未备，恐成虚愿”，他并不强求正宪走读书仕进之路，他既不阻挠子弟科考，也不强求应试：“科第之事，吾岂敢必于汝，得汝立志向上，则亦有足喜也”⑥，只希望子弟能够读书明理上进即可，他希望子弟先学做人再图致用，他说：“一切举业功名等事皆非所望，但惟教之以孝弟而已”⑦，希望子弟不要本末倒置。他作有《惜限说》用以教导子弟要及时当勉励，不要虚度光阴，《寄诸弟》则鼓励后进子弟亦不要为此前没有努力学习而懊悔，而要利用好余生“奋志于学”，则亦“犹尚可有为”。

（二）修身。王阳明自言：“吾平日讲学，只是‘致良知’三字。仁，人心也；

---

① ［明］王阳明：《王阳明全集·卷七·示弟立志说》，吴光等编校，上海古籍出版社2011年版，第289页。

② ［明］王阳明：《王阳明全集·卷七·示弟立志说》，吴光等编校，上海古籍出版社2011年版，第291页。

③ ［明］王阳明：《王阳明全集·卷七·示弟立志说》，吴光等编校，上海古籍出版社2011年版，第289页。

④ ［明］王阳明：《王阳明全集·卷二十六·寄正宪男手墨二卷》，吴光等编校，上海古籍出版社2011年版，第1090页。

⑤ ［明］王阳明：《王阳明全集·卷二十六·寄正宪男手墨二卷》，吴光等编校，上海古籍出版社2011年版，第1091页。

⑥ ［明］王阳明：《王阳明全集·卷二十六·寄正宪男手墨二卷》，吴光等编校，上海古籍出版社2011年版，第1093页。

⑦ ［明］王阳明：《王阳明全集·卷二十六·又与克彰太叔》，吴光等编校，上海古籍出版社2011年版，第1089页。

良知之诚爱恻怛处，便是仁，无诚爱恻怛之心，亦无良知可致矣。”①所以，他重视子弟的道德修养，他在《示宪儿》中要求子弟勤读书，在家行孝悌之道，要谦恭自持，要循礼守仪，要饮食有度，不能贪图游戏，更不能说谎，不要贪图小利，切勿自以为是，不可意气用事，凡事要反躬自省，礼待他人包容他人，做个心地善良的好人良士：“学做好人”②。“心地恶，是凶类。譬树果，心是蒂；蒂若坏，果必坠。吾教汝，全在是。汝谛听，勿轻弃”③，希望子弟能培植先天不虑而知的良知良能，这是其“致良知”之学在家庭教育中的体现。在王阳明教导子弟的修身思想中，戒骄戒躁是占有相当分量的。在他看来骄傲是万恶之源，骄傲者自以为是，不肯让人。作为人子若骄傲就会不孝双亲；为弟而骄傲就不能逊悌；为臣而骄傲就不会尽忠，所以劝子弟要根除骄傲的习性。根治骄傲自以为是的药方就是“谦虚”，他说：“‘傲’之反为‘谦’，‘谦’字便是对症之药。非但是外貌卑逊，须是中心恭敬，撙节退让，常见自己不是，真能虚己受人。故为子而谦，斯能孝；为弟而谦，斯能弟；为臣而谦，斯能忠。尧舜之圣，只是谦到至诚处，便是允恭克让，温恭允塞也。汝曹勉之敬之，其毋若伯鲁之简哉！”④不仅行为举止要谦卑而且内心要恭敬，时时能意识到自己之不足，做到虚己待人。以此来行孝悌忠信。他把谦虚看做是人道对流布于天地之间大道的遵循：“……地不谦不足以载万物，天不谦不足以覆万物，人不谦不足以受天下之益”，只有谦虚的人才能受益进步。在王阳明看来，学习更应谦虚，为学者若“虚而为盈，无而为有”，嫉贤妒能，自视甚高，即使天资异于常人，也终将为人所弃，而谦虚的人多能看到自己的不足，知不足以自励，就会勤学好问以补己之所短，从慕学中长善救失，谦虚的人天资虽不佳，也终能为人所称道。

（三）改过。改过迁善是儒家教育思想中的一条重要原则。“过而不改，

① ［明］王阳明：《王阳明全集·卷二十六·寄正宪男手墨二卷》，吴光等编校，上海古籍出版社2011年版，第1092页。

② ［明］王阳明：《王阳明全集·卷二十六·寄正宪男手墨二卷》，吴光等编校，上海古籍出版社2011年版，第1092页。

③ ［明］王阳明：《王阳明全集·卷二十·外集二·示宪儿》，吴光等编校，上海古籍出版社2011年版，第829页。

④ ［明］王阳明：《王阳明全集·卷八·文录五·书正宪扇》，吴光等编校，上海古籍出版社2011年版，第311—312页。

是谓过矣。”“人谁无过？过而能改，善莫大焉。”①王阳明认为人的可贵之处不在于无过，而在于“能改过”，他认为圣贤也难免犯错，但圣贤的可贵之处就在于能及时改过：“若尧舜之心而自以为无过，即非所以为圣人矣”②。自古圣贤与普通人只在改过的态度上有差别：“古之圣贤时时自见己过而改之，是以能无过，非其心与果与人异也”③。他为自己被不良习染所困而不能勇力改错深表自责，劝勉子弟不要再步其后尘。他希望子弟平日要做到“三省其过”：“平日亦有缺于廉耻忠信之行者乎？亦有薄于孝友之道，陷于狡诈偷刻之习者乎？”一个人之前即使犯了大错，只要他能改过仍然不失为君子。如何对待友人的过错，孔子认为“忠告而善道之，不可则止，无自辱焉”④，即要求适可而止以免自取其辱，造成这种认识的原因与当事人不能对自己的过错有明晰的认识有关，王阳明在这一点上的要求比孔子严格，他认为师友之间要过失相规责善相从，但一定要注意方式方法：“故凡讦人之短，攻发人之阴私，以沽直者，皆不可以言责善”，而应该“直不至于犯，而婉不至于隐”，委婉曲折地使之认识到自己的错误并加以改正。对于个人而言，则要诚恳地接受，要认识到：“凡攻我之失者，皆我师也”，虚心接受教训以免失误。他劝勉子弟：“德洪、汝中及诸直谅高明，凡肯勉汝以德义，规汝以过失者，汝宜时时亲就”⑤，希望他们见贤思齐，亲之敬之改过迁善。同辈王守度屡教不改，颇令他痛惜：“近闻守度颇不遵信，……游荡奢纵如故，想亦终难化导”，这大概是王阳明所言家事“乃有许多不满人意处”之一，他不希望守度自取败坏，希望他能反躬自省改邪归正。

（四）应世。谨言慎行、宽以待人是王阳明处世哲学的核心，他在教子诗文中多次强调了这一点。他说“见人勿多说，慎默真如愚。接人莫轻率，忠信

---

① ［春秋］左丘明：《左传·宣公二年》（中），郭丹、程小青、李彬源译注，中华书局2012年版，第734页。

② ［明］王阳明：《王阳明全集·卷四·文录一·寄诸弟》，吴光等编校，上海古籍出版社2011年版，第193页。

③ ［明］王阳明：《王阳明全集·卷四·文录一·寄诸弟》，吴光等编校，上海古籍出版社2011年版，第193页。

④ 杨伯峻：《论语译注·颜渊》，中华书局2016年版，第183页。

⑤ ［明］王阳明：《王阳明全集·卷二十六·寄正宪男手墨二卷》，吴光等编校，上海古籍出版社2011年版，第1091页。

持谦卑。从来为己学，慎独乃其基。纷纷多嗜欲，尔病还尔知”①，教导子弟勿要妄发议论，言语一定要谨慎，待人不要轻率为之，忠信待人谦卑自处，不要多求妄取，慎独自重。他的这一家庭教育思想，既是对传统家庭教育理念的结合，也是作者从个人机遇出发的深切感受。王阳明的文章武功在当时首屈一指，他多次平叛屡立战功，且宽仁以待不事杀伐，可谓不战而屈人之兵，但他因此也受到他人的构陷和无端指责，乃至于其学说被视作异端邪说，故他处处教导家人要谨言慎行，百忙之中不忘教导约束家人，以免假他人以口实：“家事亦不暇言，只要戒饬家人，大小俱要谦谨小心……在京有进本者，议论甚传播，徒取快谗贼之口，此何等时节，而可如此！”②希望在家的兄长严格要求家人，不要受人蛊惑，尽己本分待人接物，凡事务求无愧于心：“家中凡百安心，不宜为人摇惑，但当严缉家众，扫除门庭，情静俭朴以自守，谦虚卑下以待人，尽其在我而已，此外无庸虑也。”③身居乡里要互帮互助：“夫乡邻之道，宜出入相友，守望相助，疾病相扶持。”④要尊老爱幼以待人：“长者爱尔敬，少者悦尔慈。”而对于家众一定要严格管束，照着既定的治家之方行事：“一应宾客来往，及诸童仆出入，悉依所留告示，不得少有更改。”⑤务必使他们守礼尊法：“钤束下人谨守礼法”⑥。

王阳明的家庭教育思想中有很多值得学习的内容，郭沫若在《王阳明礼赞》中就说：“王阳明对教育方面有独到的主张，而他的主张与近代进步的教育学说每多一致。”⑦今人也指出：“守仁的家庭教育思想，是其整个教育思想

① ［明］王阳明：《王阳明全集·卷二十·外集二·守文弟归省携其手歌以别之》，吴光等编校，上海古籍出版社2011年版，第813页。

② ［明］王阳明：《王阳明全集·卷二十六·寄正宪男手墨二卷》，吴光等编校，上海古籍出版社2011年版，第1093页。

③ ［明］王阳明：《王阳明全集·卷二十六·又与克彰太叔》，吴光等编校，上海古籍出版社2011年版，第1089页。

④ ［明］王阳明：《王阳明全集·卷二十八·续编三·告谕庐陵父老子弟》，吴光等编校，上海古籍出版社2011年版，第1131页。

⑤ ［明］王阳明：《王阳明全集·卷二十六·寄正宪男手墨二卷》，吴光等编校，上海古籍出版社2011年版，第1090页。

⑥ ［明］王阳明：《王阳明全集·卷二十六·寄正宪男手墨二卷》，吴光等编校，上海古籍出版社2011年版，第1091页。

⑦ 陈学恂主编：《中国教育史研究》（明清卷），华东师范大学出版社2009年版，第230页。

体系中的有机组成部分，反映了他对后辈的道德期望和超越世俗的道德追求，值得后人重视。”①王阳明的言行高度体现了儒家“修身、齐家、治国、平天下”的人生价值追求，作为封建文人和士大夫的代表，他自觉担负着社会教化的责任，把家庭教育和社会教化紧密结合，从其《告谕庐陵父老子弟》和《南赣乡约》中可以看到他致力于“化民成俗”的良苦用心，寄希望于通过乡邻间的“息争兴让”来实现社会的长治久安，这些使其家庭教育思想得以升华，成为古代士大夫躬行教化的楷模。

二、古代最著名的《朱子治家格言》

《朱子治家格言》也叫《朱柏庐家训》、《朱子家训》，作者朱用纯（1617年—1688年），号柏庐，江苏昆山人，生活于明末清初。他一生严于律己，以遗民自期，不仕二朝，坚守气节，为著名的“昆山三贤”（即顾炎武、归有光、朱用纯）和“吴中三高士”（指徐枋、扬无咎、朱用纯）之一，有《毋欺集》、《愧讷集》、《朱柏庐先生未刻稿》、《大学中庸讲义》等遗文，最为人称道者莫过于《朱子治家格言》。其影响早在清代就已经流布开来：“其最传者《治家格言》，江淮以南皆悬之壁，称‘朱子家训’，盖尊之若考亭焉。”②其文深入浅出，使得无论士大夫之家抑或普通人家都能通晓易行，影响至今不绝：“《朱子（柏庐）治家格言》影响中国三百多年到现在，全中国老百姓都受影响。”③这篇家训的主要内容可概括为以下几个方面：

（一）修身。“君子喻于义，小人喻于利”，朱柏庐的修身思想秉持这一理念，他教导子弟不要贪图财货，要克己有方，从日常行为细节入手加强个人素养：“勿贪意外之财，勿饮过量之酒”④，从生活中的点滴入手锤炼克己工夫。闲居一定要生活质朴俭约：“居身务期质朴”。他要求凡事要从严格自身言行出发，不可固执己见，而要善于倾听他人意见，要明晓事情的前因后果，不能武

① 张祥浩：《王守仁评传》，南京大学出版社 1997 年版，第 267 页。

② ［清］严可均：《铁桥漫稿·卷七·朱致一传》。

③ 南怀瑾：《漫谈中国文化——金融·企业·国学与中国文化》，东方出版社 2008 年版，第 211 页。

④ ［明］朱柏庐：《朱子治家格言》。

断地对他人的言论进行评价:“轻听发言,安知非人之谮愬,当忍耐三思”①;仁者爱人,修身既要乐善好施,也要感恩他人以德报德:“施惠勿念,受恩莫忘”;为人要有恻隐怜悯之心,不能幸灾乐祸,更不可嫉贤妒能:“人有喜庆,不可生妒忌心;人有祸患,不可生喜幸心。”②做事但求无愧于心,不计名利得失,更不能沽名钓誉:“善欲人见,不是真善”;君子和小人对待错误的态度迥异,所谓“小人之过也必文”,他希望子弟能够坦诚面对自己的错误,更不要文过饰非,以免小错铸成大错:“恶恐人知,便是大恶”;儒家修身理论有正心克己的要求,朱柏庐认为不慕美色应该是重要的正己内容,他说“见色而起淫心,报在妻女”,认为一个人纵情声色必然会给家人带来灾祸,旨在劝人修身向善;“匿怨而用暗箭,祸延子孙”,儒家提倡“以德报怨”、“以直报怨”,对于过往的恩怨要大度释怀,不能为私怨所裹挟以怨报怨,以至于祸延子孙世代结怨。在家要孝养父母,不能为了争夺资产而致父母于不顾:“重资财,薄父母,不成人子”;要时时刻刻提升自我修养,才能遇事稳重考虑周全,也才能担当重任:“屈志老成,急则可相依。”

(二)持家。朱柏庐的治家思想秉持勤俭持家的理念,所言具体而微,操作性强,与小农经济条件下人们的生活相适应。朱柏庐提倡家庭生活要遵循农事生产的安排,他说:“黎明即起,洒扫庭除,要内外整洁,既昏便息,关锁门户,必亲自检点。”要求家人早起,从整理收拾屋宇做起,营造一片干净舒适的家居环境,随日落而息紧锁门户。他希望家人珍惜日用百物,务必要节俭有度,即使一粒米半丝缕也不要浪费:“一粥一饭,当思来处不易;半丝半缕,恒念物力维艰。”③“欲不可纵”,持家不能贪慕美色,受人蛊惑随意嫁娶:“三姑六婆,实淫盗之媒;婢美妾娇,非闺房之福。奴仆勿用俊美,妻妾切忌艳妆。”朱柏庐深受程朱理学影响,他把民胞物与万物一体的理念践行到家庭生活中,要求家人不要为了口欲而妄杀生物:“毋贪口腹而恣杀牲禽”。凡事预则立不预则废,治家之人要规划好家庭生活,查漏补缺不使家道有亏:“宜未雨而绸缪,毋临渴而掘井”。慎终追远祭祀祖先是古人家庭生活的重要内容,朱柏庐

① [明]朱柏庐:《朱子治家格言》。
② [明]朱柏庐:《朱子治家格言》。
③ [明]朱柏庐:《朱子治家格言》。

指出:“宗祖虽远,祭祀不可不诚”,要诚心竭力事死如事生;居家不要大肆营造,贪图良田美宅:“勿营华屋,勿谋良田。”教育子女要方法恰当,所谓“教子要有义方”,而教导子弟学习读书习经自然必不可少:“子孙虽愚,经书不可不读。”读书是为了明理,功名富贵则属其次:“读书志在圣贤,非徒科第”;治家以宽厚为本,和睦亲邻才能家道长久:“刻薄成家,理无久享”①;阖家幸福是最值得期许的,即便生活拮据,也能享受人伦亲情带来的乐趣:“家门和顺,虽饔飧不济,亦有余欢”;家庭内部要各守本分,不能做违逆人情伦常之事:“伦常乖舛,立见消亡。”家庭内部要礼让容忍,切忌争讼不断,诉诸官府:“居家诫争讼,讼则终凶”;族众之间要相互周济帮扶,损有余而补不足:“兄弟叔侄,须分多润寡”;长幼之间要尊卑有别,不可简慢无礼目无尊长:“长幼内外,宜法肃辞严”;积极有为勤劳致富,发展生产广大门第:“颓惰自甘,家道难成。”

(三)应事。“器具质而洁,瓦缶胜金玉”②,朱柏庐提倡节俭持家,所以他认为待人接物礼数周到即可,不必追求奢华的物品和装饰,饭食虽然简约但精心准备亦可招待宾客:“饮食约而精,园蔬愈珍馐”③。与人交往不要贪图小利,更不要与小商小贩等普通劳动者争利:“与肩挑贸易,毋占便宜”④;对需要帮助的穷苦亲朋要力所能及地给予帮助:“见贫苦亲邻,须加温恤”。这些家庭教育思想体现了儒家仁义为怀的处世要求。与其他人娶媳嫁女注重聘礼嫁资不同,朱柏庐认为,不管择婿还是嫁女都要以对方的人品为上,不要贪图丰厚的聘礼或嫁妆:“嫁女择佳婿,毋索重聘”,“娶媳求淑女,勿计厚奁。”儒家认为处世应该“贫而无谄,富而无骄”,以至于“贫而乐,富而好礼”,但现实中有些人则是嫌贫爱富,对富贵者竭力讨好,对贫贱者则百般鄙视,这在朱柏庐看来最为人所不齿,他说:“见富贵而生谄容者,最可耻;遇贫穷而作骄态者,贱莫甚”⑤,更不能仗势欺人,“勿恃势力而凌逼孤寡”。他希望子弟以礼待人,

① [明]朱柏庐:《朱子治家格言》。
② [明]朱柏庐:《朱子治家格言》。
③ [明]朱柏庐:《朱子治家格言》。
④ [明]朱柏庐:《朱子治家格言》。
⑤ [明]朱柏庐:《朱子治家格言》。

不要因各人的身份差别而待人有差等,成为势利肖小之辈。“言寡尤,行寡悔”的行事规范要求人们处世谨言慎行,以免因言语不慎而导致祸患,朱柏庐亦认为“处世诫多言,言多必失。”他提醒子弟谨慎交游,不要同行为轻狂之人往来,以免为其所累:“狎昵恶少,久必受其累”。朱柏庐虽然批评封建国家的横征暴敛,但教导子弟要及时完纳赋税徭役,免受其害:“国课早完,即囊橐无余,自得至乐。”做事要持中而行,留有余地,不要走极端:“凡事当留余地,得意不宜再往。”行事要谦虚谨慎,莫要以己之心度他人之意,而应三思而后行:“因事相争,焉知非我之不是,须平心再想。”更不要自以为是,行为乖张,遗恨无穷:“乖僻自是,悔误必多”;他虽然一生拒仕清廷,但他教导子弟入仕为官就要心存家国报效国家,不畏牺牲:“为官心存君国,岂计身家。”他希望子弟能够积极进取,但也劝导子弟要能明晓人的际遇之无常,保持达观的心态:“守分安命,顺时听天。”

“如果论及中国古代的传统家训中对民间影响最大者,应该非此篇莫属”①,道出了《朱子治家格言》在中国家庭教育史上的重要地位。不可否认,由于作者所处时代的特殊,《朱子家训》中也有“一些宣扬明哲保身、安分守命的人生哲学和因果报应的唯心理论”②,但对这种说法应该从作者所处的时代背景去加以探寻,而不能一概而论。朱柏庐是由明入清的晚明时期的人,处于换代之际的汉族文人多有“怀旧”情结,在行动上多不与刚建立的外族政权合作。尽管康熙时以“开博学鸿儒科”的名义来笼络前朝士子之心,但是朱柏庐拒不应召,保持着名士风范。而另一方面,清初虽然礼遇前朝文士,但也在思想领域严加控制,大造文字狱排斥异己,文人“因言获罪”,自然处世谨小慎微。所以,朱柏庐的家教思想中的谨言慎行的思想并不能简单地看作为是明哲保身。而对于文中所谓“因果报应”的思想则不能从科学理性的角度来加以理解,古人生活的时代有其特定的价值观念,因果报应的思想则是那个时代人们价值认知的重要组成部分,反映的是导恶向善的一种价值诉求。瑕不掩瑜,这些过时的理念并不能影响其在我国

① 徐少锦、陈延斌:《中国家训史》,人民出版社 2011 年版,第 705—706 页。

② 徐少锦、陈延斌:《中国家训史》,人民出版社 2011 年版,第 707 页。

家庭教育史上的地位，正如学者所说的："在清代倡导的家教文献中，影响最大、最深入人心的是朱用纯的《朱子治家格言》"①，"虽然仅有五百多字，但三百多年历传不衰，无论是官宦士绅、书香世家还是贩夫走卒、普通百姓，几乎是家喻户晓，人人皆知。"②而促成这一局面形成的原因除了文本言简意赅、通俗易懂、短小精悍外，也与其格律化的表达方式更易适应人们口耳相传的特点有关。相信随着家庭教育重视程度的日增，其影响还将进一步增强。

三、千古第一家训《曾国藩家训》

曾国藩（1811年—1872年），字伯涵，号涤生，生活于多变之秋，为洋务运动领袖，曾承办"天津教案"颇受争议。太平天国运动起，在家乡湖南组织编练湘军，四处征战，平定太平天国运动等农民起义，为晚清朝局的稳定起到了重要作用，有"晚清中兴第一人"之称，被清廷封为"一等毅勇侯"，打破了汉人不封侯的先例。曾国藩为文坛桐城派重要代表："姚先生持论闳通，国藩之粗解文章，由姚先生启之也"③，说的正是他与有"桐城三祖"之一称号的姚鼐间的师承关系，有《曾国藩文集》传世，最为后人称道者则属《曾国藩家书》，被看做是其家庭教育思想的集萃。曾国藩曾对自己的家庭教育做过概括性的描述，他说："吾教子弟不离八本、三致祥。八者曰：读书以训诂为本，做诗文以声调为本，养亲以得欢心为本，养生以少恼怒为本，立身以不妄语为本，治家以不晏起为本，居官以不要钱为本，行军以不扰民为本。三者曰：孝致祥，勤致祥，恕致祥。"④考究《曾国藩家书》，其家教思想可概括为以下方面：

（一）修身。学习能变化人的气质，曾国藩倡导的修身思想中排在第一位

① 马镛：《中国家庭教育史》，湖南教育出版社1997年版，第381页。

② 徐少锦、陈延斌：《中国家训史》，人民出版社2011年版，第707页。

③ ［清］曾国藩：《曾国藩全集·第十四册·圣哲画像记》，岳麓书社2011年版，第289页。

④ ［清］曾国藩：《曾国藩全集·第二十册·家书之一·字谕纪泽、纪鸿儿（咸丰十一年三月十三日）》，岳麓书社2011年版，第594页。

的就是学习。“人之气质,由于天生,本难改变,惟读书,则可变化气质。……欲求变之法,总须先立坚卓之志。即以余生平言之,三十岁前最好吃烟,片刻不离,至道光壬寅十一月廿一日,立志戒烟,至今不再吃。四十六岁以前作事无恒,近五年深以为戒,现在大小事均尚有恒。即此二端,可见无事不可变也。尔于厚重二字须立志变改,古称金丹换骨,余谓立志即丹也。”①曾国藩十分重视子弟的行为举止,希望他们加强自我修养,养成稳重厚实的风范,他深知世家多纨绔子弟,所以他叮嘱子弟切莫沾染不良的习气,他说:“大约世家子弟,钱不可多,衣不可多。事虽至小,所关颇大。”②他现身说法,希望家人日用要与普通人家一致:“凡世家子弟,衣食起居无一不与寒士相同,庶可以成大器;若沾染富贵气习,则难望有成。吾忝将相,而所有衣服不值三百金。愿尔等常守此俭朴之风,亦惜福之道也。”③他希望子弟谨慎交游:“城市繁华之地,尔宜在寓中静坐,不可出外游戏徵逐。”④希望弟子亲贤远佞:“一生之成败,皆关乎朋友之贤否,吾强与之拒”。他检省自己过往言语轻率实不可取,希望子弟谨言慎行:“吾有志学为圣贤,少时欠居敬功夫,至今犹不免偶有戏言戏动。尔宜举止端庄,言不妄发,则入德之基也。”⑤曾国藩居官数十年自奉俭约,故他希望子弟也能克勤克俭:“勤俭自持,习劳习苦,可以处乐,可以处约,此君子也。余服官二十年,不敢稍染官宦气习,饮食起居,尚守寒素家风,极俭也可,略丰也可,太丰则吾不敢也。”⑥他希望家人勿骄勿躁戒奢从简:“世家子弟最易犯一奢字、傲字。不必锦衣玉食而后谓之奢也,但使皮袍呢褂俯拾皆是,舆马仆从习惯为常,此即日趋于奢矣。见乡人则嗤其朴陋,见雇工则颐指气使,

① [清]曾国藩:《曾国藩全集·第二十一册·家书之二·字谕纪泽、纪鸿儿(同治元年四月二十四日)》,岳麓书社2011年版,第19页。

② [清]曾国藩:《曾国藩全集·第二十一册·家书之二·谕纪泽(同治元年五月二十四日)》,岳麓书社2011年版,第26页。

③ [清]曾国藩:《曾国藩全集·第二十一册·家书之二·谕纪鸿(同治元年五月二十七日)》,岳麓书社2011年版,第27页。

④ [清]曾国藩:《曾国藩全集·第二十一册·家书之二·谕纪鸿(同治元年五月二十七日)》,岳麓书社2011年版,第27页。

⑤ [清]曾国藩:《曾国藩全集·第二十册·家书之一·谕纪鸿(咸丰六年九月二十日)》,岳麓书社2011年版,第594页。

⑥ [清]曾国藩:《曾国藩全集·第二十册·家书之一·谕纪鸿(咸丰六年九月二十九夜)》,岳麓书社2011年版,第289页。

此即日习于傲矣……京师子弟之坏,未有不由于骄奢二字者。”①他勉励子弟积极有为:“少年不可怕丑,须有狂者进取之趣,过时不试为之,则后此弥不肯为矣。”②待人处世要严以律己宽以待人:“至于做人之道,圣贤千言万语,大抵不外敬恕二字……尔心境明白,于恕字或易著功,敬字则宜勉强行之,此立德之基,不可不谨。”③他教育子弟要时时不忘检省自己的行为,练好慎独功夫:“故能慎独,则内省不咎,可以对天地质鬼神,断无行有不慊于心则馁之时。人无以内愧之事……是人生第一自强之道……守身之先务也。”④凡事谦敬以待:“敬之一字,孔门持以教人,春秋士大夫亦常言之,至程朱则千言万语不离此旨……若人无众寡,事无大小,一一恭敬,不敢懈慢,则身体之强健,又何疑乎?”⑤仁民爱物:“凡人之生,皆得天地之理以成性,得天地之气以成形。我与民物,其大本乃同出一源。若但知私己,而不知仁民爱物,是于大本一源之道已悖而失之矣。”⑥切忌好逸恶劳,一定要勤劳自持,所谓“习劳则神钦”,即“凡人之情,莫不好逸恶劳;无论贵贱智愚老少,皆贪于逸而惮于劳……故勤则寿,逸则夭;勤则有才而见用,逸则无能而见弃;勤则博济斯民而神祇钦仰,逸则无补于人而神鬼不歆。”⑦他希望子弟养成勤俭的行为习惯,于日常恒久行事中督促勉行:“勤字功夫,第一贵早起,第二贵有恒。俭字功夫,第一莫着华丽衣服,第二莫多用仆婢雇工。”⑧曾国藩强调子弟行事要稳重端庄切忌轻浮,认为这是自祖上以来行为处事的良好风范,所以,他批评子弟轻浮的行为举止,他在这方面的训教很多:“余尝细观星冈公仪表绝人,全在一重字。余行路容止亦颇重厚,盖取法于星冈公。尔之容止甚轻,是一大弊病,以后宜时

---

① [清]曾国藩:《曾国藩全集·第二十册·家书之一·谕纪泽(咸丰六年十一月初五)》,岳麓书社2011年版,第296页。

② [清]曾国藩:《曾国藩全集·第二十册·家书之一·谕纪泽(咸丰八年七月二十一日)》,岳麓书社2011年版,第362页。

③ [清]曾国藩:《曾国藩全集·第二十册·家书之一·谕纪泽(咸丰八年七月二十一日)》,岳麓书社2011年版,第362页。

④ [清]曾国藩:《遗嘱》(于金陵节署中)。

⑤ [清]曾国藩:《遗嘱》(于金陵节署中)。

⑥ [清]曾国藩:《遗嘱》(于金陵节署中)。

⑦ [清]曾国藩:《遗嘱》(于金陵节署中)。

⑧ [清]曾国藩:《曾国藩全集·第二十一册·家书之二·喻纪瑞(同治二年十二月十四日)》,岳麓书社2011年版,第235页。

时留心，无论行坐，均须重厚。早起也，有恒也，重也，三者皆尔最要之务……不重是尔身之短处"①。他为子弟轻浮的言行感到忧愁："吾于尔有不放心者二事：一则举止不甚厚重，二则文气不甚圆适。以后举止留心一'重'字，行文留心一'圆'字，至嘱。"②而稳重的行止要从日常的视听言动入手加以锤炼："走路宜重，说话宜迟，常常记忆否？"③他再三叮嘱子弟做一劳谦君子："劳字、谦字，常常记得否？"④"尔十余岁至二十岁虚度光阴，乃今将看、读、写、作四字逐日无间，尚可有成。尔言语太快，举目太轻，近能力行迟重二字以改救否。"⑤"说话迟钝、行路厚重否？"⑥"尔之短处在言语欠钝讷，举止欠端重，看书能深入而作为不能峥嵘。若能从此三事上下一番苦工，进之以猛，持之以恒，不过一二年，自尔精进而不觉。言语迟钝，举止端重，则德进矣。作文有峥嵘雄快之气，则业进矣。"⑦他希望子弟修身持之以恒不要间断："余生平坐无恒之弊，万事无成，德无成，业无成，亦可深耻矣……尔欲稍有成就，须从有恒二字下手。"⑧他也教子弟知足常乐，在日用百事间锤炼心性："然古今文人学人，莫不有家常琐事之劳其身，莫不有世态冷暖之撄其心。尔现当家门鼎盛之时，炎凉之状不接于目，衣食之谋不萦于怀，虽奔走烦劳，犹远胜于寒士困苦之境也。"⑨

---

① [清]曾国藩：《曾国藩全集·第二十册·家书之一·谕纪泽(咸丰九年十月十四日)》，岳麓书社2011年版，第454页。

② [清]曾国藩：《曾国藩全集·第二十册·家书之一·谕纪泽(咸丰十年四月初四日)》，岳麓书社2011年版，第481页。

③ [清]曾国藩：《曾国藩全集·第二十册·家书之一·谕纪泽(咸丰十一年正月十四日)》，岳麓书社2011年版，第568页。

④ [清]曾国藩：《曾国藩全集·第二十册·家书之一·纪泽、纪鸿(咸丰十一年二月十四日)》，岳麓书社2011年版，第580页。

⑤ [清]曾国藩：《曾国藩全集·第二十册·家书之一·谕纪泽(咸丰十一年七月二十四日)》，岳麓书社2011年版，第685页。

⑥ [清]曾国藩：《曾国藩全集·第二十册·家书之一·谕纪泽(咸丰十一年九月二十四日)》，岳麓书社2011年版，第705页。

⑦ [清]曾国藩：《曾国藩全集·第二十一册·家书之二·谕纪泽(同治元年四月初四日)》，岳麓书社2011年版，第12页。

⑧ [清]曾国藩：《曾国藩全集·第二十册·家书之一·谕纪泽(咸丰九年十月十四日)》，岳麓书社2011年版，第453—454页。

⑨ [清]曾国藩：《曾国藩全集·第二十一册·家书之二·谕纪泽(同治元年三月十四日)》，岳麓书社2011年版，第8页。

（二）治家。曾国藩治家的一大特点就是崇尚勤俭，这是曾氏一门的传世家风，早在曾国藩父祖那里就已经养成，代代相传不绝，子孙多耳濡目染身受其教，故曾国藩在家书中一再教导子弟切莫背弃家风。曾国藩讲："吾家累世以来，孝弟勤俭。辅臣公以上吾不及见，竟希公、星冈公皆未明即起，竟日无片刻暇逸……今家中境地虽渐宽裕，侄与诸昆弟切不可忘却先世之艰难，有福不可享尽，有势不可使尽。"①"居家之道，惟崇俭可以长久，处乱世尤以戒奢侈为要义。衣服不宜多制，尤不宜大镶大缘，过于绚烂。尔教导诸妹，敬听父训，自有可久之理。"②兴由勤俭败由奢，曾国藩希望子弟从小养成不慕奢华的生活习惯，他说："凡仕宦之家，由俭入奢易，由奢返俭难。尔年尚幼，切不可贪爱奢华，不可惯习懒惰。无论大家小家、士农工商，勤苦俭约未有不兴，骄奢倦怠未有不败。"③"家勤则兴，人勤则健；能勤能俭，永不贫贱。"④他希望家中不要以积累财富为重，而是要把教育子弟成才放在首位，他说："银钱田产最易长骄气逸气，我家中断不可积钱，断不可买田。尔兄弟努力读书，决不怕没饭吃，至嘱。"⑤曾国藩治家的第二个特点就是要求家人传承祖先流传下来的早起家风，他为此三令五申，多次提及长辈们不辞辛劳早起持家的家风："我家高曾祖考相传早起，吾得见竟希公、星冈公皆未明即起……吾父竹亭公亦甫立明即起……此尔所及见者也。余亦立明即起，思有以绍先人之家风。尔既冠授室，当以早起为第一先务，自力行之，亦率新妇行之。"⑥他教导家人要继承早起的家风："早晨要早起，莫坠高曾祖考以来相传之家风。吾父吾叔，皆黎明即起，尔之所知也。"⑦额

① ［清］曾国藩：《曾国藩全集·第二十一册·家书之二·《谕纪瑞（同治二年十二月十四日）》，岳麓书社2011年版，第235页。

② ［清］曾国藩：《曾国藩全集·第二十册·家书之一·谕纪泽（咸丰十一年八月二十四日）》，岳麓书社2011年版，第691页。

③ ［清］曾国藩：《曾国藩全集·第二十册·家书之一·谕纪鸿（咸丰六年九月二十九日）》，岳麓书社2011年版，第289页。

④ ［清］曾纪芬：《崇德老人自订年谱》，见《曾国藩家书》（上），西安出版社2000年版，第325页。

⑤ ［清］曾国藩：《曾国藩全集·第二十册·家书之一·谕纪泽、纪鸿（咸丰十年十月十六日）》，岳麓书社2011年版，第535页。

⑥ ［清］曾国藩：《曾国藩全集·第二十册·家书之一·谕纪泽（咸丰九年十月十四日）》，岳麓书社2011年版，第453页。

⑦ ［清］曾国藩：《曾国藩全集·第二十册·家书之一·谕纪鸿（咸丰六年九月二十九夜）》，岳麓书社2011年版，第289页。

外叮嘱子弟不忘早起："尔每日起得早否？"①在曾国藩看来，早起之家必能兴旺：他说："乡间早起之家，蔬菜茂盛之家，类多兴旺。晏起无蔬之家，类多衰弱。尔可于省城菜园中，用重价雇人至家种菜蔬，或二人亦可。"②曾国藩十分推崇自祖上以来形成的治家定法，希望子弟能将之传承延续："昔吾祖星冈公最讲求治家之法：第一起早；第二打扫洁净；第三诚修祭祀；第四善待亲族邻里。凡亲族邻里来家，无不恭敬款待，有急必周济之，有讼必排解之，有喜必庆贺之，有疾必问，有丧必吊。此四事之外，于读书、种菜等事尤为刻刻留心。故余近写家信，常常提及书、蔬、鱼、猪四端者，盖祖父相传之家法也。"③这是其家门数代"耕读传家"家风的写照。曾国藩治家的第三个特点是要求子弟重视农桑本业，这也是他谨遵祖训的体现，他说："稼穑之泽，惟周家开国，豳风陈业。述生理之艰难，导民风于淳厚，有味乎其言之……吾祖光禄大夫星冈公尝有言曰：吾子孙虽至大官，家中不可废农圃旧业。懿哉至训，可为万世法已。"曾国藩亦在军务之际叮嘱家人不忘稼穑，还与家人交流亲耕经验，他把这些都看作是自己对家风的承续。他说："省雇园丁来家，宜废田一二丘，用为菜园。吾现在营课勇夫种菜，每块土约三丈长，五尺宽，窄者四尺余宽，务使芸草及摘蔬之时，人足行两边沟内不践菜土之内。沟宽一尺六寸，足容便桶。大小横直，有沟有浍，下雨则水有所归，不使积潦伤菜。"④把良好的家风带进了军旅之中。他还讲："吾家门第鼎盛，而居家规模礼节总未认真讲求。历观古来世家久长者，男子须讲求耕读二事，妇女须讲求纺织、酒食二事，《斯干》之诗言帝王居室之事，而女子重在酒食是议。《家人》卦以一爻为主，重在中馈。《内则》一篇，言酒食者居半。故吾屡教儿妇诸女亲主中馈，后辈视之若不要紧，此后还乡居家，妇女纵不能精与烹调，必须常至厨房，必须讲求作酒作醯醢、小菜、换茶之类。尔等亦

---

① ［清］曾国藩：《曾国藩全集·第二十册·家书之一·谕纪泽（咸丰九年六月十四日）》，岳麓书社2011年版，第438页。

② ［清］曾国藩：《曾国藩全集·第二十册·家书之一·谕纪泽（咸丰十一年四月初四日）》，岳麓书社2011年版，第535页。

③ ［清］曾国藩：《曾国藩全集·第二十册·家书之一·谕纪泽》（咸丰十年闰三月初四日）》，岳麓书社2011年版，第476页。

④ ［清］曾国藩：《曾国藩全集·第二十册·家书之一·谕纪泽（咸丰十一年六月二十四日）》，岳麓书社2011年版，第668页。

须留心于莳蔬养鱼，此一家兴旺气象，断不可忽。纺织虽不能多，亦不可间断。”曾国藩的这种治家理念是与他的处世思想紧密相关的，他说：“居官不过偶然之事，居家乃是长久之计。能从勤俭耕读上做出好规模，虽一旦罢官，尚不失为兴旺气象。若贪图衙门之热闹，不立家乡之基业，则罢官之后便觉气象萧索。凡有盛必有衰，不可不预为之计。望夫人教训儿孙妇女，常常做家中无官之想，时时有谦恭省俭之意，则福泽悠久，余心大慰矣。”在曾国藩看来世事无常，只有不忘本业才能在多变的环境中安身立命。儒家提倡“慎终追远”，曾国藩要求家人要注重细节，怀着虔敬之心来办好诸如祭祀之类的日常家务，他说：“诚修祭祀一端，则必须尔母随时留心，凡器皿第一等好者留作祭祀之用，饮食第一等好者亦备祭祀之需。凡人家不讲究祭祀，纵然兴旺，亦不长久，至要至要。”①

（三）处世。曾国藩于道光十八年（1833）考中进士，入翰林院为庶吉士，后协修国史，逐渐步入仕途，一生谨言慎行，逐渐成长为士大夫中的领袖人物。宦海生涯在其一生行事中占有相当比重，其为官之道可以归结为“清、慎、勤”三个方面，“清”就是“名利两淡，寡欲清也，一介不苟，鬼伏神钦”；“慎”就是“战战兢兢，死而后已，行有不得，反求诸己”；“勤”则是“手眼俱到，心力交瘁，困知勉行。”这是曾国藩对他的为官之道的概括。因此，他也有对子弟为官之道的教诲。他教导弟弟们为官一定要谦恭有礼、任人唯贤：“位高而资钱，貌贵温恭，心贵谦下。天下之事理人才，为吾辈所不深知不及料者多矣，切弗存一自是之见。用人不率冗，存心不自满”②。为官要善于听取他人意见，不可自以为是妄自尊大：“四月十五所发进扎应山一褶，字句间有不妥，以后宜请一二人斟酌。非十分虚心，人不肯轻说一字。四月十一日弟函，颇有拒谏之意。施之于兄，兄当如常规诲；施之于他人，则拒人千里矣，慎之慎之。”③“嗣后奏事，宜请人细阅熟商，不可一意孤行、是己非人为嘱！”④

---

① ［清］曾国藩：《曾国藩全集·第二十册·家书之一·谕纪泽》（咸丰十年闰三月初四日）》，岳麓书社2011年版，第477页。

② ［清］曾国藩：《曾国藩全集·第二十一册·家书之二·致澄沅弟（同治五年三月二十六日）》，岳麓书社2011年版，第418页。

③ ［清］曾国藩：《曾国藩全集·第二十一册·家书之二·致沅弟（同治五年五月初三日）》，岳麓书社2011年版，第423页。

④ ［清］曾国藩：《曾国藩全集·第二十一册·家书之二·致沅弟（同治六年正月二十二日）》，岳麓书社2011年版，第480页。

为官不可贪功冒进，当知足而止："弟信云：宠荣利禄利害计较甚深，确为良论……吾尽年专以至诚待之，此次亦必以江督让之。"①他教导子弟要功成身退："兄之功绩既冠当时，文章远驾七百年名臣之上……及今极为完全之时，奉身而退"②他教导子弟竭诚尽忠不负国望："若圣意于弟，则未见有薄处，弟惟诚心竭力做去。"③"弟惟专心治军，一切置若罔闻为妥"④。宦海沉浮，唯有求实戒虚才能立身久远："此后总从波平浪静处安身，莫从掀天揭地处着想。吾亦不甘为庸庸者，近来阅历万变，一味向平实处用功，非委靡也，位太高名太重，不如是，皆危道也。"⑤曾国藩、曾国荃兄弟二人战功卓著，这与他们能做到居安思危是分不开的："大约凡作大官，处安荣之境，即时时有可危可辱之道，古人所谓富贵常蹈危机也"⑥，故他们教导子弟亦要常怀忧患意识："凡官运极盛时，子弟经手公事，格外顺手，一倡百和，然闲言即由此起，怨谤即由此兴。吾兄弟当于极盛之时，预作衰时设想；当盛时百事平顺之际，预为衰时百事拂逆地步。"⑦位高权重虽非好事，但也要忠于职守："人以极品为荣，吾今实以为苦恼之境，然时势所处，万不可置身事外，亦惟有做一日和尚撞一日钟而已。"⑧教导子弟在家门官运亨通之际，切不可任意妄为，擅权干政："弟此后若到长沙、衡州、湘乡等处，总不以干预公事为第一义。此阿兄阅历极深之言，望弟记之。"⑨曾国藩深知高门仕族处世之难，故常常督促家人安分守己："门第太盛，余教儿女辈惟以勤俭谦三字为主……余于俭字做到六七分，勤字则尚无五分

① ［清］曾国藩：《曾国藩全集·第二十一册·家书之二·致沅弟（同治五年十一月初七日）》，岳麓书社2011年版，第461页。

② ［清］曾国藩：《沅弟左右》（同治五年十一月初七日）。

③ ［清］曾国藩：《曾国藩全集·第二十一册·家书之二·致沅弟（同治五年十一月初七日）》，岳麓书社2011年版，第480页。

④ ［清］曾国藩：《沅弟左右》（同治五年十一月初七日）。

⑤ ［清］曾国藩：《沅弟左右》（同治六年正月二十六日）。

⑥ ［清］曾国藩：《曾国藩全集·第二十一册·家书之二·致澄弟（同治六年二月初五日）》，岳麓书社2011年版，第482页。

⑦ ［清］曾国藩：《曾国藩全集·第二十一册·家书之二·致澄弟（同治三年四月二十四日）》，岳麓书社2011年版，第482页。

⑧ ［清］曾国藩：《曾国藩全集·第二十一册·家书之二·致澄弟（同治六年六月初六日）》，岳麓书社2011年版，第482页。

⑨ ［清］曾国藩：《曾国藩全集·第二十一册·家书之二·致澄弟（同治三年四月二十四日）》，岳麓书社2011年版，第279页。

功夫。"①曾国藩处在变革之世,故他处处提醒自己和叮嘱家人要谨小慎微:"平世辞荣避位,即为安身良策;乱世仅辞荣避位,尚非良策也"②,"凡兹乱世,凡高位、大名、重权,三者皆在忧危之中"③,而避祸之法则在于"不贪财,不取巧,不沽名,不骄盈",他一再告诫家人不可养尊处优、用度失常:"处兹乱世,钱银愈少,则愈可免祸;用度愈省,则愈可养福。"④

(四)治学。曾国藩的家庭教育中很大部分涉及子女教育问题。曾国藩十分注重读书传家,他说:"但愿尔专心读书,将我所好看之书领略得几分,我所讲求之事钻研得几分,则余在军中,心常常自慰。"⑤有鉴于此,他对子弟的进步往往十分欣慰:"十六日接尔初二日禀并赋二篇,近日大有长进,慰甚。"⑥"二十七日刘得四到,接尔禀,所议论《文选》俱有所得,问小学亦有条理,甚以为慰。"⑦他勉励子弟当及时努力:"尔今年十八,齿已渐长,而学业未见其益。"⑧曾国藩希望子弟读书明理,而不必一味追求功名利禄,他说:"凡人多望子孙为大官,余不愿为大官,但愿为读书明理之君子。"⑨"凡富贵功名,皆有命定,半由人力,半由天事。惟学做圣贤,全由自己作主,不与天命相干涉。"⑩但

① [清]曾国藩:《曾国藩全集·第二十一册·家书之二·致澄弟(同治三年八月初四日)》,岳麓书社2011年版,第482页。

② [清]曾国藩:《曾国藩全集·第二十一册·家书之二·致澄弟(同治六年二月初五日)》,岳麓书社2011年版,第482页。

③ [清]曾国藩:《曾国藩全集·第二十一册·家书之二·致澄弟(同治六年三月初七日)》,岳麓书社2011年版,第482页。

④ [清]曾国藩:《曾国藩全集·第二十册·家书之一·字谕纪泽、纪鸿儿(咸丰十一年三月十三日)》,岳麓书社2011年版,第594页。

⑤ [清]曾国藩:《曾国藩全集·第二十册·家书之一·谕纪泽(咸丰八年十月二十九日)》,岳麓书社2011年版,第594页。

⑥ [清]曾国藩:《曾国藩全集·第二十册·家书之一·谕纪泽(咸丰十年四月二十四日》,岳麓书社2011年版,第484页。

⑦ [清]曾国藩:《曾国藩全集·第二十册·家书之一·谕纪泽(咸丰十年四月初四日)》,岳麓书社2011年版,第481页。

⑧ [清]曾国藩:《曾国藩全集·第二十册·家书之一·谕纪泽(咸丰六年十月初二日)》,岳麓书社2011年版,第291页。

⑨ [清]曾国藩:《曾国藩全集·第二十册·家书之一·谕纪鸿(咸丰六年九月二十九夜)》,岳麓书社2011年版,第289页。

⑩ [清]曾国藩:《曾国藩全集·第二十册·家书之一·谕纪鸿(咸丰六年九月二十九夜)》,岳麓书社2011年版,第289页。

同时,他也提倡“学而优则仕”,而他的家书中就有很多内容直接涉及对子弟如何应举作文的指导:“尔去年乡试之文,太无词藻,几不能敷衍成篇,此时下手工夫,以分类手钞词藻为第一义。”①“尔此次复信,即将所分之类开列目录,附禀寄来。分大纲子目,如伦纪类为大纲,则君臣、父子、兄弟为子目;王道为大纲,则井田、学校为子目。以外各门,可以类推。”②“荫生尚算正途功名,可以考御史。待侄十八岁,即与纪泽同进京应考。然侄此际专心读书,宜以八股试帖为要,不可专恃荫生为基,总以乡试能到榜前,益为门户之光。纪官闻甚聪慧,侄亦以立志二字,兄弟互相劝勉,则日进无疆矣。”③可见,曾国藩虽并不教导子弟一味读书仕进,但他也不反对子弟走科第的路径。

曾国藩在百忙中不忘心系子弟学业,还亲自提点他们作文习字。《家书》很多内容都涉及指导子弟如何具体作文,如:“读书之法,看、读、写、作,四者每日不可缺一……看书则在外贸易,获利三倍者也;读书则在家慎守,不轻花费者也……看书则攻城略地,开拓土宇者也;读书则深沟坚垒,得地能守者也……至于写字,真行篆隶,尔颇好之,切不可间断一日……至于作诗文,亦宜在二三十岁立定规模;过三十后,则长进极难。”④他不厌其烦地指导子弟怎样为文:“凡作文,末数句要吉祥;凡作字,墨色要光润。此先大夫竹亭公常以教余与诸叔父者,尔谨记之,无忘祖训。”⑤指导子弟如何循序渐进地读经:“尔治经之时,无论看注疏,看宋传,总宜虚心求之。其惬意者,则以朱笔识出;其怀疑者,则以另册写一小条,或多为辩论,或仅著数字,将来疑者渐晰,又记于此条之下,久久渐成卷帙,则自然日进。”⑥“汝读《四书》无甚心得,由不能虚心涵泳,切己体察……涵泳二

① [清]曾国藩:《曾国藩全集·第二十册·家书之一·谕纪泽(咸丰九年五月初四日)》,岳麓书社2011年版,第429页。

② [清]曾国藩:《曾国藩全集·第二十册·家书之一·谕纪泽(咸丰九年五月初四日)》,岳麓书社2011年版,第429页。

③ [清]曾国藩:《曾国藩全集·第二十一册·家书之二·喻纪瑞(同治二年十二月十四日)》,岳麓书社2011年版,第235页。

④ [清]曾国藩:《曾国藩全集·第二十册·家书之一·谕纪泽(咸丰八年七月二十一日)》,岳麓书社2011年版,第362页。

⑤ [清]曾国藩:《曾国藩全集·第二十册·家书之一·谕纪泽(咸丰九年八月十二日)》,岳麓书社2011年版,第445页。

⑥ [清]曾国藩:《曾国藩全集·第二十册·家书之一·谕纪泽(咸丰八年十月二十五日)》,岳麓书社2011年版,第389页。

字,最不易识……尔读书易于解说文义,却不能深入,可就朱子'涵泳'、'体察'二语悉心求之。"①"尔前用油纸摹写,若常常为之,间架必大进。欧、虞、颜、柳四大家是诗家之李、杜、韩、苏……尔有志学书,须窥寻四人门径。"②"尔所论看《文选》之法,不为无见。吾观汉魏文人,有二端最不可及:一曰训诂精确,二曰声调铿锵……尔看《文选》,能从此二者用心,则渐有入理处矣。"③"吾于训诂、辞章二端,颇尝尽心。尔看书若能通训诂,则于古人之故训大义、引伸假借渐渐开悟……若能通词章,则于古人之文格文气、开合转折渐渐开悟,而后人硬腔滑调之习可改……"④"无论古今何等文人,其下笔造句,总以珠圆玉润四字为主。无论古今何等书家,其落笔结体,亦以珠圆玉润四字为主。"⑤这些都是曾国藩事无巨细地教导子弟如何作文读书的训教,亦都是他的经验之谈,足可称道。

曾国藩希望子弟树立远大志向:"凡将相无种,圣贤豪杰亦无种,只要人肯立志,都可以做得到的。侄等处最顺之境,当最富之年……但须立定志向,何事不可成?何人不可做?"⑥他勉励子弟不要浪费光阴,勤力学业:"余在军中不废学问,读书写字未甚间断,惜年老眼蒙,无甚长进。尔今未弱冠,一刻千金,切不可浪掷光阴。"⑦他因材施教,希望子弟各自能够认识到自己的长处和不足,长善救失完善自我,他说:"泽儿字,天分甚高,但少刚劲之气,须用一番苦功夫,切莫把天分自弃了。"⑧"尔读书记性平常,此不足虑。所虑者第一怕

---

① [清]曾国藩:《曾国藩全集·第二十册·家书之一·谕纪泽(咸丰八年八月初三日)》,岳麓书社2011年版,第364页。

② [清]曾国藩:《曾国藩全集·第二十册·家书之一·谕纪泽(咸丰九年七月十四日)》,岳麓书社2011年版,第443页。

③ [清]曾国藩:《曾国藩全集·第二十册·家书之一·谕纪泽(咸丰十年闰三月初四日)》,岳麓书社2011年版,第477页。

④ [清]曾国藩:《曾国藩全集·第二十册·家书之一·谕纪泽(咸丰十年四月初四日)》,岳麓书社2011年版,第481页。

⑤ [清]曾国藩:《曾国藩全集·第二十册·家书之一·谕纪泽(咸丰十年四月二十四日》,岳麓书社2011年版,第484页。

⑥ [清]曾国藩:《曾国藩全集·第二十一册·家书之二·喻纪瑞(同治二年十二月十四日)》,岳麓书社2011年版,第235页。

⑦ [清]曾国藩:《曾国藩全集·第二十册·家书之一·谕纪泽(咸丰六年十月初二日)》,岳麓书社2011年版,第291页。

⑧ [清]曾国藩:《曾国藩全集·第二十册·家书之一·谕纪泽纪鸿(咸丰十年十一月初四日)》,岳麓书社2011年版,第542页。

无恒，第二怕随笔点过一遍，并未看的明白，此却是大病。若实看明白了，久之必得些滋味，寸心若有怡悦之境，则自略记得矣。尔不必求记，却宜求个明白。"[①]"泽儿看书天分高，而文笔不甚劲挺，有说话太易，举止太轻，此次在祁门为日过浅，未将一轻字之弊除尽，以后须于说话走路时刻刻留心。鸿儿文笔劲健，可慰可喜……"[②]曾国藩对自己做事不能持之以恒深以为耻辱，希望子弟能够引以为戒雪此耻辱，他勉励子弟："凡做一事，无论大小难易，皆宜有始有终。"[③]"尔读书写字不可间断。"[④]"尔既已看动数经，即须立志全看一过，以期做事有恒，不可半途而废。"[⑤]"尔全年看《诗经注疏》已毕否？若未毕，自当补看，无可无恒耳。"[⑥]从《曾国藩家书》来看，经史子集等都是曾国藩教导子弟学习的内容，如《周礼》、《仪礼》、《尔雅》、《孝经》、《史记》、《汉书》、《庄子》、《韩文》、《说文解字》、《经籍纂诂》、《读书杂志》、《陈涉传》、《食货志》、《匈奴传》、《近思录》、《四书》、《诗经》、《尚书》、《易传》、《左传》、《昭明文选》、《诗经注疏》、《资治通鉴》、《五代史》等。但他的教育也并非没有重点，他认为"买书不可不多，而看书不可不知所择"[⑦]，故他尤其强调对于儒家"五经四书"的习涉："吾儿既读《五经》《四书》，即当将此十一书寻究一番，纵不能讲习贯通，亦当思涉猎其大略，则见解日开矣。"[⑧]这样的读书学习理念，既注重"博"又强调"专"，是很值得借鉴的家庭教育理念。

---

① ［清］曾国藩：《曾国藩全集·第二十册·家书之一·谕纪泽(咸丰九年六月十四日)》，岳麓书社2011年版，第437—438页。

② ［清］曾国藩：《曾国藩全集·第二十册·家书之一·谕纪泽纪鸿(咸丰十年十月十六日)》，岳麓书社2011年版，第535页。

③ ［清］曾国藩：《曾国藩全集·第二十册·家书之一·谕纪泽(咸丰八年八月二十日)》，岳麓书社2011年版，第373页。

④ ［清］曾国藩：《曾国藩全集·第二十册·家书之一·谕纪鸿(咸丰六年九月二十九夜)》，岳麓书社2011年版，第289页。

⑤ ［清］曾国藩：《曾国藩全集·第二十册·家书之一·谕纪泽(咸丰九年八月十二日)》，岳麓书社2011年版，第446页。

⑥ ［清］曾国藩：《字谕纪泽》(咸丰十一年十月二十四日)。

⑦ ［清］曾国藩：《曾国藩全集·第二十册·家书之一·谕纪泽(咸丰九年四月二十一日)》，岳麓书社2011年版，第425页。

⑧ ［清］曾国藩：《曾国藩全集·第二十册·家书之一·谕纪泽(咸丰八年九月二十八日)》，岳麓书社2011年版，第383页。

曾国藩作为一代名世之人、文章大家，用实际行动践行了“修身、齐家、治国、平天下”的人生抱负，而他的家庭教育正是他修身与齐家的基点。他虽然位极人臣，但并不以此自居。其在百忙之中不忘训导子弟家人，劝导子弟自力更生、勿忘家风。他教导子弟要知难而进、功成身退，学成有用之身。他根据子弟的个性差异因材诱导。正是在这样的训导下曾氏一门才人辈出，子辈中出了外交家曾纪泽，数学家曾纪鸿，孙辈中出了曾广铨、曾广銮、曾广钧、曾广嵘等名人。时至今日，其家族人员仍然活跃在各行各业。

四、儒家家庭教育思想的近代转向

家庭教育并不是孤立存在的文化现象，它与整个社会的政治、经济、文化之间息息相关。清代前期，家庭教育沿袭着传统家庭教育的发展路径，涌现出了一大批著名的家教文本，这些家教文本的作者或为名儒、或为名臣、或为持节守身之士，训教的内容系统全面，涉及治家、教子、修身、制用、婚丧嫁娶、日用百物，延续了此前家庭教育的轨迹。清中叶以来，随着封建专制制度的日趋没落，教育事业也积重难返：“今尽困天下之聪明才力于场屋中，而场屋之士，有尽一生之精力，不为效命宣劳之用，徒用之于八比、小楷、试帖无足用之物。”①官学沦落为科举的附庸：“上之所以教，下之所以学，惟科举之文。”②教育成为进身之阶，内容空疏无用，教育方法呆板僵硬，已经不能适应社会发展的需要，甚至成为社会发展的绊脚石。随着西方列强的扣关和入侵，传统僵化的教育已经不能为人们提供认识和解决社会问题的可行出路，封建社会内外交困，危机四伏。随着民族危机的日益加深，统治阶层中的开明士大夫开始了“开眼望世界”和“师夷长技以制夷”的救国图强的历程，也促使人们开始反思传统教育，由此走上了批判、改革传统教育的道路。面临着沦落为西方殖民地的存亡危机，“经世致用”之学受到前所未有的关注，以达到挽救时弊的目的。传统的家庭教育开始松动、乃至于渐趋解体，崇尚实用、追求功利，向西方学习

---

① 璩鑫圭主编：《中国近代教育史资料汇编·鸦片战争时期教育》，上海教育出版社 1990 年版，第 74—75 页。

② 璩鑫圭主编：《中国近代教育史资料汇编·鸦片战争时期教育》，上海教育出版社 1990 年版，第 158 页。

成为该时期家庭教育的显著特色，近代家庭教育由此萌芽、发展。这种变化体现在以下几个方面：

（一）家教内容的变化。清代沿袭明代科举取士之规，以“四书五经”为知识分子学习之蓝本，社会范围内也以此为尊，鸦片战争以后危机四伏，内有农民起义，外有列强扣关，封建统治者还力图从教育入手来重振国运，如1850年道光皇帝还曾发布上谕申敕传统教育之重要地位：“著各省督抚会同各该学政转饬地方官及各学教官，于书院家塾教授生徒，均令以《御纂性理精意》、《圣谕广训》为课读讲习之要，使之家喻户晓，礼义廉耻油然自生，斯邪教不禁而自化，经正民兴，庶收实效。”而这种教育政策无疑是以传统的儒家思想学说和伦理道德为核心的。“从私塾书院、各级官学到国子监，从一般教学内容到科场命题，全面强调儒家学说圣贤义理在国家教育中的至尊地位”。尽管最早接触到西方船坚炮利的士大夫们也提出了相关的改革教育的意见，但并未对国家教育政策产生影响。随着洋务运动的兴起，传统教育逐渐突破了原有的格局，具有西方教育特点的军事、技术、历史、地理、农业、医学等知识教育开始进入新式学堂，亦表现在开明士大夫的家庭教育中。如李鸿章在其家教中就指出：“吾国自古相传之伦理，曰君臣，曰父子，曰夫妇，曰兄弟，曰朋友。此五者之纲纪，在家族封建时代，似可通行，然已不甚适当。故三代盛时，孔子亦只谓小康。洎乎封建既破为郡县，此五者之伦理，更觉其不当。况乎大地交通，国家种族之竞争愈烈，故吾之古伦理愈不适于世用。”①李鸿章的家庭教育已经开始反思传统教育在急剧变革的时代之合理性。作为洋务运动的积极推动者，李鸿章也打破了传统的“重农抑商”落后思想，他认为国家之不能强盛就在于人们的思想保守传统，不能发展工商业，才至于受外人欺凌，究其原因则为：“莫外乎不谙世事，墨守陈规，藏身于文字之间，而卑视工商。岂知世界文明，工商业较重于文字，窥各国之强盛，无独不然”②，所以他在自己兴办实业的同时，还提倡子弟要研习

① ［清］李鸿章：《谕玉侄》，载于《清代四名人家书》，《近代中国史料丛刊》第63辑第624册，第144页。

② ［清］李鸿章：《示儿文》，载于《清代四名人家书》，《近代中国史料丛刊》第63辑第624册，第174页。

工商业。传统的家庭教育提倡“学而优则仕”,传统知识分子亦视习儒为进身之阶,皓首穷经只为宦途显达,这种教育已不能适应社会应变的需要,在国事颓废内忧外患的形势面前,人们愈发意识到传统的家庭教育之弊病,左宗棠就教导子弟要舍八股应试而求有用之学,他说:“近来时事日坏,都由人才不佳。人才日少,由于专心做时下科名之学者多,留心本原之学者少……八股愈做得入格,人才愈见庸下”①,把科举功名看成是培养有用之才的障碍,故他不大提倡子弟一味求取功名,希望子弟能专注于实际学问,他讲:“但既读圣贤书,必先求识字……终日读书,而所行不逮一村农野夫,乃能言之鹦鹉耳。纵能掇巍科、跻通显,于世何益?于家何益?非惟无益,且有害也。”②则是勉励子弟适应社会需要学成有用之身,折射出传统家庭教育在近代化的道路上展露出的新气象。

(二)家教理念的变化。首先体现在教育对象上。女教是中国传统家庭教育的重要内容,且传统女教是被严格限定在家庭范围内进行的,《周易·家人》就已经确定了男主外女主内的分工格局,并确定了阳尊阴卑的男主女从的家庭行事准则,清前期的家庭教育秉持过往的家庭理念,依旧将妇德、妇言、妇功作为女教的主要内容,这一时期还产生了很多集两千多年来女子教育之大成的女教文本。随着西方传教士在沿海通商口岸创办教会学校,女子学校教育成为一种新鲜事物出现在国人面前,在这种学校中,“富庶人家多不屑于将女孩送入教会办的女子学校,学生多来自教民之家即贫苦人家”。经过一段时间的发展,女子学校的数量和入学人数都有大幅度提升。在这类学校中,学习的内容也不再是传统的女德教育,而是极具有西方色彩的历史、地理、算学、医学、外语等科目。这种现象对于改变以往女子只在家庭受教并局限于家庭范围内之境况的改变起到了促进作用,被视为“结束了中国妇女无学校教育的落后状态,首开我国妇女学校教育的先例,使挣扎、呻吟在封建礼教和‘四权’压迫下的中国妇女中的一部分,接受了西方资产阶级思想的启蒙教育和影响,中国之民俗得以开化”③,促进了传统家庭教育的近代化历程。国人

---

① [清]左宗棠:《左宗棠全集·家书·诗文》,岳麓书社1987年版,第20页。

② [清]左宗棠:《左宗棠全集·家书·诗文》,岳麓书社1987年版,第4—5页。

③ 熊贤君:《中国女子教育史》,山西教育出版社2009年版,第184页。

逐渐认识到女教的重要性，传统家庭化的女子教育受到批评："所惜者朝野上下间，拘于'女子无才便是德'之俗谚，女子读不就学，妇女亦无专司，其贤者而稍讲求女红中馈之间而已"[①]，要求把女子从家庭中解放出来，发挥女子的作用，兴女学以自强成为有识之士的共识："是故中国而不欲富强则已，如欲富强，必须广育人才。如广育人才，必自蒙养始；蒙养之本，必自母教始；母教之本，必自学校始。推女学之源，国家之兴衰存亡系焉。"[②]其次，私塾的教育地位受到冲击，并面临着改造成为近代新式乡村学堂的命运。私塾是传统家庭教育的一种重要形式，在清廷改革学制的大背景下，尽管私塾在乡村尤其是在家庭教育中的地位受到冲击，但并没有完全退出历史舞台，而是被改造成了小学堂或具有近代童蒙教育性质的蒙教组织，清廷的学部还为此发布过《改良私塾章程》。学者就此指出："20世纪初，中国的乡村社会发生了许多重要而深远的变化，其中之一是近代新式教育借助于国家政权的力量强行进入乡村社会，并逐渐取代以私塾为主体的传统教育，成为乡村教育的主体"[③]，这就使传统家庭教育形式发生了变化。再次，出国留学成为家庭教育的新形式。近代以来，国人出国留学的主张最早是由留学美国耶鲁大学的容闳提出，在为曾国藩采纳后开始具体实施，最初的做法是选派幼童出国学习西方先进的科学技术，即"学习军政、船政、步算、制造诸学……使西人擅长之技中国皆能谙悉，然后可以渐图自强"，留学目的地多为美国、欧洲、日本，学成归国后效力。张之洞还在《劝学篇·游学》中专门讲述了出国游学的重要性[④]，他还在家书中鼓励留学日本的儿子努力学习军事，以为时用，后来他的孙子张厚琨还作为他主政的湖北籍的留学生之一也去了日本留学。尽管留学在当时只发生在极少数家庭，但这毕竟开了后世外国求学浪潮的先声，从家庭教育的角度来看，是前所未有的家庭教育形式。

---

① 中国史学会主编：《中国近代史资料丛刊—戊戌变法》，神州国光社1953年版，第75页。

② 郑观应：《郑观应集》（下册），上海人民出版社1988年版，第264—265页。

③ 陈学恂、田正平：《中国教育史研究》（近代分卷），华东师范大学出版社2009年版，第145页。

④ ［清］张之洞：《劝学篇》，冯天喻、姜海龙译注，中华书局2016年版，第179—188页。

（三）家教诉求的变化。受社会变革的影响，具有强烈责任心的文人士大夫的家教充满了对国家前途命运的关切，在家庭教育中倡导子弟学以致用，把学习的目的和国家的前途命运紧密的结合起来，教导子弟成为国家有用之人，充满了爱国主义的情怀。李鸿章就对传统家庭教育之目的进行了反思，他说："吾国家族伦理，父子间但重孝养，故谚有养儿防老之说。西洋各国人重自立，养老自有储蓄，而对于教育，则有不可不尽之义务。故其人皆有学识，少家累。故能尽力于地方邦国，非不必养亲也，盖托生之社会国家，较二亲为尤重也。且人能自养，无须待养于子孙也。世界各国，成年自二十岁至二十五岁，各国不同……吾国则以五代同堂为美事，有祖父子孙曾，即年长成材，亦不得为户主，于地方国家毫无关系。是徒增家累，减国力，乌能适宜于此竞争之世乎？"①李鸿章认为西方人所学都讲求实用，这是其强于中国的原因，他以此来教育子弟，希望他们不要因循守旧，要学以致用："西人学求实济，无论为士、为工、为兵，无不入塾读书，共明其理，习见其器，躬亲其事，各致其心思巧力，递相师受，期于月异而岁不同"②。李鸿章长期从事外交工作，对外交过程中因言语不通而带来的外交不利有切肤之痛，本着学以致用的目的，他还鼓励子弟和亲属学习外语，他说："吾儿待国学稍有成就，可来申学习西文。余未读蟹行文字，每与外人交涉，颇感困难，吾儿他日当尽力研求之。"③勉励其子在学好国学的基础上兼学外语以济时用。曾国藩之子曾纪泽也正是通过学习外语而成为外交官的，且为清廷的外交工作做出过重要贡献。自鸦片战争以来，中国屡遭列强欺凌，在与列强抗争的过程中"器不如人"使得清廷屡战屡败，以至于丧权辱国割地赔款，作为洋务运动领袖人物之一的张之洞对国家军事落后所带来的外辱深恶痛绝，毅然令其子去日本学习军事以报效国家，他在给其子的信中说："方今国是扰攘，外寇纷来，边境屡失，腹地亦危，振兴之道，第

---

① ［清］李鸿章：《谕玉侄》，载于《清代四名人家书》，《近代中国史料丛刊》第63辑第624册，第144页。

② ［清］李鸿章：《示文儿》，载于《清代四名人家书》，《近代中国史料丛刊》第63辑第624册，第174页。

③ ［清］李鸿章：《谕文儿》，载于《清代四名人家书》，《近代中国史料丛刊》第63辑第624册，第164页。

一即在治国。治国之道不一，而练兵实为首端。”[①]他在家书中强调“国家正在用武之秋”，必须努力学习严以律己，“养成一军人资格”[②]。再如，郑观应是晚清著名的维新派人士，他以发展实业为己任，主张改革变法图强，培养实用人才，提倡教育应该养成专精一技一艺之实用人才，由于他较多地接触西方文化，所以他的家庭教育还主张学习西方家庭教育理念，从家庭开始培养子女的自主、自立意识，变革过往的严重依赖家庭的教育理念，他把这种认识贯彻到自己的家庭教育中，要求子弟要学切实技艺：“一切学问博览兼收，未免扞格不通，难探其奥。且天下之事，大抵不同。善耕者不必善织，能读者不必能商。但求一艺之精，可为世用，足矣。”[③]他还把这种家庭教育与世运联系起来，认为在优胜劣汰的丛林时代，唯有专精一技，才能不被社会淘汰，他说：“处二十世纪竞存之世界，优胜劣汰，即孜孜惟日，犹恐力有不逮，陷于旋涡而谓自暴自弃，一艺无成，而欲不受天演之淘汰，断乎其难免也。”[④]郑观应效仿西方家庭教育子弟自立的做法，在子弟学业达到一定水平或年龄达到一定的界限后，不再为子女提供生活资助以使其自立：“我知二十世纪觅食维艰，故定家规，甚望我子孙各精一艺，凡子孙读书毕业后及二十一岁后不愿入专门学堂读书者，应令自谋生路，父母不再资助，徇西例也。”[⑤]这种家庭教育理念是对清末以来讲求实际、不尚空谈的社会教育理念的具体实践。

① ［清］张之洞：《致儿子书》，载于《清代四名人家书》，《近代中国史料丛刊》第63辑第624册，第133—134页。

② ［清］张之洞：《致儿子书》，载于《清代四名人家书》，《近代中国史料丛刊》第63辑第624册，第133—134页。

③ 郑观应：《郑观应集》（下册），上海人民出版社1988年版，第203页。

④ 郑观应：《郑观应集》（下册），上海人民出版社1988年版，第1496页。

⑤ 郑观应：《郑观应集》（下册），上海人民出版社1988年版，第1487页。

第二章　儒家家庭教育思想的理论起点

天人关系塑造着传统中国人的世界观、人生观、价值观。人对自我与外在世界的认识构成了人对自身价值确认的根源，中国文化也是在对人与外在世界的认识深化过程中展示出自身独特的价值追求。春秋已降，“中国文化在事实上已经将天地境域作为终极境域，作为意义之源”①，这种倾向在儒家思想中尤为突出，以至于学者认为“天人关系的界定，可以视为儒家价值体系的逻辑起点。”②而儒家关于天人关系的认识集中到一点就是“天人合一”学说，任何涉及儒家思想文化的研究都不能不对此做出相应的回应。所以，对儒家家庭教育思想的研究也要以此为基点。此外，儒家人性学说也是其诸多理论言说的原点，儒家关于人能否受教及如何使受教者更好地完善自我的理念都是以人性学说及相关理念为基础的。

第一节　儒家天人关系中的人

儒家倡导“天人合一”，认为人类社会的运行应该效法天地自然之道，实现天人之间的协调与和合，具体则为“天道展开、表现为人道，人道实现、完善天道，人的德性是人具有的天性，人的完善则是对天道本体伦理精神的复归。”③儒家天人关系思想是从本体论的角度对人的教育问题等进行解答时必须要直面的本源性问题，它构成了儒家家庭教育的重要基础理论。

---

① 李清良：《中国阐释学》，湖南师范大学出版社2001年版，第89页。

② 杨国荣：《善的历程：儒家价值体系研究》，华东师范大学出版社2009年版，第3页。

③ 张怀承：《论天人合德与道德价值的定位》，《伦理学研究》2002年第2期。

一、天人合一与人的属性

儒家家庭教育文本中有大量体现天道与人道关系的思想，即把人伦道德和自身行为处事方式的依据追溯至天，为人自身的行为提供价值动力之源。天之属性不同，人就要相应地报以不同的行为处世方式。

（一）神圣之天中的人

上古时代人神杂糅，人们对自我主体性的认识还处于愚昧的阶段，在人们的思想中，天是至高无上和绝对意志的代表，是人格化的神。这种观念早在夏商时期就已经产生，但这一时期并没有“天”的概念，更多地是用“帝”、“上帝”、“命”来指称。郭沫若先生就曾指出：“殷时代是已经有至上神的观念的，起初称为‘帝’，后来称为‘上帝’，大约在殷周之际的时候又称为‘天’……由《卜辞》看来可知殷人的至上神是有意志的一种人格神，上帝能够命令，上帝有好恶，一切天时上的风雨晦冥，人事上的吉凶祸福，如年岁的丰啬，战争的胜败，城邑的建筑，官吏的黜陟，都是由天所主宰。”①这一评价基本上概括了神圣之天的特性：具有主宰社会人事中的一切事物的能力。在这种认识中，“神圣之天”其实是宗教之天，是把天看作为“人格化的至上神”。在这样的理念之下，包括政治活动在内的一切人事活动都要服从于“天”的意志。在夏商时期，通过“巫”来实现人与“天”的沟通，并通过占卜等宗教化的仪式来知晓天意，从而规划人事。天主宰一切，人受到这一绝对外在力量的制约，只能在其限度内从事有限的活动，尽管这种活动本身也具有一定的自主性，但是人事活动在本质上是不能逾越这一外在力量的界限。周以后“神圣之天”则更多地被“命”这一范畴来解释，用来表达人对客观力量的不可超越和必然遵从：“天的超验化，便表现为命，事实上，天与命常常合称为天命。”②儒家思想以承继周文化为主要特点，孔子讲：“郁郁乎文哉，吾从周”，但周文化也是在“损益”夏商文化的基础上发展起来的，正所谓“殷因于夏礼，所损益可知也；周因于殷礼，所损益可知也”。起源、发展于三代时期的“帝”、“天”、“命”等标识人

① 郭沫若：《先秦天道观之进展》，载于《青铜时代》，科学出版社1960年版，第9页。

② 杨国荣：《善的历程：儒家价值体系研究》，华东师范大学出版社2009年版，第19—20页。

对自身与外在世界认识的理念也自然而然地成为了儒家思想中表达对社会人事关照的基本理念。

在神圣之天中,同天的不可抗拒一样,“命”也有不以人的意志为转移的客观性的特点:当“命”这一概念与人的生存境遇相联系时,就意味着人对自身以外的不可抗拒的必然性事物的无可奈何,所谓“死生有命,富贵在天”,表达的正是个人际遇在天命面前的绝对顺从。儒家创始人孔子继承了三代的天命观,他认为“唯天为大”,天是至高至大的象征,“天命”不可抗拒,“天的命令体现着天的意志,天通过天命,主宰着自然、社会以及个人的一切”①。他说:“天之将丧斯文也,后死者不得与于斯文也。天之未丧斯文也,匡人其如予何!”认为文化的兴衰与个人的安危,都是由天所决定,是不为人力改变的。孔子的得意门生颜渊死后,孔子悲痛之情溢于言表,感叹:“天丧予!天丧予”,将失去爱徒看作是天要灭亡自己的征兆。弟子冉伯牛将死之际,孔子亦言:“亡之,命矣夫”,把冉伯牛的离去看作是不可违逆的天命所为。当公伯寮在季孙面前诋毁子路,子服景伯把这事告知孔子之后,他则说道:“道之将行也与,命也;道之将废也与,命也。公伯寮其如命何!”认为大道如果能实行的话,大概是天命使然,而大道如果被废弃的话,也是天命使然,公伯寮的诋毁相对于天命而言微不足道,只有天命才能最终决定大道是否流行周布。

正是因为天命的不可抗拒,所以孔子还主张“畏天命”,他讲:“君子有三畏:畏天命,畏大人,畏圣人之言。小人不知天命而不畏也,狎大人,侮圣人之言”,孔子认为谦谦君子和戚戚小人之差别就在于能否敬畏天命,君子因能敬畏天命所以“戒慎恐惧”(朱熹语),才能处处虚己待人,知有所为而有所不为,小人则与之相反,暴乱狂妄无所不为,终害人害己。与此同时,孔子并不主张消极对待人力所不能抗拒的天及由此而来的个人之“命”,主张人应该主动去“知天命”以为人事,他讲“不知命,无以为君子”,君子就要了解认识天命,在顺应天命的同时做到“敬鬼神而远之”,关注现实人生,致力于人事。这是儒家不成其为宗教的一个重要原因。孔子自言“五十而知天命”,认为自己在五十岁的时候明晓了天命运行的道理,而他此后周游列国,致力于改造社会的努

① 朱俊义:《孔子天命鬼神思想研究》,中华书局2015年版,第235页。

力，不能说与他在人生命运问题上的豁达无关。

孟子也认同"天命"在人事方面的主宰作用。《中庸》认为："大德必得其位，必得其禄，必得其名，必得其寿"，而之所以不能"得其位"、"得其禄"、"得其命"，在孟子看来，正是因为"天命"使然。孔子誉有"至圣先师"之称，一生却四处周游，甚至被视为"丧家之犬"，在孟子看来亦是天命所致。孟子讲"天命"之不可违，他在谈到三代行禅让而禹传国于其子的问题时说："舜、禹、益相去久远，其子之贤不肖，皆天也，非人力之所能为也。莫之为而为者，天也；莫之致而至者，命也。"①这句话是说，"舜、禹、益之间相距时间的长短，以及他们儿子品德的好坏，都是天意，不是人力所能做到的。没有人做，却做到了，这叫做天；没有人给，却得到了，这叫做命。从这一意义上看，天和命是同一个意思，特指那种'非人力所能为'，即不是人的主观努力所能决定的情况。"②孟子在同其弟子万章在探讨孔子在卫国和齐国期间，到底居住于何处的问题时也表达了类似的观点。孟子坚持孔子在卫国时是住在颜雠家中而不是世传的痈疽家中，因为颜雠之妻和子路之妻是姊妹关系，也正是因为这个关系孔子才住到颜雠家中的，而颜雠之所以接纳孔子，则是因为在他看来孔子只要住到自己家中就能得到卫国君主的青睐，就能担任卫国的卿大夫，而孔子却不以为然，在孔子看来能否出任卫国国卿则不是人力所能为的，是由"天命"所主宰的。孟子认为这符合孔子的行事原则，他说："孔子进以礼，退以义，得之不得曰有命。而主痈疽与侍人瘠环，是无义无命也。"③认为孔子能否得到卫君的任用属于"天命"的范畴，而如果孔子居住在痈疽或瘠环家中，那就既无义也无命了，即是对二者的背叛。孟子还曾讲过："求之有道，得之有命，是求无益于得也，求在外者也。"④认为有些东西是可以通过努力求取的，但能不能最终得到则取决于"天命"的安排，因为这些东西不是人本来就有的，所以人的求取在本质上并非有助于得到，这也表明了"命是由身外各种条件构成的，不是人本身的东西"，所以命有不以人的意志为转移的特点，人只有顺应"天命"的

① 杨伯峻：《孟子译注 · 万章上》，中华书局 2015 年版，第 241 页。
② 杨泽波：《孟子评传》，南京大学出版社 2011 年版，第 218 页。
③ 杨伯峻：《孟子译注 · 万章上》，中华书局 2015 年版，第 247 页。
④ 杨伯峻：《孟子译注 · 尽心上》，中华书局 2015 年版，第 331 页。

安排,才能得到应有的东西。

尽管儒家的“天命观”中天命不可违、不可逆,但儒家在“损益”三代“天命”思想的过程中提出了“修身以俟命”的理念,主张人在知晓“命运”之不可抗拒的同时,发挥主观能动性,修养自我,提升生命的价值,这就是儒家的安身立命之说,是儒家对个体价值的积极张扬。安身就是“修养好自己的身心,尽到自己最大的努力”①,立命就是“俟命,就是等待命运的安排,成功了则好,不成功也不怨天尤人。”②儒家借天道天理言人道人事的这种特质,在传统家庭教育中不乏其例,如《袁氏世范》之“戒货假药”一节,就是借神圣之天来说明“积善之家必有余庆,积不善之家必有余殃”的道理。在袁采看来,天地之间人为贵,残害人的生命就是伤天害理,他劝人不可妄杀生命,即使飞禽走兽亦不可:“寻常误杀一飞禽走兽犹有果报,况万物之中人命最重!”③货卖假药会遭天谴,劝善的意味浓厚。需要强调的是:“儒家思想较少地关注自然之天,而是全力地挖掘、诠释并赋予天作为有意志的最高权威的主宰之天和作为道德本原的伦理之天的内涵,这种权威性、合理性与正当性是不容置疑的……天与人、天道与人道、天性与人性是相类相通的,因而可以达到统一。所以,儒家的天人合一思想是与宗法人伦制度密切联结在一起的,其内涵也非常复杂。”

(二)德性之天中的人

殷周之际,通过革命而获得天下的周王朝在解释自身政权合法性的过程中提出了“皇天无亲,惟德是辅”④的意识形态论说,借以说明天命为何会从垂青殷商而转向小邦周。在周人看来,殷商尽管承受了天命,但后来统治者逐渐腐化无德,故被上天所抛弃,转而将天命授予了有德的小邦周。这种认识标志着人们对诸如“天”、“帝”等至高无上、能对人世社会有主宰作用的外部力量的认识的变化,“德性之天”的认识在这样的变化过程中逐渐显现,这种变化使得“以德配天”逐渐成为对社会人事作解释的理论依据,并逐渐深入社会领

① 杨泽波:《孟子评传》,南京大学出版社 2011 年版,第 222 页。

② 杨泽波:《孟子评传》,南京大学出版社 2011 年版,第 222 页。

③ [宋]袁采:《袁氏世范》,李勤璞校注,上海人民出版社 2017 年版,第 54 页。

④ 《尚书·蔡仲之命》,王世舜、王翠叶译注,中华书局 2012 年版,第 462 页。

域,成为人们价值认知的重要组成部分。这种理论诉求对于儒家思想而言则具有重要意义:“在儒家学派的人生哲学中,天人合一的思想义蕴并非仅仅在于天人一体同构,还在于天命之性内化为人之本性,并通过人之心性得以体现、彰显和发扬。认识天性与天道,使之内而成为人的真知明德,外而化为人的笃实践行,把得之于天而藏之于心的天地之性彰显实现出来,就成为人生鹄的、意义和价值所在。”①从这样的理念出发,儒家把自身追求的道德原则、价值的本原都追溯到天那里。“儒家之贵仁、重人伦等等,则可视为人道原则的具体展开。”②

“天地鬼神之道,皆恶满盈。谦虚冲损,可以免害”③,用神道设教的方式来劝导子弟戒满戒盈。在这种家教理念中,天道被赋予了“皆恶满盈”的德性。而这种理念也是儒家家庭教育的一个重要特点,就是把人世间对善的追求视为本源于天,将天视为人类道德伦理的价值本源和行为处事应该遵循之规范的根由。“孝友根于天性”的理念就是对德性之天的肯定。“积善之家必有余庆,积不善之家必有余殃”④,“人之孝行,根于诚笃,虽繁文末节不至,亦可以动天地、感鬼神。”⑤都是这种致思方式的体现。德性之天也是伦理之天、义理之天,都是把人世间的道德伦理价值期盼诉诸于天或理,把这些价值的本体归结为至高无上的宇宙运行之天道,而人对这些道德价值的遵循就是“则大”,是“本大道以行人道”,就把人世间的一切道德伦理规范都看作是对“天德”的践行。而在儒家那里,“人作为一个整体的存在,其内在最本己的可能性就是躬行仁义——人所禀自于天的理、义规定……人乃赋予其行为之结果以道德的价值。”⑥这种理念早在孔孟以前就已经奠定,至孔孟得以发展完善。

《论语》中记载孔子曾在困境之中感叹:“天生德于予,桓魋其如予何!”认

① 杨信礼:《儒家人生哲学论纲》,《山东社会科学》1992 年第 4 期。

② 杨国荣:《善的历程:儒家价值体系研究》,华东师范大学出版社 2009 年版,第 4 页。

③ [北齐]颜之推:《颜氏家训·止足》,王利器集解,中华书局 1993 年版,第 345 页。

④ 《周易·坤》,杨天才、张善文译注,中华书局 2011 年版,第 39 页。

⑤ [宋]袁采:《袁氏世范》,李勤璞校注,上海人民出版社 2017 年版,第 9 页。

⑥ 李景林:《教养的本原:哲学突破期的儒家心性论》,北京师范大学出版社 2009 年版,第 283 页。

为他的道德来自天赋,是不能为他人所动摇的,体现了他对个人理想信念的坚定自信。《论语注疏》中说:“谓天授我以圣性,德合天地,吉无不利”,这是一种把天看做德性来源的思想方式。从“德性之天”出发,把道德的本体归之于“天”,从而在现实生活中就要“法天”、“则天”、“事天”,这种道德自信表现出来就是无所畏惧的大无畏精神,是对自身行事的高度自信。史料记载:

> 孔子去曹适宋,与弟子习礼大树下。宋司马桓魋欲杀孔子,拔其树。孔子去。弟子曰:“可以速矣。”孔子曰:“天生德于予,桓魋其如予何!”①

孔子在危难关头临危不惧,源自他对自身所行之事的自信,他并没有因为司马桓魋的胁迫而屈服,而是镇定自若,因为在孔子看来自己从事的事业背后有天道作依据,所做所行乃是遵循天道而动,自己并没有做错,所以就不会因外力而改变自己的志向。学者就此指出,“这里的‘生’显然是诞生、生成之义,但从根本上看,孔子所言‘生’不仅是经验世界的生成之生,而且是融合有价值意义的生成之生。孔子将人之‘德’的来源或生成指向‘天’,其实质是说明,‘常道’世界决定着现实的‘德’的具体规定,……由于‘人’是‘善假于物’的经验存在,而‘物’本质上也表现为‘人’之‘物’,所以,孔子说的‘天生德于予’,也可以理解为‘天生德于物’。”②也就是说,作为主体的人都赋有天生的德性。

到了孟子,德性之天的思想得到进一步的发展,孟子在《告子上》中说:

> 仁义礼智,非由外铄我也,我固有之也,弗思耳矣。故曰:“求则得之,舍则失之。”或相倍蓰而无算者,不能尽其才者也。

孟子认为仁、义、礼、智都是天赋于人的德性,只是人们没有深思过而已。人们只要去追求就能得到这些美德,反之就会失去。人与人之间的差距就在于没充分发挥天生德性所致。在《公孙丑上》中,孟子说:“夫仁,天之尊爵也,人之安宅也。”把“仁”看做是天所赋予人的最高德性和人安身立命之本。孟子在《告子上》中进一步指出:

> 有天爵者,有人爵者。仁义忠信,乐善不倦,此天爵也;公卿大夫,此

---

① [汉]司马迁:《史记·卷四十七·孔子世家第十七》,中华书局2000年版,第1548页。

② 荀小泉:《中国传统哲学本体论形态研究》,北京师范大学出版社2013年版,第101页。

人爵也。古之人,修其天爵,而人爵从之。今之人,修其天爵,以要人爵,既得人爵而弃其天爵。则惑之甚者也,终亦必亡而已矣。

孟子明确地将儒家倡导的仁、义、忠、信等人道准则视为天赋的德性(善性),是不假外求内在于人心的,认为人只要依照内心禀赋的德性,乐此不倦地去从事,也就能相应地得到世俗的荣耀。他批评世人本末倒置或舍本逐末的不智之举。他在《告子上》中还说:

耳目之官不思而蔽于物,物交物,则引之而已矣。心之官则思,思则得之,不思则不得也。此天之所与我者,先立乎其大者,则其小者弗能夺也。此为大人而已矣。

这里的天"乃人行之道德法则"①,孟子认为人心的主要功能就是思考,而这种功能是耳目等其他人体组织器官所不具有的,人心能思考就会有所得,这是天赋予人的本能,人只有行仁、义、忠、信的天赋德性,才会有赖以立世的根本,在行善、履善的过程中成为正人君子。

从天赋的德性出发,孔孟对自身肩负的使命表现出了一如既往蹈仁而行的自信和担当,而追究本源,"其高远的抱负和对其行为所具有的深刻的神圣使命感,即本自此替天行道的强烈自我意识。"②前引孔子不畏司马桓魋依然故我的姿态就体现了孔子之担当精神。《孟子·公孙丑下》中也记载了孟子自信和勇于担当的气概。原文说:

孟子去齐。充虞路问曰:"夫子若有不豫色然。前日虞闻诸夫子曰:'君子不怨天,不尤人。'"

曰:"彼一时,此一时也。五百年必有王者兴,其间必有名世者。由周而来,七百有余岁矣。以其数则过矣,以其时考之则可矣。夫天未欲平治天下也,如欲平治天下,当今之世,舍我其谁也?吾何为不豫哉!"

孟子在齐国的处境是养而不用,理想抱负不能付诸实践,使得孟子有些困恼,但他并没有因此而灰心丧气,他的仁政学说不见用,故而要离开他寄希望有可

① 李景林:《教养的本原:哲学突破期的儒家心性论》,北京师范大学出版社 2009 年版,第 281 页。

② 李景林:《教养的本原:哲学突破期的儒家心性论》,北京师范大学出版社 2009 年版,第 281 页。

能实现这一目标的齐国。他的学生对老师离开齐国前的情感变化观察细微，为孟子排解郁闷，孟子的一番说词充满了神秘化或天命论的色彩，但他自信上天若要止息天下的纷乱，实现社会的有序稳定，必然要走向如他的仁政学说所设想的那样。孟子的言语表现了他对体现“天道”之仁政学说的高度自信，也是他强烈的社会责任意识的体现。

在后儒那里，董仲舒和朱熹把儒家的德性之天的思想绝对化，从而在董仲舒那里出现了“天人相副”之说和将“三纲五常”视为天道的绝对化主张，他讲：“王道之三纲，可求于天”①；天是“仁德”的象征：“仁之美者在于天。天，仁也。天覆育万物，既化而生之，有养而成之。”②在董仲舒看来，“天具有仁义礼智信和君臣、父子、夫妇等宗法道德属性……董仲舒把封建宗法伦理道德说成是来源于天的，这不仅为‘三纲五常’制造了先天根据，而且为‘君权神授’奠定了理论基础。”③这是天人合一思想的另一种表达，即把“天封建人伦化”，在董氏那里天也是“按照人类社会的封建伦常关系来塑造”④。而在朱熹那里还出现了“存天理，灭人欲”的主张。朱熹亦认为“所谓天理，复是何物？仁义礼智岂不是天理？君臣、父子、兄弟、夫妇、朋友岂不是天理？”在朱熹看来，“四德”和“五伦”都是自然而然的天理。天理是人心之本然，照着内心所存的天理去做，心地就会公正而无私，而正因为天理未纯、人欲未尽，才使人不能尽其善心而动，恶念不能根除。“德性之天”的理念反映到家庭教育中，就是要求家人把本源于天的人伦道德要求切实践行。如古人教人在家行孝，就把这种行为看做是对天地生养之恩的一种回报：

凡人之不能尽孝道者，请观人之抚育婴孺，其情爱如何，终当自悟。亦犹天地生育之道，所以及人者至广至大，而人之报天地者何在？⑤

天地生人功德何其大，又何曾见人报答上天（这里的天兼具德性之天和人格

① ［汉］董仲舒：《春秋繁露·基义》，张世亮、钟肇鹏、周桂钿译注，中华书局2012年版，第465页。

② ［汉］董仲舒：《春秋繁露·王道通三》，张世亮、钟肇鹏、周桂钿译注，中华书局2012年版，第421页。

③ 姜国柱：《中国认识论史》，武汉大学出版社2008年版，第38页。

④ 王永祥：《董仲舒评传》，南京大学出版社1995年版，第100页。

⑤ ［宋］袁采：《袁氏世范》，李勤璞校注，上海人民出版社2017年版，第10页。

化的天之意蕴)。人只有在家行孝,来回报父母的养育之恩,就是对上天好生之德的回报。

孔子也是主张子女回报父母养育之恩的,而这些理念在后儒的家庭教育中更多地被赋予了“天德”的至高地位。家庭教育倡导要顺应天道、天理,如梁显祖《梁氏家训》云:“人家门祚昌盛,皆由修德砥行,世代相承,故能久而勿替。若为祖父者不能积德行以贻其子孙,为子孙者复不能积德行以继其祖父,未有不立见倾覆者矣……是故欲立光前裕后之业,务为积德累行之修。发一念,行一事,必思天理上无一毫亏欠。稍杂私欲,急遏绝之。”①这种家庭教育思想就是把修德以进业的人生价值奠基于“德性之天”的基础之上,而类似的家庭教育思想素材充斥于历代家庭教育文本。

“德性之天”成了后人劝善的理论依据。“诚者,天之道也;思诚者,人之道也。”②《中庸》也认为唯有“诚”才能实现天人合一。这种行天之诚道的思想,在儒家家庭教育中比比皆是,流传于家庭教育文本中的《孝感传》之类的说教,就是从天的赏善惩恶的特性出发,来劝导世人践行人伦道德,这些故事以“二十四孝”最为典型。这些在今人看起来甚至有些荒诞无稽的故事,却被古人反复不断地传颂,成为家庭教育的题材,其中的一个重要原因就是这些故事大都贯彻着“诚道”精神:一个人只要真诚地敦行人伦就能得到上天的眷顾,就能得到上天的奖赏,就会出现各种各样异乎寻常的感应现象,实现天人的合一。这样看来,传统家教文本中的“孝感动天”其实是“诚感动天”,是德性之天对人事的肯定。如《袁氏世范》中就记载了几例这样的故事:一则为“孙之于祖父当鉴张元”,说的是张元为了治疗祖父的眼疾,昼夜读经祈祷,其至诚之心得到了上天的回应,最终使其祖父眼疾得以痊愈;还有“孙之于祖母当鉴刘商”和“子之于继母当鉴王延”等,说的都是孝子至诚之心感动天地,天地成全孝心的故事。这种“孝感动天”的故事之本质就是劝人在家竭诚尽孝恪守人伦,正所谓“金诚所至金石为开”,通过至诚无息的言行得到德性之天的眷顾。再如蔡襄《福州五戒》中提到的“以畏神理”,沈鲤《垂涕衷言》中谈

① [清]梁显祖:《梁氏家训》。

② 杨伯峻:《孟子译注·离娄上》,中华书局2015年版,第185页。

到的“神佑可延，家声不坠”，张英《聪训斋语》中说道的“庶不为造物鬼神所呵责也”等，都是对德性之天的张扬。

（三）自然之天中的人

自然之天把天看作自然、天然，而非含有德性、义理或绝对意志的人格神，这种天的最大特点就是“真”，也就是用客观实在的一切来论述天的具体内容，把天看作是客观自然规律的表征。《左传·昭公元年》中就说：“天有六气，降生五味，发为五色，征为五声，淫生六疾。六气曰阴、阳、风、雨、晦、明。分为四时，序为五节，过则为。”①《国语·周语》也说：“阳伏而不能出，阴迫而不能烝，于是有地震。”②即是对天作了自然化的解释，用自然界存在的事物间的矛盾运动解释自然现象的运动变化。孔子也说“天何言哉？四时行焉，百物生焉。天何言哉?”这些论述将大自然的现象和周行布施看做是天道运行的表现，认为天有自身运行变化的规律，按此规律四时各自运行，万物自然生长，天没有意志、没有德性，只有自然规律的运行，这是典型的“自然之天”的理念。在儒家思想中将这一理念发扬光大的要属荀子，荀子专门写有《天论》来系统阐述他的“自然之天”。他的天论思想可以概括为“天行有常”、“明于天人之分”、“制天命而用之”三个方面。荀子的“天论”虽然谈的是天道的运行，但是最终的落脚点放在了社会人事之上，认为就像天道有常一样，和睦家庭、治理社会都要遵循一定的规则，对于国家而言“百王之无变”的原则就要沿用，对于家庭而言“父子之亲，夫妇之别”则须严格遵循。

在绝对意志的“天”那里，人世间的福祸安危都与天的意志相关，而荀子则对天作了朴素的唯物主义的阐释，将天看作是自然规律的运行，而人的生活生产祸福安危都在人的掌握之中。他说：

> 天行有常，不为尧存，不为桀亡。应之以治则吉，应之以乱则凶。强本而节用，则天不能贫。养备而动时，则天不能病。修道而不贰，则天不能祸。③

① ［春秋］左丘明：《左传·昭公元年》（中），郭丹、程小青、李彬源译注，中华书局2012年版，第1575页。

② ［春秋］左丘明：《国语·周语上》，上海师范大学古籍整理研究所校点，上海古籍出版社1998年版，第26页。

③ ［战国］荀况：《荀子·天论》（下），王天海校释，上海古籍出版社2005年版，第676页。

荀子认为天道运行的表现是自然规律的周行布施，人的福祸需要人发挥主动性，以积极正确的方式来应对自然就能获得福，以不正当的方式来应对就会得到灾祸。就人类社会生活而言，加强农事、日用有度，天就不能使人陷于贫困；生活规划有序且按时劳作，天就不能使人有病患；按照规律去做、不妄动，天就不能给人带来祸害。否则，“本荒而用侈，则天不能使之富；养略而动罕，则天不能使之全；倍道而妄行，则天不能使之吉。”①农业荒废、日用无度、物资缺乏、行动乖张就会背离人事要求，即便是天也不能使之富裕、生长、获福。

在荀子看来，天人各有其“分”，即天人各有其特性和职能，天之“分”是自在的，是自然界的本来面貌；人之“分”是自为的，即人是具有主观意志和能动性的。他说：“不为而成，无求而得，夫是之谓天职”②，而“天职”③是不会因人为因素而改变自己的运行，“圣人”虽然智虑广大精深，但也不能把自己的所思所虑施诸于“天”，更不做超出于天的职分以外的事。天、地、人各有其能、各有其用：“天有其时，地有其财，人有其治”，彼此间能相互适应、配合，人如果强力地去改变天时和地利，就会陷入悖道而动的愚蠢境地。在荀子看来，自然界中的“列星随旋，日月递照，四时代御，阴阳大化，风雨博施”都是天道自然的调和生养所致，不具有神秘化的色彩，而正是因为人们只能看到自然运行之结果而不明就里，所以天被人们视为神妙离奇，才被冠以“天”的称谓。荀子认为人也是自然界的一部分，是在自然物质基础之上形成发展起来的：“天职既立，天功既成，形具而神生”。人具有自然而然的精神生活、情感变化，荀子将之称为“天情”；人的感觉器官各有用处而不能相互替代，这些是人的与生俱来就有的“天官”；而作为“天君”的人心，就是用来协调五官的。在荀子看来，人应该顺应天时以发挥人的能“治”作用，也就是主观能动性，以此成就万物的生长运行。

在神圣之天那里，人世间的治乱兴衰都是天的意志的体现，而荀子则认为“治乱非天也”④，即认为包括政治现象在内的人类活动不是天的意志所致，他

---

① [战国]荀况：《荀子·天论》(下)，王天海校释，上海古籍出版社2005年版，第676页。
② [战国]荀况：《荀子·天论》(下)，王天海校释，上海古籍出版社2005年版，第676页。
③ [战国]荀况：《荀子·天论》(下)，王天海校释，上海古籍出版社2005年版，第676页。
④ [战国]荀况：《荀子·天论》(下)，王天海校释，上海古籍出版社2005年版，第686页。

认为象征良政善治的圣人之治和表征暴乱无道的桀纣共戴一天、同得地利,用着相同的农时节令,而他们治下的社会却一治一乱,这并非是天、时、地的不同所致。就像天不会因为人厌恶寒冷就废除冬天,地也不会因为人们厌恶辽阔而废除它的广大,人世间的治乱兴衰也不是天所能左右的。他引用《诗经》中的"立礼义之不愆兮,何恤人之言兮?"认为人只要行得正做得端为什么还要惧天?荀子认为天、地、人各有其应该遵循的要求,而天是无意志的,人则不同,人可以发挥主观能动性,去主动适应自然,掌握自然规律以服务于人,即"知天命而用之"。

荀子认为,天有自身运行的规律,地也有自身运行的法则,而做人也应该有一定准则:"君子道其常",从天人关系的角度来看,就是"君子能够认识和遵循天地自然界和社会人事的规律法则"①。人诚意修行,行为举止合乎道德规范、智慧通达,有志于理想的生活,这完全是可以靠自己的意志来实现的。"君子敬其在己者,而不慕其在天者",在努力中每天进步;小人与之相反,舍弃个人的努力而把希望寄托在天的恩赐上,所以在期盼天的恩赐中日渐后退。在荀子看来,"如果放弃人为努力,不积极使自然界为人类服务,那便是错人而思天,即失掉人为而听命于天,那样,便失去万物可以为人类利用的本性(情)。"②荀子说:

> 大天而思之,孰与物畜而制之!从天而颂之,孰与制天命而用之!望时而待之,孰与应时而使之!因物而多之,孰与骋能而化之!思物而物之,孰与理物而勿失之也!愿于物之所以生,孰与有物之所以成!故错人而思天,则失万物之情③。

人能胜天,可以"知天命而用之"。人不应该依赖于天,应从对天的思慕、歌颂、期待等消极被动中走出来,发挥人的主观能动性,掌握自然规律,化被动为主动,就可以使以天为代表的自然万物造福于人的现实生活,使万物为人所用的特性得以施展。

在神圣之天中,各种人们难以理解的自然现象都被视为天对人事的某种

① 孔繁:《荀子评传》,南京大学出版社 2011 年版,第 118 页。
② 孔繁:《荀子评传》,南京大学出版社 2011 年版,第 120 页。
③ [战国]荀况:《荀子·天论》(下),王天海校释,上海古籍出版社 2005 年版,第 694 页。

反应。荀子认为“星坠、木鸣”等自然现象虽不为人们所常见,但也只是天地运行阴阳变化的产物,而日食、月食、陨石以及风雨不调等都是自然界的正常现象,不能将之视为是上天对统治者无道作出的反映。政治的清平与否不是自然天象所能揭示的。荀子不仅不对自然的异常天象做过多神秘化的解读,而且他还一再提醒人们关注人为造成的怪乱现象——“人妖”,他把“枯耕伤稼,耘耨失秽,政险失民。田秽稼恶,籴贵民饥,道路有死人”,“政令不明,举错不时,本事不理”,“礼义不修,内外无别,男女淫乱,父子相疑,上下乖离,寇难并至”等都视为人为造成的怪乱现象,认为这些不良现象的发生就会导致社会的不安定,人们对此应予以更多地关照。荀子从他对天的自然化的理解出发,最终把落脚点放在了人事上,他认为天、人各有其“分”,都要按照各自的规律或规范来行事,而人具有主观意志,可以在认识掌握“天职”的基础上“知天命而用之”,更可以有效地避免由于人为原因造成的社会人事的悖乱,而要做到避免人事的悖乱,就需要遵循一定的要求来治理国和家。而就家庭内部而言,他十分推崇“礼”在家庭生活中的重要性,他说:“故绳者,直之至;衡者,平之至,规矩者,方圆之至;礼者,人道之极也。”①这与他对礼的作用的认识是紧密相连的,他认为:

请问为人子?曰:敬爱而致文。请问为人兄?曰:慈爱而见友。请问为人弟?曰:敬诎而不苟。请问为人夫?曰:致功而不流,致临而有辨。请问为人妻?曰:夫有礼,则柔从听侍,夫无礼,则恐惧而自竦也②。

在荀子看来,家庭内部的夫妻、父子、兄弟关系等的调节都离不开礼的节度。这种理论特质使得荀子的家庭教育思想在纵向的家庭关系上呈现出了“长幼有序”的特色,他说:“少事长,贱事贵,不肖事贤,是天下之通义也。”③认为家庭中的晚辈对于长辈的孝敬恭顺乃是放置于四海而皆准的人道要求,而“幼而不肯事长”④就是给家庭带来灾祸的原因之一。家长要协调好家庭内部的关系:“能以事亲谓之孝,能以事兄为之弟,能以事上谓之顺,能以使下谓之

① [战国]荀况:《荀子·礼论》(下),王天海校释,上海古籍出版社2005年版,第768页。
② [战国]荀况:《荀子·君道》(上),王天海校释,上海古籍出版社2005年版,第532页。
③ [战国]荀况:《荀子·效儒》(上),王天海校释,上海古籍出版社2005年版,第256页。
④ [战国]荀况:《荀子·非相》(上),王天海校释,上海古籍出版社2005年版,第169页。

君。君者，善群也。群道当则万物皆得其宜，六畜皆得其长，群生皆得其命。”①即家长组织协调好家庭内部关系，就能使得家庭生活顺畅，家庭成员都得以按照天性自然成长。

总的来看，荀子的天是自然规律运行的象征，所以他主张“制天命而用之”，“明于天人之分”，但这里的“分”并不是现代意义上“分离”的“分”，而是“职分”的意思，也就是说天和人各有职分，需要按照各自的职责来做好相应的事情，而人道的一个重要方面就是要“知天命而运用”，也就是要掌握自然规律，使自然为人所用，不使万物失其情，实现以人在尊重适应以至于运用自然的层面上的“天人合一”，这正是学者所指出的：“天人相分与合一作为一个统一体，二者并不矛盾。明于天人之分并非将天与人简单区分开，而是了解各自之不同，使二者更好地联系，促进天人合一。”②“在天人关系上，荀子持天人相分的观点……其意即，人为天所生，是天的一部分，人与天原本是合在一起的。无合则无分，无分则人无以为人。”③荀子的家庭关系思想就奠基于这一理论基础之上。

二、天人合德对人的本质规定

儒家的天人关系是从对天、天道、天命的探讨中来解释现实人事的正当与合理，而非是单纯地就天而言天，步入纯粹理论言说的抽象境地。这是儒家坚持理论关注现实、力图改造社会的一贯理论旨趣。在儒家的神圣之天、德性之天、自然之天中，人看似不是问题的核心，但却是问题的落脚点。儒家希望以此来为人道提供形而上的依据，顺应天道成就人道。儒家“天人合一”思想中与人事关系最为密切的就是“天人合德”的理念，正是因为“合德”才使贯通了天道与人道。

（一）天命之谓性

关于人、人性、人之道德从何而来的讨论是儒家天人关系学说的落脚点之

① ［战国］荀况：《荀子·王制》（上），王天海校释，上海古籍出版社 2005 年版，第 380 页。

② 罗安宪：《中国孔学史》，人民出版社 2008 年版，第 216 页。

③ 李亚彬：《道德哲学之维——孟子荀子人性论比较研究》，人民出版社 2007 年版，第 262 页。

一。《周易·乾彖传》说："大哉乾元，万物资始，乃统天。……乾道变化，各正性命。"认为天统领所有事物，万物赖其以生，世间万物都归之于天，象征天的"乾"变动不息，但它规定着事物的正道本性。《系辞上》说："一阴一阳之谓道"，焦循解释为："一阴一阳之谓道；分于道谓之命；形于一之谓性。分道之一，以成一人之性。合万物之性，以为一贯之道。一阴一阳，道之所以不已。"把天地的阴阳变化之道看作是人性、万物之性的本体。《系辞上》还说："继之者善也，成之者性也。"道是天地阴阳变化的规律，承续规律就是善，而能遵道成事则是事物内在的固有本质。《系辞下》说："天地氤氲，万物化醇；男女构精，万物化生。"认为人为天地阴阳之气交融化生而来，进一步说：人之为人自然就由天地所规定，而人性作为人的本质规定，亦来自于天地。由此可以得出"天人合一"是说人为天所生，人与天浑然一体，天的运行规律是人道的依据，天之所命就是人性的规定，人性受命于天道。

《论语》中说："夫子之言性与天道，不可得而闻"，孔子较少谈论天道和人性之间的关系问题，但这并不是说孔子闭口不谈人性，实际上孔子主张"敬鬼神而远之"，希望人们专注于道德修养，"下学而上达"，通过修养提高德性来上应天命。孔子讲："天生德予于"，认为自己的德受禀于天。"天赋我德"所指的一般意义即是："人类道德是源自于天、与天相通的"①。天生人性也就是天生人之德性，人的道德属性为上天所赋。孟子认为天把四种最基本的道德意识（即"四心"）植入人心中，实现了人和天的参合，他以人之所具有的道德意识为人性，而道德意识又是天赋的，所以人性和道德就都来源于天②。在孟子那里与性相关的"心"及其职能也是来自于天赋，即他讲的："心之官则思……此天之所与我者"③，这被视为是儒家心性之学的开端。如学者指出："天人相通的观念，发端于孟子……天人相通的学说，认为天之根本性德，即含于人之心性之中；天道与人道，实一以贯之。宇宙本根，乃人伦道德之根源；人伦道德，乃宇宙本根之流行发现。本根有道德的意义，而道德亦有宇宙的意

---

①　邵汉明：《儒家哲学智慧》，吉林人民出版社2005年版，第108页。

②　李亚彬：《道德哲学之维——孟子荀子人性论比较研究》，人民出版社2007年版，第261—262页。

③　杨伯峻：《孟子译注·告子上》，中华书局2015年版，第295页。

义。人之所以异于禽兽,即在人之心性与天相通。人是禀受天之性德以为其根本德性的。”①

儒家关于人性禀受于天的理念在《中庸》中得到了明确的说明,《中庸》讲:“天命之谓性,率性之谓道,修道之谓教。”郑玄注曰:“天命,谓天所命生人者也,是谓性命”,并认为人所具有的“五常之性”为天之所生。稍作引申的话就可以看出,《中庸》所言是说人性为天所赋,遵循人的本性就是道,修养这种人性之道就是教育、教化。这一提法明确地将人性问题上升到本体论的层面来,其意义就是“以性作为天的内在化的存在。故人与天有本体的一致;人之为人的目的,乃在于实现性之本体,达到‘天人合一’、‘与天地参’的目标”。②《郭店楚简·性自命出》所表达的深意与前引《中庸》的内容最为接近,其中说道:“性自命出,命自天降”,还说道:“四海之内其性一也。其用心各异,教使然也……道者,群物之道,凡道,心术为主……教,所以生德于中者也。”可见前引《中庸》的说法基本上隐括了《性自命出》的内容,足见二者在思想脉络上的一致,单纯地从天人关系的角度来看,都肯定人性为天所赋,这是儒家性命之学的核心理念之一。

人性受命于天的理念亦为后儒所继承,成为儒家解释关于人的本质问题的立论之源,并以此为基础展开相关的理论建构。如董仲舒认为:“道之大源出于天”③,“仁义制度之数,尽取之天”④,是说人类社会运行的法则源自于天,人事活动所遵循的道德理念亦悉数来自于天。朱熹也认为:“性者,人物之所以禀受乎天地……自其理而言之,则天以是理命乎人物谓之命,而人物受是于天谓之性。”作为理学家的朱熹还将“天命之谓性”解释为:“性即理也,天以阴阳五行化生万物,气以成形,而理亦禀焉,犹命令也。于是人物之生,因各得其所赋之理,以为健顺五常之德,所谓性也”。朱熹还在他的家庭教育文本《小学·立教》中说:“子思子曰,天命之谓性,率性之谓道,修道之谓教。则天

---

① 张岱年:《中国哲学大纲》,中国社会科学出版社1982年版,第173页。

② 成中英:《论中西哲学精神》,东方出版中心1996年版,第156页。

③ [汉]班固:《汉书·卷五十六·董仲舒传二十六》,中华书局2000年版,第1915页。

④ [汉]董仲舒:《春秋繁露·基义》,张世亮、钟肇鹏、周桂钿译注,中华书局2012年版,第465页。

明,遵圣法,述此篇,俾为师者知所以教,而弟子知所以学。”虽然朱熹对人性以及人性之善恶的解释充满了道学气息,但他从天人关系的角度出发,来论述他的“性—道—教”之家庭教育的合理性。

(二)以德配天

从“天命之谓性”开始,儒家认为人道应效法天道,而对于以道德立论的儒家来说,“以德配天”无疑是对人道和天道相贯通的最好说明。这种思想倾向在《周易》当中就已经显现。《周易》说:“天行健,君子以自强不息;地势坤,君子以厚德载物。”天道的劲健刚强指示君子要自强不息,地道的“随顺安分”寓意着君子要包容承载万物。《易传·乾·文言》言“乾德”(即天德)有四:“元、亨、利、贞”,四德具体所指则为:“‘元’者,善之长也。‘亨’者,嘉之会也。‘利’者,‘义’之和也。‘贞’者,事之干也。”①这是说元德是众善之首,亨德是美的集合,利德是适宜相应,贞德是做事的根本,即把天的道德价值分为善、美、义、正②。《文言》在谈过乾德(天德)之后,紧接着就谈到了人所应具有的道德价值:“君子体仁足以长人,嘉会足以合礼,利物足以和义,贞固足以干事。君子行此四德者,故曰:‘乾:元、亨、利、贞。’”这是说君子践行仁德之本,就足以为人们的尊长;结合美的事物就足够可以符合礼义,利人利物就足够可以和同义理,就可以和谐“正义”,坚守正义就能成就事物。正是因为君子能够实践这四种美德,所以才说他们具有谦德(天德)那样的品质③。

《易传》中对“乾德”和君子之德的论说体现的正是“以德配天”理念,而把这种理念贯彻到人事活动中,则最早要数殷周之变以后周的统治者对自身政权合法性的解释。周的统治者逐渐认识到“皇天无亲,惟德是辅”④,认为国家的命运尽管来自于上天,但夏商末代统治者“不敬厥德”以至于“早坠厥命”,终被天所抛弃,并为后起的朝代所取代。史料记载,周初欲迁都洛阳,周公视察完新建的都城后,召公请周公代为上书,向成王劝谏敬德以使天命久长的道理,即所谓“成王在丰,欲宅洛邑,使召公先相宅,作《召诰》。”《尚书·召

① 《周易》,杨天才、张善文译注,中华书局2011年版,第10页。

② 赵馥洁:《中国传统哲学价值论》,人民出版社2009年版,第28页。

③ 《周易》,杨天才、张善文译注,中华书局2011年版,第11页。

④ 《尚书·蔡仲之命》,王世舜、王翠叶译注,中华书局2012年版,第462页。

诰》中有：

我不可不监于有夏，亦不可不监于有殷。我不敢知曰，有夏服天命，惟有历年；我不敢知曰，不其延。惟不敬厥德，乃早坠厥命。我不敢知曰，有殷受天命，惟有历年；我不敢知曰，不其延。惟不敬厥德，乃早坠厥命。今王嗣受厥命，我亦惟兹二国命，嗣若功。

召公认为周应该要以夏商兴亡的历史教训为鉴，正是因为夏商不能敬重德行，以至于丧失从上天那里接受来的大命。所以他希望周成王能够以史为鉴，敬德遵命，修己德以顺受天命。而且，我们从《尚书》中的其它诰命中可以得知，这种观念在周代还被不断地强化，并逐渐发展为“以德配天”的社会理念。这种理念其实是说：“人能够通过自己的行为感应上天，并且是以自己的德性感应上天，这就确定了中国传统文化的天人合一是在道德的基础上的何以，天人之合本质上是合德……天人合德就是说，天与人具有本质上的同一性，这种同一性的实质即人的道德与天的本质有着内在的一致性。”①这正是《诗经·烝民》中说的：“天生烝民，有物有则，民之秉彝，好是懿德”，即认为上天生养了人，并为万物确立了行为的准则，人民就要秉持这种要求，喜好这些美德。

孔孟继承了“以德配天”的思想。孔子主张“则天”，他说：“大哉！尧之为君也。巍巍乎！唯天为大，唯尧则之。荡荡乎！民无能名焉。巍巍乎！其有成功也。焕乎！其有文章。”认为尧之伟岸高大，就在于他能效法至高的天以行人事，并进而建立功业。孔子认为君子三畏之一即为“畏天命”，也就是要敬畏天命，顺应天命。《易传·文言》中的记载也反映了孔子则天合德的思想：“夫大人者，与天地合其德，与日月合其明，与四时合其序，与鬼神合其吉凶，先天下而天弗违，后天而奉天时。”②认为“大人”能够参合天地之德，能够像日月的光辉一样普照大地，治理天下也能顺应四时之节序，而且还具有如神鬼般隐秘幽妙的能力揭示、预知吉凶，正是因为他能行先天之道，故天也不违背他，后于天道而行事，故能顺应天时四序。足见，“大人”之所以为大人就在于他能上顺天意、下应民心，故而才能使民众都遵循他的号令。最能代表孟子

① 唐凯麟，张怀承：《成人与成圣—儒家伦理道德精粹》，湖南大学出版社1999年版，第49页。

② 《周易》，杨天才、张善文译注，中华书局2011年版，第24页。

“天人合德”思想的话是:“尽其心者,知其性也。知其性,则知天矣。存其心,养其性,所以事天也。夭寿不二,修身以俟之,所以立命也。”①从孟子思想的整体出发,这句话潜含的意思是:“心是性的基础,而天又是心的形上根据,心与性与天是一脉相通的:竭尽了人的良心本心,就知晓了人的本性,知晓了人的本性,也就知晓了上天;保持人的良心本心,修养人的本性,以此来事奉上天。”②此外,在孟子看来仁、义、忠、信都是“天爵”的具体内容,也就是天德的本然要求,所以孟子要求人们“修其天爵”,即效法天所具有的仁义忠信的道德价值。

《中庸》明确提出了天道(天德)和人道(人德)相参合的问题。《中庸》讲:“诚者,天之道也;诚之者,人之道也。”认为真诚是天上的原则,而作为人就要去不懈努力地去实践真诚。《中庸》还说:“唯天下至诚,为能尽其性;能尽其性,则能尽人之性;能尽人之性,则能尽物之性;能尽物之性,则可以赞天地之化育;可以赞天地之化育,则可以与天地参矣。”这句话是说,只有天下最为真诚的人,才能充分发挥它的本性,以至于令众人发挥其本性,令万物发挥其本性,就可以帮助天地化育生命,就可以与天地相参合。“唯天下至诚,为能经纶天下之大经,理天下之大本,知天地之化育”。认为天下最真诚的人才能掌握治理天下的大纲,树立天下的根本道德,知晓天地化育万物的道理③。可见,《中庸》提倡的“天人合德”其实是天人合于“诚”,“诚”是天德原则,而人按照“诚”的要求去做就是实现人道。

后世儒家把这种观念也引入到家庭教育领域来,为家庭教育做了形而上的本体论证。以“孝”为例,儒家就把“孝”看做是人效法天德的具体要求。《孝经》中就说:“孝,莫大于严父。严父,莫大于配天。”后世思想家继承了这样的理念,以此来阐述有关的家庭教育思想。如司马光在《家范》中说:

> 天者万物之父也。父之命子不敢逆,君之言臣不敢违。父曰前,子不敢不前;父曰止,子不敢不止,臣之于君亦然。故违君之言,臣不顺也;逆父之命,子不孝也。不顺不孝者,人得而刑之;顺且孝者,人得而赏之。违

① 杨伯峻:《孟子译注·尽心上》,中华书局2015年版,第331页。

② 杨泽波:《孟子评传》,南京大学出版社2011年版,第220页。

③ 《大学·中庸》,王国轩译注,中华书局2015年版,第134页。

天之命者，天得而刑之；顺天之命者，天得而赏之。

把伦常道德归之于天，而把人事的行为实践所应遵循的原则都看作是天道的体现，天是明赏罚知善恶的，能遵天道以行人道就能获得福佑。具体到家庭伦理，为人子者就一定要行孝道，为人臣者则要顺于君主，这正是天之道对人之行的要求，天至高无上，所以，行孝尽忠就绝对必要。司马光在《居家杂仪》中还说：

凡诸卑幼，事无大小，无得专行。必咨禀于家长。易曰，家人有严君焉，父母之谓也。安有严君在上而其下敢直行自恣不顾者乎。虽非父母，当时为家长者，亦当咨禀而行之。则号令出于一人，家政始可得而治矣。

司马光的天人关系中有对天的绝对尊崇，在他那里德性之天甚至也是人格化的神，人事的一切都在天的省察之下，善的会得到天的奖赏，恶的会得到天的惩罚，人事一定要按照天的意愿行事，须臾不可违背。从这样的天人关系论出发，他就十分推崇作为“仁之本与”的“孝”，将之视为人道的根本，要求子弟务必要奉行，不但要奉行，还要在家长有过失的时候不厌其烦地加以规劝，且方式还要温婉和悦，更不能心生埋怨，而父母对于“未敬未孝”之子妇如若可教则教之，不可教则就要“怒之”（假以颜色），如果“不可怒，然后笞之”，乃至于“子放妇出”。这与其“违天之命者，天得而刑之；顺天之命者，天得而赏之”，奉天之道以行人道的思想是一致的。

（三）仁者，人也

在儒家看来，大道为仁，人之为人就是因为人具有道德属性，尽管儒家也承认人的社会性，但在儒家那里人的社会性是涵融在道德性之中的，或者道德性本身就已经内含了人的社会性。“仁者，人也”①，仁作为儒家的全德之称，是至德的象征，而人之所以为人就在于人能体仁、行仁。儒家“人禽之辨”说的正是道德对于人之为人的重要意义，正是在人禽之分的讨论中彰显人之特性。

孔子从人和禽兽相区别的角度来论证人应该积极入世，投身于社会改造的历史潮流。在“子路问津于长沮、桀溺”一章中，长沮、桀溺作为隐士与世无

① 《大学·中庸》，王国轩译注，中华书局2015年版，第95页。

争,选择归隐山林与鸟兽为伴,他们劝前来问路的子路,要他跟随他们一起归隐山林。子路把这些谈话内容告诉孔子后,孔子感叹道:“鸟兽不可与同群,吾非斯人之徒与而谁与?天下有道,丘不与易也。”①他从人不应当像禽兽那样只知存活自己而不能经世济用去改变无道的世界的角度,来说明自己在无道的世界里虽然屡屡不得志,但不应该因此而废弃了人之为人的主观能动性和担负的社会道义。动物可以随遇而安,但人决不能对周围的事物表示漠不关心,这是人与禽兽相区别的地方。

孔子在谈到最重要的家庭美德——“孝”时,也从人和禽兽相区别的角度来加以界定,《论语》记载:

> 子游问孝。子曰:“今之孝者,是谓能养,至于犬马,皆能有养;不敬,何以别乎?”

子游向孔子请教孝,孔子认为孝并不仅仅是指“养”,因为就连属于禽兽之类的犬马都能做到养,而对人而言若不存有敬奉之心,就不能区分人和动物行为的差别。孔子从人和犬马相区别的角度来论证亲子关系中的“孝”不应该是简单地奉养,而应该把“敬”作为奉养双亲的主要原则,这就是后代家庭伦理“孝敬”的来源。后儒们继承了这种思想取向,如:“养可能也,敬为难;敬可能也,安为难;安可能也,卒为难。”②这样的理念也成为儒家家庭教育的基本要求,司马光就在其《训子孙文》中要求子弟“凡人事父母,乐其心不违其志,乐其耳目,安其寝处,以其饮食忠养之。”在宣扬儒家家庭伦理道德的“二十四孝”的故事中有一个“涤亲溺器”的故事,说的是:“宋黄庭坚,元符中为太史,性至孝。身虽贵显,奉母尽诚。每夕,亲自为母涤溺器,未尝一刻不供子职。”③黄庭坚这种奉养母亲的方式超越了简单地衣食供养,他的日复一日的坚持则正是发自内省的真诚孝敬之心,他所践行着的正是儒家“敬养”的家庭伦理理念,这也是该故事为后世家庭教育传颂的原因所在。后世家教主张在亲子关系上,作为子的一方要“敬养”双亲,而这正是人和禽兽之所以根本不

---

① 杨伯峻:《论语译注·微子》,中华书局2016年版,第270页。

② 《礼记正义·祭义》,[汉]郑玄注,[唐]孔颖达正义,吕友仁整理,上海古籍出版社2008年版,第1844页。

③ 《孝经·二十四孝》,喻岳衡、喻涵注译,岳麓书社2012年版,第96页。

同的地方。邵雍在《诫子吟》中讲“鸡能警旦,马能代行。犬能守御,牛能力耕。人禀天地,万物之灵。妒贤嫉能,不如不生。”也是继承了从人禽之别的角度来强调人应该具有的道德属性,只不过邵雍则将这种道德性作了更为宽泛的理解。孟子认为:“人之有道也,饱食暖衣,逸居而无教,则近于禽兽”①,人在吃饱喝足之后如若不接受教育,就混同于动物之列,而人应该受的教育的内容则是:“教以人伦:父子有亲,君臣有义,夫妇有别,长幼有序,朋友有信。”②人之为人就在于人能遵行人伦,以道德性来论说人之高贵成为了儒家的传统。儒家之学在本质上是人学,是协调人际关系之学,是关于为人处世之道授受的学问。儒家通过对现实人生问题的积极关照,为人的生活、处世提供理论的指导。

从先秦儒家伊始,“仁”就成为了儒学关注的核心。《周易》说:“天地之大德曰生。圣人之大宝曰位,何以守位曰仁,何以聚人曰财。”把生看作是天地之大德,而保守天地之德的关键在于仁,生生就是仁。“仁”就成为了儒家道德学说的核心。“天,仁也。天抚育万物,既化而生之,有养而成之,事功无已。”天具有生生化育万物的仁德,而人遵循天之仁德自然就要行“仁”、践“仁”、履“仁”、韬“仁。儒家将“仁”视为协调包括家庭关系在内的各种人际关系的核心原则,这种格局在孔子那里就已经奠定:“‘仁’是孔子‘道德’本体哲学的核心”③。儒家对于“仁”的重视,以至于将人与“仁”相等同:“仁者,人也,亲亲为大。”④儒家的“仁学”也就是“人学”的代名词,把“仁”看作是人的主要标志,而“成人”,则就意味着人通过自觉的道德践履实践“仁”的要求。

《论语》中记载樊迟向孔子请教有关“仁”的问题,孔子回答:“爱人”,“爱人”即是要求普遍地爱人:“孔丘认为,‘爱’是‘仁’的主要内容。”⑤而儒家的“爱人”则一开始就要求从爱家人、亲人为起点,所谓“泛爱众,而亲仁”,说的是要由近及远地去爱人,从家人开始以至于他人。是故《孝经》认为:“不爱其

① 杨伯峻:《孟子译注·滕文公上》,中华书局2015年版,第132页。
② 杨伯峻:《孟子译注·滕文公上》,中华书局2015年版,第132页。
③ 苟小泉:《中国传统哲学本体论形态研究》,北京师范大学出版社2013年版,第103页。
④ 《大学·中庸》,王国轩译注,中华书局2015年版,第95页。
⑤ 冯友兰:《中国哲学史新编》(第1册),人民出版社1982年版,第131、134页。

亲而爱他人者,谓之悖德;不敬其亲而敬他人者,谓之悖礼。”一个人如果违背了爱敬自亲始的原则,就是悖逆了人之为人的基本道德要求。孟子承继了孔子的思想并有所推进。在孟子那里,“仁”是父子人伦的天生应有之义,他讲:“仁之于父子也,义之于君臣也,礼之于宾主也,智之于贤者也,圣人之于天道也,命也,有性焉,君子不谓命也。”①孟子认为“命”包含着人的主观所不能左右的因素,而类似于“仁、义、礼、智”则是人先天就有的“性”,是人与生俱来的本能,是可以掌握并加以践履的。“君子学道则爱人”②,学习就是要学习爱人以为人之道。

儒家认为对于家庭而言,行仁莫过于从孝开始,而“孝”则超越了单纯的家庭范围,具有广泛的社会意义:“其为人也孝弟,而好犯上者,鲜矣。不好犯上,而好作乱者,未之有也。君子务本,本立而道生。孝弟也者,其为仁之本与!”③在儒家看来,一个以孝悌为为人之本的人,要他去以下犯上,这样的情况很少见。不好犯上,而去为乱政治,根本就不会发生。君子以重视本业为要,这一点做好了就自然而然地产生“道”,而孝悌则就是仁爱之本。有子的这句话是说孝和忠是可以实现互动的,学者就此指出:“这就是说,孝和忠是统一的,孝悌是宗法社会必然要求人们具备的品德,是联结家族内部关系以及家族与国家关系的情感纽结,因而是‘为仁之本’。”④这样的由家庭到社会的关系正是历史上“求忠臣于孝子之家”的内在逻辑。中国古代家国一体,实行“以孝治天下”,孝敬父母、友爱兄弟的观念,扩展开来自然也就构成了社会治理的稳定性因素。统治者千方百计地在社会范围内倡导“孝”,也正是看到了作为“仁”之本的“孝”连接家庭和社会国家的重要作用。修身、齐家、治国、平天下,从修养提升自身开始进而管理好家庭,再推而广之影响社会风化,最终起到社会治理的效果。这是儒家式的家国治理思路。古代“移孝作忠”,就是看到了忠臣和孝子之间在行为上的一致性,因而通过制度创设实现教化、劝民敦化。

---

① 杨伯峻:《孟子译注·尽心下》,中华书局2015年版,第370页。

② 杨伯峻:《论语译注·阳货》,中华书局2016年版,第254页。

③ 杨伯峻:《论语译注·学而》,中华书局2016年版,第3页。

④ 王路平、宋太庆:《孔子思想与中华民族精神》,《孔子研究》1992年第4期。

在家庭中行“仁”，就要求做到“泛爱众，而亲仁”，“博施济众”，具体就体现为周恤亲族、乐善好施、关爱他人、与人为善、善待家众（封建士大夫家庭中的下人、仆人等）。关于前者，朱柏庐从积德累善的角度论述到：“首先从亲戚始，宗族邻党中，有贫乏孤苦者，量力周给。尝见人之广行施与而不肯一丝一粟援手穷亲，亦倒行逆施矣；次及于交与。”①“幼者稚年，弱者鲜势，人所易欺，则矜之。一有矜悯之心，自随处为之效力矣。鳏寡孤独，王政所先，况乎同族，得于耳闻目击者乎？则恤之。”②这正是“泛爱众，而亲仁”的内在要求，而广泛地施与众人则为认为是“超仁入圣”的事业。子贡曾和孔子讨论行仁的问题，子贡说：“如果能最大程度最大范围地周济人民，应该怎么样？可以称得上是仁吗？”孔子则认为：“这不仅仅是仁！都快是圣的境界了！尧舜都很难做得到（博施济众）！而所谓仁人，就是以爱己之心爱人，以自己想要的而施于人。”

“子贡问曰：有一言而可以终身行之者乎？子曰：其恕乎！己所不欲，勿施于人。”孔子把不要将个人意愿强加于他人看做是实行“仁道”的重要内容。这样的精神在《大学》中就是“絜矩之道”，即“所恶于上，毋以使下。所恶于下，毋以事上。所恶于前，毋以先后。所恶于后，毋以从前。所恶于右，毋以交于左。所恶于左，毋以交于右。”③“夫仁者，己欲立而立人，己欲达而达人”④。儒家家庭教育思想中，从“仁者，人也”的要求出发，还要求在为人处世的过程中做到“忠恕”，也就是“推己及人”，在日常生活中学会推己及人、以情度情，己所不欲勿施于人，不要强迫别人做连自己都不愿意做的事，这样就能使社会和谐、家庭幸福。《论语》中记载儒家创始人孔子一以贯之之道便是“忠恕而已矣”。《中庸》也说：“忠恕违道不远”，认为人能行忠恕便近乎人道了。《说文解字》认为：“恕，仁也。”这样的理论诉求有着重要的意义。周德钧在论述儒家的“忠恕”之道时指出：“孔子认为，在文明社会中，人们之间的互动交往尽管有形式和内容的不同，但无论哪种形式，互动双方都应遵循‘忠恕’之道，

① 王长金：《传统家训思想通论》，吉林人民出版社2005年版，第141页。

② 郭齐家、李茂旭：《中华传世家训经典》（第2卷），人民日报出版社2009年版，第734页。

③ 《大学·中庸》，王国轩译注，中华书局2015年版，第30页。

④ 杨伯峻：《论语译注·述而》，中华书局2016年版，第91页。

具体地讲，就是要遵循以下三项原则：1. 仁爱原则……2. 理解原则……3. 互利原则……仁爱、理解、互利是孔子互动理论的三原则，孔子认为这三个原则是文明社会人际交往的基础，有了这个原则基础，人们无论是在居家生活中，还是在社会活动中，抑或在君臣、君民互动中都会以和谐互利为目的。"①足见，忠恕在儒家为人处世之道中的重要地位，这也难怪后世家庭教育中有大量的要求子弟、家人行忠践恕的说教了。

推己及人的"忠恕之道"是成才立业的重要道德品质。宋代范仲淹教四子俱成才，其诸子都继承了乃父之遗风。《宋史》记载："仲淹谓诸子，范纯仁得其忠，纯礼得其静，纯粹得其略。"②（长子纯佑因病早逝）范纯仁亦说道："吾平生所学，得之忠恕二字，一生用不尽。以至立朝事君，接待僚友，亲睦宗族，未尝须臾离此也。每戒子弟曰：人虽至愚，责人则明；虽有聪明，恕己则昏。苟能以责人之心责己，恕己之心恕人，不患不至圣贤地位也……亲族有请教者，纯仁曰：惟俭可以助廉，惟恕可以成德。"③范氏一门在宋代颇有影响，但其家门以"忠恕"为重要内容的家庭教育理念无疑对家庭成员的成长成才以及族人的教化产生了重要影响，这种影响至今犹存于范氏后人中间。无独有偶，宋代欧阳修喜爱与文学之士交游，并热衷奖掖后进，但也时常被人所负，遇到这样的情况他总是将责任归之于自己，而不抱怨他人。苏轼就此十分钦佩欧阳修，他曾就欧阳修的这种高风亮节说道："欧阳公好士为天下第一。士有一言中于道，不远千里而求之，甚于士之求公。以故尽致天下豪俊，自庸众以显于世者固多矣。然士之负公者亦时有……而其退老于颍水之上，余往见之，则犹论士之贤者，惟恐其不闻于世也。至于负己者，则曰：'是罪在我，非其过也。'……公之士叛公于瞬息俄倾之际……而公罪己，与士益厚，贤于古人远矣。"④

儒家家庭教育在很大程度上是道德教育，而这种教育的核心无疑是

---

① 周德钧：《〈论语〉社会学读解四题》，《孔子研究》1998 年第 4 期。

② ［元］脱脱等：《宋史・卷三百一十四・列传第七十三・范纯仁传》，中华书局 2000 年版，第 8295 页。

③ ［元］脱脱等：《宋史・卷三百一十四・列传第七十三・范纯仁传》，中华书局 2000 年版，第 8295 页。

④ ［宋］苏轼：《经进东坡文集事略・卷五十六・钱塘勤上人诗集叙》。

"仁",相比于其他学派的思想观点,这种教育具有超越性的一面。儒家思想能在中国传统社会居于主流是与它的价值追求分不开的,博施济众推己及人的仁者情怀是其他诸子所不能比拟的。如杨朱思想推崇"贵己"、"重生"、"人人不损一毫"①,认为"生民之不得休息,为四事故:一为寿,二为名,三为位,四为货。"②所主张的都是个人的世俗利益,致社会公义于不顾,儒家思想虽然也注重个人利益、家庭、家族利益,但相比之下,却多了一些超越的因素在里面。这样的价值追求,对于现今的家庭教育而言仍然具有启发意义。

第二节　儒家家庭教育思想的理论基础:人性论

对人性问题的关照在儒家的思想中亦居于基础理论的地位:"人性论旨在探讨人存在于世间的价值根源,同天道论一样,都是根源性的问题。"③人之施教和受教都是建立在对人性问题审视的基础之上的。

一、人性

"无其性不可教训"④,儒家教育思想奠基于人性理论之上。系统而全面的家教文本几乎都是从关于人性问题的探讨来阐释家庭教育理念的,如袁采在《袁氏世范》中解释"父子兄弟不和之根源"时就持这样的看法:袁采把人性的不同看作是父子兄弟不和的本源,一方强求一方与己相合,但事实上的不一致即引发了彼此的不相合,其中重要的原因就在于人性的差异。这样的认识凸显了人性问题在家庭施教过程中的重要性。

(一)性者,生之质也

性有人性和物性之不同,人性是关于人的本质属性的认识,是指"区别于物性而为人所特有的,也是一切人所普遍具有的共同的属性的总和。"⑤自孔

① 杨伯峻:《列子集释·杨朱篇》,中华书局1979年版,第230页。
② 杨伯峻:《列子集释·杨朱篇》,中华书局1979年版,第235页。
③ 罗安宪:《中国孔学史》,人民出版社2008年版,第293页。
④ [汉]刘安:《淮南子·泰族训》,阮青注释,华夏出版社2000年版,第448页。
⑤ 张立文:《中国哲学范畴发展史》(人道篇),中国人民大学出版社1995年版,第475页。

子开始,儒家有了对人性问题的自觉,但孔子并没有过多地就人性作出理论上的界定,所谓“夫子之言性与天道,不可得而闻也”,说的正是孔子对人性的较少论及,朱熹就此言道:“至于性与天道,则夫子罕言之,而学者有不得而闻者。”正是这种“不得而闻”使得孔子之后的儒家在人性问题上观点纷呈。孔子虽然没有对人性是什么作出理论的回答,但孔子认为人性是相近的,人之间的差异只是由于后天的习染不同所致。孔子之后,子思(孔子的孙子)在人性问题上提出了所谓“天命之谓性”的论断,考察《中庸》中所言之天多指自然之天,所以这句话是说性是人生而具有的自然禀赋。孟子承认有“天之所与我者”,且在具体的语境中指的是类似于人之耳听、目视、心思等的自然感官禀赋。孟子也认为有不学而能、不虑而知的“良知良能”,但他并不承认“生之谓性”,认为与生俱来的人之生物本性并不能代表人性。在孟子看来,承认人与生俱来的包括生物本性在内的属性为人性,就如同把表面看来并无差别的事物(实则在本质上不同)视为相同的事物,即是忽略了事物间的特殊性。孟子关于人性的思想,“不是从人的生物本性来看人性,而是把人作为一个类与禽兽相比较来看人性,认为只有把人与禽兽区别开的那些属性,即人之所以为人的那些特征才是人性。”①人之所以为人的规定性只在于人所具有而不为其他事物所有的特性。

先秦儒家中,荀子对人性之为何物的论述较为集中。荀子在《性恶》中认为:“凡性者,天之就也,不可学,不可事”②,“不可学,不可事,而在天者,谓之性”。我们知道,荀子所言的天为自然之天,所以他认为人性是人生来就具有的一系列自然属性总和,是不为后天的环境习染所改变的,目明耳聪都是人天生的自然属性,而礼义法度等所谓的善性是后天人为的,即是“非天性”③,不是人与生具有的。“生之所以然者谓之性”,人生来之本然面貌就是人性,或曰“不事而自然谓之性”。人的利欲之心也是人性:“生而有好利焉”,“生而有耳目之欲”,“饥而欲饱”、“寒而欲暖”、“劳而欲休”都是人性之本然。在荀子看来,人性是所有人都具有的,圣贤与小人并无本质的差别:“凡人之性者,

① 钱逊:《〈孟子〉读本》,中华书局2010年版,第189页。

② [战国]荀况:《荀子·性恶》(下),王天海校释,上海古籍出版社2005年版,第938页。

③ [战国]荀况:《荀子·效儒》(上),王天海校释,上海古籍出版社2005年版,第330页。

尧、舜之与桀、跖，其性一也；君子之于小人，其性一也”，或者说：“圣人之所以同于众其不异于众者，性也”，而之所以有圣贤和小人之别，就在于各自对后天社会伦理道德的习染程度不同（荀子用“伪”来指称后天的社会伦理道德），正是这些后天的习伪才使得人有了贤与不肖之分，圣人能化性、能起伪，小人则不然。这是荀子之所以批评孟子“性善”的原因所在，荀子认为正是人后天的习伪才使得人最终改造了原初的恶性，具备了善性，所谓“生而离其朴，离其资，必失而丧之”，正是后天的习染逐渐使人与原初的本性渐行渐远。“无性则伪之无所加，无伪则性不能自美”。人性的本来特质是纯朴的，而人的后天所为才有了繁复隆盛的礼仪，没有纯朴的人性，礼仪就无法作用于它，而如果没有后天人为的礼仪，人的本性也不会自己完美。荀子看到了人的原始本性中的恶，但更强调后天的习染，所谓“今人之性恶，必将待圣王之治，礼仪之化，然后皆出于治，合于善也”，只有后天的教化才能使人改造恶性而成善，止争息乱，实现社会范围内的有序合理。

董仲舒继承并发展了荀子有关人性的看法。董仲舒是从循名责实的角度首先界定“性”的，他说：“名者性之实，实者性之质”，也就是说名称是用来表示“性”的实际内容，“性”的实际内容就是“性”的本质①，以此为基础来具体展开他对人性的看法。在董仲舒的学说中，人受命于天，人的性命都来源于天，故他认为：“性者，天质之朴也”②，性是天生的“自然之资”。《汉书·董仲舒传》则记为：“性者，生之质也”，性为“生而所自有”，后天的教育习得不能称为性：“教训已非性”③。人性是复杂的，与生俱来的人性则有向善的潜在能力：“有善善恶恶之性”，“使行仁义而羞可耻”，“今善善恶恶，好荣憎恶，非人能自生，此天施之在人者”④。人天生能行仁义、喜善厌恶、好荣憎辱、羞做可耻之事，这都是天赋之人性。人性中既有善质又有恶质，但不是生来就善的，

① ［汉］董仲舒：《春秋繁露》，张世亮，钟肇鹏，周桂钿译注，中华书局 2012 年版，第 387 页。

② ［汉］董仲舒：《春秋繁露·实性》，张世亮、钟肇鹏、周桂钿译注，中华书局 2012 年版，第 389 页。

③ ［汉］董仲舒：《春秋繁露·实性》，张世亮、钟肇鹏、周桂钿译注，中华书局 2012 年版，第 389 页。

④ ［汉］董仲舒：《春秋繁露·竹林》，张世亮、钟肇鹏、周桂钿译注，中华书局 2012 年版，第 62 页。

善质“可养而不可改”①,恶质“可善而不可改”,善是教育的产物和结果:“性待教而善”②。人性和善之间的关系为:“善者,王教之化也。无其质,则王教不能化,无其王教,则质朴不能善。”③善虽然是王教的结果,但没有天生的本质,圣王的教育就无从感化,而没有圣王的教化,本质淳朴的性也不能变为善,即所谓“天生民性有善质而未能善,于是为之立王以善之,此天意也”,从人性出发最终导出了王教的正当合理性,“性待教化而善”与荀子“化性起伪”可以说是一脉相承④,所不同者在于董氏认为人生来具有的质朴之性既具有恶质又具有善质,而荀子则认为人生来不具有善质。

(二)性与情

在儒家人性思想中,与“性”紧密相关的还有“情”,性被认为是人所具有的本质属性,而情则被认为是“人在认识、改造对象、现象时往往由于各种各样的因素而产生的诸如喜怒哀乐等体验”⑤,前者指人的应然属性,后者则指人的情感活动。孔子虽然并没有将性和情作为对应的考察对象,但他在对人性关照之余,也表达了对人情的关注。《论语》中有很多关于人情的论述,如:“有耻且格”,“君子耻其言而过其行”,“唯仁者能好人、能恶人”,“忧道不忧贫”、“哀矜而勿喜”等,这些表述说明孔子已经关注到人情的重要性和人情的作用机制。以《论语》中的“耻”为例,耻感是孔子较为重视的人之情感,在《论语》中有 17 处论及,而综合这些论述就可看出,在孔子那里人之所以能产生羞耻感是因为人“以道德原则规范为标准,检查自身的行为,衡量自身的价值,判断自身的人格的情感活动,而对不及则产生惭愧、懊悔的情感”⑥。足见,孔子已经不自觉地将德性与人之情感联系了起来。儒学史上著名的“孔颜之乐”也是孔子重“情”的重要体现。孟子注意到了人性和人情之间紧密的

① [汉]董仲舒:《春秋繁露·玉杯》,张世亮、钟肇鹏、周桂钿译注,中华书局 2012 年版,第 33 页。

② [汉]董仲舒:《春秋繁露·深察名号》,张世亮、钟肇鹏、周桂钿译注,中华书局 2012 年版,第 381 页。

③ [汉]董仲舒:《春秋繁露·实性》,张世亮、钟肇鹏、周桂钿译注,中华书局 2012 年版,第 389—390 页。

④ [汉]董仲舒:《春秋繁露》,张世亮、钟肇鹏、周桂钿译注,中华书局 2012 年版,第 386 页。

⑤ 张立文:《中国哲学范畴发展史》(人道篇),中国人民大学出版社 1995 年版,第 475 页。

⑥ 张立文:《中国哲学范畴发展史》(人道篇),中国人民大学出版社 1995 年版,第 477 页。

关系,他畅言人性善,把人对家庭的重视和对父母、兄弟手足亲情的成全视为人性的本然,这使得他将父母健在、兄弟和睦视为人世间最快意的事。他说:“君子有三乐,而王天下不与存焉。父母俱存,兄弟无故,一乐也。仰不愧于天,俯不怍于人,二乐也。得天下英才而教育之,三乐也。君子有三乐而王天下不与存焉。”①“乐”是人之情感的流露,孟子所以有此“三乐”,正是因外在事物与内在的道德本心所具有的仁义礼智相契合而发,而这正是源自人不学而能、不虑而知的良心本心。这种性情关系表明孟子是“从主体内心道德情感说明人的本性是善的,与性相对应的道德情感也是善的”,这就意味着“性善情也善”②,也是他所言“乃若其情,则可以为善矣,乃所谓善也”③的深意。孔孟虽然没有过多地关注人性和人情之间的关系,但这一对范畴成为后儒界定人之本质的重要理论工具。

对人之性情作出系统化的理论探讨的当首推荀子。人性和人情是荀子考察人之本质及活动的一对核心范畴,各自具有不同的内涵:“性者,天之就也;情者,性之质也;欲者,情之应也。”④这种性、情、欲之间的关系寓意着:“欲望是由外物刺激而产生的道德情感,道德情感是性的实际内涵,性是自然生成的”⑤,正是因为人情和人性之间的这种关联和差别,使得荀子坚信人性和人情及人欲三者之间具有相向而行的性质,“人满足自己欲望,这是自然的要求,任人的自然本性和情感的发生,便是恶的”,这也正是他主张人性恶的原因所在。他说:“今人之性,饥而欲饱,寒而欲暖,劳而欲休,此人之情性也”⑥,以至于“顺情性则不辞让矣,辞让则悖于情性矣”⑦,道德仁义和人的性情是相悖的。而所谓的家庭伦理也不过是悖人之性情而习伪改造的结果,他说:“夫子之让父,弟之让乎兄;子之代乎父,弟之带乎兄,此二行者,皆反于性而悖于

① 杨伯峻:《孟子译注》,中华书局 2015 年版,第 340 页。

② 葛荣晋:《中国哲学范畴史》,黑龙江人民出版社 1987 年版,第 285 页。

③ 杨伯峻:《孟子译注》,中华书局 2015 年版,第 283 页。

④ [战国]荀况:《荀子·正名》(下),王天海校释,上海古籍出版社 2005 年版,第 915 页。

⑤ 张立文:《中国哲学范畴发展史》(人道篇),中国人民大学出版社 1995 年版,第 481 页。

⑥ [战国]荀况:《荀子·性恶》(下),王天海校释,上海古籍出版社 2005 年版,第 939 页。

⑦ [战国]荀况:《荀子·性恶》(下),王天海校释,上海古籍出版社 2005 年版,第 939 页。

情也。然而孝子之道,礼义之文明也。”①父慈子孝、兄友弟恭等人伦要求在荀子看来是与人的原始性情相反的,因为“每个人都具有贪利和满足情欲的本性,放纵或顺着人的本性和情感,即使是兄弟之间,也会造成争夺”。需要强调的是,荀子虽然看到了家庭伦理与人的性情之间的不一致,但荀子认为顺着人的性情就会导致无休止的争夺以至于暴乱,所以他提出要“化性起伪”,“以扰化人之情性而导之”,使家庭和社会归于有序。

董仲舒是从他的天人感应的学说出发,来论证人性和人情之各自地位和二者关系的。他说:“天之副在乎人,人之情性有由天者矣”②,认为人性和人情都是天赋于人的属性,“身之有性、情也,若天之有阴、阳也;言之有质而无其情,犹言天之阳而无其阴也。”③就如同天有阴阳之分一样,与之相符的人自然也有性有情,人作为性情的统一体,“贪仁之气两在于身”,就如同“天有阴阳之施,身亦有贪仁之性”,两相对应就可以得出“性仁情贪”(葛荣晋语)的结论。把董仲舒的这一主张和他的“性三品”论结合起来看的话,上品之性(即“圣人之性”)的人是“情欲极少,善端相多”者,中品之性(即“中民之性”)是善恶相混者,下品之性(即“斗筲之性”)则为情欲多而善端极少者。当然,在董仲舒看来,性情相混的情况才是可以用来指称人性的。中民之性所具有的“情贪”(在董仲舒的思想中也被名之为“欲”)是可以“教训”、“制度”的,“善,教训之所然也”,具体则是由圣人实施的教化来实现:“天令之谓命,命非圣人不行,质朴之谓性,性非教化不成;人欲之谓情,情非制度不制”,正是通过“受命于天”的圣人之教化,才使得人终以成善④。

董仲舒之后,关于性情关系的讨论成为了一个焦点,《白虎通义·情性》中说:“情性者何谓也?性者阳之施,情者阴之化也。人禀阴阳气而生,故内怀五性(仁、义、礼、智、信)六情(喜、怒、哀、乐、爱、恶)。”刘向则说:“性情相应,性不独善,情不独恶。”这些性情关系思想被唐代韩愈发展为“性情三品

---

① [战国]荀况:《荀子·性恶》(下),王天海校释,上海古籍出版社2005年版,第939页。

② [汉]董仲舒:《春秋繁露·为人者天》,张世亮、钟肇鹏、周桂钿译注,中华书局2012年版,第398页。

③ [汉]董仲舒:《春秋繁露·深察名号》,张世亮、钟肇鹏、周桂钿译注,中华书局2012年版,第380页。

④ 葛荣晋:《中国哲学范畴史》,黑龙江人民出版社1987年版,第288—289页。

论”。韩愈对此问题的讨论集中在他的《原性》中。韩愈说:“性也者,与生俱生也;情也者,接于物而生也。”认为人性是与生俱来的,而人情则是在人与外界事物的接触过程中有感而生。人性分为三品,仁、义、礼、智、信构成了人性的具体内容。人情也分为三品,具体所指则为喜、怒、哀、惧、爱、恶、欲。人性三品既与天赋有关,也与后天习导有关:“上焉者,善焉而已矣;中焉者,可导而上下也;下焉者,恶焉而已矣。”也就是说,上品之性是生来便善的,而中品之性在教育引导下既可成善也可成恶,下品之性天生为恶,后天的作用是无法改变的。上品之性在主导德性(在韩愈的人性学说中为“仁”)的支配下,就能同时具备其它四种品德,就能“主于一而行于四”,在主导品德的支配下其它德性也能得以协调配合。中品之性可善亦可恶,是因为缺少了起主导作用的德性甚至是与之相反,而其他四种品德混杂搭配亦不齐,即所谓:“中焉者之于五也,一不少有焉,则少反焉,其于四也混”,引导有方就会成为上品之性,反之沦落为下品之性。下品之性既没有主导之品德,也违背其他四德,生来就是恶的,后天教习亦不能使之改变。同时,韩愈认为,性与情的关系则由性之品分来定,上品之性所决定的情避免了在流露过程中走向片面和极端,“动而处其中”,中道而行既不过喜亦不过悲;中品之性所决定的情在流露过程中或可能走向一偏,也有隐而不露,但会尽力趋向中道;下品之性所决定的情,或者走向极端,或者全然不露,任情纵性而为。

(三)性二元论

宋儒认为韩愈论性有得当处:“退之说性,祇将仁义礼智来说,便是识见高处”,但也认为:“韩退之《原性》,却将气质做性说了”①。宋儒由此引申出了“天地之性”和“气质之性”的性二元论思想。这一思想形成于张载,在二程那里得以发展,成熟于朱熹②。张载从“太虚即气”的观点出发来解释人性,在他的思想中,“太虚”即气之本然的状态,“气”则为有清浊之分的阴阳二气,世界上的一切事物俱为本然之气和阴阳二气所构成,人和人性亦复如此。人具有“太虚”的本性,这种本性亦叫作“天地之性”(在张载的思想语境中也叫

① [宋]陆九渊:《陆九渊集·卷三十四·语录上》。

② 葛荣晋:《中国哲学范畴史》,黑龙江人民出版社1987年版,第295页。

“天性”、“气之性”、“天道”），但人因禀受之气的不同故使人性有了差异，这种人性名为“气质之性”。“天地之性”是完美无缺、至善的，而“气质之性”或善或恶，是不完美的。人与人之间智识贤愚的差别就在于气质之性的作用：“人之刚柔、缓急、有才不才，气之偏也。”①人禀受的气或得其清、或得其浊，就表现为才能的差异。不完美的“气质之性”就需要“变化”，反本于“天地之性”：“形而后有气质之性，善反之，则天地之性存焉。故气质之性，君子有弗性者焉”②，则是说“气质之性”要返回到“气”的原始状态。人人都具有善的本性，能否返回“天地之性”就决定了人性之善恶：“性于人无不善，系其善反不善反而已”，善返者将终达至善。以张载为代表的理学家对人性二分的认识，较之前儒的人性学说更有益于解释现实问题。学者就指出：“张载把人性分为‘天地之性’与‘气质之性’，不仅说明了为什么一般老百姓与所谓‘圣贤’不同的问题……而且说说明了人们可以通过养性、学习、知礼而‘成性’，即符合‘礼’的要求，‘返本’成圣。”③因而受到后儒的推崇。

程颢、程颐延续了张载关于人性二分的认识，并援“理”入性，认为天就是理，所谓“天者，理也”④，把“理”提高到本体的高度，并认为“性即理也”⑤，将性看作是天理在人身上的表现，这就使得天、理、性具有了齐平的地位，而这些都是善的源头，所谓“天之付与之谓命。禀之在我之谓性，见于事业之谓理。”⑥性也就自然上升到了具有本体意义的高度。在此基础上，二程对“生之谓性”和“天命之性”作了界定。程颐说：“‘生之谓性’与‘天命之谓性’同乎？性字不可一概而论。‘生之谓性’，止训所禀受也。‘天命之谓性’，此言性之理也。今人言天性柔缓，天性纲急，俗言天成，皆生来如此，此训所禀受也。若性之理也，则无不善，曰天者，自然之理也。”⑦“生之谓性”指的是所禀受之气（即“气禀之性”），“天命之性”也就是“性之理”。二程视“天命之性”为“本

① ［宋］张载：《正蒙·诚明篇第六》。
② ［宋］张载：《正蒙·诚明篇第六》。
③ 张立文：《宋明理学研究》，中国人民大学出版社2016年版，第201页。
④ ［宋］程颢、程颐：《河南程氏遗书》（卷十一）。
⑤ ［宋］程颢、程颐：《河南程式遗书》（卷二十二）。
⑥ ［宋］程颢、程颐：《河南程氏遗书》（卷六）。
⑦ ［宋］程颢、程颐：《河南程氏遗书》（卷二十四）。

源之性”,是“未有不善”的,即“天命之性”没有不善的;而“气禀之性”则是可善可恶的。二程还将“性”(即是“理”、“天命之性”)与“才”(即是“生之谓性”、“气质之性”)作为考察人之贤愚的范畴,认为“性出于天,才出于气”,人之贤愚与“才”之善与不善有关,而这又与人生来所禀之气的清浊有关,清者为贤,浊者为愚。二程的这种认识既肯定了人潜在的善性,但也注意到了现实的人性之不完善就在于后天的气禀,人性善与不善之间的区别得到了相对合理的解释。

朱熹认为张载以及二程的人性学说为十分重要的发现,是“极有功于圣门”①的,并以此为蓝本阐述了自己的人性学说。朱熹亦认为“理”是世界的终极存在,万事万物都因“理”而生,“理”是人和物的共同的本质②。人性也好,物性也罢,都是天之所命,是相同的。人和物都是禀天命而性,天赋万物以性,“天地间有理有气,人物的产生都是禀受天地之气以为形体,禀受天地之理以为本性”③,人和物禀天理而成的性就是“天命之性”④:“性者,人物之所得以生之理也”⑤,“性者,人生所禀受之天理也”⑥,理(也即天)赋予人物以性,而人性之善就在于理之善,“性只是理”⑦,理是善的、完美的,所以性也是善的。在明乎了“理”、“性”之后,朱熹便谈到了“气”,他认为“理”和“气”结合在一起共同构成了人性。他说:“天命谓性之‘命’,是纯乎理言之,然天之所命,毕竟皆不离乎气。”⑧人物在受命(性)的过程中离不了“气”,他还说:“‘天命之谓性’,只是主理言,才说命,则气在其间矣。非气,则何以为人物?理何所受?”“天命之性,若无气质,却无安顿处”⑨,强调“气”之于人物禀受“天命”的重要性,这种禀气而成的性就是“气质之性”。

“气质之性”是“理”和“气”相杂而成,因“气”有清、浊、昏、明之别,所以

① [宋]朱熹:《朱子语类》(卷四)。

② 陈谷嘉:《宋代理学伦理思想研究》,湖南大学出版社2006年版,第392页。

③ 陈来:《宋明理学》,华东师范大学出版社2003年版,第136页。

④ 陈来:《宋明理学》,华东师范大学出版社2003年版,第136页。

⑤ [宋]朱熹:《孟子集注·离娄·天下之言性也则故而矣章》。

⑥ [宋]朱熹:《孟子集注·告子·性犹杞柳也章》。

⑦ [宋]朱熹:《朱子语类》(卷四)。

⑧ [宋]朱熹:《朱子语类》(卷四)。

⑨ [宋]朱熹:《朱子语类》(卷四)。

“气质之性”也便有善有恶，不像“天命之性”那样纯善。万物所禀受之“理”虽同，而所受之“气”却异，这是人与人之间一切差别的终极原因：“论万物之一原，则理同而气异。”①朱熹说：“人之性皆善。然而有生下来善底，有生下来便恶底，此是气禀不同”，具体而言，“日月清明气候合正之时，人生而禀此气，则为清明浑厚之气”②，生来就是好人，是善的，“日月昏暗，寒暑反常，皆是天地之戾气，人若禀此气”③，生来即不是好人，是恶的。不仅如此，现实中的人之贤愚、贵贱、贫富、夭寿等都是因所禀之气的清浊而形成的④，“道德品质的先天差异完全取决于气禀的清浊是否隔蔽理性的变现”⑤。理虽是无形无影的抽象物，但它赋散于形气的人身时，就成为仁义礼智信等道德品性⑥，正是因为“气禀”之不齐，才造成了人之品性的不同，使人不能尽得其性：“盖自天降生民，则莫不与之以仁义礼智之性矣。然其气质之禀或不能齐，是以不能皆有以知其性之所有而全之也。”⑦，圣贤得性之全体，愚者得性之一隅⑧。

孔子讲：“生而知之者，上也；学而知之者，次也；困而学之，又其次也；困而不学，民斯为下矣。”孔子认为人在智识方面是存在差别的，这种差别在一定意义上是与生俱来的，有些人天生就知晓事理，有些人则需经过学习之后才能知晓，有些人困惑之后才会诉诸于学习，而有些人即便有困惑也不去寻疑解惑。朱熹用他的“天命之性”和“气质之性”的学说来解释孔子之语，他说：

> 其所以有是四等者何也？曰：“人之生也，气质之禀，清明纯粹，绝无渣滓，则于天地之性无所间隔，而凡义理之当然，有不待学而了然于胸中者，所谓生而知之，圣人也。其不及此者，则以昏明、清浊、正偏、纯驳之多少胜负为差，其或得于清明纯粹，而不能无少渣滓者，则虽未免乎小有间隔，而其间易达，其碍易通，故于其所未通者必知学以通之，而其学也则亦

① ［宋］朱熹：《朱子语类》（卷四）。
② ［宋］朱熹：《朱子语类》（卷四）。
③ ［宋］朱熹：《朱子语类》（卷四）。
④ 张立文：《宋明理学研究》，中国人民大学出版社2016年版，第343页。
⑤ 陈来：《宋明理学》，华东师范大学出版社2003年版，第136页。
⑥ 陈谷嘉：《宋代理学伦理思想研究》，湖南大学出版社2006年版，第392—393页。
⑦ 《大学·中庸》，王国轩译注，中华书局2006年版，第38页。
⑧ 陈谷嘉：《宋代理学伦理思想研究》，湖南大学出版社2006年版，第398页。

无不达矣，所谓学而知之，大贤也；或得于昏浊偏驳之多，而不能无少清明纯粹者，则必其窒塞不通，然后知学其学，又未必无不通也，所谓困而学之，众人也；至于昏浊偏驳又甚，而无复少有清明纯粹之气，则虽有不通而懵然莫觉，以为当然，终不知学以求其通也，此则下民而已矣。"①

朱熹认为，圣人所禀之气"清明纯粹，绝无渣滓"，故而其"天地之性"没有受到"间隔"，故仁义礼智信的天理自然流行、了然于胸；大贤所受虽"清明纯粹"，但却有"渣滓"，未免有"间隔"，所以只能通过学习来通畅其智识；众人所受之气中"昏浊"多而"清明纯粹"少，所以要通过学习来使淤塞的认识畅通（虽然不能全通）；而"下民"所受之气中"混浊"甚多，"清纯之气"甚少，习以为常，不能察觉自身的不足，以为这就是他的本性，懵然不知诉诸于学。由此可见，"气质之性"有可能变化，只要觉察到气禀之偏，主动克服就可改恶迁善，浑浑噩噩就只能承受气禀之残缺②。

二、人性之善恶

古代家教读物《三字经》开头便讲："人之初，性本善，性相近，习相远。苟不教，性乃迁，教之道，贵以专。"说明人性论在儒家家庭教育思想中的重要地位。"人性论是儒家论述教育作用的理论出发点……尽管儒家各派学者对于人性的看法众说纷纭、莫衷一是，但在强调教育对绝大多数人的决定性作用这一结论上却基本一致。"③儒家的家庭教育思想是建立在其人性论思想基础之上，并以与之相关的心理学思想为依据的，"在儒家那里，理想人格的培养总是与人性问题联系在一起。"④正是从儒家特有的人性思想出发，才奠定了教育及家庭教育的必然性。先秦儒家的人性论思想奠定了后世儒学人性论思想的基本格局，所以，这里要对先秦儒家的人性论思想进行分析，在以探讨儒家何以注重教育，及后儒在家庭教育过程中对这些理论的承继。

---

① ［宋］朱熹：《朱子四书或问·卷十六·论语或问》。

② 张立文：《宋明理学研究》，中国人民大学出版社2016年版，第343页。

③ 李兆祥主编：《儒家教育思想研究》，中华书局2010年版，第319页。

④ 杨国荣：《善的历程：儒家价值体系研究》，华东师范大学出版社2009年版，第48页。

(一)性习论

自孔子始,儒家就有了对人性问题的理论自觉。孔子讲:“性相近,习相远”,这是孔子在《论语》中最明确地表达有关人性问题的看法,他认为人的天性(大抵)相近,(而)后天习染的不同导致了在具体人性上的差异,孔子并没有明言人性是善还是恶,但他对后天习染的重视,使得后人较为普遍地认为他是性习论的主张者。如学者就指出:“关于人的个性差异是‘习相远’的观点,除《论语》记载孔子所言外,《尚书·太甲上》也有伊尹所言‘习与性成’的记载。学术界认为《太甲》是伪作,我们只有说孔子是习性论的创立者了。”①孔子重视后天浸染对人的成长的决定意义,这使得他十分重视童蒙教养和行为习惯的养成,即所谓“少成若性,习惯之为常”②。孔子是最早对人性作理论上的关照的,这在儒家教育理论(包括家庭教育理论)中是有开创性意义的。所谓“无其性不可教训”③,正是对人性的关照,才奠定了儒家教育实践的合法性基础。孔子注重后天习染对人性的塑造作用,而联系到他一贯重“教”的思想(如:“不教而杀谓之虐”,“以不教民战,是谓弃之”,“庶、富、教”的思想),都是强调后天习染教育对于国家和具体个人的重要性。注重突出“性习论”的家教事例很多,如“梁上君子”的家教故事就是从此入手来论述人的良善本性的,这则家教故事记录在《后汉书·陈寔传》中,原文说:

> 时岁荒民俭,有盗夜入其室,止于梁上。寔阴见,乃起自整拂,呼命子孙,正色训之曰:“夫人不可不自勉。不善之人未必本恶,习以性成,遂至于此。梁上君子者是矣!”盗大惊,自投于地,稽颡归罪。寔徐譬之曰:“视君状貌,不似恶人,宜深克己反善。然此当由贫困。”令遗绢二匹④。

陈寔对子孙的这番说教表明:人之犯错并非天性使然,只是因受到不良环境的影响,这种训教认识到了人之改恶迁善的可能性,亦使“梁上君子”惭愧自省,主动承认错误。

---

① 赵逢玉:《仁学探微——〈论语〉〈大学〉解析》,中国矿业大学出版社2003年版,第153页。

② [汉]戴德:《大戴礼记·保傅》。

③ [汉]刘安:《淮南子·泰族训》,阮青注释,华夏出版社2000年版,第448页。

④ [宋]范晔:《后汉书·卷六十二·陈寔传第五十二》,中华书局2000年版,第1396—1397页。

当然,孔子的人性思想中也有矛盾的地方,他虽然认为后天所习对人影响深远,但他又说:“唯上智与下愚不移。”好像人性又不是后天可以培育的;孔子还说“中人以上,可以语上也;中人以下,不可以语上也。”这些似乎都在表明他在人性问题上又有不可教诲的一面。《颜氏家训》在人性问题上就有这种倾向:“上智不教而成,下愚虽教无益。中庸之人,不教不知也。”邵雍在《戒子孙》中也说:“上品之人,不教而善;中品之人,教而后善;下品之人,教亦不善。”同时,孔子“人而不仁,如礼何;人而不仁,如乐何”的教诲似乎又是在说人先天就具有“仁”的道德品质。这就不难理解孔子为什么会说:“生而知之者,上也;学而知之者,次也;困而学之,又其次也;困而不学,民斯为下矣。”因为,他觉得有些人天生就具有“能知”的禀赋。但我们也要注意到,同样是“知”,有的人先天而生,有的人经过后学可以达成,而有些人甚至在无知的状态下都不会去学习,这样的人最终沦落至“民斯为下矣”的地步。孔子所言的“困学”、“困而不学”等都是后天所习的一种表达,孔子这句话和他的人性观点连起来就是说:人性在本质上(或最初)是相近的,但由于后天的学习修养的不同,从而造成了不同的人生格局。而孔子自己也说:“我非生而知之者,好古,敏以求之者也。”也就是说,自己之所以博学多能就是因为通过积极努力的学习达到的。

孔子是十分重视学习的,他把学习看做是人完善自我的重要方式,而这构成了他“习相远”的重要一环。孔子论学的思想很多,但最能集中表达的他的思想又和他的人性论联系起来的,大概要数他解释“六言六弊”时所阐述的观点了。原文记录在《论语·阳货篇》,内容是:

> 子曰:“由也,汝闻六言六蔽矣乎?”对曰:“未也。”“居!吾语女。好仁不好学,其蔽也愚;好知不好学,其蔽也荡;好信不好学,其蔽也贼;好直不好学,其蔽也绞;好勇不好学,其蔽也乱;好刚不好学,其蔽也狂。”

“学则不固”,通过学习就能完善人性的诸多不足:一味好仁而导致的愚昧;一味了解知识而不成系统的弊病;一味好信而受到的侵害;一味耿直而造成的急切;一味好勇而导致祸乱;一味刚强而导致的狂傲等,都可以通过进一步的学习来加以修正。在孔子看来,学习是完善自我的最重要方法,通过学习反躬自省,可以起到弥补不足的作用。尽管孔子认为有生而知之者,但他则以学而知之者自居，认为自己最可贵的地方就是好学，在学习的过程中实现了自我超越。有鉴于后天所习最终导致人表现出不同的气质才禀，所以，孔子还十分注重人居环境的作用："里仁为美，择不处仁，焉得智"①；注重朋友之间的影响："益者三友，损者三友。友直，友谅，友多闻，益矣；友便辟，友善柔，友便佞，损矣"②，等等。

孔子最为注重的是"学"对人的精神品格的影响。据统计《论语》中谈"学"的地方多达65处之多，谈"仁"的地方则有105处，突显了"学"以成仁、"学"以成圣的自我完善取向。这样的倾向在儒家家教实践中的具体展开，就要求家庭教育要高度重视子弟所处的周围环境、所交的朋友、所受的教育是否得当等。如宋代司马光不仅自身重学，他的家庭教育也重学，他的重学事迹还成了后人教导子弟的素材。宋著名经学家、理学家胡安国《与子书》是劝导其子修身为官的书信，信中胡安国为儿子提供了可供"师法"的三位榜样。其中之一便是君实（即司马光），其家书中说："君实见趣本不甚高，为他广读书史，苦学笃信，清俭之事而谨守之。人十己百，至老不倦，故得志而行，亦做七分上人。"表达的正是司马光通过个人努力完善自我的深意。"它山之石，可以攻玉"③，胡安国希望以此教导子弟慕学。中国家庭教育史上代不绝书的劝学类素材，就表明了后人对"学以益性"的重视。这是孔子人性论思想对后世家庭教育影响的表现。

（二）性善论

先秦儒家中，对人性善恶分殊进行系统阐述的是有"亚圣"之称的孟子。孟子主张人性善，这在当时已经为人所知。《孟子》中记载："滕文公为世子，将之楚，过宋而见孟子。孟子道性善，言必称尧舜。"④孟子认为人性来自于天赋："天之生物也，使之一本"⑤，《孟子·告子上》中记载了他关于人性问题发表的最著名的论断，他说：

① 杨伯峻：《论语译注·里仁》，中华书局2016年版，第48页。

② 杨伯峻：《论语译注·季氏》，中华书局2016年版，第245页。

③ 《诗经·小雅·鹤鸣》，程俊英译注，上海古籍出版社1985年版，第244—345页。

④ 杨伯峻：《孟子译注·滕文公上》，中华书局2015年版，第119页。

⑤ 杨伯峻：《孟子译注·滕文公上》，中华书局2015年版，第142页。

> 乃若其情，则可以为善矣，乃所谓善也。若夫为不善，非才之罪也。恻隐之心，人皆有之；羞恶之心，人皆有之；恭敬之心，人皆有之；是非之心，人皆有之。恻隐之心，仁也；羞恶之心，义也；恭敬之心，礼也；是非之心，智也。仁义礼智，非由外铄我也，我固有之也，弗思耳矣。

可以看出，孟子所谓“性善”是就人“心”而言的：“君子所性，仁义礼智根于心”①，认为人之“四端”之心，“非由外铄我也，我固有之也，弗思耳矣”，即人的道德诸品质皆根于人的先天本性。

孟子主张人性善。他说：“人性之善也，犹水之就下也。人无有不善，水无有不下”②，即人性像水流必然具有向下流动的特性一样自然具有向善的特质。孟子认为人具有普遍的善性，“求则得之，舍则失之”③。他将此看做是人与禽兽之间差别的主要象征，正是由于“几希”的差别，构成了人的“类特性”，这种道德性把人和动物最终区别开来。孟子认为人人都固有善良的“本心”，他以孺子将陷于井而人能产生怜悯之心作比喻，说道：

> 今人乍见孺子将入于井，皆有怵惕恻隐之心；非所以内交于孺子之父母也，非所以要誉于乡党朋友也，非恶其声而然也。

孟子认为人的这种感情是善的“本心”的自然流露，不受任何外在的事物的牵绊。

孟子把人心之善概括为“良知良能”，他说：

> 人之所不学而能者，其良能也；所不虑而知者，其良知也。孩提之童，无不知爱其亲者，及其长也，无不知敬其兄也。亲亲，仁也，敬长，义也。无他，达之天下也。

这里的“敬兄”、“亲亲”构成了后世儒家家庭伦理的重要内容。孟子认为在人先天具备的“良知良能”的自然作用下，生长于家庭中的人会自然而然地随着年龄的变化自觉践行本心已有的伦理家庭人伦道德，这些即便不用学习也都是可以知道的。

孟子认为人性中的善良本质是“心之所同然耳”，就像口对美味的普遍追

---

① 杨伯峻：《孟子译注·尽心上》，中华书局2015年版，第283页。

② 杨伯峻：《孟子译注·告子上》，中华书局2015年版，第278页。

③ 杨伯峻：《孟子译注·告子上》，中华书局2015年版，第283页。

求、耳朵对于美妙音乐的喜好、眼睛对于美好事物的留恋一样，人心也有对于理义的普遍认同。不管是普通人还是圣人，在这一点上都是一样的，但人在后天的生长过程中，会产生恶念恶行，而这主要是因为后天环境和利欲的影响，造成了人之性善受到了遮蔽（孟子用"陷溺"一词来概括）。所以，人需要唤醒内心本已存有的道德力量，这种力量一旦被唤醒则"沛然而莫之能御"。这就需要听善言、学善行，追求仁、义、礼、智，追随既有的道德本性去做事。在孟子看来，人对自身善良本性的唤醒，就像人家丢了鸡犬要找回来一样，对丢失的善心亦需要做类似的"求放心"的功夫，即通过学习使丢失了的善心得以复归。孟子说：

仁，人心也；义人路也。舍其路而弗由，放其心而不知求，哀哉。人有鸡犬放，则知求之，有放心而不知求。学问之道无他，求其放心而已矣。

君子不同于其他人的地方就在于求得"放心"之后，还能继之以"存心"。孟子说："君子所以异于人者，以其存心也。君子以仁存心，以礼存心。"道德高尚的人以仁和礼来涵养"心"，就达到"无物不长"，即使所有善性复蒙的理想境界。

需指出的是，孟子的性善论不是完成式而是进行式，不等于"性本善论"、"性善完成论"，按照杨泽波的说法，应该叫做"心有善端可以为善论"①。从这样的立论出发，孟子主张要通过"存心养性"、"扩而充之"等一系列道德修养方法来保存完善人的先天善性。完善人的天赋善性就要"尽心"、"养性"，以复归于天，即"事天"。孟子讲：

尽其心者，知其性也，知其性，则知天矣。存其心，养其性，所以事天也。夭寿不贰，修身以俟之，所以立命也。"

在如何"养心"的具体事项上，孟子提出了一系列的具体方法，如"寡欲"、"存夜气"："养心莫善于寡欲。其为人也寡欲，虽有不存焉者寡矣。其为人也多欲，虽有存焉者寡矣。"②以此为基础，只要扩充人性中的先天德性，即以仁、义、礼、智充实受蒙蔽的"本心"，就能使人成善。他说：

---

① 杨泽波：《孟子评传》（下），南京大学出版社 2011 年版，第 320 页。

② 杨伯峻：《孟子译注·尽心下》，中华书局 2015 年版，第 378 页。

凡有四端于我者，知皆扩而充之矣，若火之始然，泉之始达。苟能充之，足以保四海；苟不充之，不足以事父母。

扩充人本就有的“四端”，就好像开始燃烧的火一样，亦像刚开始流动的水一样，经扩充之后就可以实现修身齐家治国平天下，否则，连家人都不足以奉养。

孟子尤其重视“浩然之气”，这是一种经“养心养性”之后达到的道德修养境界，象征着一种充满天地之间的宽宏博大的道德人格和力量。同时，需要注意的是，孟子的性善思想是和他的仁政学说紧密相连的，他在论证人性之善、向善的基础上，希望“以不忍人之心，行不忍人之政”①。孟子设计的理想社会是主体完善的道德修养和现实的“王道”政治理想想结合，最终实现“成善”式的社会，这种社会中人人都具有像尧舜那样的道德品质。

可以看出，孟子从人性（心）善出发，再到探讨人性善的蒙蔽，再到如何找回丢失的先天善行（求放心），再到对之作“存养”的道德功夫，最后再对之进行“扩而充之”的涵养，达至“浩然之气”，为人的道德完善描绘了清晰的路线图，逻辑严密、环环相扣、循序渐进、臻于完善，可以把这一过程简要地概括为“性善、为善、成善”式的三个阶段。可以看出，孟子的立足点虽然是人的天赋善性，但是尤其注重后天环境及主体的努力在人的德性成长过程中的作用，突出了道德主体的自主意识，“让人获得了存在提升与转化的自觉”，体现了引导性的道德哲学的致思趋向。这样的理念成为儒家家庭教育中启发子弟向善、学善、自我提升的家教传统。

（三）性恶论

荀子是性恶论的代表，他的人性论观点集中在《性恶》篇中。荀子认为“人之性恶明矣，其善者伪也”②，这是他对人的“自然生理之性”和“社会道德之性”③的价值界定。在荀子看来，人天生的性是恶的，而经过后天的“起伪”（“伪”即“人为”，在荀子看来圣人是“化性起伪”的主体）之后人是可以成善的。这种看法是与他在天人关系上“明天人之分”的思想认识紧密相关。在“天行有常，不为尧存，不为桀亡”的认识之下，人性蕴含着自然生成的意味：

① 杨伯峻：《孟子译注·公孙丑上》，中华书局 2015 年版，第 83 页。

② ［战国］荀况：《荀子·性恶》（下），王天海校释，上海古籍出版社 2005 年版，第 939 页。

③ 孔繁：《荀子评传》，南京大学出版社 2011 年版，第 200 页。

“凡性者，天之就也，不可学，不可事。”是自然而然得来的，而人所具有的“好利”、“疾恶”、“耳目之欲”之性是人生来就有的，而与之相对的“辞让”、“忠信”、“礼义文理”则都是后天人为教化的结果。尽管荀子认为人性为恶，但他并不认为应该顺应人的生来就具有的恶性，如若“从人之性，顺人之情，必出于争夺，合于犯分乱理，而归于暴”，如果顺从人的先天恶性，恣情所为，人与人之间就会陷入无尽的争斗，违背人类社会正常运行的伦理道德规范，社会亦将归于暴乱。

在荀子看来，正是由于先天的性恶才使得后天的人为改造成为必然。他说：“性者，本始材朴也；伪者，文理隆盛也。无性则伪之无所加，无伪则性不能自美。性伪合，然后成圣人之名，一天下之功于是就也。”①人性的恶就像原初的材质一样有待进一步的加工（即“伪”），最终实现“性伪合”，使先天和后天的因素统一起来，即人之天然固有的属性和人经过社会化之后的善性有机结合，以此实现天下国家的和谐。荀子认为在此过程中圣人承担着“化性起伪”的教化作用（也可以叫做“师法之化”）。荀子说：

> 故枸木必将待檃栝、烝矫然后直，钝金必将待砻厉然后利；今人之性恶，必将待师法然后正，得礼义然后治。今人无师法，则偏险而不正；无礼义，则悖乱而不治。古者圣王以人之性恶，以为偏险而不正，悖乱而不治，是以为之起礼义、制法度，以矫饰人之情性而正之，以扰化人之情性而导之也。始皆出于治，合于道者也。今人之化师法、积文学、道礼义者为君子；纵性情、安恣睢而违礼义者为小人。用此观之，人之性恶明矣，其善者伪也。

荀子的人性学说是服务于他的后天教化思想的。荀子认为人的“社会道德之性”的得来就像“木受绳则直，金就砺则利”一样，只有经过师法礼仪教化的后天培育才能最终形成，君子和小人的差别就在于能否从化。

荀子也是在批判孟子人性论的过程中阐述自己的观点的。荀子不同意孟子人性善的观点，他认为孟子关于“人之学者，其性善”的观点是不正确的，错误的原因就在于孟子不分“人之性伪之分”。性不是通过学习可以得来的：

① ［战国］荀况：《荀子·礼论》（下），王天海校释，上海古籍出版社2005年版，第780页。

“不可学,不可事,而在人者,谓之性”,而“可学而能,可事而成之在人者,谓之伪”,人性恶的原因就是因人“离其朴”和“离其资”。孟子认为天赋人以善性,“人之所以有恶是由于人丧失其本来的善性所致”,后天的学习交往及“存心养性”、“扩而充之”只是将固有的先天善性加以涵养复蒙。而荀子则认为后天的受教只不过是对恶的本性的社会化改造而已,人所受的后天教育恰恰是在不断地增长善性而有意识地去克服恶性。在荀子来,孟子性善论的悖论就在于一方面承认人先天具有的善性,一方面又主张通过后天的教化使人向善。从这一点可以看出,孟子和荀子在人性问题上的差异恰恰是二者致思路径的不同:孟子主张人性善,是立足于人的自我成就善性,天赋于人以良知良能,张扬的是人的德性自主,虽然孟子也对外在事物对道德主体的影响做了说明,但孟子基本上是主张通过主体自身的努力来自我完善。而荀子恰恰相反,荀子把人的善性归结于以圣人所行的礼义教化之上,是肯定了外在事物对人的主导作用。这也是人们常说荀子是法家化的儒家的重要原因,荀子的这种致思倾向发展到极端就是使礼义文理的教化走向重刑、重法而忽视主体自省自觉之自主能力。相较而言,孟子的思想和孔子的“内圣”更接近些,而荀子则更多地走向了“外王”,这里涉及儒学内部分化的问题,已经超出了本书所论,故不做讨论。

荀子从性恶思想出发,认为人在家庭生活中表现出来的伦理道德的修养恰恰是人“反于性而悖于情”的结果。他说:

> 今人之性,饥而欲饱,寒而欲暖,劳而欲休,此人之情性也。今人饥,见长而不敢先食者,将有所让也;劳而不敢求息者,将有所代也。夫子之让乎父、弟之让乎兄,子之代乎父、弟之代乎兄,此二者皆反于性而悖于情也。然而孝子之道,礼义之文理也。故顺情性则不辞让矣,辞让则悖于情性矣①。

荀子把人在人伦关系中的所有符合道德要求的表现都归之为是后天礼义文理教化的结果,而不是像“目明而耳聪”那样是顺乎自然的。

荀子认为人性是恶的,但他认为人性是可以经教化而成善的:“性也者,

---

① [战国]荀况:《荀子·性恶》(下),王天海校释,上海古籍出版社 2005 年版,第 939 页。

吾所不能为也，然而可化也。”在荀子看来，普通人和圣人的自然之性是没有区别的，但在后天实践过程中圣人和普通人就有了分殊：“故圣人之所同于众其不异于众者，性也；所以异而过众者，伪也。”正是受“伪”的程度的不同，才有了君子和小人的分别，礼义法度的教化能改造人的恶性，而圣人、君子等都是通过学习和后天环境的影响才成为圣人的。他说：

可以为尧、禹，可以为桀、跖，可以为工匠，可以为农贾，在执注错习俗之所积耳，是又人之所生而有也，是无待而然者也，是禹、桀之所同也。

对后天学习和环境影响的接受的程度不同，使得人有了差别。他以人在日常生活中所体现出来的伦理道德为例，说明后天教育和环境对人的影响。他说：

天非私曾、骞孝己而外众人也，然而曾、骞、孝己独厚于孝之实，而全于孝之名者，何也？以綦于礼义故也。天非私齐、鲁之民而外秦人也，然而于父子之义、夫妇之别，不如齐、鲁之孝共敬文者，何也？以秦人之从情性、安恣睢、慢于礼义故也，岂其性异矣哉！

曾、骞的孝是由于他们能践行礼义教化，秦人与齐、鲁之民的差异就在于他们接受礼义教化的深浅不同。在荀子看来，只要人能积极主动认知和接受圣人的“仁义法正”的教化，就能使“涂之人可以为禹”，即使所有人都具有完美德性。

荀子充分肯定每个人都具有认知和学习的能力，认为每个人都有成为圣贤、君子的基本条件。他认为“圣可积而致”，但之所以有君子、小人的差距只在于各自“能不能之于可不可”，这除了主体自身的努力外，还与外界的环境影响有关。荀子希望人能够积极地改造环境，使之朝着有益于自我的方向发展。

（四）性非善非恶论

也叫“性无善恶论”，这一人性思想的代表是告子。告子是和孟子同时代的人，且告子的这一人性思想也是在和孟子的辩论当中呈现出来的，载于《孟子·告子上》前四章中。概括地说，告子人性论是说人生来具有的“种种欲望，本能，无所谓善恶，人性的善恶全在于后天的引导。”①

① 罗安宪：《中国孔学史》，人民出版社2008年版，第294页。

在告子看来:“性犹杞柳也,义犹桮棬也。以人性为仁义,犹以杞柳为桮棬。”①告子这里所言的杞柳是众多柳树中的一种,可以被用来加工成器物,而桮棬则正是被用来盛放器物的杯盘一类的东西。告子这句话是针对孟子把仁义等道德价值赋予人性而言的。在告子看来,孟子关于人性的看法就好比是把作为原木的杞柳等同于桮棬,而二者实际上是不相同的两种东西。也就是说,虽然仁义是善的,但象征善的仁义不能等同于人性,而仁义之善则是后天加工的结果(从杞柳到桮棬是需要工匠的加工才能最终成型的),是说人性比之于原木是无所谓善恶(即成器),或曰人性是无善无恶的,善的形成只是后天加工的结果。但孟子认为,即便是要加工杞柳成为器物,也要顺着原木本来的性质。孟子以反问的语气说道:“子能顺杞柳之性而以为桮棬乎?”不能破坏事物原有的质地来加工:“将戕贼杞柳而后以为桮棬也?”孟子认为如果器物的成型是在破坏事物原有质地的基础上形成的:“将戕贼杞柳而以为桮棬”,那就好比是破坏了人性之后才使人向善的:“则亦将戕贼人性而以为仁义与”,认为破坏人性之后再使之成善是不可能的,也就是说人性本就是善的。

告子按照他的原木经加工而成器物的思路,认为人性也就好像是水流,流向是不固定的:“决诸东方则东流,决诸西方则西流。人性之无分于善不善也,犹水之无分于东西也。”②告子认为水就像流速很快的水,哪边决口了就往那边流,人性之善与不善就像水任意流动一样,怎样引导就会趋向那一边。孟子顺着告子的思路引申道:水流即便没有方向,难道也没有上下之分吗?自然界中水的流向永远是从高到低的,虽然人力能使水流发生转向但终究是往低处走的,这就像是人性终趋于善一样,是不言自明的。在孟子看来,人之所以为恶是外力作用的结果,并非是人性的本来面目:“今夫水,搏而跃之,可使过颡,激而行之,可使在山。是岂水之性哉?其势则然也。人之可使为不善,其性亦犹是也。”外力的作用使得水的流动发生了转变,外力的作用也能使本能就善的人性变得不善。

---

① 杨伯峻:《孟子译注·告子上》,中华书局2015年版,第277页。

② 杨伯峻:《孟子译注·告子上》,中华书局2015年版,第277页。

告子人性说中的一个重要命题是“仁内义外”说。告子把人性看成是“人的生物规定性”或自然属性，所谓“生之谓性”，认为包括饮食男女等在内的自然资质即是人与生俱来的人性，但告子也承认人性中内涵的心理情感的一面，这就是他说的“仁内”，这种内在的仁包含了兄弟手足之情：“吾弟则爱之，秦人之弟则不爱也。是以我为悦者也，故谓之内。”[①]告子认为兄弟人伦是由于“以我为悦者”的，是内在于我心的，故而是人性的组成部分，但“长楚人之长，亦长吾之长，是以长为悦者也，故谓之外也。”[②]把只是因为对方是长者故而尊敬他看作是外在的要求，故而认为“义”（即“道德伦理原则”）是外在的，即把来自于社会文化领域的善恶标准看做是与人性无关的“义外”，而这在孟子看来则是生而具有的良知良能。

需强调的是，告子的人性论思想似乎存在矛盾的一面，因为爱弟弟的情感是基于人性，那么为什么非要把“长吾之长”划分到外“义”的范畴，因为这两种情感在本质上都是属于人伦情感的范畴，难道一个人只能爱与自己有亲缘关系的同辈人，就不能爱同样具有亲缘关系的长辈？这一点可能更多地要联系告子和孟子作为论辩双方观点交锋的特殊场景才能得以解决：论辩双方观点的差异才有论辩的必要性，否则就不值一辩。而联系告子所言，倒像是为了揭露孟子人性论中的矛盾，因为孟子认为“仁，人心也；义，人路也”[③]，即孟子是承认“仁”和“义”之间的差别的，但是孟子也主张仁义礼智皆根源于心。告子的论点似乎是对孟子观点的一种反驳和披露。这是论辩过程中经常采用的方法。

概而言之，告子坚持人性上的无善无恶论，认为人性是内在的，人性包含着家庭人伦情感的因素，但不能就因此认为人性是善的，他认为善的人性是后天环境影响和人为作用的结果，并非就是与生俱来的。需指出的是，在孟子、告子同时代的思想家中，在人性问题上还有所谓世子的“性可以为善，可以为不善”，无名氏的“有性善，有性不善论”等其他学派的观点。限于篇幅，不再赘述。

---

① 杨伯峻：《孟子译注·告子上》，中华书局2015年版，第279页。

② 杨伯峻：《孟子译注·告子上》，中华书局2015年版，第279—230页。

③ 杨伯峻：《孟子译注·告子上》，中华书局2015年版，第292页。

（五）性三品

“性三品”论是儒家又一具有重要影响的人性论思想。颜之推说：“父慈而子逆，兄友而弟傲，夫义而妇陵，则天之凶民，乃刑戮之所摄，非训导之所移也。”①认为对于生来即恶之人，再仁慈的家庭教育也不能起到相应的作用。邵雍在《诫子孙》一文中就指出：“上品之人，不教而善；中品之人，教而后善；下品之人，教亦不善。不教而善，非圣而何？教而后善，非贤而何？教亦不善，非愚而何？”②这些都是家庭教育过程中潜含的“性三品”思想。

《论语》中就有：“中人以上，可以语上也；中人以下，不可以语上也。”孔子按照人的智识把人划分为“中人以上”、“中人”、“中人以下”，盖孔子认为一个人的智识在中间偏上，是可以与之探讨较为抽象的事理的；如果中间偏下，是不可以与之探讨的。这里的“中人”，“不是指人的社会政治地位高低，而是指人的才智水平差异。它属于教育领域的因材施教范畴，而不是政治上为维护等级制制造理论根据。”③孔子的说法还并没有后世划分人性为三品的意味，但这却不能掩盖孔子对人之差异有三等的认识。这种说法也是为学人所认可的，如张拭就曾指出：

> 圣人之教，各因其才而笃焉。以中人以下之质，骤而语之高且远者，非惟不能入，且将妄意躐等，岂徒无益，其反害者有矣。故不骤而语之以上，是乃所以渐而进之，使之切问近思而自得之也④。

孔子论人的智识有高低之分，但这样的区分容易使人将之与“性三品”论联系起来。在儒家人性论史上“性三品”说的影响也极为广泛，但关于这一思想学说的理论渊源则众说纷纭，孔子的说法或多或少为后儒提供了思想的资源。到了汉代，董仲舒则明确提出了“性三品”的思想。董仲舒认为：

> 名性不以上，不以下，以其中名之。
>
> 圣人之性不可以名性，斗筲之性又不可以名性，名性者，中民之性。

董仲舒将人性分为“圣人之性”、“中民之性”、“斗筲之性”，认为只有“中民之

---

① ［北齐］颜之推：《颜氏家训·治家》，王利器集解，中华书局1993年版，第41页。

② ［宋］邵雍：《诫子孙》。

③ 高时良：《中国古典教育理论体系》，人民出版社2002年版，第246页。

④ ［宋］张拭：《论语解》。

性”才能标识人性,而其他两类人性均不能成为人性的象征。这与董仲舒对三类人性内涵的认识和界定有关。

先来看“圣人之性”。在儒家的人格境界中,圣人是“博施于民而能济众”的,是“能广施恩于人民且能普济众生的至善至德之人”①。在儒家的长期发展过程中,希圣希贤成为了儒家思想的一个重要特征,董仲舒继承了这一传统,并将“行天德者”视为圣人,认为圣人是躬行天之德的人,而“天德”在董仲舒那里也有着自己的规定。他说:

> 天有和有德,有平有威,有相爱之意,有为政之理,不可不审也。春者,天之和也;夏者,天之德也;秋者,天之平也;冬者,天之威也。天之序,必先和然后发德,必先平然后发威,此可以见不和不可以发庆赏之德,不平不可以发刑罚之威;又可见德生于和,威生于平也。不和无德,不平无威,天之道也,达者以此见之矣。我虽有愉而喜,必先和心以求其当,然后发庆赏以立其德;虽有所忿而怒,必先平心以求其政,然后发刑罚以立其威,能常若是者,谓之天德,行天德者,谓之圣人。

在董仲舒的天道思想中,圣人是实行天德的象征,天具有四种品性:柔和、恩德、公平、威严,有接续的意志,有治国理政的道理,是不能不详加审察的。春天,象征着天道的柔和;夏天,象征者天道的恩德;秋天,象征者天道的公平;冬天,象征着天道的威严。天道的轮序,必然是先柔和后广施恩德,亦必然是先公平然后展露它的威严,所以,天道不柔和就不会施诸恩德,天道不公平就不会施诸威严;也可以看出,恩德是从温和中生发出来的,威严是从公平中生发出来的。不柔和就不能施诸恩德,不公平就不能施诸威严,天道就是如此,只有通达的人才能知晓它。董仲舒认为,即便是内心喜悦欢欣,但也一定要先以柔和之心来求得,然后实施奖赏来树立恩德;即便心中有怨忿,也一定要心平气和地来治国,然后实施刑罚确立威严,能经常做到这些就具有了类似天的德行,而能知行以上天德的就是圣人②。按照学者的看法,董仲舒天道思想中的圣人应该包括三类人:“具有高尚德行因而被授命为天子者”、“某些至贤至圣

① 罗安宪:《中国孔学史》,人民出版社2008年版,第299页。

② [汉]董仲舒:《春秋繁露》,张世亮、钟肇鹏、周桂钿译注,中华书局2012年,第638页。

的辅圣王的三公或大臣”，最后是孔子①。这些“圣人”有着“过善之性”，是先天赋予而非教化得来，他们“承天意，以成民之性为任者也”，是天生的教化者，有些类似于孟子讲的“先知”、“先觉”，是被师法的对象，是不需教化的。

再来看“斗筲之性”。需要指明的是“斗筲之人”并非是对农民和社会底层人民的蔑称，这里不存在阶层的因素，就如同前引孔子对“中人”的看法一样，应该是“包括了一切阶级、阶层中的卑鄙小人，其中既包括了一般统治阶级中的卑鄙小人，又包括了平民百姓中的卑鄙小人，还包括了身居皇位的独夫民贼。”②董仲舒甚至将这类人排除在人的范围之外，认为他们“弗系人数而已。”这是因为人之所以为人就在于能“行仁义而羞可耻”，在于恪守人伦，而不是像禽兽一样为物质欲望和利益所左右。他说：“天之为性命，使行仁义而羞可耻，非若鸟兽然，苟为生，苟为利而已。”这与孔子讲的“鸟兽不可与同群”是同一个意思，孔子之语是说作为人就不能同那些舍弃了人之为人而本应遵行社会道德责任的人为伍，只不过董仲舒把他们在人格定位上看得要更低。这是因为“鸟兽之性自然亦无善质，只能是绝对的恶质，有王教亦不能使之为善。”③所以，董仲舒认为也不能以这些人的人性来标识人性。

从这样的认识出发，董仲舒认为只剩下“中民之性”是可以标识人性的了，而“中民之性”在他的学说中也被称为“万民之性”，这是一个涵盖了社会各阶层的概念，但却是排除了“圣人之性”和“斗筲之性”之人以外的所有人。董仲舒将“中民之性”的人性思想同他的“善待王教而成”的思想联系在一起，认为：“中民之性如茧如卵，卵待覆二十日而后能为雏，茧待缫以涫汤而后能为丝，性待渐于教训而后能为善。善，教训之所然也，非质朴之所能至也，故不谓性。”④即是承认“中民之性”是可以通过教化而成善的。这就是他主张以“中民之性”来标识人性的原因。

董仲舒奠定了“性三品”论的基础，后儒王充、韩愈等都在不同程度上发

① 王永祥：《董仲舒评传》，南京大学出版社 1995 年版，第 257—258 页。

② 王永祥：《董仲舒评传》，南京大学出版社 1997 年版，第 262 页。

③ 王永祥：《董仲舒评传》，南京大学出版社 1997 年版，第 262 页。

④ ［汉］董仲舒《春秋繁露·实性》，张世亮、钟肇鹏、周桂钿译注，中华书局 2012 年版，第 388 页。

展了“性三品论”思想。在王充的思想中，“人性分为上中下，尤其是把上下分别看做善和恶，中则看作善恶混的思想，显然是与董仲舒相通的。”①唐代的韩愈继承并发展了此前的“性三品论”思想。韩愈在《原性》中说：“性之品有三，而其所以为性者五”，认为人性有三个品级，而具体则由仁、礼、信、义、智构成；“性之品有上中下三，上焉者，善焉而已矣；中焉者，可导而上下也；下焉者，恶焉而已矣”，认为在上中下三个品级的人性中，上品之性的人是生来就善的；中品之性的人既可通过引导趋向善也可趋向恶；下品之性的人则是天生的恶，是改变不了的。“性三品论”丰富了儒家的人性论思想，为后世儒家以及家庭教育的开展提供了思想的基石。

孔、孟、荀的人性论思想奠定了后世人性思想的基本格局，后儒人性说只不过是对先秦儒家人性说的进一步完善而已，都共同指向了人性可以教育的逻辑旨归：性习论强调包括教育、学习在内的后天习染；“性善论强调教化的可能性，性恶论强调教化的必要性，性三品论则更加突出了教化的重要性”②；性无善无不善虽认为性无所谓善恶，但仍然对后天的影响给予了肯定。这些人性论思想不约而同地在教育问题上形成了共识，奠定了儒家重教育的传统，影响深远，儒家家庭教育思想及实践自然也要受到这些思想的影响。儒家家庭教育在很大程度上就成了对儒家重教传统在家庭范围内的实践。

在人性问题上，古今之间是有差异的，古人受其社会历史条件的制约不可能得出全面科学的认识，虽然看到了后天习染对人成长的重要性，但也存在唯心主义的缺陷。历史唯物主义认为：“人直接地是自然存在物，……一方面具有自然力、生命力，是能动的自然存在物；这些力量作为天赋和才能、作为欲望存在于人身上；另一方面，人作为自然的、肉体的、感性的、对象性的存在物，和动植物一样，是受动的、受制约的和受限制的存在物。”③人具有自然属性、社会属性、精神属性，其中社会属性是最为重要的属性，人没有固定的属性，人性会随着交往、劳动生产的发展而变化。这与中国古人的理念既有相合的地方，如认为人有自然属性，通过后天社会实践会对人性产生影响；也有异质之处，

---

① 罗安宪：《中国孔学史》，人民出版社2008年版，第299页。

② 王司瑜：《中国古代重教化思想的三种人性视角》，《学术交流》2011年第1期。

③ 《马克思恩格斯全集》（第42卷），人民出版社1979年版，第167页。

表现在对人的道德根源、动力等方面的认知上。现代家庭德育在施教过程中,要用历史的眼光来看待这一问题,以更好地服务于现代家庭德育的开展。

三、人性之善何以可能

如何培养人的良善德性,是儒家道德学说的落脚点。儒家认为人通过自修可以实现自我的完善,同时,社会教育和各种教化方式作为家庭教育之外最重要的教育方式共同作用,就能使"成教于家"和"成教于国"结合起来,就能培养完善的人,实现家庭教育目的的同时,也能使得社会教育的目标得以实现。

(一)人皆可以为尧舜

中国古代视圣人为至善的化身,"内圣外王"的价值理念之下形成了浓厚的希圣希贤的人文教育心理,而"圣贤可学而至"的诉求也就成为儒家家庭教育的重要趣向。如:"圣人之道,一龙一蛇,形见神藏,与物变化,随时之宜,无有常家"①;"而世之交者,不审择人,务合党众,违先圣人交友之义,此非厚己辅仁之谓也"②;"以圣人之德,犹尚如此,况庸庸之徒而轻毁誉哉?"③"天地赋命,生必有死;自古圣贤,谁能独免?"④汪辉祖在《双节堂庸训》中说"孟子谓'人可以为尧舜',止在'孝''弟'二字,原非强人所难。读孔子'老安'数语,益知圣贤之道,事事切近。人未有不欲安我之老,信我之友,怀我之幼者。特我之外不暇计耳。去一'我'字,扩而充之,便是天下一家气象。圣贤何尝不可学而至哉!"⑤这些传统家教的内容都是教导子弟修养德性,推己及人博施济众以圣贤自期。学者指出:"理想人格是中国教育思想的终极归属,它规定了教育的目标和方向,它是以'天人合一'为终极境界,而其本身又与人性论、义利观有着密切的关系"⑥。家庭教育继承了这种理想诉求,圣人是儒家至高的精神追求,但因其实难企及,故在现实的家庭教育中培养君子人格就成了较

① [汉]东方朔:《戒子》。
② [三国·魏]刘廙:《诫弟纬》。
③ [三国·魏]王昶:《家诫》。
④ [东晋]陶渊明:《与子俨等疏》。
⑤ 郭齐家、李茂旭:《中华传世家训经典》(第2卷),人民日报出版社2009年版,第793页。
⑥ 张瑞璠主编:《中国教育哲学史》(第1卷),山东教育出版社1999年版,第2页。

为切实可行的目标,对此,须分而述之。

儒家的“圣人”形象最早来自于感通天地的“巫”。在《国语·楚语》中有关于“昭王问于观射父”的记载,从中可以看出,“圣”被看做是“巫”的四种神通之一,“圣人”的概念也由此演化而来。在《说文》中“圣”与“通也”表达的是同一个意思,蕴含着“往来无穷”的意味,即沟通天地人的意思,而这正是“巫”的职能之一。《周易》中所载包牺氏所具备的神通和“巫”也并无二致。

在儒家伦理学说中,圣人是至善的化身。孔、孟、荀都崇“圣”,对他们推崇备至,这一传统为后学承袭相沿不断。总的看来,圣人是人伦之至的象征。这种基质早在孔子那里就已经奠定。孔子视“圣人”为理想道德人格的化身,把对名王圣贤的尊敬和仰慕作为培养高尚道德情操的重要方法,对他们褒之以极大的赞许。孔子认为尧上应天意、下顺民心、伟岸高大。孔子也多次论及舜,褒奖他“无为而治”①,认为他无可挑剔,对他的为人处世甚为钦佩,有“吾无间然矣”②的赞誉。

在孟子那里,圣人是践行人伦的至高楷模:“规矩,方圆之至也;圣人,人伦之至也。”③孟子认为普通人和圣人都属于同类:“圣人,与我同类者”④,而普通人和圣人的差别就在于“圣人先得我心之所同然耳”,圣人在明晓践行人之为人的理义方面是先行者,是先知先觉者,也是践行人伦道德要求的出类拔萃者:“圣人之与民,亦类也,出乎其类,拔乎其萃。”⑤其行为足为众人法式。而在践行孝方面,孟子盛赞舜为至孝:

> 人少,则慕父母;知好色,则慕少艾;有妻子,则慕妻子;仕则慕君,不得于君则热中。大孝终身慕父母。五十而慕者,予于大舜见之矣。

在孟子看来人在年幼的时候思慕双亲,到了一定的年龄阶段就会思慕美丽的少女,结婚以后就会思慕妻子儿女,入仕为官以后就会羡慕君长,如果得不到君长的信任就会烦躁恐惧。而他认为舜在五十岁的时候还爱慕父母乐此不

---

① 杨伯峻:《论语译注·卫灵公》,中华书局 2016 年版,第 226 页。

② 杨伯峻:《论语译注·泰伯》,中华书局 2016 年版,第 120 页。

③ 杨伯峻:《孟子译注·离娄上》,中华书局 2015 年版,第 176 页。

④ 杨伯峻:《孟子译注·告子上》,中华书局 2015 年版,第 285 页。

⑤ 杨伯峻:《孟子译注·公孙丑上》,中华书局 2015 年版,第 66 页。

倦[1],堪称楷模。孟子还把舜推崇为贤臣的楷模:“不以舜之所以事尧事君,不敬其君者也。”[2]在孟子那里,“孝悌”被看做是“尧舜之道”的主要内容之一,认为“人皆可以为尧舜”,也就是说每个人都能做到像尧舜一样在家孝敬父母,在外入仕为官。《孟子·告子下》中说:

> 曹交问曰:“人皆可以为尧舜,有诸?”
>
> 孟子曰:“然。”
>
> “交闻文王十尺,汤九尺,今交九尺四寸以长,食粟而已,如何则可?”
>
> 曰:“奚有于是,亦为之而已矣。有人于此,力不能胜一匹雏,则为无力人矣。今日举百钧,则为有力人矣。然则举乌获之任,是亦为乌获而已矣。夫人岂以不胜为患哉?弗为耳。徐行后长者谓之弟,疾行先长者谓之不弟。夫徐行者,岂人所不能哉?所不为也。尧舜之道,孝悌而已矣。子服尧之服,诵尧之言,行尧之行,是尧而已矣。”

曹交对孟子的人人都可以成为尧舜那样的人表示不解,而孟子认为要成为像圣人那样的人,只要在日常的家庭生活中不懈地去做就是了。孟子认为,有的人力气小得提不起一只小鸡,而有的人力大的可以举起上百钧重的东西。大力士能举起来的东西,人只要去做也可以办到,而之所以办不到,则是因为不屑于做而已。孟子认为,“悌”(表示对长者的尊敬)要求慢步行走在长者的身后,而“不悌”(对长者的不尊敬)就是快步走在长者的前面。慢步行走于长者的身后,难道是人不能做到的吗?只不过是人不去做而已。尧舜所行之道就是在家孝敬父母、在外礼敬长者而已,只要人努力去做,就可以成为像圣人一样的人。

在儒家那里,圣人的另一层蕴含是“博施济众”,也就是普遍地让人们得到利益、造福大众,这是一种大公无私的精神追求,是仁者的最高精神境界。“圣人”是无私、利他的,《史记·夏本纪》记载禹为了根治水患殚精竭虑十多年如一日,舍小家而顾大家:

> 禹伤先人父鲧功之不成受诛,乃劳身焦思,居外十三年,过家门不敢

---

① 钱逊:《〈孟子〉读本》,中华书局2010年版,第154页。

② 杨伯峻:《孟子译注·离娄上》,中华书局2015年版,第176页。

入。薄衣食,致孝于鬼神……众民乃定,万国为治①。

这种为人民的利益而不顾个人安危和家庭幸福的精神即是尧舜之道,尧舜之道意味着在外克己致公。

《论语》中子贡曾和孔子论说道:“如果能最大程度最大范围地周济人民,应该怎么样?可以称得上是仁吗?”孔子的回答是:“这不仅仅是仁!都快是圣的境界了!尧舜都很难做得到!所谓仁人,就是以爱己之心爱人,以自己想要的而施于人。能从周围选择学习的榜样,就是学习仁德的方法了。”在孔子那里,仁的称号是很少用来评价现实生活中的人的,他的“仁则吾不知也”的教诲表明了行仁之难,但孔子在评价管仲时却超乎寻常地连声称道“如其仁”,就是因为管仲“九合诸侯,不以兵车”,给人民带来了安定的生活,使得人们能够安居乐业,维护了大多数人的利益。足见,圣贤的境界也是可以通过人力得以实现的。

“尧舜与人同耳”②,“途之人可以为禹”③,“满街都是圣人”④式的“希圣希贤”的儒家人格教育理念彰显着弘扬人与人之间在精神追求和道德人格方面的平等性。学者就此认为:“道德中合理的因素是从效法圣人,也皆可为圣人,这样这个社会在精神境界方面得到极大提升。”⑤这种教育理念有着特殊的价值导向作用:“使儒家理想人格的平等化推向了世俗化”⑥,世俗化的儒家家庭教育中,常将效法圣贤作为教育的重要内容:“凡富贵功名,皆有命定,半由人力,半由天事。惟学做圣贤,全由自己作主,不与天命相干涉。”⑦认为人的富贵荣华并非全由人力所能致,但学做圣贤却是可以通过努力来达到的;“读书做人,先要立志。想古来圣贤豪杰是我这般年纪时,是何气象?”⑧则是用圣贤的人格形象教育子弟要树立远大的志向、积极作为;“然而圣贤既不易

① ［汉］司马迁:《史记·卷二·夏本纪第二》,中华书局2000年版,第38页。

② 杨伯峻:《孟子译注·离娄下》,中华书局2015年版,第220页。

③ ［战国］荀况:《荀子·性恶》(下),王天海校释,上海古籍出版社2005年版,第950页。

④ ［明］王阳明:《王阳明全集·卷三·语录三·传习录下》(上),吴光等编校,上海古籍出版社2011年版,第103页。

⑤ 邵鹏:《汤因比的中国史观》,《甘肃社会科学》2002年第4期。

⑥ 朱义禄:《儒家理想人格与中国文化》,复旦大学出版社2006年版,第152页。

⑦ ［清］曾国藩:《愿子孙读书明理》。

⑧ ［清］左宗棠:《致孝威、孝宽》。

逮,必也宁夷无惠,宁狷无狂,硁硁小人,抑可谓次焉耳。”①认为圣贤的境界虽然不易达到,但也不能因此就降低了修养的要求。诸如此类,都是儒家家庭教育中对培养高尚的道德人格的劝教。

“圣人,吾不得而见之矣;得见君子者,斯可矣。”②至善至美的圣人在现实生活中很少看到,所以能见到君子就很知足了。这一方面是说达到圣人境界之难,另一方面则说明君子是现实中的人可以普遍企及的道德人格。所以,我们看到儒家家庭教育中很多的说教都是教人做君子。如:“傥遭不世明达君子,安可不攀附景仰之乎?”③“人之性,因物则迁,不学,则舍君子而为小人,可不念哉?”④“夫俭则寡欲,君子寡欲,则不役于物,可以直道而行;小人寡欲,则能谨身节用,远罪丰家。”⑤“我希望你们发愤,立志要做个君子,即使不做官,人人也都敬重你们。”⑥“君子小人之分,在乎公私之间而已。”⑦这些家教理念折射出了儒家对于君子人格的期许。

“君子”人格是孔孟推崇的道德理想人格之一,在《论语》中就出现 107 次之多,在《孟子》出现多达 80 余次。可见,先秦儒家对这一理想人格的青睐。“君子”人格包含着丰富的道德意蕴,他们既能以道义为重,也能在家行孝,恪守人伦,与家庭教育关系密切。总的看来,儒家家庭教育中的“君子”人格包含以下精神品格:

1. 恪行孝道,在家行孝在外尽忠。如:“其为人也孝弟,而好犯上者,鲜矣。不好犯上,而好作乱者,未之有也。君子务本,本立而道生。孝弟也者,其为仁之本与!”⑧说的是君子以孝悌为做人之本,要他去以下犯上,这样的情况很少见。不好犯上而去祸乱政治,根本就不会有。君子以重视本业为要,这一点做好了就自然而然地产生“道”,而孝悌则就是仁爱之本。这也体现了儒家

① [明]孙枝蔚:《诫子文》。
② 杨伯峻:《论语译注·述而》,中华书局 2016 年版,第 103 页。
③ [北齐]颜之推:《颜氏家训·慕贤》,王利器集解,中华书局 1993 年版,第 127 页。
④ [宋]欧阳修:《诲学说》。
⑤ [宋]司马光:《训俭示康》。
⑥ [明]杨继盛:《给子应尾、应箕书》。
⑦ [清]钱泳:《示子》。
⑧ 杨伯峻:《论语译注·学而》,中华书局 2016 年版,第 3 页。

家庭教育中的“忠孝”美德。

2. 修养举止有度，好学不倦。如：“君子不重则不威，学则不固。主忠信，无友不如己者。过，则勿惮改。”①认为君子不稳重就会显得轻慢，学习就可以避免思想僵化。常怀忠信之心，不要同不如自己的人交往。有了过失错误就不要怕改正。这是说君子要恢弘气度、注重学习、知错能改。

3. 矢志于理想，不贪图安逸。如：“君子食无求饱，居无求安。敏于事而慎于言，就有道而正焉，可谓好学也已。”②君子不追求物质享受，勤敏做事而谨慎于说话，心怀大道而不断趋向大道。这种人格定位同“君子谋道不谋食”，“君子忧道不忧贫”说的是同一个道理，即君子要心怀理想追求真理。

4. 行事遵循道义，不汲汲于私利。“君子喻于义，小人喻于利。”③“君子义以为上，君子有勇而无义为乱，小人有勇而无义为盗。”④认为君子每每思索的是义理，小人每每思索的是利益。君子以义为首选，君子如果只有果敢而没有顾虑到义就有可能因此生乱，（而）小人如果只有果敢而没有顾及义就会偷盗。在儒家那里，义代表着整体、群体的利益，多与公义有关，利则多被用来表达个体、小团体的利益，多与私利有关。这种人格追求希望人们的获利行为要建立在“义”的基础之上，符合“义”的就取，反之则不取。

君子的以上道德内涵和人格魅力相较于“圣人”而言，是较易在现实生活中做到的，所以成为了世俗化的儒家家庭教育所期许的人格理想，千百年来在普通家庭教育中长盛不衰。

（二）善者，王教之化也

人性问题是十分复杂的，人性是善的，奈何现实中有些人却在行恶；如何使人趋向善的境地，儒家思想家对此提出了两类解决问题的办法：一是认为要对人进行教化，将人潜隐的善质培育扩展为善性；二是强调人通过自己的修养，通过自我戒律培育良好的品质。

---

① 杨伯峻：《论语译注·学而》，中华书局 2016 年版，第 8 页。

② 杨伯峻：《论语译注·学而》，中华书局 2016 年版，第 12 页。

③ 杨伯峻：《论语译注·里仁》，中华书局 2016 年版，第 54 页。

④ 杨伯峻：《论语译注·阳货》，中华书局 2016 年版，第 264 页。

1. 理论渊源

注重教化是儒家的一大特色。“儒家者流，盖出于司徒之官，助人君顺阴阳、明教化者也。”①这种特质早在原始儒家那里就已现端倪，史料记载舜曾有感于朝野关系的荒疏故而对契言道：“契，百姓不亲，五品不逊。汝作司徒，敬敷五教，在宽。”②这里的“五教”被认为是“父义、母慈、兄友、弟恭、子孝”的五种家庭伦理道德，舜是希望契用道德教化来和睦内外关系、美化风俗，这开了人文化成的先河。孔子认为让善于治国者治理国家百年，国家内部就可以去掉武力杀伐，国家在短时期内推行教化就可以达到和睦百姓，停止争斗的不良民风。这些说的都是教化对于国家治理的重要作用，且立意主要在于国家与家庭的和谐和社会的安宁有序。而在教化史上最早把人性问题和政治教化直接联系，认为教化对人性有直接影响的当属董仲舒。

董仲舒讲：“性者，天质之朴也。”③认为人性是天生的，他在《深察名号》中把人性看做是“自然之资”，认为人所禀受于天的性是善善恶恶俱在的，可以通过教养训导但不能改变：“人受命于天，有善善恶恶之性，可养而不可改，可豫而不可去，若形体之可肥臞而不可得革也”④；认为人并不像低等动物一样不知仁义荣辱而只一味贪图好利：“天之为人性命，使行仁义而羞可耻，非若鸟兽然，苟为生，苟为利而已。”⑤

董仲舒对人性的这种认识，是与他的天人关系紧密相关的。在董子看来，人性中既有善质（“仁”的一面）也有恶质（“贪”的一面），他认为这是因为人天生禀受的气所致：“人之诚，有贪有仁，仁、贪之气，两在于身。身之名，取诸天。天两有阴阳之施，身亦有贪、仁之性。天有阴阳禁，身有情欲栣，与天道一也。”⑥

---

① ［汉］班固：《汉书·卷三十·艺文第十》，中华书局2000年版，第1367页。

② ［汉］司马迁：《史记·卷三·殷本纪第三》，中华书局2000年版，第67页。

③ ［汉］董仲舒：《春秋繁露·实性》，张世亮、钟肇鹏、周桂钿译注，中华书局2012年版，第389页。

④ ［汉］董仲舒：《春秋繁露·玉杯》，张世亮、钟肇鹏、周桂钿译注，中华书局2012年版，第33页。

⑤ ［汉］董仲舒：《春秋繁露·竹林》，张世亮、钟肇鹏、周桂钿译注，中华书局2012年版，第62页。

⑥ ［汉］董仲舒：《春秋繁露·深察名号》，张世亮、钟肇鹏、周桂钿译注，中华书局2012年版，第376页。

从中可以看出，人性中有先天的善质，但不能就因此说人性为善，人的善质是人性善的基础。人的善性何以成就，在董仲舒看来离不开教化，就好比天道对阴阳之气加以节制一样，人自身所具有的情感欲望也要加以规约。从这样的天人关系出发，他一而再再而三地反复论证“善质不等于善、待教而善”的道理。他将人性善质和性善比喻为“禾”和“米”，以此来晓谕二者的关系。他说：

性者，宜知名矣，无所待而起，生而所自有也。善所自有，则教训已非性也。是以米出于粟，而粟不可谓米；玉出于璞，而璞不可谓玉；善出于性，而性不可谓善。其比多在物者为然，在性者以为不然，何不通于类也？卵之性未能作雏也，茧之性未能作丝也，麻之性未能为缕也，粟之性未能为米也。①

董仲舒认为要从“名”着手来了解人性，性是不依赖任何外在事物而存在的，是人生来就有的。如果善性是天生就有的话，那么经过教化之后的善性就会变质。正如自然界中米是生自于粟一样，但粟却不能因此就叫做米；也好比是玉生自于未经加工过的石头一样，含有玉的石头却不能就称作为玉。以此类推，善是生自于人性，但人性不能就说是善。自然界类似的现象比比皆是，为何人们对人性的认识就不能像看待自然事物一样呢？人性不经教化就不能成善，就好比卵不经孵化不能成为幼禽，茧不经加工就不能成为丝线，粗麻不经加工就不能成为缕线，粟不经加工就不能成为米一样。

董仲舒反复设喻论证“性待教而善”的道理。在此基础上，他认为万民之性应该由“先觉觉后觉，先知觉后知”，也就是经过象征善的王教施化，然后普遍趋善、成善。他说：

故性比於禾，善比於米。米出禾中，而禾未可全为米也。善出性中，而性未可全为善也。善与米，人之所继天而成于外，非在天所为之内也。天之所为，有所至而止。止之内谓之天性，止之外谓之人事。事在性外，而性不得不成德。民之号，取之瞑也。使性而已善，则何故以瞑为号？以賈者言，弗扶将，则颠陷猖狂，安能善？性有似目，目卧幽而瞑，待觉而后

① ［汉］董仲舒：《春秋繁露·实性》，张世亮、钟肇鹏、周桂钿译注，中华书局2012年版，第389页。

> 见。当其未觉,可谓有见质,而不可谓见。今万民之性,有其质而未能觉,譬如瞑者待觉,教之然后善。当其未觉,可谓有善质,而不可谓善,与目之瞑而觉,一概之比也。

人性就如同禾苗,人的善性就好比大米,虽是来自于禾苗的,但是禾苗不全成为米;人的善性是从人性中来的,但人性不能就说全部都是善的。善和大米都是禀受于天生而经过外力创造的,不是天道本就如此。天道的作用是有限度的,在限度范围之内就是天性,天道范围以外的就是人力外物所致。人力作用是人性之外的力量,正是在这样的作用之下,人性才逐渐成长为善德。凡民对于日用行常之道不能自觉,所以才用"瞑"(意思是昏暗、迷离)这样的词来标识他们。如果不用教化来扶持引导他们,人们要么就会溺而不知其理,要么举止就会猖狂无所羁,陷于极端之中,不能持中而行,就很难称得上是善。人性就像是人的眼睛一样,人睡卧于幽室,眼前一片昏暗,只能等到清醒之后才能看到。在没有醒来之前,他有看到事物的潜能,但还不能就说能看得见。普通人之性,也只是有成善的潜质,但没有自我觉察而已,就好像昏睡者清醒之后才能看到事物一样,人性只有通过教化才能成就善性。

董仲舒的"性待教而成善"的理论旨趣不是意指所有的人都可以经过教化而成善,在他的"性三品"论中,"圣人之性"、"中民之性"、"斗筲之性"是有差别的,而圣人之性是完美甚至是超越了善性的,"斗筲之性"则是虽经教化而不起作用的,故这二者都不在可教化之列,只有"中民之性"才是教化的重点(这部分内容在人性论部分亦有涉猎,此不赘述)。他说:

> 中民之性如茧如卵,卵待覆二十日而后能为雏,茧待缫以涫汤而后能为丝,性待渐于教训而后能为善。善,教训之所然也,非质朴之所能至也,故不谓性①。

他从惯用的类比论证出发,认为"中民之性"就好比蚕茧和卵,都要经过一定的外力作用之后方可发生质变(卵需要经过二十天左右的孵化,蚕茧则需要沸水缫丝),而人性也要经过循序渐进的教化之后才成就善性,人的善性更多

① [汉]董仲舒:《春秋繁露·实性》,张世亮、钟肇鹏、周桂钿译注,中华书局 2012 年版,第 388 页。

地是后天教化所致。

董仲舒的人性论及其人性教化思想，概括性地说就是他在《实性》中所讲的：“性者，天质之朴也；善者，王教之化也。无其质，则王教不能化；无其王教，则质朴不能善。”①把人天生的质朴看做是性，而人性的善则是后天教化（在董仲舒那里主要是政治教化）的结果。没有人的善质，教化就没有了赖以成立的基础；而没有了教化，则人的质朴之性亦不能成善。

董仲舒对人性以及人性经教化成善的思想，与先秦时期儒家人性论有很大的不同，既是对先秦儒家人性论思想的继承，也是对其的发展。他的思想中有人性善的因素（“仁”），但他又极力反对人性本善；他的思想中有荀子人性恶的因素，但他并没有走向人性恶（“贪”）；又隐约在其中觉察到“人性非善非恶”的思想痕迹。“董仲舒承认人性具有善端、善质，但他强调的重点是，如果没有后天的教化，这些善端、善质是不能自发地成为善性的。”②后天的教化也就是“王教”，这是董仲舒从其所处的时代背景出发，为社会治理开出的救世良方。秦汉已降，专制集权得以加强，儒学的命运波澜起伏，董仲舒的理念成为了汉以后封建国家的主要治国方略，原因就在于董仲舒把先秦以前的道德教化转变成了象征政治教化的“王教”，使得教化与治民、治家、治国紧密结合。这种倾向在一系列的制度化教化和实践中成为后世教化遵循的基本原则。

2. 百善孝为先

在董仲舒等一批大儒的推动下，教化成为了汉代国家治理的基本方略，这种方略整体上是对儒家“德主刑辅”思想的继承和发展。在汉代教化的统序中，“性待教而成善”成为了社会范围内的思潮，国家通过一系列的政治教化在社会范围内推行德教主张，使得社会教育和家庭教育实现了有机结合，而使家庭教育和其他教育形式贯通起来的则是“以孝治天下”的治国理念。

“盖棺定论”是古人评价人物的一大传统，对于位高权重和社会贤达多在其去世后以“谥”的方式来评价其一生。《论语》中记载的“高宗谅阴”，“高”

① ［汉］董仲舒：《春秋繁露·实性》，张世亮、钟肇鹏、周桂钿译注，中华书局2012年版，第389—340页。

② 罗安宪：《中国孔学史》，人民出版社2008年版，第296页。

就是谥号。《仪礼·士冠礼》中说:“古者生无爵,死无谥。”只有有一定社会地位的人死后才能得到一定的谥号,而皇帝作为封建社会地位无以复加的人物,几乎都有自己的谥号,以表示对其一生功过的评价。我们知道,秦始皇曾下令取消了谥法,他说:“朕闻太古有号毋谥,中古有号,死而以行为谥。如此,则子议父,臣议君也,甚无谓,朕弗取焉。自今已来,除谥法。”①汉代为了践行“以孝治天下”的理念,进行了很多建制,并着手恢复了谥号的传统。汉代除刘邦(谥号“高”)和刘秀(谥号“光武”)外,其他皇帝谥号中均有一个“孝”字,汉惠帝刘盈谥号为“孝惠”,汉文帝刘恒谥号为“孝文”,汉景帝刘启谥号为“孝景”,汉武帝刘彻谥号“孝武”,汉昭帝刘弗陵谥号“孝昭”,汉宣帝刘询谥号为“孝宣”,汉元帝刘奭谥号为“孝元”,汉成帝谥号“孝成”,汉哀帝谥号“孝哀”等。这些西汉诸帝都以孝来名其谥号,并将之作为祖宗家法,为东汉诸帝继承。这种以“孝”为谥的传统,也为历史上的其他朝代所继承,如明代诸帝,尽管谥号的形式发生了变化,但除个别皇帝外,大都在谥号中加入“孝”来作为众多谥号中的一个。如历史上赫赫有名的明成祖朱棣,其谥号为“启天弘道高明肇运圣武神功纯仁至孝文皇帝”,“孝”是众多谥号中的一位,明代其他皇帝谥号也大都如此。

秦代虽有“焚书坑儒”,倡导“以吏为师”,但是儒家的人伦理念并未就此消弭:“为人君则怀,为人臣则忠,为人父则慈,为人子则孝……君怀臣忠,父慈子孝,政之本也”②的理念依然受到社会范围内的青睐,而根据有关的记载,秦始皇还曾专门就有关涉及教化的人伦理念树之碑石,希望人们永久遵行。汉代开始立官学,分为地方官学和中央官学,尤以中央官学为重:“太学者,贤士之所关也,教化之本源也。”③中央官学从内容设置等各方面来践行教化的意图,这是对之前教育系统重人伦教化的一种体现。从《孟子》中的记载可以看出,古时教育的主要内容就是围绕人伦开展:“夏曰校,殷曰序,周曰庠。学则三代共之,皆以明人伦也。”可以说官学在教化方面发挥了主导性的作用,乃至于后世私学、书院都受其影响,如朱熹《白鹿洞书院揭示》就将“父子有

① [汉]司马迁:《史记·卷六·秦始皇本纪第六》,中华书局2000年版,第168页。
② 《秦简·为吏之道》。
③ [汉]班固:《汉书·卷五十六·董仲舒传第二十六》,中华书局2000年版,第1911页。

亲,君臣有义,夫妇有别,长幼有序,朋友有信”等列为书院的主要教育内容和目标,认为“学者学此而已”,人们甚至还把民间私学与官学在教育内容上的趋同化称之为“书院的官学化”或“私学的官学化”。而私学中的大量童蒙早期读物更是把儒家的人伦思想用浅显易懂的语言从小就灌输给幼童,促进了儒家人伦理念的具体化、平民化、生活化。

汉代在国家治理的各方面把“孝”融入制度建构之中,惠帝时期即有厚待孝子贤孙的德政之举,如:“春正月,举民孝弟力田者复其身。”①这里提到的“孝弟”就是对孝子贤孙的一种特定称谓,而“复其身”说的则是免除孝子贤孙徭役赋税等以示优渥的意思,而史料中类似“遣谒者劳赐三老、孝者帛人五匹,悌者、力田二匹,廉吏二百石以上率百石者三匹”的记载,也是对孝子贤孙式的人物予以物质奖励的记载。这样的记载在汉以后的正史中屡见不鲜,指向的是对家庭孝道的重视。同时,汉代把“孝”德融入其用人理念之中。《汉书·文帝纪》记载:“今岁首,不时使人存问长老,又无布帛酒肉之赐,将何以佐天下子孙孝养其亲?今闻吏禀当受鬻者,或以陈粟,岂称养老之意哉!具为令。”诏令各级官员要躬行朝廷有关奉亲养老的政策。汉代察举制是最重要的选官用人制度,其中“举孝廉”占了相当的比重,“孝”就是指“善事父母”,即是将因孝敬父母而闻名乡里、声名远播者作为国家官员的重要来源。汉代诸帝大都实行这一用人政策,汉宣帝时期“其令郡国举孝弟、有行义闻于乡里者各一人”②;汉桓帝时期:“诏公、卿、校尉、郡国举至孝。”③汉献帝时期:“诏三公举至孝二人,九卿、校尉、郡国守相各一人”④等,类似的史料记载很多,从中可以看出汉代推行“以孝治天下”的力度之大与时间跨度之长,虽然“举孝廉”后来徒有虚名,甚至名存实亡,但作为一种治国理念,反映了社会范围内对与家庭有关的伦理道德的重视。

汉代儒家受到“独尊”,随着儒家人伦理念深入社会生活各方面,国家法

---

① ［汉］班固:《汉书·卷二·惠帝纪第二》,中华书局2000年版,第66页。

② ［汉］班固:《汉书·卷八·宣帝纪第八》,中华书局2000年版,第175页。

③ ［宋］范晔:《后汉书·卷七·孝桓帝纪第七》,中华书局2000年版,第209页。

④ ［宋］范晔:《后汉书·卷九·孝献帝纪第九》,中华书局2000年版,第252页。

制领域出现“以经决狱”、“原心定罪”、“春秋决狱”(也即“经义决狱”)现象,就是把儒家的伦理纲常理论制度化为国家司法的主要指导原则,尤其在涉及与家庭问题相关的司法审判时,都要以儒家经典所规定的人伦理念来作为审判的依据。如孔子在《论语》中提出了“亲亲互隐”的原则:“叶公语孔子曰:吾党有直躬者,其父攘羊,而子证之。孔子曰:吾党之直者异于是:父为子隐,子为父隐,直在其中矣。”汉代儒生就认为“春秋之义,父为子隐”,“春秋为尊者讳,为亲者讳”。董仲舒曾说:“《春秋》之决狱也,必本其事而原其志。志邪者不待成,首恶者罪特重,本直者其论轻”,强调对犯罪动机的裁量,而其中一个重要的考量就是人伦亲情。汉宣帝地节四年下诏:

> 父子之亲,夫妇之道,天性也。虽有患祸,犹蒙死而存之。诚爱结于心,仁厚之至也,岂能违之哉!自今,子首匿父母、妻匿夫、孙匿大父母,皆勿坐。其父母匿子、夫匿妻、大父母匿孙,罪殊死,皆上请廷尉以闻。

国家以最高统治者诏令的形式对“亲亲互隐”予以肯定,为了成全家庭内部的人伦亲情而在法律上作出相应的制度安排,以体现“孝治天下”的理念,这在当时的历史条件下是为社会所接受和认可的。唐代也有类似的规定,明清法律都有类似的规定,这便将“亲亲相隐”的原则制度化,由此可以看出国家法制层面对包含人伦亲情在内的儒家人伦理念的珍视。当然,与此相反,法律对于违背人伦亲情的行为则要给予严厉惩处,所谓“五刑之属三千,而罪莫大于不孝”,不奉养父母,告发父母,杀害双亲,不守丧制等都属法律严惩的“不孝”之列。

需要指出的是,与国家法律层面默认或允许亲属间在一定范围内相互隐匿不同,古代家庭教育中却不主张个体家庭或家族内部的相互包庇。如《绍兴州山吴氏宗谱·族规》中就规定:

> 如有犯者,不分亲属长幼,即便具首以凭责罚。知而不举,罪并及之……卑幼非礼干犯各支尊长,而其父兄代为辩饰者罚。

《金口镇刘氏宗谱·家规》中也规定:

> 子弟不守家规,任性妄为……若容隐不报则罪归亲属父兄。

学者在解释这一现象时指出:“这是因为家庭或家族内部允许容隐,势必导致人人容隐、家家包庇,相互以家庭联网对抗国家,这不利于维持国家秩序。"①亦有学者认为这是我国古代法治传统中的人文精神。诚然,可以用"人文"这样的褒义词来阐释古代儒家法律思想中温情脉脉的一面,但我们必须要对此做批判性的认识,要看到其与现代法治相悖的消极面。在孔子之世,这一做法就有"其父攘羊,而子证之"的相反做法,足见这一问题自产生起就有可商榷之处。

在"孝治天下"的理念之下,作为"王教"主体的统治者不惜作出让步来践行这一理念。如在为人熟知的《陈情表》中,李密就以"伏惟圣朝以孝治天下,凡在故老,犹蒙矜育,况臣孤苦,特为尤甚。"为理由,获准在家照顾年迈的祖母,最终成全了人伦之孝。而实际上,在此之前,李密的孝名也早已远扬,《晋书》中称李密"以孝谨闻,刘氏有疾,则涕泣侧息,未尝解衣,饮膳汤药,必先尝后进。"晋武帝也认为李密并非徒有空名,所以才特地赐两名奴婢以示眷顾。统治者的身体力行和社会范围内的倡导,使得这种"百善孝为先"的理念成为社会范围内的共识。

在中国家庭教育史上,有大量的关于孝子贤孙的故事广为流传,以之作为家庭教育的重要题材。我们知道的"二十四孝"的故事以及与之相关的文学、艺术、绘画等题材都在通过各自的形式向社会范围内的人们讲述同样的理念——孝。这反映了人们对孝的重视。今人评价"二十四孝"道:"这二十四位孝子,有男有女,有富有贫,有老有少,其人品不同,境遇各异,但都实践了一个'孝'字。其中有一部分人的行为有可借鉴之处。如为了家庭完整,宁可自己受委屈,不让父亲休掉虐待自己的继母的闵子骞;袖中怀橘欲献母品尝的陆绩。但有一部分人的行为经过迷信和神化的渲染,变成了荒诞的、畸形的行为,失去了警示后人的实际意义,如郭巨以活埋来处置分食老母食物的儿子等。"②站在今人的立场来看这些涉及家庭教育的内容,免不了包含时代局限性的一面,但这种做法从其赖以存在的社会历史背景来看确是天经地义的,都是"以孝治天下"的实践,这成为了中国政治史、家庭教育史上特有的现象。

---

① 祝瑞开:《中国婚姻家庭史》,学林出版社 1999 年版,第 286 页。

② 祝瑞开:《中国婚姻家庭史》,学林出版社 1999 年版,第 476—478 页。

(三)修身成善

美好善性如何培养,儒家对此有着深刻的理论思考,儒家家庭教育中的诸多理念则是对儒家修身思想的积极践行。孔子将“德之不修”视为一个人的忧患。孟子认为“人皆可以为尧舜”,并强调通过“扩而充之”的修养方法来成就善性;荀子认为“尧、禹者,非生而具者也,夫起于变故,成乎修为,待尽而后备者也。”①认为圣人并非天生,圣贤之所以为圣贤只不过是从改变自己的习性开始,不断加强修养所致。这些论述都强调了修身对于成就人美好德性的重要性。“自天子以至于庶人,一是皆以修身为本。”②《大学》中的这一主张则是把修身思想视为所有人共同的人生追求。在《大学》看来修身就是去“辟”:“所谓齐其家在修其身者,人之其所亲爱而辟焉,之其所贱恶而辟焉,之其所畏敬而辟焉,之其所哀矜而辟焉。”修身就是要通过提升修养来革除由于“亲爱”、“贱恶”、“畏敬”而带来的行为处事的片面性、极端性,使行为合乎规范。儒家在如何修身的问题上也提出了诸多的见解,可从以下方面予以把握:

1. 学则不固。学习是获得文化知识的重要途径,但是在儒家的修身理念中,学习还是克服个性缺陷,完善自我的重要修身方式。所谓“君子不重则不威,学则不固”③,君子不稳重就会显得轻慢,但学习则可以避免行为走向僵化。这种学习取向明显不同于学以获知的学习观,而是对此赋予了道德修养的内涵。关于学习能避免人走向片面极端、提升道德修养的说法中,最具有代表性的要数孔子的“六言六弊”之说。孔子认为一味好仁而不好学习,弊病就是会导致愚昧;一味了解知识而不学习,弊病就是知道的东西虽多但却不成体系;一味好信而不学习,弊病就是被侵害;一味耿直而不学习,弊病就是易于急切;一味好勇而不学习,弊病就是会导致祸乱;一味刚强而不学习,弊病就是会导致狂傲。也就是说一个人的身上虽然具有诸种优良品质,但是如果不通过学习,就有可能走向“勿意勿必勿固勿我”的反面,由具有美德而走向片面固执而不能觉察。这种理念与儒家倡导的“中庸”、“经权”思想是有一致之处

---

① [战国]荀况:《荀子·荣辱》(上),王天海校释,上海古籍出版社2005年版,第141页。

② 《大学·中庸》,王国轩译注,中华书局2015年版,第5页。

③ 杨伯峻:《论语译注·学而》,中华书局2016年版,第8页。

的。因为儒家修身的追求超不出“内圣外王”的格局，而要达到这样的人格境界没有“通权达变”的道德品质，固执一端是不可能实现的。孔子之后的孟子和荀子都十分注重学习对于人修养的重要作用，荀子还专门作有《劝学》篇，对儒家学习思想作了系统全面的阐释，后世儒家家庭教育中的重学思想，与此不无关系。如孙奇逢在《孝友堂家训》中说：“古人读书，取科第犹为第二事，全为明道理、做好人。道理不明，好人终做不成者，惰与傲之气未除也。洒扫应对，先儒谓所以折其傲与惰之念。盖傲惰除而心自虚，理自明，容色词气间，自无乖戾舛错，事父、从兄、交友，各有攸当，岂不成个好人。”①家庭教育中的重学倾向就是对儒家提倡的通过学习来修养身心思想的继承。

2. 见贤思齐。向优秀的人学习是儒家重要的修身思想，“见贤思齐”说的就是这个意思，即把向优秀的人学习看做是成仁的重要方法：“能近取譬，可谓仁之方也已”②。从这样的角度出发，我们就能理解为什么倡导“三人行，必有我师焉”的学习理念了。在儒家的道德修养理念中，“德不孤，必有邻”③，这里的“邻”可以视为是道德主体周围的贤人，包括了师长、父母、朋友等。而圣人所以为圣人，就在于他们敬重有贤德的人，常向他们请教，并与他们交朋友，不断督促自己向他们看齐：“舜之居深山之中，与木石居，与鹿豕游，其所以异于深山之野人者几希。及其闻一善言，见一善行，若决江河，沛然莫之能御也。”④舜居住于荒野，与野兽同处，便与野兽并没太多的差别，但是舜的可贵之处就在于能不断地以嘉言善行要求自己，持之以恒地去践行。“见不贤而内自省也”，而当遇到道德修养欠佳者，就要以此对照反省自己是否做的不够。这样的修身理念可以帮助我们理解为什么儒家家庭教育思想中要把父母的榜样示范和慎重择友作为重要的教育内容。由于父母、师长、朋友是受教者生活中最常接触到的对象，耳濡目染，自然最容易影响子弟的成长。

3. 克己内省。儒家提倡向内施力的修养功夫，“克己复礼为仁”就是希望通过约束自己的言行、遵循礼的要求来达至仁的境界：“仁者，本心之全德。

---

① 郭齐家、李茂旭：《中华传世家训经典》（第2卷），人民日报出版社2009年版，第483页。

② 杨伯峻：《论语译注·述而》，中华书局2016年版，第91页。

③ 杨伯峻：《论语译注·里仁》，中华书局2016年版，第56页。

④ 杨伯峻：《孟子译注·尽心上》，中华书局2015年版，第338页。

克，胜也。己，谓身之私欲也……为仁由己，而非他人所能预，又见其机之在我而无难也。日日克之，不以为难，则私欲净尽，天理流行，而仁不可胜用矣。”①“克己”就要做到不能患得患失：“不患无位，患所以立；不患莫己知，求为可知也。”要考虑如何通过强化内功而自立，不担心别人不了解自己，而要担心通过怎样的修炼最终为人所知。明代王守仁还提出了如何“克己”的具体操作内容，他在《传习录上》中说道：“省察克制之功，则无时而可间，如去盗贼，须有个扫除廓清之意。无事时，将好色、好货、好名等私，逐一追究搜寻出来，定要拔去病根，永不复起，方始为快。常如猫之捕鼠，一眼看着，一耳听着，才有一念萌动，即与克去，斩钉截铁，不可姑容，与他方便，不可窝藏，不可放它出路，方是真实用功，方能扫除廓清，到得无私可克，自有端拱时在。”也就是提倡人在私欲萌动之际即行消除，稍有念动就要加以克制，要做到意志坚决，把这些“破坏道德修养的病根”消灭殆尽。“慎独”也是儒家提倡的克己功夫之一：“君子戒慎乎其所不睹，恐惧乎其所不闻。莫见乎隐，莫显乎微，故君子慎其独也。”②就是说“君子在别人看不见的地方也是谨慎的，在别人听不见的地方也是有所戒慎畏惧的。越是细微的事情越是容易显现。所以，君子在一个人独处独知的时候，更要谨慎。”③君子要时时刻刻检省自己的言行，即便是独处暗室也不能丝毫松懈。足见，自我约束对于道德修养的重要性。与此相关的，儒家还认为人要做到有自知之明，不断反省自己、检讨自己。孔子虽然说“吾未见能见其过而内自讼者”④，但他的希望是人们能做到“吾日三省乎吾身”，时常反省自身存在的问题，查漏补缺，精进道德。《中庸》也说“射有似乎君子，失诸正鹄，反求诸其身”；孟子也说“有人于此，其待我以横逆，则君子必自反也。”⑤他还说：“爱人不亲，反其仁；治人不治，反其智；礼人不答，反其敬。行有不达者，皆反求诸己。”⑥这些理念都是倡导通过内省自觉来修养身心的。王守仁就把这种自我反省的道德修养方法教诸生，要他们在日常生活中时时

① ［宋］朱熹：《论语集注》。

② 《大学·中庸》，王国轩译注，中华书局2015年版，第46页。

③ 《大学·中庸》，王国轩译注，中华书局2006年版，第47页。

④ 杨伯峻：《论语译注·公冶长》，中华书局2010年版，第74页。

⑤ 杨伯峻：《孟子译注·离娄下》，中华书局2015年版，第214—215页。

⑥ 杨伯峻：《孟子译注·离娄上》，中华书局2015年版，第178页。

检省自我,他说:“在家所以爱亲敬长之心,得无懈忽,未能真切否;温凊定省之仪,得无亏缺,未能实践否;往来街衢,步趋礼节,得无放荡,未能谨饬否;一应言行心术,得无欺妄非僻,未能忠信笃敬否。诸童子务要各以实对,有则改之,无则加勉。”①

4. 修身以诚。道德修养非一朝一夕之功,需要持久的坚守和恒久的毅力,儒家将这一过程称之为“诚”。《中庸》中讲“诚者,天之道也;诚之者,人之道也。诚者,不勉而中,不思而得,从容中道,圣人也。诚之者,择善而固执之者也。”把“诚”上升到形而上的本体高度,认为“诚”是天道的体现,而按照天道的要求去践行“诚”,就是人之为人的原则的体现。“天生真诚的人,不用勉强就能做到,不用思考就能拥有,从从容容就能符合中庸之道,这是圣人啊。努力做到真诚的人,就是选择好善的目标执着追求的人。”②为了尽人道,就要广泛学习,详加探求,审慎思考,查明事理,努力践行。学习但没有学懂就不要停止学习,求教了但没有搞清楚事情的原委就不要停止追问,思考了但没心得就要继续思考;践行了但没有做到完美就不要停止做。要有超出别人付出的百倍精神来努力,别人投入一分精力,自己就要投入百分精力;别人投入十分精力,自己就要投入千分努力。只有这样去做,才能使自己拥有智慧,也才能克服柔弱的缺点变得刚强。《荀子·大略》记载了一则发生在孔子和子贡之间的对话,子贡以自己厌倦了学习为借口,不愿意继续学习而想去从政,在子贡不断为自己寻找停止学习的借口的过程中,孔子阐释了人不管是从政、孝敬父母、居家、与朋友相处、种地等都不能停止学习,应该把学习视为一生的事业永不停止。“至诚无息”,践行“诚道”就不能停止,道德修养更是如此。

---

① [明]王阳明:《王阳明全集·卷二·语录二·传习录中·教约》(上),吴光等编校,上海古籍出版社 2011 年版,第 100 页。

② 《大学·中庸》,王国轩译注,中华书局 2006 年版,第 102 页。

第三章 儒家家庭教育思想的价值诉求

家庭教育在人的成长过程中有着重要作用，儒家家庭教育的首要目的就在于教导家人明晓人伦亲爱之情的重要性，使家人子弟形成相亲相爱的人伦道德理念。家庭教育还旨在培养良好的家风，即在家庭范围内形成累世传承的道德文化氛围，传承家风自然而然就成了潜移默化的家庭教育活动。这种家庭教育现象也有着各自不同的理论内涵，儒家为此提出了一些原则性主张。此外，由于家庭在社会构成中的特殊地位，使得家庭教育往往在化民导俗方面起着基始性的作用，社会教化中的主流价值观念的培育和践行要在千千万万的家庭范围内首先得到接受和践行。儒家的家庭教育使得这种要求，一方面有着家庭教育的自觉，另一方面国家也通过各种途径形成了以家庭为中心的社会主流观念灌输和培育机制。这就使得家庭教育和社会教化两相促进，共同营造良风美俗。

第一节 明人伦

人伦道德是人类社会在发展过程中形成的关于人际和谐的理性认识。不仅其具体内容多与家庭有关，而且培育和形成人伦道德理念亦离不开家庭教育的作用。“明人伦”是家庭教育的首要目的所在，家庭教育旨在通过言传身教使家庭成员之间对各自的道德责任和义务形成明晰的认识并自觉践行，亦为家庭成员社会化奠定相应的道德责任意识。

一、人伦

“人伦”就是“处理人际关系的原则”①，或者也叫“人际秩序以及其中包含的义理”②。因为，人是社会关系的产物，人处在由家庭关系、社会关系、政治关系等构成的关系网中，这些关系还可以分血缘关系、地缘关系、学缘关系、业缘关系等。儒家思想在本质上则是一种关系主义学说，儒家注重人伦教育的理念正是其重视各种关系之协调有序的体现。儒家关于人在不同关系中的权利和义务的表述就是儒家关于处理各种人际关系的理性思考，这也是人们大都将人伦思想视为儒家思想核心的原因。

儒家的人伦思想是社会历史发展到一定阶段形成的，有一个逐渐形成发展和流变的过程。《周易・系辞》中说：“上古穴居也处”，是说人类早期文明时期生活的原始情形。《吕氏春秋・恃君览》中说：“昔太古尝无君矣。其民聚生群处，知母不知父，无亲戚兄弟夫妻男女之别，无上下长幼之道，无进退揖让之礼。”说的是蛮荒时期人类还没有自我意识，处于自然生长阶段的人们还并没有人伦思想的观念。在自然的原始生活状态下，人类以氏族部落的形式被组织起来，共同劳动、生产以维持生存，处于这一阶段的人们之间的联系是不自觉的自然联系，这种自然联系中包藏着人伦关系的种子③。人类对人伦关系的自觉，与以家庭为单位的生产方式的形成有关。正是以家庭为单位的生产组织形式的形成和发展，才使得以家庭为核心的人伦关系理念逐渐得以形成。正是以家庭为基础，人类社会逐渐发展壮大，人的交往也日益广泛，人与人之间的联系变得多样而复杂，“各种关系在长期的相处和交往过程中，经过习惯成自然地积累，久而久之，每种关系之间必然会形成某种适宜于保持或处理这种关系的规范和准则，并为一定范围内的人们所认同和遵守，从而作为约定俗成的原则固定下来。”④这些处理包括家庭关系在内的各种交往、互动理念和原则就成了人伦观念，并最终发展形成为人伦思想。

---

① 徐儒宗：《人和论——儒家人伦思想研究》，人民出版社 2008 年版，第 3 页。

② 徐儒宗：《人和论——儒家人伦思想研究》，人民出版社 2008 年版，第 507 页。

③ 徐儒宗：《人和论——儒家人伦思想研究》，人民出版社 2008 年版，第 4 页。

④ 徐儒宗：《人和论——儒家人伦思想研究》，人民出版社 2008 年版，第 5 页。

在儒家先秦典籍中已经或零散或集中地表达了各种各样的人伦思想。如有“群经之首”之称的《周易》就已经有了夫妻伦理的记载,《周易·大过》说:“枯杨生稊,老夫得其女妻”①;《周易·恒》说:“恒其德,贞;妇人吉,夫子凶。”②《周易·小畜》说:“舆说辐,夫妻反目。”③在《周易·蹇》中还记载说“大蹇,朋来”和“一人行,则得其友”④。这些表述说明了家庭伦理观念和一些社会关系理念已经产生并得以确立。《诗经》中也有关于人伦关系的记载,如:“戚戚兄弟,莫远具尔”⑤、“凡今之人,莫如兄弟”⑥、“问我诸姑,遂及伯姊。”⑦这些记载已经表明兄弟、姑、伯、姊、舅等家庭成员角色观念的形成。而诸如“我有嘉宾,鼓瑟吹笙”⑧和“嘤其鸣矣,求其友声”⑨的记载则更进一步说明了人之社会关系的多样化。《尚书》中亦有关于人伦关系的记载,如“父顽,母嚚,象傲,克谐以孝蒸蒸”⑩,“元恶大憝,惟不孝不友”⑪,已经强调了作为家庭伦理之“孝”的重要性,且明确了“不孝”之后果。这些记载都是对某方面人伦关系的记载,虽然没有后儒总结的那样全面,但已经为我们了解先秦时期人伦思想形成发展的轨迹提供了清晰的线索。《左传·隐公六年》有人伦关系之“六顺”⑫的记载,具体内容为:“君义、臣行、父慈、子孝、兄爱、弟敬”⑬,这种人伦关系的明确成型表明人的交往和社会实践活动的扩大化,从思想诞生的时代背景来看,可以表明“至晚在商周之交,几种主要的社会关系已渐趋定

① 《周易·大过·九二》,杨天才、张善文译注,中华书局2011年版,第260页。

② 《周易·恒·六五》,杨天才、张善文译注,中华书局2011年版,第296页。

③ 《周易·小蓄·九三》,杨天才、张善文译注,中华书局2011年版,第101页。

④ 《周易·损·六三》,杨天才、张善文译注,中华书局2011年版,第367页。

⑤ 《诗经·大雅·行苇》,程俊英译注,上海古籍出版社1985年版,第529页。

⑥ 《诗经·小雅·常棣》,程俊英译注,上海古籍出版社1985年版,第293页。

⑦ 《诗经·邶风·泉水》,程俊英译注,上海古籍出版社1985年版,第69页。

⑧ 《诗经·小雅·鹿鸣》,程俊英译注,上海古籍出版社1985年版,第286页。

⑨ 《诗经·小雅·伐木》,程俊英译注,上海古籍出版社1985年版,第296页。

⑩ 《尚书·尧典》,王世舜、王翠叶译注,中华书局2012年版,第14页。

⑪ 《尚书·康诰》,王世舜、王翠叶译注,中华书局2012年版,第189页。

⑫ [春秋]左丘明:《左传·隐公六年》(上),郭丹、程小青、李彬源译注,中华书局2012年版,第33页。

⑬ [春秋]左丘明:《左传·隐公六年》(上),郭丹、程小青、李彬源译注,中华书局2012年版,第33页。

型，而且已初步形成了共同遵守的道德准则”①。在此基础上，春秋晚期开始形成的儒家逐渐形成了完整的关于协调人伦关系的思想。

孔子在儒家人伦思想发展史上具有重要的地位，也奠定了儒家家庭教育“明人伦”的基本格局。在他的思想体系中，各种人伦关系都已经有了各自不同的道德内涵，并使这些人伦思想形成了系统化思想体系，还为人协调血缘亲情关系和社会关系提供了指导性的意见。孔子对父子伦理、夫妇伦理、兄弟伦理、朋友伦理、君臣关系等都做了说明，形成了儒家“五伦”关系的原型。孔子为父子关系确立了“父慈子孝”的基本要求，孔子提倡仁爱，而这种爱正是以家庭人伦为核心的，他讲：“仁者，爱人”，还说：“爱之，能勿劳乎？”前者是要父母慈爱子女，后者是说父母对于子女要行仁爱，但不能因此而废止了对他们的教育。因为，父母对于子女的深切情感有走向一偏的倾向：“爱之欲其生，恶之欲其死，既欲其生，又欲其死，是惑也”，孔子希望父母能够在爱与教之间秉持中道而行。孔子提倡为人子女者对于“父母的三年之爱”，应该报之以生养死葬的义务。对于子女而言，就要在家行“孝”。“孝”在《论语》中出现了19次，更多的是强调子女对于父母的道德责任和义务，如：“弟子入则孝，出则弟”、“三年无改于父之道，可谓孝矣”，孝的具体要求就是“生，事之以礼；死，葬之以礼，祭之以礼。”他还强调以“敬”为核心的行孝思想：“今之孝者，是谓能养，至于犬马，皆能有养；不敬，何以别乎？”这种敬除了要发自内心的真诚，还要和颜悦色地奉养父母：“色难。有事，弟子服其劳；有酒食，先生馔。曾是以为孝乎？”孔子还将“孝慈”②并列，认为在上位的君子能够做到“孝慈”，在下位者就能行忠孝。他已经注意到了家庭人伦关系和社会性人伦关系之间的联系，如他说过：“其为人也孝弟，而好犯上者，鲜矣。不好犯上，而好作乱者，未之有也”③，已经开始将家庭人伦关系提升到社会的角度。孔子通过对男女恋爱的诗意化表达，表达了他对夫妻人伦的珍视，他还主张“夫妇和”④，为夫妻关系确立了基本的

---

① 徐儒宗：《人和论——儒家人伦思想研究》，人民出版社2008年版，第6页。

② 杨伯峻：《论语译注·为政》，中华书局2010年版，第27页。

③ 杨伯峻：《论语译注·学而》，中华书局2016年版，第3页。

④ 《礼记正义·礼运》，［汉］郑玄注，［唐］孔颖达正义，吕友仁整理，上海古籍出版社2008年版，第943页。

原则，主张为人夫者首先要礼敬妻子。孔子将同样具有血缘关系的兄弟关系和父母关系相提并论，认为“孝悌”是仁爱之本，是践行“仁”这一家庭思想的本源，而“友于兄弟”和“兄弟怡怡”则是他为兄弟关系确立的行为准则。《论语》中“父母昆弟”的表述则表明他还十分注重家庭主要成员间的亲情和睦。就朋友关系而言，《论语》有时称朋友为“朋”（《论语》中共出现 9 次），有时称“友”（《论语》中共出现 27 次），有时“朋友”连用（《论语》共出现 8 次），这些表明孔子十分重视朋友关系一伦。孔子尤其强调朋友之间相处要真诚无欺，也就是要做到“信”，如：“与朋友交而不信乎”、“与朋友交，言而有信”、“朋友信之”，强调朋友之间要相互帮助道义相砥：“朋友切切偲偲”、“愿车马衣轻裘，与朋友共，敝之而无憾”等。关于君臣一伦，孔子还提出了颇具对等性思想的“君使臣以礼，臣事君以忠”的理念。孔子的这些表述已经基本形成了儒家“五伦”的人伦关系格局。

儒家思想产生于宗法制社会，重视天然的血缘联系是其思想理论的一大特质，这种诉求反映到儒家人伦思想中，就是认为各种人伦关系之地位并非是齐平的，各伦关系间是有先后、主次之别的。《周易·序卦》认为：“有天地，然后有万物；有万物，然后有男女；有男女，然后有夫妇；有夫妇，然后有父子；有父子，然后有君臣；有君臣，然后有上下；有上下，然后礼义有所错。”认为人伦关系的顺数依次为：夫妇关系、父子关系、君臣关系。《礼记·昏义》亦将人伦关系序列规定为：“男女有别，而后夫妇有义；夫妇有义，而后父子有亲，父子有亲，而后君臣有正。”这种人伦关系理念是对《周易》人伦关系思想的继承，这种主张被徐儒宗认为是“既合乎社会发展的规律，也有其科学的逻辑性”①，按照徐先生的看法，这里的“社会发展规律”和“科学的逻辑性”可以具体地理解为：“有了男女两性之对立与统一，才繁衍了人类；进而又把夫妇关系视为人类由自然进入社会之后的最原始、最普遍的社会关系，认为从只有‘男女’观念发展到具有‘夫妇’观念，乃是人类从自然人进化为社会人的重要标志。因为人类在尚未确定夫妇关系的远古时代，知母而不知父，是无所谓父子关系的；直至有了夫妇关系，才有所谓父子、君臣以及上下诸关系的相继产生，才创

① 徐儒宗：《人和论——儒家人伦思想研究》，人民出版社 2008 年版，第 12 页。

造了人类社会的文明”[①]。从人类社会发展的历史过程来看,《周易》所倡导的人伦关系顺序无疑是符合社会进步历史的。

孔子之后,儒家的人伦思想在内容上尽管没有太多的变化,但是在人伦关系的顺序上出现了不同的主张,如《中庸》认为:“天下之达道五,所以行之者三:曰君臣也,父子也,夫妇也,昆弟也,朋友之交也。”[②]由于《中庸》一书多被认为是晚于孔子而早于孟子的作品,所以《中庸》所揭示的人伦关系序列就成为了考察孔子之后儒家思想变迁的一个重要线索,而也正是在这里,儒家的人伦关系序列已经发生了变化:象征社会关系的君臣关系的地位开始上升,而父子关系也被提到了夫妇关系之前。但这种主张并没有定型,如在孟子那里,尽管人伦顺序有所变化,但他依然强调由血缘关系组成的人伦关系的重要性,他说:“父子有亲、君臣有义、夫妇有别、长幼有序、朋友有信”[③]。这两则材料说明了儒家人伦关系的思想处在变化过程中的历史事实,而对于这种变化则要结合孟子那个时代的历史背景来理解。战国时期是大争之世,社会纷争不断,相较于具有社会性的夫妻关系而言,由血缘关系构成的父子关系更为牢靠。社会的秩序依然由血缘宗法制度构成的等级制度所决定,但纷争的局面也使统治阶层内部关系极不稳定。《中庸》的作者和孟子从致力于社会有序和重建的目的出发,对此在理论上也就作出了前述的主张,父子关系和君臣关系的地位也就自然而然地有所上升。这种倾向在处于战国末期的荀子那里得到了进一步的发展。荀子时代,“经过春秋战国长期变迁之后,封建社会制度日益成熟完备”[④],消除诸侯纷争的混乱局面、建立中央集权的国家、发展民生成为了历史的必然趋势,荀子“隆礼重法”、极力主张建立中央集权的专制国家的理想使其人伦关系思想有着服务于封建专制需要的特点,所以荀子理想中的人伦关系序列就成为了“君臣之义、父子之亲、夫妇之别”[⑤],也就是将社会关系中的君臣关系放到了人伦关系的首位,以至于荀子认为:“君臣、父子、兄

① 徐儒宗:《人和论——儒家人伦思想研究》,人民出版社 2008 年版,第 11 页。

② 《大学·中庸》,王国轩译注,中华书局 2006 年版,第 96 页。

③ 杨伯峻:《孟子译注·滕文公上》,中华书局 2015 年版,第 132 页。

④ 孔繁:《荀子评传》,南京大学出版社 2011 年版,第 4 页。

⑤ [战国]荀况:《荀子·天论》(下),王天海校释,上海古籍出版社 2005 年版,第 687 页。

弟、夫妇,始则终,终则始,与天地同理,与万世同久,夫是之谓大本。”①在他那里,从维护专制集权的需要出发,血缘关系已经完全成为了从属于社会关系的次一级的人伦关系。这种人伦关系的思想打上了“适应时代而明显突出君权和父权”的需要的印迹,更多地是为专制制度张本,与《周易》所揭示的人类社会发展过程中形成的人伦关系的顺序是相悖的。

我们应该看到,儒家尤其是由孔子所确立的以夫妇、父子、兄弟人伦为重的人伦思想所具有的重要价值。后儒提出的“夫妇有别、父慈子孝、兄友弟恭、朋友有信,君仁臣义”的“五伦”关系思想,及后来《礼记·礼运》中提出的“十义”的人伦要求:“父慈、子孝、兄良、弟弟、夫义、妇听、长惠、幼顺、君仁、臣忠,十者为人之义也。”②为后世人伦道德教育尤其是家庭教育提供了基本的依归。后儒把“明人伦”看作是人之为人的重要道德内涵,明代著名思想家薛瑄就说:“人之所以异于禽兽者,伦理而已矣。何为伦?父子、君臣、夫妇、长幼、朋友五者之伦序也。何谓理?即父子有亲、君臣有义、夫妇有别、长幼有序、朋友有信,五者之天理也。”③

“明人伦”的教育是传统中国绵延不断的教育内容,不管是家庭教育,还是社会教育,抑或学校教育都以此为核心。《孟子·滕文公上》就记载:“设为庠序学校以教之;庠者养也,校者教也,序者射也;夏曰校,殷曰序,周曰庠,学则三代共之:皆所以明人伦也。人伦明于上,小民亲于下。”④而孟子关于人伦之重要性的表述,是从儒家“人禽之辨”的角度来论说的,他说:“人之有道也,饱食暖衣,逸居而无教,则近于禽兽;圣人有忧之,使契为司徒,教以人伦:父子有亲,君臣有义,夫妇有别,长幼有序,朋友有信。”⑤足见,孟子对于上古人伦教化的认可的坚定性。五伦中的三伦都是家庭伦理的范畴,这足见家庭人伦的教育在古人心目中的地位。儒家的家庭教育也正是以家庭人伦思想为核心,旁及其他人伦思想的教育过程。

---

① [战国]荀况:《荀子·王制》(上),王天海校释,上海古籍出版社2005年版,第374页。

② [战国]荀况:《荀子·王制》(上),王天海校释,上海古籍出版社2005年版,第380页。

③ [明]薛瑄:《戒子》。

④ 杨伯峻:《孟子译注·滕文公上》,中华书局2015年版,第125页。

⑤ 杨伯峻:《孟子译注·滕文公上》,中华书局2015年版,第132页。

二、亲亲与尊尊

儒家家庭教育的重要目标就是教导家人形成“亲亲”和“尊尊”①的道德意识。“亲亲”是就家庭成员内部的关系而言的,“尊尊”是就家庭成员与家庭以外的社会关系而言的。“亲亲”是家庭人伦关系的起点,舍此就不能有父慈、子孝、兄友、弟恭②。《大学》引《诗经》的话说道:“於戏,前王不忘。”③并说道:“君子贤其贤而亲其亲,小人乐其乐而利其利,此以没世不忘也。”④认为人们常记前王,就是因为他们能够尊重贤人、亲爱亲人。人民得享安详、获得由此而来的利益,是对亲亲和尊尊(贤贤)的处世原则的肯定。《春秋》是儒家“五经”中的一部重要典籍,其主旨也包含着“亲亲”的原则,所谓“《春秋》之义,父为子隐”、“《春秋》为亲者讳”等皆体现这一原则。《国语·鲁语下》中记载了一个典型的以“亲亲”原则为核心的家教故事,其文为:

> 公父文伯卒,其母戒其妾曰:“吾闻之:好内,女死之;好外,士死之。今吾子夭死,吾恶其以好内闻也。二三妇之辱共先者祀,请无瘠色,无洵涕,无掐膺,无忧容,有降服,无加服。从礼而静,是昭吾子也。”仲尼闻之曰:“女知莫如妇,男知莫如夫。公父氏之妇智也夫!欲明其子之令德。”⑤

在孔子看来,公父文伯之母令其儿媳掩饰情感的真正用意就在于彰显儿子的德行,孔子显然对这种行为是持肯定态度的。关于“亲亲”,孔子提出的一条重要原则就是“亲亲互隐”,认为家庭内部的矛盾以及家人的过错应该作“冷处理”,亲人之间应该相互包容、体谅,乃至于包藏家人之过错,后世所谓的

---

① 需指出的是:“亲亲”的本意是指宗族之间以“大宗”为核心相互联系靠拢,“尊尊”说的是要突出“大宗”的特殊重要地位,这种地位包括“小宗”可绝嗣而“大宗”不可绝,因为一旦“大宗”绝嗣,就会导致整个宗族失去存在的基础,也就是说对于一个宗族而言,“尊尊”要高于“亲亲”,且“尊尊”是为了最终实现“亲亲”,而这种情况在宗法制最为盛行的时期尤为突出。

② 张文俊:《德性智慧的开启——〈周易〉伦理思想研究》,中国社会科学出版社 2011 年版,第 243 页。

③ 《诗经·周颂·烈文》,程俊英译注,上海古籍出版社 1985 年版,第 623 页。

④ 《大学·中庸》,王国轩译注,中华书局 2015 年版,第 13 页。

⑤ [春秋]左丘明:《国语·鲁语下》,上海师范大学古籍整理研究所校点,上海古籍出版社 1998 年版,第 211 页。

“家丑不外扬”就源于此。《论语》中记载：

叶公语孔子曰：吾党有直躬者，其父攘羊，而子证之。孔子曰：吾党之直者异于是：父为子隐，子为父隐，直在其中矣。

叶公对孔子说：“我们这个地方有这样正直的人，他的父亲偷羊，儿子来作证证明他的父亲偷了羊。”孔子说：“我们那地方正直的人和你说的不太一样：他们是父亲为儿子隐瞒，儿子为父亲隐瞒，正直就体现在这里面。”

同孔子一样，孟子也赞同“父子相隐”的“亲亲原则”，且认为即便是贵为人君，当父母犯罪而要受到惩罚时，是可以弃天下而包藏父母之罪过以成全父子人伦的。《孟子·尽心上》中通过为舜设置父亲杀人该如何处理这一问题，表达了这样一层意思，原文是：

桃应问曰：“舜为天子，皋陶为士，瞽瞍杀人，则如之何？”

孟子曰：“执之而已矣。”

“然则舜不禁与？”

曰：“夫舜恶得而禁之？夫有所受之也。”

“然则舜如之何？”

曰：“舜视弃天下犹弃敝蹝也。窃负而逃，遵海滨而处，终身䜣然，乐而忘天下。”

可见，在情与法之间，孔孟都是主张要以成全象征亲情的人伦为首选的。

传统中国在“亲亲相隐”理念下衍生出“容隐”的法理原则。汉代儒术受到“独尊”，儒家理念深入社会生活各方面，而尤以“春秋决狱”（也即“经义决狱”）为典型，即将儒家思想作为审定罪行的依据。董仲舒曾说：“《春秋》之决狱也，必本其事而原其志。志邪者不待成，首恶者罪特重，本直者其论轻”，强调对犯罪动机的裁量要依儒家思想规定的人伦理念等经义为准。汉宣帝地节四年下诏：

父子之亲，夫妇之道，天性也。虽有患祸，犹蒙死而存之。诚爱结于心，仁厚之至也，岂能违之哉！自今，子首匿父母、妻匿夫、孙匿大父母，皆勿坐。其父母匿子、夫匿妻、大父母匿孙，罪殊死，皆上请廷尉以闻。

后世也继承了这样的司法理念，《唐律·名例》中就记载：

诸同居，若大功以上亲，及外祖父母、外孙、若孙之妇，夫之兄弟及兄弟妻,有罪相为隐。部曲、奴婢为主隐,皆勿论。即漏露其事,及擿语消息,亦不坐。其小功以下相隐,减凡人三等。

明清法律都有类似的规定,这种做法便将“亲亲相隐”的原则制度化,由此可以看出儒家思想对家庭内部关系的协调产生的影响之广泛深远。

需指出的是,与国家法律层面默认或允许亲属间在一定范围内相互隐匿不同,古代家庭教育中却不主张个体家庭或家族内部的相互包庇。如《绍兴州山吴氏宗谱·族规》中就规定:

如有犯者,不分亲属长幼,即便具首以凭责罚。知而不举,罪并及之……卑幼非礼干犯各支尊长,而其父兄代为辩饰者罚。

《金口镇刘氏宗谱·家规》中也规定:

子弟不守家规,任性妄为……若容隐不报则罪归亲属父兄。

对于这一现象,有学者认为:“这是因为家庭或家族内部允许容隐,势必导致人人容隐、家家包庇,相互以家庭联网抗对国法,这不利于维持国家秩序。”①亦有学者认为这是我国古代法治传统中的人文精神。

儒家注重礼教,礼的作用之一就是“别亲疏”,因而儒家把“亲亲”的原则通过礼的方式予以体现,教导人们在日常的行礼过程中内化这种道德理念。如《礼记·丧服》提倡的以“五服”为核心的丧服制度,这种制度的具体内容是:“依据生者和死者的亲疏关系,在哀悼死者时所穿服饰轻重、服丧时间长短上加以区别,共分为斩衰、齐衰、大功、小功、缌麻五个服别”②,以此来标识家庭成员之间的亲疏关系。“五服”的丧制体现的就是“亲等不同,服制则异”的思想。《礼记·丧服小记》中说:“亲亲以三为五,以五为九,上杀、下杀、旁杀,而亲毕矣”,这样的理念就使得“亲属关系形成一个以自己为中心的同心圆,第一圈包括父、己、子直系三代,是主干家庭;由此向上、下、旁推衍,关系递减,加上祖和孙,合为五代,含堂昆弟,是为第二圈,是直系家庭;第三圈从高祖至玄孙,合为九代,含族昆弟。……此圈之外,宗尽无服,属于宗族,是为第四圈……四世是五服的最外圈,五世共祭高祖之父,临丧袒衣免冠,不在五服之

① 祝瑞开:《中国婚姻家庭史》,学林出版社1999年版,第286页。

② 常建华:《宗族志》,上海人民出版社1998年版,第161页。

数,六世则非亲族了。"[①]其实,关于"宗庙之制"的这些规定并不仅仅表明儒家对于"亲亲"观念的重视,还揭示了儒家对于"尊尊"理念的推崇,而这二者也正是礼所表达的核心理念。在儒家礼学当中,"亲亲"和"尊尊"往往相提并论,如《礼记·丧服小记》中说:"亲亲,尊尊,长长,男女之有别,人道之大者也"[②];《礼记·大传》说:"服术有六:一曰亲亲,二曰尊尊,三曰名,四曰出入,五曰长幼,六曰从服"[③];《礼记·大传》还说:"上治祖祢,尊尊也,下治子孙,亲亲也……人道竭矣"[④],这些论述即是将二者看做是为人之道的核心道德要求,无疑,丧服制度正是对这一思想的体现。

《中庸》也把"亲亲"和"尊贤"的思想相提并论,并作了一定程度的引申,将之视为"仁"的内在要求。《中庸》在强调宗庙之礼的作用时说道:"……敬其所尊,爱其所亲,事死如事生,事亡如事存,孝之至也。"把敬重先王所敬重的人,爱护先王所爱的子孙臣民作为大孝的重要内容。《中庸》还说:"仁者人也,亲亲为大;义者宜也,尊贤为大;亲亲之杀,尊贤之等,礼所生也。"[⑤]认为仁就是人自身具有爱人之心,而亲爱亲人则是最大的仁,义就是事事做得适宜,并把尊重贤人看作是最大的义,而且认为礼的产生就是为了说明亲爱亲人要分亲疏,尊重贤人要有差别。《中庸》还说:"尊贤则不惑,亲亲则诸父昆弟不怨"[⑥],人尊重贤人就不会有困惑,而亲爱亲族就不会令宗亲们产生怨恨。《中庸》还进一步强调只要是人就一定要遵循"亲亲"、"尊尊"的原则,所谓"凡有血气者,莫不尊亲,故曰配天",认为亲爱亲人是天对人道的要求,是人之为人的标志。

在孔子的思想中,尊贤、敬贤是一个人提升自我的道德要求。孔子说:

---

① 常建华:《宗族志》,上海人民出版社1998年版,第165页。

② 《礼记正义·丧服小记》,[汉]郑玄注,[唐]孔颖达正义,吕友仁整理,上海古籍出版社2008年版,第1303页。

③ 《礼记正义·大传》,[汉]郑玄注,[唐]孔颖达正义,吕友仁整理,上海古籍出版社2008年版,第1360页。

④ 《礼记正义·大传》,[汉]郑玄注,[唐]孔颖达正义,吕友仁整理,上海古籍出版社2008年版,第1352页。

⑤ 《大学·中庸》,王国轩译注,中华书局2015年版,第95页。

⑥ 《大学·中庸》,王国轩译注,中华书局2015年版,第97页。

“见贤思齐焉，见不贤而内自省也”[①]，教人要乐于向贤达之士学习。子贡诽谤他人，孔子则以反问的方式说道：“赐也贤乎哉？夫我则不暇”[②]，是对其不尊重他人的批评。孔子还说过“君子之德风，小人之德草”的话，认为君子德行高尚有值得小人学习的地方。孔子高徒子夏也说过“贤贤易色”的话，则是要求礼敬贤德之人。子张也讲“君子尊贤而容众”[③]，则认为君子既要尊重有德之人，还要包容众人。子夏和子张的话，也间接地表达了孔子敬贤、尊贤的思想。孟子也主张“尊贤”，他指出：“天下有道，小德役大德，小贤役大贤；天下无道，小役大，弱役强。”[④]在孟子看来，一个安定有序的社会，必然是道德差者听命服从于道德高尚者，贤能不足者受役于贤能完备者，而无序混乱的社会则情形相异。孟子在批评农家思想时指出：“有大人之事，有小人之事。且一人之身，而百工之所为备，如必自为而后用之，是率天下而路也。故曰：或劳心，或劳力；劳心者治人，劳力者治于人；治于人者食人，治人者食于人，天下之通义也。”[⑤]孟子认为由于社会分工的不同，社会有“劳心”和“劳力”的差别，一方面“劳力者”要受治于“劳心者”，另一方面“劳力者”则依赖于“劳心者”的做工。孟子还讲：“贵贵尊贤，其义一也”，认为尊重在高位者和尊重贤人的道理是相同的。此外，《孟子》一书中“尊贤”的概念出现多达七次，也足以说明孟子对于尊重社会贤达之士的肯定。

儒家家庭教育思想不仅教导家庭成员要处理好与家人的关系，而且要处理好社会交往过程中的关系。也就是说，家庭成员之间要遵循“亲亲”的原则，但同时家庭成员也是处于社会交往中的个体，要与社会中的各色人等交往。家庭教育不光要使家庭成员明白亲人之间相亲相爱的道理，且还要教导家庭成员实现正常的人际交流，在家“亲亲”，在外“尊尊”，二者缺一不可。一味“亲亲”就会走向狭隘的家庭主义或家族主义，一味“尊尊”则有失“爱众自亲始”的原则，就是悖德悖理，也就是《孝经》所说的：“不爱其亲而爱他人者，

---

① 杨伯峻：《论语译注·里仁》，中华书局2016年版，第54页。

② 杨伯峻：《论语译注·宪问》，中华书局2016年版，第216页。

③ 杨伯峻：《论语译注·子张》，中华书局2016年版，第278页。

④ 杨伯峻：《孟子译注·滕文公上》，中华书局2015年版，第179页。

⑤ 杨伯峻：《孟子译注·滕文公上》，中华书局2015年版，第131页。

谓之悖德,不敬其亲而敬他人者,谓之悖礼。”只有将二者结合起来,才能协调好家庭和社会国家的关系。儒家理想的大同社会也是一种家庭和社会相互成全的关系:“大道之行也,天下为公。选贤与能,讲信修睦。故人不独亲其亲,不独子其子,使老有所终,壮有所用,幼有所长,矜、寡、孤、独、废疾者皆有所养,男有分,女有归。”

三、知爱与知教

儒家家庭教育强调以正确的方式来教导子弟,实现“长善”的目的。孔子讲:“爱之,能勿劳乎？忠焉,能勿诲乎?”①是说家庭施教者不能偏于关心爱护受教者而置应有的教育和引导之责于不顾。家庭内部因血缘亲情的天然联系,易使处于其间的家庭成员流于纵情任性,令行为失之于一偏。《大学》中讲:“人之其所亲爱而辟焉,之其所贱恶而辟焉,之其所畏敬而辟焉,之其所哀矜而辟焉,之其所敖惰而辟焉。故好而知其恶,恶而知其美者,天下鲜矣”,说的正是人们会因个人的各种爱恶而令言行出现失误。对于家庭教育而言,施教者若陷于一味的疼爱而不自拔就会走向溺爱,这是因为:“人是感情的动物,但常常任情于好恶,不能省察,因其不能客观地把握感情而只凭个人的喜恶而发生认识和行动上的偏差、偏颇……比如骨肉之亲固然亲爱、朋友之友情固然亲密、上下级之间情谊固然亲近,但是也不能忘记规劝、批评、教育、惩罚,若果一味亲爱、亲密、亲近,则辟矣,偏矣。”②这也揭示了家庭教育的两难困境:一方面,父母肩负有教育子女成才的义务;另一方面,由于天然的血缘亲情又使得这种教育的效果在很多情况下不能达到预期的目的,甚至与家庭教育的初衷背道而驰。

孔子讲:“吾少也贱,故多能鄙事”,艰苦的环境才能使人不断努力学习以成才。《大学》引用古谚道:“人莫知其子之恶,莫知其苗之硕”③,说的是在溺爱的情况下,人们很少能对自家子弟的过错有清醒的认识,以至于在不当的教育方式中使其一而再再而三地犯错,这一如由于人们的贪得无厌以至于看不

---

① 杨伯峻:《论语译注·宪问》,中华书局 2016 年版,第 205 页。

② 姚淦铭:《〈大学〉智慧》,山东人民出版社 2009 年版,第 126 页。

③ 《大学·中庸》,王国轩译注,中华书局 2015 年版,第 24 页。

到自家庄稼的壮硕一般。这句话用比物连类的方式提醒家庭教育过程中的父母：一定要注意教育子女的方式、方法的合理性。家庭教育由于存在天然的血缘亲情联系，使得这种教育既能有效地取得教育成效："同言而信，信其所亲；同命而行，行其所服"①；同时，也为不良的教育后果埋下了隐患，这是因为"家庭教育以血缘关系为依托，教育过程中的情感色彩比较浓郁。由于亲情的关系，父母家长的教育思想容易得到子女后代的信服与接受，从而能够收到比较满意的教育效果；但也由于亲情关系，容易使父母家长对子女后代的教育态度上走向极端，从而产生一些不良后果。"②

温室中栽不出万年松，院落里育不出千里马。家庭教育一定要避免溺爱造成的不良影响。这提醒家庭教育的施教者，一定要处理好"爱"与"教"二者间的关系。颜之推也注意到了这个问题的重要性，他在《颜氏家训·教子》中说：

> 父母威严而有慈，则子女畏慎而生孝矣。吾见世间，无教而有爱，每不能然；饮食运为，恣其所欲，宜诫翻奖，应诃反笑，至有识知，谓法当尔。骄慢已习，方复制之，捶挞至死而无威，忿怒日隆而增怨，逮于成长，终为败德。

在颜之推看来，严而有慈的教育方式才能使子弟更好地形成孝亲的品德，他批评很多父母对子女不加教育一味溺爱，对子女的言行不加约束，任其所为，应该加以阻止的反而夸奖鼓励，本应斥责以待的反倒和颜悦色，终会使子女习以为常。等到子弟的不良习性养成之后，长辈才意识到没有很好地训导子弟，此时再要严格管束也无济于事，反倒会令子弟心生怨恨。颜之推还进一步分析了父母偏于爱而失于教的原因，他认为：

> 凡人不能教子女者，亦非欲陷其罪恶；但重于呵怒伤其颜色，不忍楚挞惨其肌肤耳。

颜之推认为父母所以不能以合理的方式教导子女，一则是因为担心他们受到责骂后神情沮丧，再则是担心子女受皮肉之苦，更直接的原因则是施教者在教

① [北齐]颜之推：《颜氏家训·致序》，王利器集解，中华书局1993年版，第1页。

② 何桂美：《古代家庭道德教育》，中国地质大学出版社2010年版，第138页。

育子女的过程中过于重视情感以致于缺乏应有的教诲。

司马光也注意到了“爱”和“教”之间的矛盾，认为慈母所以有败子，亦是因为只爱不教所致。他在《家范》中说：

为人母者，不患不慈，患于知爱而不知教也。古人有言曰：“慈母败子。”爱而不教，使沦于不肖，陷于大恶，入于刑辟，归于乱亡。非他人败之也，母败之也。自古及今，若是者多矣，不可悉数。

在司马光看来，父母对于子女之成人负有不可推卸的教育责任，但一定要处理好“爱”与“教”二者的关系，不能失之于只爱不教。虽然他将“败子”的原因片面地归之于母亲一方，但传递出的“爱教结合”的思想却是明确的。《家范》还说：

自古知爱子不知教，使至于危辱乱亡者，可胜数哉？夫爱之，当教之使成人。爱之而使陷于危辱乱亡，乌在其能爱子也？

司马光认为父母教育子女成人才是父母“爱”子女的应有之义，若不能令子女成才成人，就算不上是真正地疼爱子女，这种看法颇有“爱之，则为之计深远”的意味。

父母爱子女就要教其知书达理，明晓为人处世的道理，朱熹在《小学·立教》中说：

若夫子之初生也，使之不知尊卑长幼之礼，遂至侮詈父母，驱击兄姊。父母不知诃禁，反笑而奬之彼既未辨，好恶谓礼当然，及其既长，习已成，性乃怒，而禁之不可复制。于是父嫉其子，子怨其父，残忍悖逆无所不至。此盖父母无深识远虑，不能防微杜渐，溺于小滋，养成其恶故也。

朱熹希望为人父母者要为子女作长远计，不要陷溺于慈爱而不知训导，要及早发现子弟言行的不当之处并及时训导、防微杜渐。

《袁氏世范》中亦有“父母不可妄憎爱”的章节，强调的也是“爱”和“教”的矛盾关系问题。袁采说：

人之有子，多于婴孺之时爱忘其丑。恣其所求，恣其所为。无故叫号，不知禁止，而以罪保母。陵轹同辈，不知戒约，而以咎他人。或言其不然，则曰：“小未可责。”日渐月渍，养成其恶，此父母曲爱之过也。及其年齿渐长，爱心渐疏，微有疵失，遂成憎怒，摭其小疵以为大恶……子幼必待以严;子壮无薄其爱。

袁采用“曲爱”来概括能爱而不能教的家庭教育情形,他强调教导子弟要从小抓起,父母不能推卸教育子弟的责任,不能令子弟恣意任为,不能包庇隐藏子弟的错误,虽年幼也要严加管教,虽长大成人亦不能不爱。

“爱教结合”成为了家庭教育的基本理念,慈而无教贻害无穷,清康熙就曾指出:“父母之于子女,谁不怜爱?然亦不可过于娇养。若小儿过于娇养,不但饮食失节,抑且不耐寒暑之相侵,即长大成人,非愚非痴。尝见王公大臣子弟中每有痴呆柔弱者,皆父母过于娇养之所致也。”①郑板桥在《家书》中也说:“余五十二岁始得一子,岂有不爱之理!然爱之必以其道,虽嬉戏玩耍,务令忠厚悱恻,毋为刻急也。”②这些都是对既爱且教、爱教结合的重视。

以上都是关于如何处理好疼爱子女和教导子女使其成才、有用之间的关系的明训。儒家除了强调家庭教育要处理好“爱”和“教”的关系外,还提倡“教子以正道”,这种理念其实也是对“爱”与“教”关系的另一种阐释。《孟子》中记载有“揠苗助长”的故事,启示家庭教育切忌急于求成,要尊重人的成长和教育规律,才能令子弟成才。《孟子·公孙丑上》说:

宋人有闵其苗之不长而揠之者,芒芒然归,谓其人曰:“今日病矣!予助苗长矣。”其子趋而往视之,苗则槁矣。天下之不助苗长者寡矣。以为无益而舍之者,不耘苗者也;助之长者,揠苗者也——非徒无益,而又害之。

通过人为的外力助长幼苗,结果只能是适得其反、事与愿违,教育子女也是一样,爱子心切就难免作出类似的不智之举。《颜氏家训·名实》中就说:

治点子弟文章,以为声价,大弊事也。一则不可常继,终露其情;二则学者有凭,益不精励。

颜之推认为父兄出于爱幼心切而代其为文的做法的弊病除了不能长久之外,更为恶劣的结果就是使子弟在学业上“学有所凭”,最终使他们不思进取,养

① [清]爱新觉罗·玄烨:《庭训格言》,唐汉译注,中国社会科学出版社2008年版,第117页。

② [清]郑燮:《郑板桥集·家书·潍县署中寄舍弟墨第二书》,上海古籍出版社1962年版,第16页。

成依赖别人的行为习惯,不利于子弟自立自强。

司马光在《家范》中将"君子教子,遵之以道"解释为:

> 曾子曰:"君子之于子,爱之而勿面,使之而勿貌,遵之以道而勿强言;心虽爱之不形于外,常以严庄莅之,不以辞色悦之也。不遵之以道,是弃之也。然强之,或伤恩,故以日月渐摩之也。"

在司马光看来,父母对于子弟的慈爱之情都不能喜形于色,要循循善诱地教导他们而不能强求他们,与子弟相处要严肃认真,不能以取悦于子弟的态度来教育他们,如果过于强求就会伤害了人伦之间的天然亲情,长辈要通过长时间的教导来潜移默化地施教。这种认识是一种较为合理的家庭教育理念,既照顾到了血缘亲情的因素,也顾及到了必须施教的重要性,是对"爱教结合"和"教之以道"理念的协调和总结。

望子成龙是家庭教育的普遍愿望,但也要承认人与人之间在能力等方面的客观差别,只有这样才能正确看待子女的成长成才,也才能更好地因材施教、长善救失。孔子就说:"苗而不秀者有矣夫! 秀而不实者有矣夫!"朱熹解释说:"谷之始生曰苗,吐花曰秀,成谷曰实。"是说种下的树苗或花籽虽能存活,但未必就能开花,能开花但未必就能结出果实。"苗"、"秀"、"实"为一般植物生长的周期,这恰恰是对人成长成才的隐喻。"盖学而不至于成,有如此者,是以君子贵自勉也",知道了这个道理,就要更加重视家庭教育。"小时了了,大必未佳",人的成长受到多方面因素的影响。天资虽好,但若没有受到合理适当的教育引导,也不见得就一定能结出丰硕的果实,成长为有用之才。陆游的家庭教育注意到了这个问题,他在《放翁家训》中说:

> 后生才锐者,最易坏。若有之,父兄当以为忧,不可以为喜也。切须常加简束,令熟读经学,训以宽厚恭谨,勿令与浮薄者游处。自此十许年,志趣自成。不然,其可虑之事,盖非一端。吾此言,后生之药石也,各须谨之,毋贻后悔。

这种认识揭示出:人的成长是一个过程,需要不懈努力,在此过程中需要施教者付出艰辛,但也需要受教者具备一定的主观条件,从多方面入手,因材施教才能达到理想的教育目的。

家庭教育实际的施教过程中,较之于"教","爱"更易做到,所以,家庭教育重在“教”:“君子之孝,莫大于教。子孙教得好,祖宗之业,便不坠于地。不教子弟,是大不孝,与无后等”①,把教育子弟视为对祖先的“孝”;“养不教,父之过”,认为养而不教就是家长的过失;“人生至乐,无如读书;至要,无如教子”②,则是强调要以教子为人生乐事。同时,家庭教育也难在“教”,如何培育好子弟才是问题的关键。儒家主张“教子以义方”,从主流的儒家家庭教育思想来看,这种理念包含以下三方面要求:

首先,教育子弟修德立业。孔子讲:“饱食终日,无所用心,难矣哉!不有博弈者乎,为之,犹贤乎已。”③批评没有常业可守的无所事事之人,希望他们能做些力所能及的有意义的事情。颜之推就此进一步阐发道:“然则圣人不用博弈为教,但以学者不可常精,有时疲倦,则傥为之,犹胜饱食昏睡,兀然端坐耳。”孔子还说:“年四十而见恶焉,其终也已。”认为一个人到了一定的年龄还不能有所作为,就算是虚度光阴了。而儒家认为立业必须要以立德为基础,教育子弟“进德修业”,所谓“夫行道之人,德行文学为根株,正直刚毅为柯叶。有根无叶,或可俟时;有叶无根,膏雨所不能活也。至于孝慈、友悌、忠信、笃行,乃食之醯酱,可一日无哉?”④“德为业基”,儒家家庭教育认为在家教过程中首先要教导子弟培养厚实的道德品质,在此基础上才能立业久远、有所作为。古代家庭教育对子弟道德品质的要求中,既有家庭内部人伦道德的要求,也有走向社会后与人相处的道德要求(这部分内容会在其他章节有所涉及,此不赘述)。这一如《中国家规》所指出的:“家训家规的另一重点是‘修身’,即家训家规不仅提供行为规范,重视约束,更强调道德修身、德性养成,把家庭作为道德训练和培养的基本场所,认为有了在家庭中培养起来的道德意识作为基础,就可以推之于社会实践的其他范围。”⑤

其次,教育子弟独立自强。培养子弟成才立业既是家庭教育的初衷,也是家庭教育的归属。家庭教育要培养子弟的独立个性,不能令其形成依赖心理,

---

① [明]冯班:《家戒》。
② [宋]家颐:《教子语》。
③ 杨伯峻:《论语译注·阳货》,中华书局2016年版,第264页。
④ [唐]柳玭:《诫子孙》。
⑤ 中央纪委监察部网络中心编:《中国家规》,中国方正出版社2017年版,第2页。

所谓“父兄不可常依”，这种理念在《颜氏家训》中就已经确立。颜之推认为坐食祖荫不是长久之计，希望子弟自立自强。魏晋时期门阀政治盛行，世家大族子弟累世公卿，养尊处优的生活使这些子弟腐化堕落，由于没有一技之长，离乱之后多国灭身死。《袁氏世范·睦亲》中还专门谈到事业对人之自立的重要性。袁采说：

人之有子，须使有业。贫贱而有业，则不至于饥寒；富贵而有业，则不至于为非。凡富贵之子弟，耽酒色，好博弈，异衣服，饰舆马，与群小为伍，以至破家者，非其本心之不肖，由无业以度日，遂起为非之心。小人赞其为非，则有啜钱财之利，常乘间而翼成之。子弟痛宜省悟。

有可以从事的正当职业，不管对于富贵子弟还是贫贱子弟而言都具有重要的意义：贫者不至于为生计担忧，富贵者则不至于游手好闲无所事事。袁采还特别强调事业对于富贵子弟的特殊重要性，认为富贵子弟若没有事业危害甚大，因为富贵子弟身边常有群小为伴，若交游不慎，在贪财好利、别有用心者的怂恿下则会贻害无穷。同时，袁采也指出了无业的危害。《袁氏世范·处己》中说：

凡人生而无业，及有业而喜于安逸不肯尽力者，家富则习为下流，家贫则必为乞丐。凡人生而饮酒无算，食肉无度，好淫滥，习博弈者，家富则致于破荡，家贫则必为盗窃。

人有可以从事的职业，就不至于沦落到“饱食终日，无所用心”的地步，生活就不会沦落至贫乏无趣。还需指出的是，古人为了教子弟自立，认为应该把读书和劳动（主要是农业生产）结合起来（“耕读传家”），之所以如此，一方面是“不知幼事农业，则知粟入艰难，不生侈心。幼事农业，则习恒敦实，不生邪心。幼事农业，力涉勤苦，能兴起善心，以免于罪戾。”①为子弟长远考虑；另一方面则是因为“故久享富佚，则致衰倾，甚则为奴仆，为牛马。”②担心子弟在优越的条件下生活久了，遇到变故就不能自立。这种理念作为仕宦家庭教育的理念是值得称道的。

① ［明］霍韬：《家训·教子务农》。

② ［明］霍韬：《家训·教子务农》。

再次，教育子弟习文重儒。传统家庭教育尤其注重文教，并把习“儒业”作为文教的重中之重。传统社会“学而优则仕”，从整个历史发展的脉络来看，儒家学说多处于社会正统地位，国家选官用人大都以儒为宗，所以，学习儒家经典成为了家庭教育的核心内容。无论是察举制，抑或九品中正制，乃至于通行千余年的科举制，都在不同程度上以儒家的道德学说作为应试的主要内容，在这样的文化学术倾向下，习儒业自然也会成为社会风尚。即使在魏晋南北朝玄学盛行、国家选用人才以门阀论的时代，颜之推依然倡导子弟习“周孔之业”。颜之推在比较儒、释、道之异同的过程亦流露出对儒家学说的偏重之情。他说：

> 夫老、庄之书，盖全真养性，不肯以物累己也。故藏名柱史，终蹈流沙；匿迹漆园，卒辞楚相，此任纵之徒耳……其余桎梏尘滓之中，颠仆名利之下者，岂可备言乎！直取其清谈雅论，剖玄析微，宾主往复，娱心悦耳，非济世成俗之要也。

颜之推的话道出了儒家学说经世致用的特质，以此施教自然就能培养人积极入世的情怀，而这一点恰恰是释、道之学的不足之处。这可以帮助我们从更广泛的意义上理解儒学流行于传统家庭教育中的原因。

当然，也有的家教文本更加重视儒业的功利价值，如《袁氏世范》就以有学习儒业以仕进的教导。袁采在“子弟当习儒业”对此专门做了详细的说明，他认为：

> 士大夫之子弟，苟无世禄可守，无常产可依，而欲为仰事俯育之计，莫如为儒。其才质之美，能习进士业者，上可以取科第致富贵，次可以开门教授，以受束修之奉。其不能习进士业者，上可以事笔札，代笺简之役，次可以习点读，为童蒙之师。如不能为儒，则巫医、僧道、农圃、商贾、伎术，凡可以养生而不至于辱先者，皆可为也。子弟之流荡，至于为乞丐、盗窃，此最辱先之甚。然世之不能为儒者，乃不肯为巫医、僧道、农圃、商贾、伎术等事而甘心为乞与、盗窃者，深可诛也。凡强颜于贵人之前，而求其所谓应副；折腰于富人之前，而托名于假贷；游食于寺观而人指为穿云子，皆乞丐之流也。居官而掩蔽众目，盗财入己，居乡而欺凌愚弱，夺其所有，私贩官中所禁茶、盐、酒、酤之属，皆窃盗之流也。世人有为之而不自愧者何哉！

人生在世会当有业,只要不使祖先蒙羞的事业都可以从事,最理想的自然是习儒且学有所成。在可以从事的职业选择上,《袁氏世范》认为从业首选就是儒业,一则可以"学而优则仕",退而求其次亦可以此施教,赚取"束脩"以资家用。如若不能从事儒业则"凡可以养生而不至于辱先者,皆可为也",如巫医、僧道、农圃、商贾、伎术等都可以成为常守的事业。若子弟没有正当职业而沦落为"流荡"、"乞丐"、"盗窃",这是最有辱家门的。袁采反对附食于人和以不正当的手段谋生,在"万般皆下品,惟有读书高"的传统社会,这种家教理念并没有将读书为文视为唯一的出路,而是认为"百工技艺"都可作为安身立命之本。他希望为人要能自立自强,他所论的"乞丐"和"盗窃"都不是一般意义上的所指,而是那种为了生计不择手段、谄媚于富人、乞食于寺庙等没有骨气的人,这些人俱是丧失个人尊严而卑躬屈膝,抑或是不计手段,甚至盘剥侵夺他人,为人若以此立于世则是不知羞耻。这种家教理念尤为可贵。习儒成了传统家庭教育的一个普遍倾向,如冯班在《家戒》中说:"人不可不学儒,学儒必从师,师最难得。不近人情,不通世务,不读书者,便是小人";再如柳玭在《家训》中亦说:"夫坏名灾己,辱先丧家,其失尤大者五,宜深志之……其二,不知儒术,不悦古道,懵前经而不耻,论当世而解颐,身既寡知,恶人有学……"这些家教思想值得肯定。

第二节　正家风

家风是一个家庭或家族世代繁衍生息过程中形成的道德风尚和行为偏好的总称,好的家风对子弟的成长具有潜移默化的作用,使子弟在耳濡目染和不自觉中受到熏陶。《诗大序》说:"风,风也,教也。风以动之,教以化之。"家风或门风的形成与家庭教育关系密切,这使得"正家风"成了家庭教育的重要着眼点。

一、家风

家风也叫门风,是一个家庭或家族在发展过程中形成的较为稳固的传统或文化氛围,这种传统受到社会礼俗、文化等的多重影响,成为世代遵循和承续的精神风貌的象征，是一个家庭或家族自警、自励、自诫、自信的精神食粮。伴随着儒家家庭教育思想的发展，儒家家风思想也有一个逐渐形成发展的过程，并形成了一些特有的家庭文化特征。历史上，家风在一些世家大族中表现得最为明显，也最能突显家风之重要。“家风的传递，往往以儒家伦理纲常为主导，以家训、家规、家书为载体，以劝学、修身、孝亲为重点，以怀祖德、惠子孙为指向，成为一个家族内部的精神连线和传家珍宝，传达着先辈对后代的厚望和父祖对子孙的诫勉，也营造出一个家族人才辈出、科甲连第、簪缨相接的重要先天环境和文化土壤。”①

（一）以循礼遵俗为核心的家风

《尚书·毕命》说：“世禄之家，鲜克由礼。”②礼在先秦社会家庭生活中占有十分重要的地位。这一阶段的家风也紧紧围绕礼来建构，是对礼在家庭范围内的遵循和践行。尊礼守制就成为了这一时期家风的主要特点。

《论语》中有关于守礼遵制以维护家庭婚姻礼制的记载。“陈司败问：‘昭公知礼乎?’孔子曰：‘知礼。’孔子退，揖巫马期而进之，曰：‘吾闻君子不党，君子亦党乎？君取于吴，为同姓，谓之吴孟子。君而知礼，孰不知礼?’巫马期以告。子曰：‘丘也幸，苟有过，人必知之。’”③陈司败问孔子鲁昭公是否懂礼，孔子回答道鲁昭公懂礼，可事实上“懂礼”的鲁昭公在婚姻问题上却是违反了当时“同姓不婚”的礼制，孔子以鲁昭公懂礼相答，这在陈思败看来是孔子有故意偏袒鲁昭公之嫌疑，好在孔子认识到了自己的错误并及时承认了自己的错误。鲁昭公时代，按照礼制的规定，同姓之间是不能结婚的，《礼记·大传》中就说：“系之以姓而弗别，缀之以食而弗殊，虽百世而婚姻不通者，周道然也。”《礼记·坊记》中就指出：“子云：娶妻不取同姓，以厚别也。”在“礼不下庶人”的时代，作为鲁国君主的鲁昭公本应严格按照礼制的要求来行事，但鲁昭公为了迎娶同姓贵族女为妻，采取了变通对方姓氏的做法。我们知道，“周代的姓氏制度和封建制度、宗法制度有密切关系。贵族有姓氏，一般平民没有姓氏。贵族中女子称姓，男子称氏，这是因为氏是用来‘明贵贱’的，姓是用来

① 王志民主编：《中国名门家风丛书·总序》，北京人民出版社 2015 年版，第 3 页。

② 《尚书·毕命》，王世舜、王翠叶译注，中华书局 2012 年版，第 483 页。

③ 杨伯峻：《论语译注·述而》，中华书局 2016 年版，第 105 页。

‘别婚姻’的，二者作用不同。”[①]“同姓不婚”是《周礼》对贵族婚姻的重要规定，至于“同姓不婚”的原因，这一时期的历史文献对之做出的解释是：“郑叔詹曰：男女同姓，其生不蕃”[②]，《国语·晋语》也认为：“同姓不婚，恶不殖也”[③]，即认为同姓之间的通婚会影响后代的繁衍。当然对于类似鲁昭公这样的诸侯而言，可能还有政治方面的考量：“娶于异姓，所以附远厚别”[④]，按照学者的解释：“‘附远’指的是异姓间的依托，‘厚别’则是指同姓内的区别，以免将同姓内的嫡庶、长幼、亲疏等尊卑关系打乱。”[⑤]这是从维护宗法等级制的目的出发的。鲁昭公是姬姓，其娶自吴国的夫人也是姬姓，这明显违反了礼制。当时“同姓不婚”的观念甚为流行，乃至于与不明姓氏的女子结婚都要通过卜卦的方式来确定其姓氏，以免违礼悖德。

违背礼制的男女结合就是不正之风，是为社会舆论所诟病的。孔子被后人尊为“至圣”，但是孔子的诞生确有一个很不光彩的阴影——孔子父母不合礼制的结合。千百年以来，后人从为圣人讳的良好初衷出发，大都对此避而不谈，但从家庭教育尤其是家风的角度来看，有必要对这个事件做一定的阐述。关于孔子父母的婚姻问题，《孔子家语·本姓解》中记载：

> (叔梁纥)虽有九女而无子。其妾生孟皮，孟皮一字伯尼，有足病。
>
> 于是乃求婚于颜氏。颜氏有三女，其小曰徵在。颜父问三女曰：“陬大夫虽父祖为士，然其先圣王之裔。今其人身长十尺，武力绝伦，吾甚贪之。虽年长性严，不足为疑。三子孰能为之妻？”二女莫对，徵在进曰：“从父所制，将何问焉？”父曰：“即尔能矣。”遂以妻之[⑥]。

从这段文字来看，孔子父亲与其母亲属于“从父所制”的正式婚姻关系，但也透露出孔子父亲年事已高而其母年方妙龄的差距，双方虽然均属自愿，但是这

---

① 王力：《中国古代文化常识》，中国人民大学出版社2012年版，第64—65页。

② ［春秋］左丘明：《左传·僖公二十五年》（上），郭丹、程小青、李彬源译注，中华书局2012年版，第459页。

③ ［春秋］左丘明：《国语·晋语四》，上海师范大学古籍整理研究所校点，上海古籍出版社1998年版，第26页。

④ 《礼记正义·郊特牲》，［汉］郑玄注，［唐］孔颖达正义，吕友仁整理，上海古籍出版社2008年版，第1091—1092页。

⑤ 顾鉴塘：《中国历代婚姻与家庭》，商务印书馆1996年版，第37—38页。

⑥ 王德明：《孔子家语译注》，广西师范大学出版社1998年版，第423页。

种结合是不符合礼制规定的，以至于受到人们的批评。《史记·孔子世家》就明确指出："纥与颜氏女野合而生孔子。"①司马迁之所以如此评价这段婚姻就是因为其违背了礼的规定。《史记》之"索隐"就解释道："……今此云'野合'者，盖谓梁纥老而徵在少，非当壮室初笄之礼，故云野合，谓不合礼仪。"②《史记》之"正义"认为按照婚礼的要求，女方年龄超过四十九男方年龄超过六十四的结合就属于"野合"，这一点也和《孔子家语》中记载的"年长"相一致。虽然，其他学者在这个问题上持不同的看法，但是总的看来，在这个聚讼纷纭的悖礼事件之后表达的是人们对于家庭内部依礼而合、以正家风的礼制思想的推崇。

从守礼遵制的角度出发，古代为了正家风，有所谓"出妻"制度，史书记载曾子就曾休妻以正家风："夫妻相为隐乎？《传》曰：曾去妻，藜蒸不熟。问曰：妇有七出，不蒸亦预乎？曰：吾闻之也，绝交令可友，弃妻令可嫁也。黎蒸不熟而已。何问其故？此为隐之也。"③今人对于曾子出妻十分不解，何以做不熟饭就要被遗弃？但"夫妻相为隐乎"已经将其中原委说的很委婉，"曾子妻可能犯有更大的错误，曾子为了保护妻子的名声，以便她离婚后能够再嫁，所以只用了一个小的错误作借口"④，而这里的"更大的错误"，在本书作者看来极有可能是做出了有违礼制的行为。从尊礼守制的家风思想出发，我们就可以理解该时期儒家在婚姻解除方面的"七出"所蕴含的家风、家教意味。

记述内容较早于孔子时代的《左传》也为我们了解这一时期的家风面貌提供了历史线索。有学者专门以夫妇人伦为中心⑤，考察了先秦儒家对人伦次序的安排，在详细探讨了这一时期与夫妇一伦关系密切有关的历史事件之后，学者认为"凡是夫妇有义的，都有好的结果"，反之则下场凄惨："小则败家，大则亡国"，而这些夫妇失义的情形大体来说是："宠妾过于妻、以妾为妻、

① ［汉］司马迁：《史记·卷四十七·孔子世家第十七》，［唐］司马贞索隐，［唐］张守节正义，中华书局2000年版，第1537页。

② ［汉］司马迁：《史记·卷四十七·孔子世家第十七》，［唐］司马贞索隐，［唐］张守节正义，中华书局2000年版，第1538页。

③ ［汉］班固：《白虎通德论·谏诤》，上海古籍出版社1990年版，第38页。

④ 张松辉、周晓露：《〈论语〉〈孟子〉疑义研究》，湖南大学出版社2006年版，第239页。

⑤ 李海超：《先秦儒家对人伦次序的安排——以对夫妇一伦的考察为中心》，《孔子研究》2014年第4期。

上蒸下娶、通奸、婚礼不正”等，而因为夫妇失义所导致的不良情形甚多：“害己，伤害兄弟、母子、父子、叔侄关系及其生命，损害君臣、同僚关系及其生命，乱家、灭族、乱国”等。从所论的内容来看，这里所讲的夫妇失义主要是违背了礼制的相关要求，在“天子建国，诸侯立家，卿置侧室”的时代，家风不正自然也就波及到除当事人以外的兄弟、家庭、家族。

（二）以累世美德为核心的家风

古代有“世德”一说，指代先世的优良品德和功业，也表示数代形成的良好家庭氛围，而作为社会评价的一种重要方式，“世德”更多地指一个家庭在数代传承过程中形成的家风。《晏子春秋》中记载：“晏子病，将死。其妻曰：‘夫子无欲言乎？’晏子曰：‘吾恐死而俗变。谨视尔家，毋变尔俗也。’”①晏婴在将死之际，遗嘱其妻务必要使子孙传承家风，而其家风的主要内容则是道义相砥、礼待贤人、修身持谨等为人处事之美德。这大概是家教文献中最早要求子孙传承家风的记录。

说到以美德传家的家风，不能不提到汉代杨震以清白传家的佳话。《后汉书·杨震列传》中记载：

> （杨）震少好学……大将军邓骘闻其贤而辟之，举茂才，四迁荆州刺史、东莱太守。当之郡，道经昌邑，故所举荆州茂才王密为昌邑令，谒见，至夜怀金十斤以遗震。震曰：“故人知君，君不知故人，何也？”密曰：“暮夜无知者。”震曰：“天知、神知、我知、子知。何谓无知！”密愧而出。后转涿郡太守。性公廉，不受私谒。子孙常蔬食步行，故旧长者或欲令为开产业，震不肯，曰：“使后世称为清白吏子孙，以此遗之，不亦厚乎！”②

这段话说的是东汉杨震为官不受贿、纳贿的故事。杨震受邓骘举荐先后辗转四处出任郡太守，在路过昌邑时，往日受其举荐的秀才王密在当地任县令，杨震对于王密而言则可谓有知遇之恩，故而王密星夜前去驿站拜访杨震，期间为表达提携之恩，赠十斤黄金于杨震。此举令杨震十分恼怒，杨震认为自己是因

① ［春秋］晏婴：《晏子春秋集释·内篇杂下第六》，吴则虞集释，中华书局1982年版，第427—428页。

② ［宋］范晔：《后汉书·卷五十四·杨震列传第四十四》，中华书局2000年版，第1187—1188页。

为了解王密的为人才向朝廷举荐了他，而王密却不了解自己为官公正、清廉的行事风格，以金相授违背了自己举荐他的初衷，亦是对自己的不尊重。王密以行隐秘之事无人知晓为由希望杨震能够收下，而杨震的一番“四知”说教令王密自惭形秽，羞愧而归。杨震后来出任别处，但他清白为官，不为自己和家人谋私利，其子孙也大都“蔬食步行”与普通人家子弟无异，亲朋好友劝他多置家业，而杨震则希望子孙不要贪慕富贵，世代以清白传家。杨震数子及其后代大都不负乃父、乃祖所望，继承了清白传家的家风，至其曾孙杨彪时已成为名门望族，“自震至彪，四世太尉，德业相继”，而同时期的那些以生活奢靡著称之京都望族与其门第相较，则虽盛极一时，终究走向败亡。杨震一门之所以历数代而不衰，一个重要的原因就是“能守家风、为世所贵”①。

此外，历史上还有很多的世家大族，都因为各自鲜明的家风特点而为世所重。张国刚在《中国家庭史·隋唐五代卷》中“士族的家风礼法教育”一节中讲到了“韩休家族忠直刚毅的家风”、“杜孝友廉洁的家风”、“穆宁家族清严孝谨的家风”、“柳公绰的礼法教育与仁孝家风”②，他所提到唐代数家家风显著的世家，就是典型的以世传美德为核心的家风代表。需要指出的是，这里提到的韩休、穆宁、柳公绰之门风，在正史的记载中是以“家法”相称，如《新唐书·穆宁传》记载：“先是，韩休家训子姪至严。贞元间，言家法者，尚韩、穆二门云”③。《旧唐书·柳公绰传》记载：“公绰理家甚严，子弟克禀训诫，言家法者，世称柳氏云。”④这也说明了“家风”这一标识家庭美德特质的范畴内涵之丰富，也说明了家庭教育发展过程中不同的“家风”概念之间在内涵和外延上的相互重叠。而事实上，严格意义上的“家法”的形成则是到了唐昭宗时期陈崇所制定的《陈氏家法三十三条》才开始的，这也说明了早于之前的所谓“家法”实际上所指更多的是“家风”。到了宋代，以美德家风著称的门风蔚为大观，如司马光说：“吾本寒家，世以清白相承”，言语间流露出对以清白传家的

① ［宋］范晔：《后汉书·卷五十四·杨震列传第四十四》，中华书局2000年版，第1207页。

② 张国刚主编：《中国家庭史》（隋唐五代卷），人民出版社2013年版，第356—367页。

③ ［宋］欧阳修、宋祁：《新唐书·卷一百六十三·列传第八十八·穆宁传》，中华书局2000年版，第3900页。

④ ［后晋］刘昫等：《旧唐书·卷一百六十五·列传第一百一十五》，中华书局2000年版，第2935页。

自信。范仲淹则是希望子孙形成俭约的家风。朱熹则在他的家庭教育思想中表达了以礼治家的独特风尚。

值得一提的是，在大量的家庭教育文本中，很多家庭都标榜以勤俭为核心的家风，而这样的家风因为与人们的日常生活紧密相关，所以也受到世人的普遍推崇。在这方面，晚清曾国藩之淳朴勤俭的家风值得一提。曾国藩在《家书》中每每提到个人修养和家庭良好的生活习惯，都要追溯到他的祖父星冈公曾玉屏，乃至于更远的祖先那里，这一则表明家风之悠久长远，再则是要求家人在日常的家庭生活中能够绍继家风。他说："凡世家子弟，衣食起居无一不与寒士相同，庶可以成大器；若沾染富贵气习，则难望有成。吾忝为将相，而所有衣服不值三百金。愿尔等常守此俭朴之风，亦惜福之道也。"①他现身说法，以自奉俭约来教导子弟，希望子弟勿要沾染纨绔习气，保持俭朴家风。他说："勤俭自持，习劳习苦，可以处乐，可以处约，此君子也。余服官二十年，不敢稍染官宦气习，饮食起居，尚守寒素家风，极俭也可，略丰也可，太丰则吾不敢也。"②从其所作《家书》来看，其中很多内容都涉及勤俭家风的传承。如曾国藩再三叮嘱不忘勤俭自持持家的早起家风，他讲："余尝细观星冈公仪表绝人，全在一重字……早起也，有恒也，重也，三者皆尔最要之务。早起是先人之家法，无恒是吾身之大耻，不重是尔身之短处……"③而这种家风确系其家门的一大风尚，他多次强调这一点："吾家累世以来，孝弟勤俭。辅臣公以上吾不及见，竟希公、星冈公皆未明即起，竟日无片刻暇逸……今家中境地虽渐宽裕，侄与诸昆弟切不可忘却先世之艰难，有福不可享尽，有势不可使尽。"④他为此三令五申，教导子弟务必保持早起的门风："我家高曾祖考相传早起，吾得见竟希公、星冈公皆未明即期起……吾父竹亭公亦甫立明即起……此尔所

① ［清］曾国藩：《曾国藩全集·第二十一册·家书之二·谕纪鸿（同治元年五月二十七日）》，岳麓书社2011年版，第27页。

② ［清］曾国藩：《曾国藩全集·第二十册·家书之一·谕纪鸿（咸丰六年九月二十九夜）》，岳麓书社2011年版，第289页。

③ ［清］曾国藩：《曾国藩全集·第二十册·家书之一·谕纪泽（咸丰九年十月十四日）》，岳麓书社2011年版，第454页。

④ ［清］曾国藩：《曾国藩全集·第二十一册·家书之二·喻纪瑞（同治二年十二月十四日）》，岳麓书社2011年版，第235页。

及见者也。余亦立明即起,思有以绍先人之家风。尔既冠授室,当以早起为第一先务,自力行之,亦率新妇行之。”①曾国藩还重视“耕读传家”的家风,他说:“昔吾祖星冈公最讲求治家之法:第一起早;第二打扫洁净;第三诚修祭祀;第四善待亲族邻里。凡亲族邻里来家,无不恭敬款待,有急必周济之,有讼必排解之,有喜必庆贺之,有疾必问,有丧必吊。此四事之外,于读书、种菜等事尤为刻刻留心。故余近写家信,常常提及书、蔬、鱼、猪四端者,盖祖父相传之家法也。”②他认为后代必须要谨遵祖训才能家道昌隆,他说:“稼穑之泽,惟周家开国,豳风陈业。述生理之艰难,导民风于淳厚,有味乎其言之。……吾祖光禄大夫星冈公尝有言曰:“吾子孙虽至大官,家中不可废农圃旧业。”懿哉至训,可为万世法已。”这些训教都是对培育良好家风的珍视。

(三)以世传之学为核心的家风

“书香门第”是中国文化史和家庭教育史上常见的现象,一些家庭世代读书传家。很多具有文化特质的“世家”,如文学世家、书法世家、绘画世家、天文世家、史传世家、医药世家、将帅世家、工艺世家等,将某一种专门的知识、学问、技能作为家庭世守之业,在家庭内部世代教习、研读、传授,在“学术官守”的时代,对于推动某一领域专业知识的发展作出了卓越贡献,形成了独特的家风——家学。“家学”就是一家一姓将某一种学说(多以世代传承某一经典为主)作为世代研习的对象,以至于在数代人中间传承并形成一些特定的文化轨迹、特点,以至于“别人插不进来,插进来也赶不上超不过”③,将该门学问的传承视为家风、门风,实质是以专门的学术研习为内涵的家庭学风。有学者还将“家学”与“家风”视为表里关系,足见二者联系之紧密。汉代儒学独尊,“习儒经成了传统,在大宗族中代代相传,形成了靠习儒经保持地位的世家大族”④,而“家法”一词最早就是用来指称汉代一些家族世代传布典籍经书过

① [清]曾国藩:《曾国藩全集·第二十册·家书之一·谕纪泽(咸丰九年十月十四日)》,岳麓书社2011年版,第453页。

② [清]曾国藩:《曾国藩全集·第二十册·家书之一·谕纪泽》(咸丰十年闰三月初四日)》,岳麓书社2011年版,第476页。

③ 邢铁:《中国家庭史》(宋辽金元卷),人民出版社2013年版,第416页。

④ 季乃礼:《三纲六纪与社会整合——由〈白虎通〉看汉代社会人伦关系》,中国人民大学出版社2004年版,第234页。

程中形成的规矩的。这种家风实际上是以文化学术立家而形成的家庭文化氛围,这种现象在魏晋南北朝时期的世家大族内部最为明显。陈寅恪先生就曾指出:“中原经五胡之乱,而学术文化尚能保持不坠者,固由地方大族之力,而汉族之学术文化变为地方化及家门化矣。故论学术,只有家学可言,而学术文化与大族盛门常不可分离也。”①陈寅恪先生还在《唐代政治史述论稿》中篇《政治革命即党派分野》中说:“夫士族之特点即在其门风之优美,不同于凡庶,而优美之门风实基于学业之因袭。”②邢铁也在《中国家庭史·宋辽金元卷》中谈及该时期的家学时指出:“直到魏晋隋唐时期的门阀大族,特别是称作‘世族’的那些家族,如崔、卢、李、郑、王这些山东大姓,仍然都有世代相传的家学,和在此基础上形成的门风,贴近嫡系的家庭更是如此。”③这是由于魏晋南北朝时期,社会处于动荡分裂时期,官学失守,再加上门阀政治的兴起,使得很多世代以政治为业的家庭为了培养后继之人,大都形成了重视家庭教育的传统,甚至使得这种家庭教育形成了完备的体系化运作机制,而社会范围内的这种现象,则使得不同家庭各自形成了自身鲜明的文化特质。

颜之推在《颜氏家训》中多次提到“不坠门风”④、“不坠家业”⑤,从其家族世代以“儒雅为业”的特点来看,自然包含着劝勉子孙传承“家学”的要求。颜之推在《诫兵》篇中说:

> 颜氏之先,本乎邹、鲁,或分入齐,世以儒雅为业,遍在书记。仲尼门徒,升堂者七十有二,颜氏居八人焉。秦、汉、魏、晋,下逮齐、梁,未有用兵以取达者。春秋世,颜高、颜鸣、颜息、颜羽之徒,皆一斗夫耳。齐有颜涿聚,赵有颜最,汉末有颜良,宋有颜延之,并处将军之任,竟以颠覆。汉郎颜驷,自称好武,更无事迹。颜忠以党楚王受诛,颜俊以据武威见杀,得姓已来,无清操者,唯此二人,皆罹祸败。顷世乱离,衣冠之士,虽无身手,或聚徒众,违弃素业,徼幸战功。吾既羸薄,仰惟前代,故寘心于此,子孙志

① 转引自张国刚:《中国家庭史》(隋唐五代卷),人民出版社 2013 年版,第 355 页。

② 陈寅恪:《唐代政治史论述稿》,上海古籍出版社 1982 年版,第 71—72 页。

③ 邢铁:《中国家庭史》(宋辽金元卷),人民出版社 2013 年版,第 417 页。

④ [北齐]颜之推:《颜氏家训·风操》,王利器集解,中华书局 1993 年版,第 61 页。

⑤ [北齐]颜之推:《颜氏家训·书证》,王利器集解,中华书局 1993 年版,第 443 页。

之。孔子力翘门关，不以力闻，此圣证也。吾见今世士大夫，才有气干，便倚赖之，不能被甲执兵，以卫社稷；但微行险服，逞弄拳掔，大则陷危亡，小则贻耻辱，遂无免者①。

颜之推通过对祖先累世“儒雅为业”的回顾，把这种家风追溯到孔子时代，表明尚德尚文的家风之悠久，列举家族中以武力生强而终不能有好结局的数例家族故事，说明本家庭（家族）内部“未有用兵以取达者”，不曾有因为从事军功而有所建树者，而“斗夫”、“无清操者”、“徼幸战功”等的评语则已表明了颜之推对于“重文轻武”，以至于“弃武从文”的家族发展命运的深思。他批评当时社会上稍有“气干”便“逞弄拳掔”以至危亡的事例，从古到今由远及近，形象生动地说明了尚文的家风取向。这样的家庭教育对子弟族人形成不事武力而致力于文事的倾向是有促进作用的。是故，我们就能更好地理解为什么《颜氏家训》中专门列有《勉学》、《文章》、《诫兵》、《书证》、《音词》、《杂艺》等的篇章来论述与“文”有关的内容。这其实是他对其家族世代以文相守的家风的继承和宣扬，自然也是希望后世子孙能够承继家风，达到“绍家世之业”的目的。颜氏后人践行着这样的家风，其长子颜思鲁入隋后为东宫学士，次子颜愍楚居官“清贫自守”，三子颜游秦入唐后任郓州刺史，孙颜籀官至礼部侍郎，颇有“诤臣之风”，孙颜师古则为初唐著名的经学家、历史学家，奉命修撰《五经定本》，为儒学复兴做出了重要贡献。颜氏后起之秀中更是人才济济，在国家危乱之际起到了中流砥柱的作用。安史之乱中，颜师古五世从孙颜真卿联络其堂兄颜杲卿共同抗击叛军，城陷后颜杲卿及其子身死殉国，甚为悲壮，践行了“夫生不可不惜，不可苟惜”②和“泯躯而济国，君子不咎也”③家训。颜真卿则历事四朝，后因宰相卢杞陷害亦为国捐躯，唐德宗曾追念颜真卿一生道“才优匡国，忠至灭身，器质天资，公忠杰出，出入四朝，坚贞一志，拘胁累岁，死而不挠，稽其盛节，实谓犹生”。颜真卿被后世视为道德君子、人臣公忠体国的楷模，由其所创立的“颜体”书法的雍容劲健的风度，象征着盛唐气象，成为中国书法史上的一座丰碑。

① ［北齐］颜之推：《颜氏家训·诫兵》，王利器集解，中华书局1993年版，第348—349页。
② ［北齐］颜之推：《颜氏家训·养生》，王利器集解，中华书局1993年版，第362页。
③ ［北齐］颜之推：《颜氏家训·养生》，王利器集解，中华书局1993年版，第362页。

中国历史上有很多家庭或家族因长期专注于某方面的技艺而著称于世，如世代修史的司马迁家族和班固家族、数学世家祖冲之家族、中医世家李时珍家族、造作世家“样式雷”家族等，这些家族数代子承父业，在各自专长的领域都做出了杰出的贡献。这些家庭世代传承技术，其门风具有鲜明的学术、工艺色彩。以祖冲之家族为例，祖冲之祖孙三代传承历算之数，科技传家的门风尤其显著。《南史·文学列传》中就说：

祖冲之字文远……祖昌，宋大匠卿。始元嘉中。用何承天所制历，比古十一家为密。冲之以为尚疏，乃更造新法，上表言之。孝武令朝士善历者难之，不能屈。会帝崩不施行……子暅之字景烁，少传家业，究极究极精微，亦有巧思……父所改何承天历时尚未行，梁天监初，暅之更修之，于是始行焉……暅之子皓……少传家业，善算历①。

这一记载正是对祖家三代以天文历算之学传家的学风、门风的赞扬。

再如，一些中医世家数代传承医学，医术精湛药到病除，对医学的传承和发展做出了贡献。如《南史》中记载的徐文伯家族数代传承家传家学——医学，为世人称道。《南史·张邵传·附徐文伯》中说：

徐文伯，濮阳太守熙曾孙也。熙好黄、老，隐于秦望山，有道士过求饮，留一瓠芦与之，曰：“君子孙宜以道术救世，当得二千石。”熙开之，乃《扁鹊镜经》一卷，因精心学之，遂名震海内。生子秋夫，弥工其术……秋夫生道度、叔向，皆能精其业。道度有脚疾不能行，宋文帝令乘小舆入殿，为诸皇子疗疾，无不绝验……道度生文伯，叔向生嗣伯。文伯亦精其业……文伯为效与嗣伯相埒。宋孝武路太后病，众医不识。文伯诊之曰，此石博小肠耳。乃为水剂消石汤，病即愈……子雄亦传家业，尤工诊察。②

这段文字正是对徐文伯一家四代从医和其家族精湛医术的记载和颂扬，从中可以看出医学传家之门风对于医术发展的重要性。

---

① ［唐］李延寿：《南史·卷七十二·列传第六十二·祖冲之传》，中华书局2000年版，第1185—1186页。

② ［唐］李延寿：《南史·卷三十二·列传第二十二》，中华书局2000年版，第557—558页。

二、正己正家

儒家认为只有施教者以身作则,用自己的言行举止来影响施教者,才能取得最佳的教育效果。儒家修齐治平的理念中,修身处于基始性的地位。对于齐家风者而言,只有自身道德品质好,才能教育、感化家人,培育良好的家庭氛围。《周易·家人》说:“家人有严君焉,父母之谓也”,强调一家之中一定要有严正的父母。孔子说:“其身正,不令而行;其身不正,虽令不从。”①正家者本人身正,就会正身率下、不令而行,反之,施教再多也不能取得很好的效果。“政者,正也。子帅以正,孰敢不正?”②只要治家者严格要求自己,家庭成员就能慕学从教。“君子之德风,小人之德草。”③家长自身修养好,子弟就能承风受教。孔子还提倡“躬自厚而薄责于人”,认为治家者首先要对自己要求严格,对家众宽容以待才能令人服其管教。《礼记·哀公问》中还记孔子之言:“政者,正也。君为正,则百姓从政矣。君子所为,百姓之所从也……夫妇别、父子亲、君臣严。三者正,则庶物从之矣。”说的虽是政道的问题,但对家庭教育的意义其实则是不言自明的。

孟子讲:“君仁,莫不仁,君义,莫不义。”④强调施教者自身的榜样示范作用对于统率受教者的重要性。还说:“身不行道,不行于妻子;使人不以道,不能行于妻子”⑤,则是说只有自身行为的适当合理才能更好地治理家庭。孟子还认为:“吾未闻枉己而正人者也”⑥,是说只有自己行的正才能令他人做得对。孟子讲“爱人不亲,反其仁,治人不治,反其智,礼人不答,反其敬,行有不得者皆反求诸己。”⑦一个人的行为得不到有效的回应,就要从检讨自身行为态度开始,而不是找客观原因,这也是他讲“人病舍其田而芸人之田——所求

① 杨伯峻:《论语译注·子路》,中华书局2016年版,第188页。
② 杨伯峻:《论语译注·颜渊》,中华书局2016年版,第180页。
③ 杨伯峻:《论语译注·颜渊》,中华书局2016年版,第180页。
④ 杨伯峻:《孟子译注·离娄下》,中华书局2015年版,第203页。
⑤ 杨伯峻:《孟子译注·尽心下》,中华书局2015年版,第363页。
⑥ 杨伯峻:《孟子译注·万章上》,中华书局2015年版,第245页。
⑦ 杨伯峻:《孟子译注·离娄上》,中华书局2015年版,第178页。

于人者重，而所以自任者轻”①的深意。对于家庭教育中的“行正”，孟子还有自己的看法，他提倡“易子而教”，认为父子之间由于长辈一方不能严格要求自己以“正”，却以“正”来要求子弟，其结果必然是与教育的初衷相背离。《孟子》中说：

公孙丑曰：“君子之不教子，何也？”

孟子曰：“势不行也。教者必以正，以正不行，继之以怒。继之以怒，则反夷矣。‘夫子教我以正，夫子未出于正也。’则是父子相夷也。父子相夷，则恶矣。古者易子而教之，父子之间不责善。责善则离，离则不祥莫大焉。”

在孟子看来，父母由于不能很好地起到榜样示范——身教的作用，致使父母的言传身教在子女的心目中大打折扣，造成亲子关系的疏离，不利于家庭的和睦，给家庭带来创伤。为了顾全人伦亲情，在孟子看来“易子而教”，就是可取的家庭教育方式。己身正才能更好地治家，圣人也有做不到的地方，孟子就曾犯过类似的错误。《韩诗外传》记载了孟子“出妻”未遂的故事，从反面强调了“正己正家”的重要性。其文是：

孟子妻独居，踞，孟子入户视之，向其母曰：“妇无礼，请去之。”母曰：“何？”曰：“踞。”其母曰：“何知之？”孟子曰：“我亲见之。”母曰：“乃汝无礼也，非妇无礼。”《礼》不云乎？“将入门，问孰存。将上堂，声必扬。将入户，视必下。”不掩人不备也。今汝往燕私之处，入户不有声，令人踞而视之，是汝之无礼也，非妇无礼也。”于是孟子自责，不敢去妇。

“踞”是蹲坐的意思，是一种较为随意的坐法。孟子外出回家看到其妻如此失礼，竟想以此为由休妻。禀告母亲之后，孟母认为是孟子失礼在前：孟子进家门的时候悄无声息，故而其妻才不知丈夫归来，才表现的行止随意。孟子意识到了自己失礼在前，打消了休妻的念头。

荀子认为：“师以身为正仪”②，为人师者首先要行止端正以身行教。他还说：“故君子之度己则以绳，接人则用抴。度己以绳，故足以为天下法则矣；接

① 杨伯峻：《孟子译注·尽心下》，中华书局2015年版，第376页。

② ［战国］荀况：《荀子·修身》（上），王天海校释，上海古籍出版社2005年版，第16页。

人用拙，故能宽容，因求以成天下之大事矣。”[①]君子只有自身行为符合准绳，才能为众人做好榜样，而待人则需宽厚，如此才能服众成事。家庭教育要“正身正家”，施教者首先要提升自我修养。《大学》说：“自天子以至于庶人，一是皆以修身为本”[②]，强调修身的普遍性。《大学》还说：“所谓齐其家在修其身者：人之其所亲爱而辟焉，之其所贱恶而辟焉，之其所畏敬而辟焉，之其所哀矜而辟焉，之其所敖惰而辟焉……此谓身不修不可以齐其家。”[③]家庭教育施教者的各种偏好会导致行为的偏失，所以齐家的主体要修养自身、去辟去偏。《大学》进一步指出修身的核心要害在于“正心”，即是强调主体首先要端正自己的心思。

言传身教是儒家家庭教育思想中的重要思想，“言传”强调以理服人，“身教”则重视家庭教育施教者自身素养的端正。在儒家家庭教育思想中，只有施教者自身严以律己才能发挥身教的作用，以上率下、以先率后，使家人在良好的家庭氛围中承风受教，达到不言而教、不教自化的目的。这也正如学者所言：“家教的目的与内容，决定于家长的思想与人品。做家长的只有首先具备高尚的思想情操，才可能为子女指出正确的人生道路和奋斗目标，从而使子女成为品德高尚和具有真才实学的人。”[④]《韩非子·外储说左上》记载了“曾子杀猪”的故事，很好地说明了正己正家的重要性。其文是：

> 曾子之妻之市，其子随之而泣。其母曰：“女还，顾反为女杀彘。”妻适市来，曾子欲捕彘杀之，妻止之曰：“特与婴儿戏耳。”
>
> 曾子曰：“婴儿非与戏也。婴儿非有知也，待父母而学者也，听父母之教。今子欺之，是教子欺也。母欺子，子而不信其母，非所以成教也。”遂烹彘也[⑤]。

父母在日常生活中的点滴言谈举动都会成为子女学习的榜样，所以，要培养子女良好的行为习惯，父母首先要做得到。尽管曾子之妻是跟自家孩子开玩笑，

① ［战国］荀况：《荀子·非相》（上），王天海校释，上海古籍出版社2005年版，第186页。

② 《大学·中庸》，王国轩译注，中华书局2015年版，第5页。

③ 《大学·中庸》，王国轩译注，中华书局2015年版，第24页。

④ 石云祥、贺本明：《古代家教篇》，青海人民出版社1989年版，第98页。

⑤ ［战国］韩非：《韩非子·外储说左上》，《韩非子》校注组编写，周勋初修订，凤凰出版社2009年版，第328页。

但曾子认为父母如果不守诺言,孩子就会学得不守诚信,所以他杀猪烹肉兑现了妻子的诺言。

传统家庭教育继承了“正己正家”的理念。颜延之在《庭诰》中说:“欲求子孝必先慈,将责弟悌务为友。虽孝不待慈,而慈固植孝;悌非期友,而友亦立悌。”认为要培育子弟的孝悌品行,为人父母长上者就首先需要以慈友相待,潜移默化中自然就能取得教育效果。颜之推继承了乃祖的遗训,他在《颜氏家训·治家》中也强调父母身先示范的重要性。他说:

> 夫风化者,自上而行于下者也,自先而施于後者也。是以父不慈则子不孝,兄不友则弟不恭,夫不义则妇不顺矣①。

可见,只有父母长上有“情”,子弟卑幼才会有“义”,家庭教育要自父母长上开始渐次施教,为人父母者首先慈爱,子弟才能孝友。

颜之推认为父母不能“以正示教”,子弟耳濡目染也会行为不端,终不利于形成和谐的家庭关系。他说:“兄弟不睦,则子侄不爱;子侄不爱,则群从疏薄;群从疏薄,则僮仆为雠敌矣。”颜之推正话反说,其实是想表达:只有父母先友爱自己的同辈兄弟,晚辈子侄间才能关系融洽。从“正己正家”的要求出发,古人强调要想家庭和睦,家长首先就要有公平正直之心,否则家道不和谐,父母难辞其咎。如《颜氏家训·教子》中说:

> 人之爱子,罕亦能均;自古及今,此弊多矣。贤俊者自可赏爱,顽鲁者亦当矜怜,有偏宠者,虽欲以厚之,更所以祸之。共叔之死,母实为之。赵王之戮,父实使之。刘表之倾宗覆族,袁绍之地裂兵亡,可为灵龟明鉴也②。

颜之推认为家长面对数子难免做不到一视同仁,更何况有的家长偏听、偏信、偏爱,厚贤而薄不能,他总结了诸多历史上不能公平待子最终导致无法预料的恶果的事件,希望为人父母者要公正宽平。

《袁氏世范》也批评了父母不能一视同仁对待子弟的问题。袁采说:

> 人有数子,饮食、衣服之爱不可不均一……幼而示之以均一,则长

① [北齐]颜之推:《颜氏家训·治家》,王利器集解,中华书局1993年版,第41页。

② [北齐]颜之推:《颜氏家训·教子》,王利器集解,中华书局1993年版,第19页。

无争财之患……今人之于子，喜者其爱厚，而恶者其爱薄。初不均平，何以保其他日无争……贤者或见恶，而不肖者或见爱，初不允当，何以保其他日不为恶。见恶，而不肖者或见爱，初不允当，何以保其他日不为恶①。

袁采认为父母应该从家庭教育初始即要平等对待子女，否则难保他日兄弟之间不起争端，子弟贤与不肖都要关爱有加，若父母任凭己意行事，就会为子弟间的不和埋下隐患。所以，袁采十分强调"父母爱子贵均"，他说：

人之兄弟不和而至于破家者，或由于父母憎爱之偏，衣服饮食，言语动静，必厚于所爱而薄于所憎。见爱者意气日横，见憎者心不能平。积久之后，遂成深仇。所谓爱之，适所以害之也。苟父母均其所爱，兄弟自相和睦，可以两全，岂不甚善②！

父母的偏心偏爱会导致家人关系的不融洽，偏爱发展到最后，只能是导致家人间的矛盾，故父母持心公平自然就能成全家人之间的团结和睦。

从父母的榜样示教出发，袁采同颜之推一样，认为只有父母同辈间友爱，晚辈子侄间才能友善，这就是他强调的"和兄弟教子善"之深意。袁采说：

人有数子，无所不爱，而于兄弟则相视如仇雠。往往其子因父之意遂不礼于伯父、叔父者，殊不知己之兄弟即父之诸子，己之诸子，即他日之兄弟。我于兄弟不和，则我之诸子更相视效，能禁其不乖戾否？子不礼于伯叔父，则不孝于父亦其渐也。故欲吾之诸子和同，须以吾之处兄弟者示之。欲吾子之孝于己，须以其善事伯叔父者先之③。

袁采认为，为人父母者疼爱自己的子女，却处理不好自身与兄弟的关系，那么，子女也会因长辈间的不和而对伯叔不敬。自己的众多子女将来亦要"自立门户"，上一辈人之间的不和，会给下一辈人之间造成影响，难免他们以后也会"心生间隙"。同时，子女对叔伯不敬，潜藏着日后不孝敬父母的因素。若要自己的子女日后融洽相处，自己则先要同诸位兄弟协调好关系。

《袁氏世范》尤其重视"正己正家"、"正己正人"的家教理念，袁采在"正

① ［宋］袁采：《袁氏世范·睦亲》，李勤璞校注，上海人民出版社 2017 年版，第 11—12 页。

② ［宋］袁采：《袁氏世范·睦亲》，李勤璞校注，上海人民出版社 2017 年版，第 12 页。

③ ［宋］袁采：《袁氏世范·睦亲》，李勤璞校注，上海人民出版社 2017 年版，第 20 页。

己可以正人”一节中就说：

> 勉人为善，谏人为恶，固是美事。先须自省：若我之平昔自不能为人，岂惟人不见听，亦反为人所薄。且如己之立朝可称，乃可诲人以立朝之方；己之临有效，乃可诲人以临政之术；己之才学为人所尊，乃可诲人以进修之要；己之性行为人所重，乃可诲人以操履之详；己能身致富厚，乃可诲人以治家之法；己能处父母之侧而谐和无间，乃可诲人以至孝之行。苟惟不然，岂不反为所笑！

此外，袁采认为“才行高人自服”，所以，他强调“厚于责己而薄于责人”。他说：

> 忠、信、笃、敬，先存其在己者，然后望其在人。如在己者未尽，而以责人，人亦以此责我矣。今世之人能自省其忠、信、笃、敬者盖寡，能责人以忠、信、笃、敬者皆然也。

以上说教，一以贯之的理念是强调家庭教育主体正身律己以教人的思想。传统家庭教育重视父母以身作则、以身示教，这也成为了后世家庭的教育原则，如《郑氏家规》中就说：

> 为家长者当以诚待下，一言不可妄发，一行不可妄为，庶合古人以身教之之意。临事之际，毋察察而明，毋昧昧而昏，须以量容人，常视一家如一身可也。

元代郑太和的这句话则是要求父母视听言动都要依理合规，遇事则要明辨曲直，才能齐家服众。

明代庞尚鹏在《庞氏家训》中也说：

> 然为人父母者，尤当身任其责。《易》曰：“家有严君焉，父母之谓也。”盖父母视家人，势分本位独尊，事权得以专制，使契其纲领，内外肃然，谁敢不从令。若仁柔姑息，动多愆违，以致纷纷效尤，谁执其咎哉。

庞尚鹏强调父母在家庭教育中的核心、权威地位，这使他极为重视父母在家庭日常行事中的一举一动，认为只有父母行为合乎正理，不姑息、行止无过，才是治家有方的体现。

总之，修身、齐家、治国、平天下，只有先修其身，才能内齐其家外治其业。家庭教育施教者应当从自身做起、以身作则、以身示教，用自己的德行来教育感化家人子弟，才能教育好子弟、族众，才能培育出好家风。

三、宜其家人

儒家倡导的家风有着特定的内涵，强调治家、持家者的模范引领。受传统男主外而女主内的家庭分工模式的影响，在儒家的家风思想当中妇女有着特殊重要的角色定位。这种女性家庭行事规范可概括为"宜其家人"，即认为妇女在家应该有益于家庭的和睦、协助丈夫、教导子女、孝敬公婆、团结妯娌、协调邻里关系等。这种理念在《诗经·周南·桃夭》中就已经开始形成，诗文说：

> 桃之夭夭，灼灼其华。之子于归，宜其室家。桃之夭夭，有蕡其实。之子于归，宜其家室。桃之夭夭，其叶蓁蓁。之子于归，宜其家人。

《诗经》中的这首诗是民间出嫁女子的祝诗，行文重章叠字，反复咏唱女子之贤，"宜其室家"、"宜其家人"表达了人们对未来婚姻状况的良好愿望①，寄盼女子成家以后能使新组建的家庭人丁兴旺、和睦安康。男女结合在儒家那里是"人伦之始"，儒家元典中对男女结合而组建家庭是报以极大的肯定的，《易传·象传》就说："归妹，天地之大义也。天地不交，而万物不兴。归妹，人之终始也。"②把女子出嫁看作是天地之间以阴顺阳的大道，看作是人类周而复始、繁衍生息的象征。

在肯定了男女结合的正当性基础上，儒家进一步把女性职能和家风、家教联系起来，认为女性在家庭生活中发挥着重要作用。《周易·家人》卦说："家人，利女贞"③，这里的"贞"即为"正"，所谓"家人以女为奥主，长女中女各得其正，故特曰利女贞矣。"④也就是强调了家中女性所行之"正"对于一家之重要性。学者就指出："贞，正。利女贞，是说家人之道，关键的问题是看家中主妇正不正，正则一家正，不正则一家不正。"⑤也就是说："家正是女人的领域，

---

① 《诗经》，赵逵夫注评，凤凰出版社2011年版，第10页。

② 《周易·归妹·象传》，杨天才、张善文译注，中华书局2011年版，第470页。

③ 《周易·家人》，杨天才、张善文译注，中华书局2011年版，第330页。

④ 焦杰：《性别视角下的〈易〉、〈礼〉、〈诗〉妇女观研究》，中国社会科学出版社2011年版，第59页。

⑤ 金景芳、吕绍纲：《周易全解》，上海古籍出版社2005年版，第298页。

女正就是安心待在家内，做自己该做的事情。”①而在《周易》看来，女人该做的事情无疑就是“无攸遂，在中馈”，也就是“只管做家务，凡事不要自作主张”②，唯此就能家庭和顺、家风纯正。从“正家风”的角度来看，尽管《家人》卦中的“贞”与“正”关系密切，但也不能否认《家人》中的“贞”已经开了后世女性贞操观的先声，即是要求“婚姻存续期间的女性必须保持对丈夫的绝对忠诚”，这一要求是后世女德教育的重要一环。

《周易》还有专门探讨女德的内容，从整体上看来，《周易》提倡女性持家以柔顺为主的行为处事理念。我们知道，从人事的角度来看，《周易》中的阴阳、乾坤所指代的就是家庭中的男女。《坤卦·彖曰》：“至哉坤元，万物资生，乃顺天，坤厚载物，德合无量，含弘广大，品物咸亨”③，认为大地美德至极，万物的成长都依赖于她，而大地顺承天道、承载万物，天地相合、阴阳相生的德性广大无边。大地含育一切生命并使之发扬光大，使万物都能亨通和顺。《系辞上》“天尊地卑，乾坤定矣……乾道成男，坤道成女，乾知大始，坤作成物”④，天地有尊卑之分，家庭之中则是男主女从，乾创始万物，而坤生成万物。《坤·文言》说：“阴虽有美，含之以从王事，弗敢成也。地道也，妻道也，臣道也。”⑤这句话所蕴含的家庭伦理思想即是说：“女性虽有美德，但尤以含蓄顺从为尚，不敢擅自主张独自成事，必须服从或顺从男性。”⑥《巽·彖》也说“柔皆顺乎刚”⑦，即是“柔必须要顺从刚，一家之中女子应该顺从男性”。

儒家女德思想在《礼记》中得到了进一步的发展。人们经常提到的“三从四德”之“三从”就被《礼记》视为天经地义的女性行事准则。《仪礼·丧服》说：“妇人有三从之义，无专用之道，故未嫁从父，既嫁从夫，夫死从子。故父

① 焦杰：《性别视角下的〈易〉、〈礼〉、〈诗〉妇女观研究》，中国社会科学出版社 2011 年版，第 60 页。

② 焦杰：《性别视角下的〈易〉、〈礼〉、〈诗〉妇女观研究》，中国社会科学出版社 2011 年版，第 60 页。

③ 《周易·坤卦》，杨天才、张善文译注，中华书局 2011 年版，第 28 页。

④ 《周易·系辞上》，杨天才、张善文译注，中华书局 2011 年版，第 561 页。

⑤ 《周易·坤卦·文言》，杨天才、张善文译注，中华书局 2011 年版，第 41 页。

⑥ 刘淑丽：《先秦汉魏晋妇女观与文学中的女性》，学苑出版社 2008 年版，第 17 页。

⑦ 《周易·巽·彖》，杨天才、张善文译注，中华书局 2011 年版，第 494 页。

者,子之天也。夫者,妻之天也。妇人不贰斩者,犹曰不贰天也。”①认为女性在未嫁人时要服从家长,已婚之后就要服从丈夫,丈夫去世后则要服从儿子,并把家庭人伦关系视为高下有等的尊卑关系,从而强调处于卑弱的一方对于尊上一方的绝对服从。这种女德思想在《礼记·郊特性》中再次被强调:“出乎大门而先,男帅女,女从男,夫妇之义由此始也。妇人,从人者也。幼从父兄,嫁从夫,夫死从子。夫也者,夫也。夫也者,以知帅人者也。”②视女性为毫无自主性可言且为男性家庭成员之附庸。《礼记·昏义》还说:“成妇礼,明妇顺,又申之以著代,所以重责妇顺焉也。妇顺者,顺于舅姑,和于室人,而后当于夫……是故妇顺备,而后内和理,内和理而后家可长久也。”③即是把顺从视为女性的根本德行和家庭和睦、安定的关键④。“四德”之说虽然不是首见于《礼记》,但《礼记》继承并提倡这种女性观。《礼记·昏义》说:“教以妇德、妇言、妇容、妇功”⑤,具体所指则为“妇德谓贞顺,妇言谓辞令,妇容谓婉娩,妇功谓丝枲”,也就是要求女性在家要忠贞和顺、恭敬简约、行止庄重、操持家务。《礼记》还不厌其烦地规定了成家之妇女在家侍候舅姑(即公婆)的行为细则,要求媳妇“对待舅姑如同对待自己的亲生父母一样,态度一定要柔顺,照顾一定要周到”。《礼记·内则》中说:

妇事舅姑,如事父母。鸡初鸣,咸盥漱,栉縰,笄总,衣绅。左佩纷帨、刀、砺、小觿、金燧,右佩箴、管、线、纩,施縏帙,大觿、木燧、衿缨,綦屦。以适父母舅姑之所,及所,下气怡声,问衣燠寒,疾痛苛痒,而敬抑搔之。出入,则或先或后,而敬扶持之。进盥,少者奉盘,长者奉水,请沃盥,盥卒授巾。问所欲而敬进之,柔色以温之,饘酏、酒醴、芼羹、菽麦、蕡稻、黍粱、秫唯所欲,枣、栗、饴、蜜以甘之,堇、荁、枌、榆免槁薧滫以滑之,脂膏以膏之,

① 《仪礼注疏·丧服·子夏传》,[汉]郑玄注,[唐]贾公彦疏,王辉整理,上海古籍出版社2009年版,第48页。

② 《礼记正义·郊特性》,[汉]郑玄注,[唐]孔颖达正义,吕友仁整理,上海古籍出版社2008年版,第1092页。

③ 《礼记正义·昏义》,[汉]郑玄注,[唐]孔颖达正义,吕友仁整理,上海古籍出版社2008年版,第2279页。

④ 杨亚利:《周易与中国夫妇之道》,中国文史出版社2003年版,第79页。

⑤ 《礼记正义·昏义》,[汉]郑玄注,[唐]孔颖达正义,吕友仁整理,上海古籍出版社2008年版,第2280页。

父母舅姑必尝之而后退①。

《礼记·内则》的这一规定，要求新妇要比舅姑早起，梳洗完毕、穿戴整齐之后，就要到舅姑跟前请安，要做到语气温和、举止谦卑有度，询问舅姑身体安否，若有不适就要及时为舅姑解决痛痒。出入门厅要紧随在舅姑身后，小心搀扶他们行走，随侍舅姑梳洗，年少的要端着盆子，年长的倒水，洗完后要及时递上毛巾。恭敬地侍候舅姑们用餐、喝水，要不厌其烦地供其所需，舅姑一一品尝之后媳妇才能告退，等等。

《诗经》、《周易》、《礼记》中的这些女德思想，构成了后世女德教育的核心内容，以期塑造儒家理想的淑女、贤妻、良母、孝媳、贞妇的女性形象。所以，后儒大都重视女德女教，还为此专门编著了众多的女教读物，如有"女子教育的第一位圣人"之称的刘向就著有《烈女传》一书，而他的立意就在于"采取《诗》、《书》所载贤妃、贞妇，兴国显家可法则，及孽嬖乱亡者，序次为《列女传》"，全书从女德教育入手共分为"母仪"、"贤明"、"仁智"、"贞顺"、"节义"、"辩通"、"孽嬖"七部分，每一部分都有相应的内容和事例做说明，既有正面典型也有反面人物，表达了对崇高女性的褒扬和对丑恶女性的鞭挞，在中国女子教育史上具有开创性的意义。此外，班昭的《女诫》也是较有影响的女教读物，全书亦分为七个部分，分别为"卑弱"、"夫妇"、"敬慎"、"妇行"、"专心"、"曲从"、"和叔妹"，所教亦不出"三从"、"四德"的范畴，受封建伦理思想影响的强化，班昭将之前"男尊女卑"、"夫为妻纲"等的观念作了系统全面的阐述，成了后世女性教育的范本。在女性教育史上，除了前述的女教读物外，荀爽的《女诫》，蔡邕的《女训》，唐代郑氏的《女孝经》，宋若莘和宋若昭所著《女论语》，明仁孝文皇后《内训》，节妇王刘氏《女范捷录》，李氏与丈夫袁参坡合著（由其子整理）的《庭帏杂录》，清世祖的《内则衍义》，陆圻《新妇谱》等都是该领域的重要著作。如此之多的女教读物，所宣教的内容大体不出妇女在家应该和睦家庭、协助丈夫、教导子女、孝敬公婆、团结妯娌、协调邻里、礼待宾客等的道德要求。

---

① 《礼记正义·内则》，［汉］郑玄注，［唐］孔颖达正义，吕友仁整理，上海古籍出版社2008年版，第1116—1118页。

儒家对女性的家庭行为处事要求，是儒家对女性在家庭中的角色定位的认识的自然流露。按照儒家的这种设定，女性若能做到相应的行事要求，则自然对于家庭之和睦、家道之兴旺和家风之端正能起到积极的促进作用。

第三节　美风俗

儒家认为家庭教育和社会教化之间并非各自独立，家庭教育和社会教化是双向互动的关系，二者相互影响、相互促进。家庭教育是社会教化的基础，社会范围内良风优俗的形成离不开家庭教育的助益。

一、家风与世风

在儒家的思想体系中，家和国是紧密相关的，家庭教育不仅有着重要的家庭内部作用，更是发挥着重要的社会价值。在儒家那里，“家与国具有一致性，是因为治国之根本在于人，解决社会政治等问题的根本也就是解决人的问题，而人存在的基本环境便是家，家是人之所在，亦为人之所归，真正解决了家的问题，也就解决了人和国家的问题。”①这就使得家风和世风二者之间呈现出正相关的关系，家风好，社会风尚自然就美。

《论语》中说：“宗族称孝焉，乡党称弟焉。”②在孔子看来，士大夫的重要行事标准就是要在乡党间躬行孝悌的家庭伦理美德，感染乡邻、纯化民风。这说明了社会评价在古代民风形成过程中的重要作用。基于血缘和地缘的古代中国社会，尤其注重风俗民约的教化作用，一个重要的作用机制就是通过熟人之间的品评来规范社会认知和社会关系，处于其间的人们不自觉地都要接受“吾党”或“乡人”的各种品评。这在无形中起到了规范社会秩序和维护既有社会良俗的作用。孔子品评“吾党之小子”用了“狂简”，就是这种社会舆论和民间教化的现象，有助于社会精神风貌的美化。《孟子·离娄上》中说：“天下大悦而将归己，视天下悦而归己犹草芥也，惟舜为然。不得乎亲，不可以为人；

---

① 张能为、代祥龙、王志红、王军：《多视角中的诠释—儒学文化的现代展开与实践》，安徽大学出版社2007年版，第3页。

② 杨伯峻：《论语译注·子路》，中华书局2016年版，第194页。

不顺乎亲,不可以为子。舜尽事亲之道而瞽瞍底豫,瞽瞍底豫而天下化,瞽瞍底豫而天下之为父子者定。此之谓大孝。”①在孟子看来,圣王之治就在于能够以身示教,并因而以己身、己家之和睦来化民导俗,汇聚民力,凝结民心,实现社会范围内的家庭和睦、安居乐业。《大学》讲:“一家仁,一国兴仁;一家让,一国兴让”②。社会是由千千万万个家庭、家族组成的,家庭普遍行仁义,国家就能有仁义之风,家庭能够兴礼让,国家就能礼让成风。

家庭教育虽然发生于家庭内部,在一定意义上具有相对的独立性,但是,家庭教育与社会的关系使家庭教育不可能独立于社会之外而独自发挥作用。社会的价值理念会通过家庭教育深入到家庭,成为每一个家庭成员价值意识的组成部分。同时,家庭教育也会对社会产生重要影响,良好的家庭教育和由此而形成的家风、门风还会通过社会化的传播影响作用到更广泛的社会,进而就会形成重教的世风。相反,家庭风尚的堕落也会导致社会风尚的凋敝、恶化。历史上,秦国通过变法以求富强,在众多的变法措施中,有一条就是对过往的宗族、大家庭、家族制度进行了改革,禁止父子、兄弟同居共处,使得原有的家庭、家族在强力的作用下成为了一个个原子化的小家庭,规模与之前的家庭相比小了很多。这种家庭制度的变革同其他变法制度相结合,促进了秦国社会的发展,但秦国建立统一的中央集权制国家后,却迅速走向了衰亡。汉代拨乱反正,并对秦之所以速亡的经验教训进行了总结。从家庭的角度出发,汉儒将其中原因之一归结为秦朝的变法破坏了家庭作为封建社会基础的地位,破坏了既有的家庭伦理关系。基础不牢,地动山摇,最终导致了社会范围内家庭关系的紧张、人情的淡薄。汉代贾谊就此在《陈政事疏》中曾指出:

> 商君遗礼义,弃仁恩,并心于进取。行之二岁,秦俗日败。故秦人家富子壮则出分,家贫子壮则出赘,借父耰钮,虑有德色;母取箕帚,立而谇语……其慈子耆利,不同禽兽者亡几耳。然并心而赴时犹日蹶六国,兼天下。功成求得矣,终不知反廉愧之节,仁义之厚。信并兼之法,遂进取之业,天下大败,众掩寡,智欺愚,勇威怯,壮陵衰,其乱至矣,是以大贤起之,

① 杨伯峻:《孟子译注·离娄上》,中华书局2015年版,第176—197页。

② 《大学·中庸》,王国轩译注,中华书局2015年版,第26页。

威震海内，德从天下。曩之为秦者，今转而为汉矣①。

在贾谊看来，秦朝变法使得原有的家庭伦理道德观念日渐式微，并造成了社会范围内的道德沦丧，而正是社会风尚的变化动摇了新建立的集权王朝的社会统治基础。这样的认识无疑启示人们：要重视家教、家风的美化，并以此来化民导俗，实现政风、社风的醇厚，造福于社会的稳定、有序。这就不难使我们理解：为什么汉代要着力建构系统而完善的道德教化体系，并尤其重视社会基层的人伦教化，在广大的乡村基层设置“三老”以行教化。需强调的是，汉代的“三老”很多都是治家有道、为乡民公认的德高望重之人，如樊重“三世共财，子孙朝夕礼敬，常若公家”②，是故，“县中称美，推为三老。”③与此相关的一个社会现象则是：从汉代开始，大家庭、大家族，以至于累世同居家族不断见诸史册。国家也通过赋税等多种措施给予大家庭、家族以优待，家庭教育也开始越来越受到人们重视，较之前代，这一时期出现了诸多专门用来训教的家庭教育文本，并为社会主流价值所提倡。正是在这样的社会氛围下，一些名门望族在其所处的乡村则自觉或不自觉地发挥着类似“乡里率化”、“乡人化之”等的积极作用。可见，汉代组织化的教化和民间自发教化相结合，为汉代社会的稳定起到了积极的促进作用。

家教、家风关联着社情民风，正是家庭和社会间关系紧密的体现。古代文人士大夫长期受到儒家思想的教育，在家重视家庭教育、宗族训导，在修身、齐家之外，还有自觉的社会责任担当，把社会教化作为自身价值的重要体现，以自身良好的家风来引导民风、世风，在乡里间推行封建伦理道德的教化，培育优良的社会风尚。朱熹说：“古之君子以是行之其身，而推之以教其子弟，莫不由此。此其风俗所以醇厚，而德业所以崇高也。”④在朱熹看来，君子以先王所教使人明诸心、修其身，敦行家庭人伦道德，使人明晓为人处世的道理，并使人各尽其职分，以此来纯化风俗。在中国社会发展史上，把家庭教育和社会教

① ［汉］班固：《汉书·卷四十八·贾谊传第十八》，中华书局2000年版，第1723页。

② ［宋］范晔：《后汉书·卷三十二·樊宏阴识列传第二十二》，中华书局2000年版，第751页。

③ ［宋］范晔：《后汉书·卷三十二·樊宏阴识列传第二十二》，中华书局2000年版，第751页。

④ 张立文：《朱熹评传》，南京大学出版社1998年版，第538页。

化有机统一起来的当属于乡约教化。有学者指出:“乡约是乡民自治的一种体现,也是人们在长期的生产生活中自然形成并世代相传的民间道德规范,它比国家法律所建立的秩序更得民心、更贴近生活、更符合当地的风俗习惯,是中国传统价值原则具体化、生活化的表现形式之一。”①乡约教化也分为两种,一种是以家庭、家族为主导而形成的乡约教化,另一种则是由官方拟定的乡约教化。前者以《蓝田吕氏乡约》为代表,后者以《南赣乡约》为模范。这两种乡约教化,一边联系着最基层的家庭、家族、个人,一边联系着社情民风,体现了儒家“出入相友,守望相助,疾病相扶持”②的社会理想,最能说明家教、家风与社情民意间的互动关系,以下分别加以论述。

先来看《蓝田吕氏乡约》,该乡约被誉为“乡约之祖”,由宋代吕大忠、吕大钧、吕大临、吕大防四兄弟制定,“四吕”师承张载,深受“民胞物与,物吾与也”思想的影响,其声名俱载入《宋史》,所著《乡约》主要目的就是践行道德教化、移风易俗。《乡约》主要由七部分组成,其中的“德业相劝、过失相规、礼俗相交、患难相恤”最能体现移风易俗的诉求。如其“德业相劝”所要求之“德”为:

> 见善必行,闻过必改。能治其身,能治其家;能事父兄,能教子弟;能御童仆,能肃政教;能事长上,能睦亲故;能择交游,能守廉介;能广施惠,能受寄托,能救患难。能导人为善,能规人过失,能为人谋事,能为众集事。能解斗争,能决是非;能兴利除害,能居官举职③。

从中可以看出,该乡约是以劝善为导向的,乡约所提倡的诸多德目其实是对家庭伦理道德和社会公德在乡约层面的肯定,是把人的道德责任做了从家庭到邻里社会的补充和扩展。同样的诉求也体现在对“业”的规定当中,该乡约对此提出的要求有:

> 居家则事父兄,教子弟,待妻妾;在外则事长上,接朋友,教后生,御童仆。至于读书、治田、营家、济物,畏法令,谨租赋,好礼、乐、射、御、书、数之类,皆可为之。非此之类,皆为无益。

---

① 符得团、马建欣:《古代家训培育个体品德探微——以〈颜氏家训〉为例》,中国社会科学出版社2012年版,第22页。

② 杨伯峻:《孟子译注·滕文公上》,中华书局2015年版,第126页。

③ 陈后民:《蓝田吕氏遗著集校》,中华书局1993年版,第563页。

如同“四吕”对“德”的要求,在“业”的部分也对人应当负责的家庭义务和社会责任做了具体的要求。《吕氏乡约》的其他部分也体现劝善的立约导向,如“过失相规”部分就具体规定了“犯义之过”、“犯约之过”、“不修之过”三类,每一过都有具体所指,如“犯义之过”具体指:“酗博斗讼、行止逾违、行不恭逊、言不忠信、造言诬毁、营私太甚”①;“犯约之过”具体则为:“德业不相劝、过失不相规、礼俗不相成、患难不相恤”②;“不修之过”则为:“交非其人、游戏怠惰、动作无仪、临事不恪、用度不节”③。“礼俗相交”则具体要求做到:“尊幼辈行”、“造请拜揖”、“请召送迎”、“庆吊赠遗”④。“患难相恤”则要求邻里乡党间在遇到水火、盗贼、死丧、疾病、诬枉、孤弱、贫乏等事项时要相互扶助、共度时难⑤。后来朱熹进一步补充和完善了《吕氏乡约》,使得这一乡约更具有操作性,也使得该乡约的影响逐渐超出了“四吕”故土的范围,对社会范围内良风优俗的形成起到促进作用。宋以后,乡约作为基层教化的主要载体之一越来越受到了社会范围内的重视,其作用的发挥对于和睦家庭、和谐乡里、移风易俗起到了重要的作用。

与《吕氏乡约》的社会自发教化不同,《南赣乡约》则是王阳明在平叛期间,有感于民风凋敝所潜隐着的社会不稳定因素而制定的。王阳明在平叛过程中采取一系列怀柔政策,不事杀伐,采取多种措施来稳定社会、发展生产。他深感民风、民情的荒疏既有社会的原因,也有来自于家庭的原因,故而制定《南赣乡约》,并在平叛之地广为宣扬,以移风易俗、化民成俗。《南赣乡约》中的很多内容把家庭人伦道德和社会伦常做了很好的结合,突出了家庭、宗族、乡里的社会作用。王阳明认为人是社会环境的产物,风俗民情的形成也是由于长久的习染所致,那些参与暴乱的子弟就是因为不遵宗族乡里之教化才发展成为叛乱分子。他在《南赣乡约》中说:

咨尔民,昔人有言:“蓬生蔴中,不扶而直;白沙在泥,不染而黑。”民

① 陈后民:《蓝田吕氏遗著集校》,中华书局 1993 年版,第 563—564 页。
② 陈后民:《蓝田吕氏遗著集校》,中华书局 1993 年版,第 564 页。
③ 陈后民:《蓝田吕氏遗著集校》,中华书局 1993 年版,第 564 页。
④ 陈后民:《蓝田吕氏遗著集校》,中华书局 1993 年版,第 565 页。
⑤ 陈后民:《蓝田吕氏遗著集校》,中华书局 1993 年版,第 566 页。

> 俗之善恶,岂不由于积习使然哉!往者新民盖常弃其宗族,畔其乡里,四出而为暴,岂独其性之异,其人之罪哉?

王阳明认为造成暴乱分子参与叛乱的原因既有“我有司治之无道,教之无方”,另一方面也与“尔父老子弟所以训诲戒饬于家庭者不早,薰陶渐染于里者无素,诱掖奖劝之不行,连属叶和之无具,又或愤怨相激,狡伪相残”有关。所以,他认为民风民俗的纯化是稳定社会的重要基础,而这既要有官府的作为,也要有父老子弟的家庭训教,两相结合才能培育出良善子弟。王阳明明确指出制定乡约的目的就是为了“以协和尔民”,也就是为了实现民风淳厚和谐。具体的要求则是:

> 皆宜孝尔父母,敬尔兄长,教训尔子孙,和顺尔乡里,死丧相助,患难相恤,善相劝勉,恶相告戒,息讼罢争,讲信修睦,务为良善之民,共成仁厚之俗①。

即是要求民众从践行家庭人伦开始:为人子者要孝敬父母、恭敬兄长,为人长辈者要在家训谕子弟,处理好邻里关系、守望相助、以善勉行、戒争止讼、诚实守信。如此,就能形成崇尚仁厚的社会风尚。王阳明认为:“人之善恶,由于一念之间”,故希望有恶之人要痛改前非、诚心改过,人人都要从检点自身行为开始,加强个人道德修养,存善心、执善念、做善人、行善事,营造和谐美好的社会。

二、厚俗与新民

家庭教育受到内外两种因素的影响,家庭教育功能的发挥离不开家庭施教的具体展开,但从社会整体的意义上来看,家庭教育功能的发挥还要有社会教化的配合。社会领域内的教化为众多家庭教育作用的发挥塑造了良好的外部环境,使得家庭教育之影响超出一家一姓的范围,具有了更为广泛的社会意义。家庭教育和社会教化的结合最终促使“成教于家”和“成教于国”二者有机融合,使国家层面倡导的人伦德教和家庭范围内的具体践行相一致,以化民

---

① [明]王阳明:《王阳明全集·卷十七·别录九·南赣乡约》(中),吴光等编校,上海古籍出版社2011年版,第665页。

导俗、移风易俗。

传统中国“家国一体”，国家通过各种措施来教化民众，并竭力使这种教化与人们的日常家庭生活发生关系，所谓“求忠臣于孝子之家”，就是通过制度化的教化机制将家庭教育纳入教化统序之内，使家庭教育和官方形式的各种教化有机结合。这既为家庭教育注入了源源不断的动力，也使得教化理念得以深潜、融入寻常百姓家。在此过程中，发挥重要作用的当首推各级各类学校，所谓“教化以学校为本”、“家有塾，党有庠，故民无不习于学，是以教化行而风俗美”①。我国古代发达的官学系统使得以家庭伦理为主要内容的“人伦”教育成为受教者学习了解的主要内容。孟子就指出：“庠者养也，校者教也，序者射也。夏曰校，殷曰序，周曰庠。学则三代共之，皆所以明人伦也。人伦明于上，小民亲于下。”②孟子认为人在衣食无忧之后如果不加以教育就会沦落到如同动物般的生存境地，而圣人就是要通过教育使“父子有亲、君臣有义、夫妇有别、长幼有序、朋友有信”③的理念成为人们遵行的规范。我们知道，以为人的基本要求为主要内容的人伦教育一直是我国传统社会教育的核心内容。而从家庭教育和社会教化的角度来看，除了官学教育系统外，使得家庭教育和国家教化有机结合起来的还有盛行于历史上的“名教”理念、旌表制度、选官用人等制度设计，这些教化措施因有着各种现实的社会激励机制，更有助于营造良好的社会道德氛围。

“因名设教”是古代中国的传统，这来自于儒家“名教”的理念，而“名教”是从最初的纲常名教逐渐发展形成为“以名为教”的社会教化的。冯友兰先生指出：“常听人说‘纲常名教’。纲自然是三纲，常自然是无常，这些名词的意义，都是极确定的。至于所谓名教，其意义就不十分确定了。”④这种“不确定”正是因为“名教”成为了社会教化的代名词，有着广泛的社会意义，但一个基本的内涵是：通过“因名设教”的方法来引导人们求善求美、推行道德教化，并最终以德化民，而这与家庭教育关系最为紧密。名教观念导源于春秋礼崩

① [清]夏燮：《明通鉴》。

② 杨伯峻：《孟子译注·滕文公上》，中华书局 2015 年版，第 125 页。

③ 杨伯峻：《孟子译注·滕文公上》，中华书局 2015 年版，第 132 页。

④ 冯友兰：《三松堂全集·第十一卷·名教之分析》，河南人民出版社 2001 年版，第 81 页。

乐坏的社会现实,《论语》中记载:

子路曰:“卫君待子而为政,子将奚先?”子曰:“必也正名乎!”

子路曰:“有是哉,子之迂也!奚其正?”子曰:“野哉,由也!君子于其所不知,盖阙如也。名不正,则言不顺;言不顺,则事不成;事不成,则礼乐不兴;礼乐不兴,则刑罚不中,刑罚不中,则民无所措手足。故君子名之必可言也,言之必可行也。君子于其言,无所苟而已矣。”

孔子认为人的不同名分背后包含着各自不同的道德要求,君臣父子各有其应尽的本分,只有各自都按照各自的道德要求去做事,社会才能稳定有序。孟子也说过“欲为君,尽君道;欲为臣,尽臣道”①之类的话,就是要君臣按照相应的要求行事。荀子写有《正名》篇,专门讲名分问题。董仲舒的名教思想把名号看作是天意的表达,这些理念在后世的发展过程中逐渐形成了“古代中国社会和中国人的名分体系”(张造群语)②。这种注重名分的教化理念使得家庭教育和国家教育实现了有机结合和互补。所谓“教者,效也,上为之,下效之”③,在家就是注重家长的身教作用,在国就是强调统治阶层的模范带头作用。为了实现“以名为教”的目的,对于在家行孝的孝子贤孙、贞洁烈女、治家有方的义门等给予国家命名的各种荣誉和物质奖励,即所谓的“上有国君赐封,中有史官立传、学者入书,下有百姓有口皆碑”、“天子立前代之功臣、烈女、孝女、贞妇之祠者,示劝戒,欲后人仿效之。”④国家通过各种方式营造有利于家庭教育的氛围,一方面为家庭教育提供了社会保障,另一方面通过国家的倡导最终要纯化社会风俗,使家庭教育实现从“小家”到“大家”的超越。

从创造有利于家庭教育的社会大环境出发,也是为了更好地树立典型以引导民众践行人伦德教,封建国家对所谓的“义门”进行旌表,以提高受旌表家族、家庭的社会地位和影响,为社会树立治家、持家的典范,以期效法。袁采《袁氏世范》结尾附录的诗文中有“同居当鉴张公艺”一节,内容是:

张公艺九世同居,高宗临幸其家问本末,书“忍”字以对,天子流涕赐

① 杨伯峻:《孟子译注·离娄上》,中华书局 2015 年版,第 176 页。

② 张分田:《中国古代统治思想研究》,人民出版社 2013 年版,第 59 页。

③ [汉]班固等:《白虎通义·三教》。

④ [宋]李昉:《太平广记·卷三百一·张安》。

缣帛。三世一爨尚或有之，九世而同居者，不惟士庶之所难，虽九重之尊，亦或发问。噫！“为善于家，赏于朝。”信斯言也。“忍”之一字，其言得于颜子“犯而不校”之学，后进皆可以驯致。

故事说的是唐代数世同居、持家有方的张公艺家族受到唐高宗特别礼遇的故事，其事迹载于《旧唐书·卷一百八十八·列传第一百三十八》，其文为：

郓州寿张人张公艺，九代同居。北齐时，东安王高永乐诣宅慰抚旌表焉。隋开皇中，大使、邵阳公梁子恭亦亲慰抚，重表其门。贞观中，特敕吏加旌表。麟德中，高宗有事泰山，路过郓州，亲幸其宅，问其义由。其人请纸笔，但书百余“忍”字。高宗为之流涕，赐以缣帛①。

相较于《袁氏世范》中的记载，唐史中的记载更为具体详细，从中可以看出“九世同居”的张氏义门从北齐开始就受到了政府的嘉奖。隋朝政府对其也是礼遇有加。在唐代不仅受到李世民一朝的旌表，到了高宗皇帝时期，还亲临其家以示恩宠。这种情况在封建社会可谓恩宠至极，无以复加。而封建王朝的这种对义门的旌表则不绝于史。明朝时期有“义门郑氏”之称的浦江郑氏家族则被朱元璋旌表为“江南第一家”，其家族“自宋建炎到明初，合族而居十三世”，受到宋、元、明三代的褒奖，《宋史·孝义传》、《元史·孝友传》、《明史》等都为之立传，也因其治家有方，其家族子弟还被擢升为太子东宫属官，以辅佐教导太子。该家族不仅因数代同居共爨而闻名，而且还把治家教育子弟的经验汇集成《郑氏规范》一书，颁行家族内部照行，更被封建国家在社会范围内推广。这就使得社会范围内都以此为榜样，有学者对历史上受到旌表的义门进行过统计，得出的结果是：《宋书》、《南齐书》、《魏书》、《南史》、《北史》，共有 24 家之多，《隋书·孝义传》记有 1 家；新、旧《唐书》则记有 43 家，《新五代史·一行传》记有 2 家，《宋史·孝义传》记有 57 家，《元史·孝友传》记有 28 家，《明史·孝义传》记有 31 家，《清史稿·孝义传》记有 8 家。这十三部史书总共记录大大小小的义门同居之家有 194 家②。从这类记载中可以看出，封建国家对于大家庭或家族内部伦理道德的重视：“通过旌表这种权威评价

① [后晋]刘昫：《旧唐书·卷一百八十八·列传第一百三十八》，中华书局 2000 年版，第 3345 页。

② 黎小龙：《义门大家庭的分布与宗族文化的区域特征》，《历史研究》1998 年第 2 期。

活动，还可以使国家仅仅用一种荣誉性符号，就可以让民众认同国家倡导的伦理纲常和行为规范。”①这实际上正是指出了“以名为教”背后深藏着的由家庭教育所带来的社会价值。

此外，封建国家还通过直接表彰孝子贤孙的方式来敦风励俗，鼓励人们积极行孝，引导人们践行家庭伦理。这一类的记载很多，《晋书·孝友传》中记载：

> 许孜，字季义，东阳吴宁人也。孝友恭让，敏而好学。年二十，师事豫章太守会稽孔冲，受《诗》、《书》、《礼》、《易》及《孝经》、《论语》。学竟，还乡里。冲在郡丧亡，孜闻问尽哀，负担奔赴，送丧还会稽，蔬食执役，制服三年。俄而二亲没，柴毁骨立，杖而能起，建墓于县之东山，躬自负土，不受乡人之助……积二十余年孜乃更娶妻，立宅墓次，烝烝朝夕，奉亡如存……元康中，郡察孝廉，不起，巾褐终身。年八十余，卒于家。邑人号其居为孝顺里②。

这一则材料是《晋书》中仅见的关于旌表家庭美德的记载。这里记载的许孜因在外尊师有道，在家行孝事死如事生，把儒家的伦理道德要求具体化为自己的行为，因而受到乡里的推荐和国家的表彰。

《旧唐书·孝友传》中记载：

> 裴敬彝，绛州闻喜人也……子通弟兄八人，复以友悌著名，诏旌表其门，乡人至今称为“义门裴氏”③。

裴子通一门兄弟和睦，友悌相待，受到表彰，亦为乡里所称道。

即便是由少数民族建立的政权，也十分重视引导民众践行人伦德教，《元史·孝友传》中就记载：

> 羊仁，庐州庐江人。至元初，阿术兵南下，仁家为所掠，父被杀，母及兄弟皆散去……大小二十余口，复聚居为良，孝友甚笃，乡里美之。大德

① 李丰春：《中国古代旌表研究》，云南大学出版社 2011 年版，第 87 页。

② ［唐］房玄龄等：《晋书·卷八十八·列传第五十八·许孜传》，中华书局 2000 年版，第 1521 页。

③ ［后晋］刘昫：《旧唐书·卷一百八十八·列传第一百三十八》，中华书局 2000 年版，第 3347 页。

十二年，旌其家。

尽管元代是少数民族建立的政权，但从《元史》中亦可见元代统治者对家庭人伦道德的提倡。有学者对诸如此类的记载做过统计，得出的结果是：《晋书》载有1人；《南齐书》载有10人；《梁书》载有3人；《陈书》载有1人；《魏书》载有9人；《周书》载有4人；《南史》载有27人（家）；《隋书》载有10人（家）；《旧唐书》载有5人（家）；《新唐书》载有14人（家）；《宋史》载有16人（家）；《元史》载有53人（家）；《明史》载有23人（家）；《清史稿》载有12人（家）①。由此可以看出古代对于孝子贤孙行迹的重视。值得一提的是，作为由少数民族建立的元政权，对孝子贤孙行为的表彰力度之大超出了其他朝代。从一些研究中可以看出，也正是在这类教化过程中，儒家家庭道德伦理逐渐深入蒙古族家庭，甚至成为上层贵族家庭伦理观念的重要行为标准，蒙古族家庭对儒家家庭伦理文化的接受，对于改变蒙古族原有的遗风陋俗，促进民族间的融合和往来起到了积极作用。

古代社会还注重表彰贞洁烈妇，对她们恪守封建纲常伦理的义行给予物质和精神等方面的肯定。学者对此亦有过统计，后汉见诸史册者有11人；晋代有5人；魏有13人；隋有8人；唐有26人；宋有19人；辽有2人；金有10人；元有45人；明有9人；清有25人②。同样，元代对贞洁烈妇的表彰规模超过之前和之后的任何朝代。虽然，这种旌表行为背后包含着对女性人身、思想等的禁锢，但是从具体的历史背景出发，从家庭教育和国家教化的角度来看，则起到了将封建伦理道德、意识形态下潜至普通家庭的作用，其社会作用是广泛而深远的。

求忠臣必于孝义之家。古代教化并不是单纯的说教，在历史的发展过程中，还形成了与之相配合的行之有效的制度保障。柔性的教化和制度性的保障相结合，为教化的实施和实效性的取得发挥了重要的作用。如学者所言："在中国古代，教育、教化与人才的选拔任用，始终是紧密联系的。选拔人才的过程，实际就是教育、教化的过程"③。这一点突出表现在古代用人制度的

① 李丰春：《中国古代旌表研究》，云南大学出版社2011年版，第221—257页。

② 李丰春：《中国古代旌表研究》，云南大学出版社2011年版，第258—279页。

③ 胡舒云：《九品官人法考论》，社会科学文献出版社2003年版，第58页。

安排上。在汉代，察举制是选官用人的主要制度安排，该制度到汉武帝时期固定化。最早的察举制的重要内容之一就是“举孝廉”，该举措草创于汉文帝时期，汉武帝执政伊始，便“令郡国举孝廉各一人”①。尽管汉代的察举制的科目很多，但以举孝廉为多，乃至后人多以“举孝廉”来指代汉代察举用人制度。在这样的选官用人制度的导向下，形成了知识分子在家行孝、在外廉洁的社会风尚。后世虽然在选官用人方面有制度创新，但是作为入仕门径必读之物的儒家典籍，仍在源源不断地向人们灌输“修齐治平”的思想理念，而身为封建官僚的各级官员，在日常的政绩考核中，对“德”的考核放突出重要的位置，所谓的“德义有闻”自然少不了家居生活中长期形成的优秀品格，有的朝代甚至还把这种“德义”具体划分为“忠、孝、仁、义、恕、悌”等。这些都是国家在制度层面对人们在日常家庭生活中形成的美德的重视。这样的举措使得“成教于家”与“成教于国”有机统一，使得自上而下的道德教化和自下而上的家庭教育相互影响、相互作用，起到了“化民导俗”的社会作用。

① ［汉］班固：《汉书·卷六·武帝纪第六》，中华书局2000年版，第114页。

第四章　儒家家庭教育思想的基本构成

儒家家庭教育在内容上涉及诸多的施教内容，这些内容从家庭开始，有关于正家之道的教育，有关于家庭美德的教育，还有关于家国情怀的教育。这些教育内容虽在家庭范围内施教，但同时也着重于人的德性素养的全面培养。

第一节　正家之道

“正家之道”是儒家关于和顺家庭关系的教育，这是儒家家庭教育的首重内容。儒家认为家庭成员各自都有与其角色相应的责任和义务。《大学》讲“为人子，止于孝；为人父，止于慈”①，《中庸》中把父子、夫妇、昆弟之相应的人伦要求视为天下之公理，《礼记·礼运》中说：“父子笃，兄弟睦，夫妇和，家之肥也。”②儒家家庭教育之要旨就在于使家庭成员明晰各自的道德责任和义务，实现家庭的和睦。

一、父慈子孝

“父慈子孝”是儒家对家庭伦理中亲子关系的界定，双亲与子女的关系都可以涵容在这一家庭伦理之内。儒家家庭教育认为：“欲求子孝必先慈，将责弟悌务为友。虽孝不待慈，而慈固植孝；悌非期友，而友亦立悌。”③这意味着

---

① 《大学·中庸》，王国轩译注，中华书局2015年版，第11页。

② 《礼记正义·礼运》，[汉]郑玄注，[唐]孔颖达正义，吕友仁整理，上海古籍出版社2008年版，第943页。

③ [南朝·宋]颜延之：《庭诰》。

作为长辈的一方在践行家庭伦理方面的基始性要求：只有父母先做到“慈”，起到先行示范的作用，才能引导子弟履行相应的责任和义务。“儒家的家庭伦理思想注重家庭成员之间的相互责任和义务，父母对子女的抚育、兄长对弟妹的照顾都被看成是人生的义务、责任；另一方面，子女、弟妹对父母、兄长也要尽其义务：强调家庭成员之间应尽的合理的义务和责任及其双向性，这也是儒家家庭伦理思想的一个好传统。”①

相对而言，儒家对“父慈”的论述要少得多，但这不妨碍我们形成有关“父慈”的认识。《诗经·小雅·蓼莪》是一首悼念亡父母的诗，诗作表达了“子欲养而亲不待”的无奈，但也从侧面流露对父母劬劳、劳瘁的感念。原诗如下：

> 蓼蓼者莪，匪莪伊蒿。哀哀父母，生我劬劳。蓼蓼者莪，匪莪伊蔚。哀哀父母，生我劳瘁。瓶之罄矣，维罍之耻。鲜民之生，不如死之久矣。
>
> 无父何怙？无母何恃？出则衔恤，入则靡至。父兮生我，母兮鞠我。拊我畜我，长我育我，顾我复我，出入腹我。欲报之德，昊天罔极！南山烈烈，飘风发发。民莫不谷，我独何害！南山律律，飘风弗弗。民莫不谷，我独不卒②！

这首诗是在外服役的儿子悼念父母的诗。句首起兴，作者咏诵莪蒿并非无根无由地生长得那么高，因为它“常抱宿根而生”，就如同“子依母之像”，作者由此想到了父母含辛茹苦抚养自己长大的场景。第二章依然通过对蔚（另一种蒿）的咏诵，感叹父母生养我所受的劳累。第三章则表达了父母亡故后自己孤独一人，不愿再存活于世，因为没有父母可以依靠，出入家门都一副忧愁不乐、找不到归途的恍惚景象。第四章写父母抚育自己的艰辛，连用了九个“我”，表现了父母在生活起居各方面对子女无微不至的照顾。最后两章以“山之高峻险阻、风之狂暴猛烈兴起对自己遭遇的哀叹。而山之高峻险阻、风之狂暴猛烈自是心象，在诗人感觉中，父母去世，世界顿然失去了绚烂的色彩，变得阴暗、险恶。”③整首诗通过比兴、叠字、夸张的手法表达了对生我养我付

---

① 祝瑞开：《中国婚姻家庭史》，学林出版社1999年版，第483页。

② 《诗经·小雅·蓼莪》，程俊英译注，上海古籍出版社1985年版，第405—406页。

③ 《诗经》，赵逵夫注评，凤凰出版社2011年版，第250页。

出了艰辛之父母的深切怀念之情，使人不免感同身受地想起慈父慈母养育子女之不易。

《论语》中记载孔子和宰我讨论过“三年之丧”的问题。从二人的对话可以看出，宰我由于认为为父母守丧三年时间太久而招致孔子严厉的批评，孔子的理由就是：“予之不仁也。子生三年，然后免于父母之怀。夫三年之丧，天下之通丧也。予也有三年之爱于其父母乎？”[①]孔子认为宰我的主张是不仁的表现，他强调人生下来至少三年才能离开父母的怀抱，期间父母为子女的成长劳心费神，而守丧三年正是为了回报父母三年艰辛的养育之恩。这句话间接反映出父母对子弟成长的关爱。

“无其性不可教训，有其性无其养不能尊道”[②]，儒家家庭教育不仅重视对子弟的养成教育，还特别强调教养，即在抚育子弟成长的过程中进行有效的教育引导。前引《诗经》中的篇章和有关“三年之丧”的讨论，是对“父慈”之养育子女之不易的写照，是“养”的一面。从儒家的一贯思想来看，“父慈”还包含着“教”的一面，且这一面更为人所强调，所谓“养不教，父之过”是也，也就是《内训》中讲的：“故慈者非违理之谓也，必也尽教训之道乎”。杨万里《诚斋集》中说：“家无贫富，人无智愚，子孙皆不可不教”，《朱子治家格言》也说：“子孙虽愚，诗书不可不读”，这些明训都是对教子的强调。《论语》中说：“爱之，能勿劳乎？忠焉，能勿诲乎？”[③]《大学》中说：“人莫知其子之恶”[④]。《说苑·杂言》中说：“一室之中，必有主道焉，父母之谓也。”[⑤]《说文》解释“父”为：“父，矩也，家长率教者，从又举杖。”[⑥]《白虎通义·论六纪之义》解释“父子”为：“父子者，何谓也？父者，矩也，以法度教子也。子者，孳也孳孳无已也。”[⑦]这些论述都已经显现了“父慈”的基本要义：身行有教。所以，“父慈”就意味着要在养育子弟的同时教育子弟（关于这部分的内容，还可以参阅“知

① 杨伯峻：《论语译注·阳货》，中华书局2016年版，第263页。
② ［汉］刘安：《淮南子·泰族训》，阮青注释，华夏出版社2000年版，第448页。
③ 杨伯峻：《论语译注·宪问》，中华书局2016年版，第205页。
④ 《大学·中庸》，王国轩译注，中华书局2015年版，第24页。
⑤ ［汉］刘向：《说苑·杂言》。
⑥ ［汉］许慎：《说文解字》，［宋］徐铉校订，愚若注音，中华书局2015年版，第206页。
⑦ ［汉］班固等：《白虎通义·论六纪之义》。

爱与知教”一节的有关内容)。总的看来,“父慈”寓意着“生而有养”和“养而有教”两方面的内涵,舍其一都不足以达到儒家对“父慈”的完整要求。

父母抚育教养子弟,子弟则要孝敬父母,后者就是“子孝”的人伦要求。“子孝”的第一层涵义是“孝而有养”,也就是为人子女者首先要赡养父母。儒家将之视为子女对父母辛勤养育的回报。前引关于“三年之丧”问题的说明就是基于这样的认识:把子女奉养双亲的道德责任建立在感恩父母的心理之上。这一说法是把子女的赡养行为和父母的付出联系起来,是对“孝”本身做出了一种感恩式的理解。“子孝”的第二层涵义是“孝而有敬”,也就是通常说的“孝敬”,这种理念也更为儒家所提倡。《论语》中记载:“子游问孝。子曰:今之孝者,是谓能养。至于犬马,皆能有养;不敬,何以别乎?”①孔子认为大多数人所谓的孝实际上只是养而已,而这一类的行为就连禽兽之类的犬马都能做到,所以他从人禽之别的角度出发认为,为人若不心存敬养之心,所为只能是低层次的养父母,而不能称之为“孝”。这种理念在孟子那里则成为了“养口体”与“养志”的区别。《孟子·离娄上》中说:

> 孟子曰:“……曾子养曾皙,必有酒肉。将彻,必请所与。问有余,必曰有。曾皙死,曾元养曾子,必有酒肉。将彻,不请所与。问有余,曰亡矣,将以复进也。此所谓养口体者也。若曾子,则可谓养志也。事亲若曾子者,可也。”

孟子把孝分为“养口体”和“养志”。在他看来,晚辈对于长辈最重要的是要“养其志”,注重在精神层面满足长辈的需要,这与孔子所言“养”和“敬”的内涵是一致的。

“孝敬”双亲是儒家最为推崇的“子孝”的要求。《孝经·孝行》说:“孝子之事亲也,居则致其敬,养则致其乐,病则致其忧,丧则致其哀,祭则致其严。五者备矣,然后能事其亲”;《礼记·祭义》也说:“养可能也,敬为难;敬可能也,安为难;安可能也,卒为难。”这些都是儒家对“孝而有敬”的强调,也是儒家家教的基本要求。司马光在《训子孙文》中就说:“凡人事父母,乐其心不违

---

① 杨伯峻:《论语译注·为政》,中华书局2016年版,第19页。

其志,乐其耳目,安其寝处,以其饮食忠养之。"[①]明代孝仁皇后在《内训》中也说:"孝敬者,事亲之本也。养非难也,敬为难。以饮食供养为孝,斯末矣。"这些都是对"孝敬"理念的践行。"二十四孝"中有一个"涤亲溺器"的故事,说的是宋代黄庭坚奉养母亲,其"至孝"就体现在他凡事亲力亲为、竭诚敬孝的高尚品德。

孝敬父母并非是不分是非地一味顺承父母,儒家倡导的"子孝"的第三层内涵是"孝而有谏"。儒家的孝绝不像有些人指出的:"父母说的话,做的事,对的也对,错的也对,当儿女的只能服从,不能驳回,不能批评,明知错了,也要为其隐晦"。孔子讲:"事父母几谏。见志不从,又敬不违,劳而不怨。"是说对于父母的不是要进行多次劝谏,如不被采纳,还是要恭敬如初,殷勤侍奉不生怨恨。这里并没有否定子弟对父母不当之举进行规谏的道德义务。儒家的《孝经》也是肯定了这种道德义务:"父有争子,则身不陷于不义。故当不义,则子不可以不争于父;臣不可以不争于君;故当不义则争之。"[②]这就使得对父母进行规谏成了孝道教育的重要内容之一。《十三经注疏》也说:"于礼有不孝者三,事谓阿意曲从,陷亲不义,一不孝也"[③],《弟子规》所说的:"亲有过,谏使更,怡吾色,柔吾声,谏不入,悦复谏,号泣随,挞无怨",正是对"孝而有谏"理念的遵循。

父母有不当的地方,子女有义务规劝。《袁氏世范》认为"父兄不可辨曲直",但在具体的解释中则认为:"若父兄言行之失,显然不可掩,子弟止可和言几谏。若以曲理而加之,子弟尤当顺受,而不当辩。为父兄者又当自省。"[④]虽则认为子弟对于父兄的不是之处要顺承,但也强调父兄要作自我反省。明代曹端教父改过的事例颇能说明"孝而有谏"的理念。曹端的《夜行烛》就是专门写的供"家严"(即父亲)阅读以改邪归正并劝导家人明德进善的家庭教育文本。个中起因乃是曹端的父亲崇好鬼神佛老之道,曹端对父亲的个人偏好不以为然,告诫父亲道:"福在正道,不在邪术。况圣人之教,敬鬼神而远

① [宋]司马光:《司马文正公集·训子孙文》。
② 《礼记·孝经》,胡平生、陈美兰译注,中华书局2007年版,第267页。
③ [清]阮元:《十三经注疏》。
④ [宋]袁采:《袁氏世范·睦亲》,李勤璞校注,上海人民出版社2017年版,第90页。

之,彼佛老以清静而废天地生生之理,致令绝祀覆宗,祸且不免,福何有焉?”① 曹端的父亲甚觉儿子说的在理,一边悔过一边对儿子说道:“我不读书,为流俗所惑,昏迷至此,可胜痛哉! 今而后由你引我上去,我便随着你行。”②其父对儿子的一番论理甚为赞同,表示愿意遵照儿子所说的道理而行。这个故事中,儿子及时纠正父亲的过失,父亲也开明地意识到了自己的问题,在家庭内部起到了很好的教育效果,而这种成效的取得是与儿子的劝谏和父亲的“自省”分不开的。

“子孝”的第四层涵义是“孝而有名”。《中庸》讲:“夫孝者,善继人之志,善述人之事。”③儒家的孝道的一个重要方面是希望子承父业,通过后人的努力,实现先人未尽的事业。《孝经·开宗明义》就讲:“身体发肤,受之父母,不敢毁伤,孝之始也。立身行道,扬名于后世,以显父母,孝之终也。夫孝,始于事亲,中于事君,终于立身。”④明确了“立身扬名”在孝道中的地位。这种理念是儒家早期以来就形成的传统。司马迁继承父志完成《史记》的壮举就是对这种家庭教育理念的透彻诠释(可参阅“司马谈《命子迁》”一节)。需要指出的是,这种子承父业式的“子孝”理念融入了民族的文化传统之中,有学者就引前述《中庸》中的话并进一步解释道:“周人将继承先祖遗志,完成父兄事业称为‘追孝’。孝道以一种特殊的形式寄托了中国人的历史意识,通过强调‘继述先人之志’,表现出中国人所特有的那种为家庭、民族、国家负责,为子孙万代造福的精神。一个人的生命所以有价值,就在于他把个人有限的生命,融入了历史的长河中,把自己看作是历代祖先文化理想的实现者。所以,中国人所追求的永恒并不是在超验的上帝那里获得的,而宁愿在这充满人情和理想的历史中获得永恒。”⑤这种家教有着超越性的一面,象征着生生不息的民族精神。

---

① [明]曹端:《夜行烛》。

② [明]曹端:《夜行烛》。

③ 《大学·中庸》,王国轩译注,中华书局 2015 年版,第 24 页。

④ 《礼记·孝经》,胡平生、陈美兰译注,中华书局 2007 年版,第 221 页。

⑤ 田亮、陈从兰、敬晓庆:《中国传统伦理概论》,西北工业大学出版社 2011 年版,第 64 页。

二、兄友弟恭

儒家倡导的正家之道的一项重要内容就是提倡兄弟之间关系的融洽与和睦，所谓“兄道友，弟道恭”①。“兄友弟恭”是儒家家庭教育对兄弟关系的基本定位，“所谓友，指的是兄对弟的道德责任，要求兄对弟要挚爱、关心；所谓恭，指的是弟对兄的道德义务，要求弟对兄要敬从、恭顺、谦恭有礼。”②早在先秦儒家典籍中，兄弟关系就受到了关注。《尚书·蔡仲之命》中记载周成王封姬胡的诰命中就对其提出了“以和兄弟”③的要求。从该要求的具体语境来看，周公认为做弟弟的要体念上帝的权威并遵从天道，恭敬地对待兄长，兄长也要为弟弟的修养学识之不足而忧心，对弟弟要友爱有加，所以《尚书·康诰》把“大不友于弟”与“不孝”作为不可宽恕的恶行。《诗经》中也有很多诗篇以直接或间接的方式表达了对兄弟情谊的重视。如《唐风·杕杜》中的“人无兄弟，胡不佽焉”④，则是感叹没有兄弟帮助的孤独；《小雅·常棣》中说“兄弟阋于墙，外御其侮”⑤，说的是兄弟间虽然有不和，但仍然能团结起来抵御外人的欺辱；《小雅·蓼萧》中说“宜兄宜弟”⑥，要兄弟之间亲爱和睦。《左传·文公十五年》中说：“兄弟致美。救乏、贺善、吊灾、祭敬、丧哀、情虽不同，毋绝其爱，亲之道也”⑦，认为兄弟之间要相互救助、相互庆贺、常存慰问，竭诚致敬以祭祀，遇有亲人故去则都要表达哀恸之情，兄弟间尽管有各种差别，但不要因此而置亲爱之情于不顾。《周易·家人》还将“兄兄、弟弟”作为正家之道的重要内容，就是希望为人兄者尽兄道，为人弟者尽弟道，兄弟各自做到相应的道德要求，就能实现家庭内部的和谐。

孔子讲“兄弟怡怡”，要兄弟之间愉快和悦地相处。《论语》中记载司马牛

---

① ［清］李毓秀：《弟子规》。

② 吕红平：《先秦儒家家庭伦理及其当代价值》，人民出版社2015年版，第170页。

③ 《尚书·蔡仲之命》，王世舜、王翠叶译注，中华书局2012年版，第462页。

④ 《诗经·唐风·杕杜》，程俊英译注，上海古籍出版社1985年版，第207页。

⑤ 《诗经·小雅·常棣》，程俊英译注，上海古籍出版社1985年版，第293页。

⑥ 《诗经·小雅·蓼萧》，程俊英译注，上海古籍出版社1985年版，第319页。

⑦ ［春秋］左丘明：《左传·文公十五年》（上），郭丹、程小青、李彬源译注，中华书局2012年版，第681页。

为自己没有兄弟而忧愁，而子夏则告诉他："君子敬而无失，与人恭而有礼。四海之内，皆兄弟也。君子何患乎无兄弟也？"①在子夏看来，君子可以通过修养自我以结交四海之内的朋友为兄弟。《论语》中还说"鲁卫之政，兄弟也"，虽说的是鲁国和卫国政局很相似，都为"陪臣执国命"，但表明"兄弟"之间是有很多相似、相通、相同之处的，由此可衍生出兄弟间要团结、扶助的道德意识。孔子认为伯夷、叔齐二人为"古之贤人也"②，而这二位贤人作为兄弟，最值得称道的是他们以国相让的高风亮节。史载："伯夷、叔齐，孤竹君之二子也。父欲立叔齐，乃父卒，叔齐让伯夷。伯夷曰：'父命也。'遂逃去。叔齐亦不肯立而逃之。"③联系到孔子倡导"礼让为国"的思想，从中可以看出孔子对伯夷、叔齐兄弟两人以国相让风范的肯定。而把这样的思想联系到家庭生活中，就是要求兄弟之间要彼此相让。

孟子重"仁义"（"仁义"一词在《孟子》中出现了 27 次），孟子讲："是君臣、父子、兄弟终去仁义也，怀利以相接，然而不亡者，未之有也。"④在孟子看来，如若君臣、父子、兄弟是靠利益联系在一起，那么是不会善终的。对于兄弟关系，他还明确地指出："义之实，从兄是也"⑤，认为兄弟之间相处要以"义"为原则，兄弟间往来要抛开利益的因素："兄弟去利，怀仁义以相接也"⑥，以仁义之相亲相爱的原则来相处。从"仁义"的原则出发，《孟子·万章上》中记载了舜为兄长竭诚待弟的故事，颇具有家教的意蕴，节录如下：

> 万章曰："父母使舜完廪，捐阶。瞽瞍焚廪，使浚井。出，从而揜之。象曰：'谟盖都君咸我绩。'牛羊父母，仓廪父母，干戈朕，琴朕，弤朕。二嫂使治朕栖。象往入舜宫，舜在床琴。象曰：'郁陶思君尔。'忸怩。舜曰：'惟兹臣舜，汝其于予治。'不识舜不知象之将杀己与？"曰："奚而不知也。象忧亦忧，象喜亦喜。"曰："然则舜伪喜者与？"曰："否……彼以爱兄之道来，故诚信而喜之。奚伪焉？"

① 杨伯峻：《论语译注·颜渊》，中华书局 2016 年版，第 174 页。
② 杨伯峻：《论语译注·述而》，中华书局 2016 年版，第 98 页。
③ [汉]司马迁：《史记·卷六十一·伯夷列传第一》，中华书局 2000 年版，第 1688 页。
④ 杨伯峻：《孟子译注·告子下》，中华书局 2015 年版，第 307—308 页。
⑤ 杨伯峻：《孟子译注·离娄上》，中华书局 2015 年版，第 196 页。
⑥ 杨伯峻：《孟子译注·告子下》，中华书局 2015 年版，第 308 页。

舜的父母让舜去修整谷仓,之后撤掉梯子,还放火烧谷仓,让舜去淘井,之后把井口给堵塞了,而这一切都出自舜利欲熏心的弟弟象的怂恿。舜并没有因为象的贪婪绝情而以怨报怨,相反,舜还让象替自己管理臣下和百姓。在舜行事的背后,是他对人伦道德信仰的坚守,虽然不见得确有其事,但这种理念背后蕴含着劝世人成全兄弟人伦的价值追求,舜似愚实诚的兄弟情谊是"人伦之至"的表现,蕴含着儒家希圣希贤、以立为人法式的教化理念。

后世家庭教育在兄弟关系上,也遵循着"兄友弟恭"的人伦精神。北魏孝文帝时期的名臣杨椿在告老还乡之际,子孙前来送行。杨椿在临别赠言——《临行戒子孙》中回顾了其家族世代官宦的历史,勉励子孙保持俭朴家风、宽厚待人、通权达变、不可贪求无度,作为临别赠言,希望子孙能够谨守。其中,在讲到兄弟团结和睦相处时,他以自己和几位兄弟相处的个人经历来说明他们兄弟之间的深情厚谊,颇为感人。他说道:

> 又吾兄弟,若在家,必同盘而食,若有近行,不至,必待其还,亦有过中不食,忍饥相待。吾兄弟八人,今存者有三,是故不忍别食也。又愿毕吾兄弟世,不异居,异财,汝等眼见,非为虚假。如闻汝等兄弟,时有别斋独食者,此又不如吾等一世也。①

杨椿自述道他们几个兄弟不仅都能恪守祖训、勤俭持家,而且还能做到相亲相爱,若都在家,则一定同桌共餐,若有兄弟一时不能到席,则定要等其到家后才一同吃饭,以至于有时候过了中午还在忍饥相待。在兄弟离世后,仅剩的三个兄弟感情更加深笃,吃饭仍然要在一起,而人们更是希望他们兄弟要世代同居共财、不要分家。杨椿如此说教,就是要他的子孙们相亲相爱,像他们兄弟一样不离不弃。

谈兄弟关系不能不提到《颜氏家训·兄弟》和《袁氏世范》,前者是颜之推论述兄弟关系的经典之作,后者则涉及诸多探讨兄弟关系的教诲,也是后人经常引用的家教材料。作者亦不能免俗,在此也引述颜之推的话并对之作一分析。颜之推在《颜氏家训》中讲道:"兄弟者,分形连气之人也,方其幼也,父母

---

① [清]严可均辑:《全后魏文·卷四十一》,金欣欣、金菲菲审定,商务印书馆1999年版,第406—407页。

左提右挈,前襟后裾,食则同案,衣则传服,学则连业,游则共方,虽有悖乱之人,不能不相爱也。"①认为兄弟为同父同母所生,血脉相连、气息相通,幼小的时候父母左手牵一个,右手拉一个,有的抓着父母的前襟,有的拽着衣服的后摆,在同一张桌子上吃饭,衣服轮换着穿,学习也是前后相随,玩耍也是在相同的地方,即便做错了事,也没有理由不去怜悯爱护。颜之推希望兄弟之间不要轻易受妯娌关系的影响。即便是父母亡故后,兄弟之间也要相互照顾,如身和影、声和回音一样联系紧密:"二亲既殁,兄弟相顾,当如形之与影,声之与响;爱先人之遗体,惜己身之分气,非兄弟何念哉?"颜之推希望兄弟之间保持和睦,因为,"兄弟不睦,则子侄不爱;子侄不爱,则群从疏薄;群从疏薄,则僮仆为雠敌矣。"②亲兄弟之间如若不友爱不恭敬,那么晚辈之间遵照长辈所行,各家之间的关系就很难融洽。他批评道:"人或交天下之士,皆有欢爱,而失敬于兄者,何其能多而不能少也!人或将数万之师,得其死力,而失恩于弟者,何其能疏而不能亲也!"③人能与普天之下的人结交成为朋友,却不能对自己的兄长心存爱敬,人能团结数万将士征战疆场,却不能友爱自己的弟弟,这些都是人得众人之欢心,却独不能与自家兄弟和睦相处的不智之举。颜之推这样说,是希望子孙们能引以为戒。

颜之推还列举了很多足可效法的事迹,希望子孙能够向他们学习。其中,有一则讲到东汉薛包兄弟相处的故事,被载入史书,为世人所称道。颜之推就此说:

> 《后汉书》曰:"安帝时,汝南薛包孟尝,好学笃行,丧母,以至孝闻……既而弟子求分财异居,包不能止,乃中分其财:奴婢引其老者,曰:'与我共事久,若不能使也。'田庐取其荒顿者,曰:'吾少时所理,意所恋也。'器物取其朽败者,曰:'我素所服食,身口所安也。'弟子数破其产,还复赈给。建光中,公车特征,至拜侍中。包性恬虚,称疾不起,以死自乞。有诏赐告归也。"④

---

① [北齐]颜之推:《颜氏家训·兄弟》,王利器集解,中华书局1993年版,第23页。
② [北齐]颜之推:《颜氏家训·兄弟》,王利器集解,中华书局1993年版,第27页。
③ [北齐]颜之推:《颜氏家训·兄弟》,王利器集解,中华书局1993年版,第27页。
④ [北齐]颜之推:《颜氏家训·兄弟》,王利器集解,中华书局1993年版,第39页。

从历史文献的记载得知，薛包生母去世后父亲再娶，薛包因此一度受到后母和父亲的虐待，但他始终如一的孝行最终打动了后母和父亲，终使家人和睦相处。而他对待后母所生之弟亦是友爱有加，分家时以各种理由把好的、优的家当和佣人留给弟弟。后来弟弟们破败了家产，薛包还不忘时常接济他们。他的孝义之举闻名郡国，受到征召，但他称病不就。薛包对待异母兄弟如同一母同胞，着实令人称道。

《袁氏世范》中也谈到一则异母兄弟手足情深的故事，叫作"兄弟异母当鉴王祥、王览"。原文是：

> 王祥弟览。继母朱氏遇祥无道，览见祥被挞，辄流涕抱杖。及长，谏母不止。使祥非理，览亦与焉，朱意乃止。天之生物使之一本，如曰二本是违天也。祥、览虽异母，而兄弟无二本。是以览之名虽亚于祥，而孝友根于天性。祥位至三公，览至光禄大夫。览奕世多贤才兴于江左，得非余庆至此耶？

王祥是著名的大孝子，"二十四孝"中有"卧冰求鲤"一则，说的正是王祥的孝行。这一则材料表明，王祥继母待王祥无道，而其异母兄弟王览见母亲虐待王祥就抱杖痛哭，王祥每次受到虐待，王览都感同身受，经常劝导母亲善待哥哥，使得母亲最终回心转意，不再虐待哥哥，兄弟二人后来都成为当时之名臣。王祥、王览兄弟二人不仅孝友，而且还都治家有方。王祥生有五子，王览生有六子，他们大都在朝为官且有声名。这一家族后来"兴于江左"①，"琅琊王氏"还有"中国第一豪族"之称，世代以"孝悌友爱"为门风，人才辈出。王导、王羲之、王献之等俱出其门，成为历史上十分有名望的门第。

需指出的是：兄弟关系并非是简单的兄弟之间的关系，由于传统中国大家庭中子弟众多，兄弟关系推而广之可以比拟于堂兄弟关系、妯娌关系、叔侄关系等，这些关系大都可以通过类比兄弟关系而得以定位，所以"兄友弟恭"连同前文讲的"父慈子孝"一道被后人认为是传统家庭关系的重中之重。明末清初的孙奇逢在《孝友堂家训》中说：

---

① ［唐］房玄龄等：《晋书·卷三十三·列传第三·王祥王览传》，中华书局2000年版，第646页。

> 居家之道，须先办一副忠实心，贯彻内外上下，然后总计一家标本缓急之情形，而次第出之。本源澄澈，即有淤流，不难疏导。患在不立本而骛末，浊其源而冀流之清也，得乎？一家中，男子本也，父慈子孝，兄友弟恭，本之本也。本立矣，而末犹萎焉，必其立之根本未固耳。

在孙奇逢看来，父子、兄弟关系是处理家庭关系的根本，只要在源头上处理好了这两类关系就可以“正本清源”，达到“事半功倍”的效果，就可以推而广之地协调好家庭内部的其他关系。

理论上倡导“兄友弟恭”，但现实中兄弟不睦、不和的情况时有发生。这里涉及的原因很多，如兄弟间为了各自利益（如析产分家）等。此外，传统家教往往把父母对子女的不公平待遇也看作是兄弟不和的导火索，颜之推讲：“人之爱子，罕亦能均，自古及今，此弊多矣……有偏宠者，虽欲以厚之，更所以祸之”①。《袁氏世范》中还专有“父母爱子贵均”的说教，劝导父母对待子女不能偏私，否则“见爱者”与“见憎者”俱会走向两个极端，最终只会破坏了兄弟间的和气。还有就是传统家庭中多将兄弟不睦的原因归之于“妻”方，如颜之推就说：“……及其壮也，各妻其妻，各子其子，虽有笃厚之人，不能不少衰也”②，他还以房屋遭到毁坏为喻，把仆妾、妻子看作是破坏居室的罪魁祸首；蔡襄《福州五戒》也说：“兄弟之爱，出于天性，少小相从，其心欢欣，岂有间哉？迨因娶妇，或至临财，憎恶一开，即成怨隙；至有兴诉讼，冒刑狱，至死而不息者，殊可哀也。盖由听妇言，贪财利，绝同胞之恩，友爱之情，遂及于此。”③这些认识虽然言之有据，但不能反映真实的兄弟关系，故对今人而言不可盲从。

三、夫义妻贤

《荀子·大略》说：“夫妇之道，不可不正也，君臣父子之本也。”④正家之道的第三项内容是明确夫妻双方在婚姻缔结及存续期间的道德义务。婚姻是

---

① ［北齐］颜之推：《颜氏家训·教子》，王利器集解，中华书局1993年版，第19页。

② ［北齐］颜之推：《颜氏家训·兄弟》，王利器集解，中华书局1993年版，第23页。

③ ［宋］蔡襄：《福州五戒》。

④ ［战国］荀况：《荀子·大略》（下），王天海校释，上海古籍出版社2005年版，第1054页。

男女结合的基础，有了婚姻才有了夫妻之实。儒家从其思想根源处就对男女的结合予以了理论的关照。儒家认为男女两情相悦以缔结姻亲是夫妇人伦关系的开始。《周易》中说："咸，感也。柔上而刚下，二气感应以相与，止而说，男下女，是以亨利贞，取女吉也。"①《周易·咸》象征着阴阳相感、男女相亲，在这一卦象中，"兑为少女，以阴柔之美居于有少男阳刚之强的艮之上，阴阳两种气相互感应，相互亲和。上卦有静止之性，下卦有喜悦之情，男子谦虚地处于女子之下求爱、求亲……娶女子为妻就会吉利"②，对男女结合作了肯定。《礼记·礼运》也说："饮食男女，人之大欲存焉"，也是对男女结合之正当性的说明。《诗经》中大量存在着描写男女情爱的诗篇，表达了对男女两性结合的珍视。孔子就曾经评价《诗经》道："《诗》三百，一言以蔽之，曰：思无邪"③，认为《诗经》从整体上来看思想是纯正的。孔子还曾亲自删定《诗经》，而经他删定的《诗经》之第一篇即为《关雎》，该诗开头起兴句为"关关雎鸠，在河之洲。窈窕淑女，君子好逑"④，便是毫不隐晦地表达男女双方倾慕之情的。而在《诗经》中还有诸多以男女邂逅相遇、幽会密约、赠物定情、相互爱恋等为主题的诗篇，如《匏有苦叶》中的"招招舟子，人涉卬否。不涉卬否，卬须我友"⑤；《静女》中的"静女其姝，俟我于城隅。爱而不见，搔首踟蹰"⑥。孔子还借"唐棣之华"表达了男女思念无间隔的思想。足见，儒家从创始起就对男女之结合表达了关切。

婚姻之后的男女双方，在家庭生活中都有各自的角色定位。《周易》从阴阳两极的理念出发，对代表着阳的男方和象征着阴的女方之家庭角色都做了原则性的规定，奠定了男女家庭职能的基调。《周易·家人》即说："家人，女正位乎内，男正位乎外；男女正，天地之大义也……夫夫、妇妇……"⑦，女子在家应处正当的位置，男子在外应处正当之位置，丈夫要尽到为人夫的责任，妻

① 《周易》，杨天才、张善文译注，中华书局2011年版，第282页。
② 《周易》，杨天才、张善文译注，中华书局2011年版，第282—283页。
③ 杨伯峻：《论语译注·为政》，中华书局2016年版，第15页。
④ 《诗经·周南·关雎》，程俊英译注，上海古籍出版社1985年版，第3页。
⑤ 《诗经·邶风·匏有苦叶》，程俊英译注，上海古籍出版社1985年版，第59页。
⑥ 《诗经·邶风·静女》，程俊英译注，上海古籍出版社1985年版，第75页。
⑦ 《周易》，杨天才、张善文译注，中华书局2011年版，第331页。

子则要尽到为人妻的责任。相互尊重、相互勉励、相濡以沫、白头偕老是儒家对夫妇伦理的要求。《易传·系辞》说:"天下之动,贞夫一者也",这样的理念应用到家庭伦理中,就是要求"夫妇双方只有具备互相忠贞专一和固守诚正无邪的品德,爱情才能保持永久巩固"①。《诗经·齐风·鸡鸣》的主旨是妻子鼓励丈夫勤于正业,不可贪图安乐;《郑风·女曰鸡鸣》中说:"宜言饮酒,与子偕老"②,希望夫妻举杯共饮、相伴一生;《邶风·击鼓》说:"执子之手,与子偕老"③,表达的则是征战在外的丈夫盼望能与妻子相守一生的美好愿景。《诗经》中还有一些悼念亡夫的诗,则间接表达了失去亲人不能团聚、天人分割的悲痛,如《邶风·绿兮》、《唐风·葛生》、《桧风·素冠》等,这些诗篇在凄凉的悲鸣中表达的则是对夫妻天长地久的无尽诉念。

孔子认为"夫妇和"才能家庭和睦兴旺,而首要的则是为人夫者礼敬妻子。《礼记·郊特牲》中就说:"为社稷主,为祖先后,而可以不致敬乎?"是说妻子责任重大,主管家庭内部日常事务,侍奉双亲、养育子女,且与夫共同祭祀神祇,理应予以尊敬。《孔子家语·大昏解第四》也说:"昔三代明王,必敬妻子也,盖有道焉。妻也者,亲之主也,子也者,亲之后也",认为遵循"明王"所为,亦要敬重妻子。而对于妻子的"敬"则要从婚礼开始,孔子说:"……敬之至矣,大婚为大;大婚至矣,冕而亲迎。亲迎者,敬之也。是故君子兴敬为亲,舍敬则是遗亲也。弗亲弗敬,弗尊也……"这段话虽然是孔子回答鲁哀公问"人道孰为大"并进而向鲁哀公阐释怎样实现"夫妇别、男女亲、君臣信"时的话,但同时也反映了孔子主张以爱和敬作为施政之基且以重视婚礼为体现这一要求之具体做法的思想观念。

儒家认为夫妻之间要相敬如宾,这一要求出自《左传·僖公三十三年》,其文说:"初,臼季使,过冀,见冀缺耨,其妻馌之。敬,相待如宾。"④说的是春秋时期的晋国郤缺作为罪臣之后流落民间,故而与家人亲耕田亩,其妻子到田里

① 徐儒宗:《人和论——儒家人伦思想研究》,人民出版社2008年版,第128页。

② 《诗经·郑风·女曰鸡鸣》,程俊英译注,上海古籍出版社1985年版,第149页。

③ 《诗经·邶风·击鼓》,程俊英译注,上海古籍出版社1985年版,第53页。

④ [春秋]左丘明:《左传·僖公三十三年》(上),郭丹、程小青、李彬源译注,中华书局2012年版,第564页。

送饭,小心翼翼地为夫盛饭、端饭、递饭,郤缺也是恭敬地应对,用完饭后,妻子离去还向丈夫告别,整个过程像是接待客人一样礼敬有加,为人所称道。后世“举案齐眉”表达的也是同样的夫妻相处之道:“为人赁舂,每归,妻为具食,不敢于鸿前仰视,举案齐眉”①,意谓夫妻相敬如宾、恩爱有加。

从《周易》开始,男女有别的思想就成了夫妇伦理的重要原则,孟子也提倡“夫妇有别”,他还认为:“身不行道,不行于妻子。使人不以道,不能行于妻子”②。在孟子看来,丈夫只有自身先按照道的要求去做,才能要求妻儿遵行道的要求,如果自身不按照道的要求来支使人,妻室、子女也不会从其所令,强调的是作为夫的一方首先要以身示教的重要性。此外,儒家夫妇之道中有夫妻双方平等的思想基因,尽管这种诉求并没有成为后世夫妻伦理的主流,但却是客观存在着的,如《礼记·郊特牲》中就说:“壹与之齐,终身不改”,认为夫妇结合以后就要平等相待、不离不弃、相守一生;“共牢而食,合卺而酳,所以合体同尊卑,以亲之也”,认为夫妇婚后同吃共住,从此合为一体,要荣辱与共、相亲相爱。《白虎通义》继承了这样的思想:“妻者齐也,与夫同体,自天子至庶人,其义一也。”郑玄注曰:“妻之言齐也,以礼见问,得与夫敌体也。”认为妻子就是与丈夫齐一、合体,这是所有阶层的人不分贵贱都要遵循的道理。

后世家训继承了“夫义妻贤”的伦理要求,并做了发展。“亲亲互隐”是家庭伦理的重要原则,《白虎通义》则还提倡“夫妻相为隐”,但儒家更认为夫妻一方有错误时需要及时指正。《颜氏家训·文章》中就记载了一则妻子规劝丈夫认识到自己所行有误的家教事例。其文是:

> 近在并州,有一士族,好为可笑诗赋,誂擎邢、魏诸公,众共嘲弄,虚相赞说,便击牛酾酒,招延声誉。其妻,明鉴妇人也,泣而谏之。此人叹曰:“才华不为妻子所容,何况行路!”至死不觉。自见之谓明,此诚难也。

颜之推批评了一位才学不高但喜欢沽名钓誉的“文士”的恬不知耻的行径,并对其妻挥泪劝夫改过从正的品德给予了褒奖。这种思想在《女论语》中也有反映:“夫有言语,侧耳详听;夫有恶事,劝谏谆谆。”③这些思想都是儒家夫妇

---

① [宋]范晔:《后汉书·卷八十三·逸民列传第七十三》,中华书局2000年版,第1869页。

② 杨伯峻:《孟子译注·尽心下》,中华书局2015年版,第363页。

③ [唐]宋若莘、宋若昭:《女论语》。

伦理中值得肯定的内容。再如，孔子提倡“夫义妇顺”，《礼记·礼运》中说：“夫义妇听”，后人则进一步要求“夫不义，则妇不顺”①，使得这一伦理具有了对等的意味。孔子主张夫要敬妻，而妻要顺、听，后人则认为妻也要在顺听的同时，做到“敬”：“敬顺之道，妇人之大礼也。夫敬非它，持久之谓也；夫顺非它，宽裕之谓也。持久者，知止足也；宽裕者，尚恭下也。”②使得“敬、顺”的夫妇伦理更加切实可行。《醒世要言》中说：“夫妇如宾相敬，从无反目鸳鸯。同心黾勉奉高堂，留作儿孙榜样。有子莫收婢妾，有妾莫弃糟糠。百年家政好商量，死亦山头同葬。”要求夫妇双方都要以礼相待，为家人做个好榜样，不要喜新厌旧、随意纳妾，而要彼此相敬、白头到老。

“夫义妻贤”是对男女双方的一种理想化的设想，但也有因为各种原因而导致夫妻关系破裂并最终离异的。儒家对夫妻离异过程中双方的行为处事态度和方式也有相关的要求。如《白虎通义》记载：

> 曾子去妻，黎蒸不熟。问曰：“妇有七出，不蒸亦预乎？”曰：“吾闻之也，绝交令可友，弃妻令可嫁也。黎蒸不熟而已，何问其故乎？”

从这段资料来看，曾子以妻子做“黎”（即“藜”，叶可食用）不熟为借口休了妻子，这在常人看来似乎不合情理。儒家关于休妻有所谓的“七出”之说，曾子的妻子做饭不熟，明显不在“七出”的范围内。曾子所为有“鸡蛋里挑骨头”之嫌，他的行为似乎不妥。但事实上，这里包含着曾子隐瞒真实的休妻原因来保全其名节以利其日后再嫁的良苦用心。在《礼记·杂记》中的另一则关于去妻的记载中③，男女双方在离异过程中非但不相互指责对方的过错，还各自做了检讨：男方称自己“不敏”，女方则称自己“不肖”，这种离婚方式也是“夫义妻贤”的重要内涵。

《中庸》说：“君子之道，造端乎夫妇；及其至也，察乎天地。”认为夫妇之道可以推而广之用来观察人类社会的其他人事运行的法则。尽管如此，相比之夫妻关系，儒家更为强调由血缘关系构成的父子、兄弟关系。这是因为，在儒

---

① ［北齐］颜之推：《颜氏家训·治家》，王利器集解，中华书局 1993 年版，第 41 页。

② ［汉］班昭：《女诫》。

③ 《礼记·杂记》中记载：“妻出，夫使人致之曰：‘某不敏，不能从而共粢盛，使某也敢告于侍者。’主人对曰：‘某之子不肖，不敢辟诛，敢不敬须以俟命。’使者退，主人拜送之。”

家看来:"夫妻是可以选择的,而父子、兄弟却是无可选择的,并且唯有父子关系可以连续不断地世代相传。这种连续性和无选择性,使得中国古代文化一直以父子关系为家庭核心,兄弟关系次之"①。但不管怎样,夫妻关系作为家庭横向关系中的主要一支,对家庭关系中的其他关系,如婆媳关系、妯娌关系、姑嫂关系等都具有重要的影响,而夫妻关系无疑在这些关系中都具有连带效应,所谓"夫有人民而后有夫妇,有夫妇而后有父子,有父子而后有兄弟:一家之亲,此三而已矣。自兹以往,至于九族,皆本于三亲焉,故于人伦为重者也,不可不笃。"②夫妻关系连同以上考察的父子关系、兄弟关系一起构成了最重要的家庭关系,这些纵向的家庭关系和横向的家庭关系一道编织成了复杂的家庭关系之网,这三类关系的好坏直接影响到其他家庭关系的牢靠或稳固。所谓"纲举目张",只要处理好这三类关系,其他家庭关系也就自然而然、顺理成章。

需强调的是,儒家对夫妇伦理的要求在儒学发展过程中走向了单向要求妻方一味顺承、柔顺的片面主张,以至于有了"夫为妻纲"、"从一而终"、"饿死事小,失节事大"等有悖人性、情理的极端化倾向,而这些与先秦儒家对夫妇伦理的设定是有很大的差别的。

四、长幼有序

孔子提倡"长幼有序",他讲:"君君、臣臣、父父、子子"③,而联系孔子所言"名正言顺"的思想,可以从中看出他对社会伦序和家庭伦序关系的珍视。"长幼有序"既是家庭伦理要求,也是社会伦理要求。人之为人就要顾全这两方面的伦理关系,这是"正家之道"的应有之义。孔子曾说:"长幼之节,不可废也"④。孟子的"推恩主张",也是把家庭伦序关系和社会伦序关系统一起来以立说。孟子讲:"老吾老,以及人之老;幼吾幼,以及人之幼",希望人在家尊老爱幼,并将之施诸血亲关系以外,实现家庭和社会国家的和谐有序。

---

① 徐儒宗:《人和论——儒家人伦思想研究》,人民出版社 2008 年版,第 508 页。
② [北齐]颜之推:《颜氏家训·兄弟》,王利器集解,中华书局 1993 年版,第 23 页。
③ 杨伯峻:《论语译注·颜渊》,中华书局 2016 年版,第 178 页。
④ 杨伯峻:《论语译注·微子》,中华书局 2016 年版,第 272 页。

“长幼有序”对家庭内部的长幼关系而言，就要求晚辈要尊敬长辈，做到：“有事，弟子服其劳；有酒食，先生馔”①，对于繁重的体力活，晚辈要代替长辈劳作，而遇到有美食可供享用的时候，要先想到长辈；长辈则要关爱教育晚辈，做到“爱之，能勿劳乎？忠焉，能勿诲乎？”在疼爱子弟的同时教育子弟成人成才。孔子批评“幼而不逊悌”者，认为人应该从小就养成敬让尊长的习惯，在家服从父兄，所谓“有父从父，父死从兄”是也。《礼记·曲礼上》中说：“见父之执，不谓之进不敢进，不谓之退不敢退，不问不敢对。”直观地表达了从父之命的意思，贯彻着“长幼有序”的原则。兄弟之间，兄长则要友爱弟，弟则要顺从兄长，儒家对此有着诸多的伦理设定，如“兄爱弟敬……兄爱而友，弟敬而顺”②、“为人兄者宽裕以诲，为人弟者比顺以敬”③、“请问为人兄？曰：慈爱而见友。请问为人弟？曰：敬诎而不苟”④。

“长幼有序”还是乡党间相处的重要原则，将家庭中的长幼关系类推至社会，就变成了尊老爱幼的社会伦理要求。孔子居乡时的言行就是尊老爱幼的典范。《论语》记载：“孔子于乡党，恂恂如也，似不能言者。”“恂恂”二字说的正是谦恭有礼的意思，这句话是说孔子在乡党间待人接物非常恭顺，言语间透露出对长者的尊敬。《论语》中还记载：“乡人饮酒，杖者出，斯出矣。”这里的“杖者”正是年长者的代称，整句话表达的是孔子在乡饮酒礼之后要等到年长者先走，自己才敢出去，体现的是他敬老、尊老的处世理念。这种理念正是《礼记》中推崇的“尊老”思想。《礼记》中记载：“乡饮酒之礼，六十者坐，五十者立侍，以听政役，所以明尊长也。民知尊长养老，而后乃能入孝悌。”⑤乡饮酒礼过程中的“坐”、“立”正是以年龄为依据来划分的，目的就在于促进社会范围内形成“尊老”的风尚。

---

① 杨伯峻：《论语译注·为政》，中华书局2016年版，第20页。

② ［春秋］左丘明：《左传·昭公二十六年》（下），郭丹、程小青、李彬源译注，中华书局2012年版，第2009页。

③ ［春秋］管仲：《管子·五辅》，刘柯、李克和译注，黑龙江人民出版社2002年版，第58—59页。

④ ［战国］荀况：《荀子·君道》（上），王天海校释，上海古籍出版社2005年版，第532页。

⑤ 《礼记正义·乡饮酒礼》，［汉］郑玄注，［唐］孔颖达正义，吕友仁整理，上海古籍出版社2008年版，第2292页。

孟子在谈到“五伦”的家庭关系时将“长幼有序”作为重要的人伦理念。在孟子看来人伦关系出自于人的本性，是不学而能、不虑而知的。他的“尊老爱幼”思想则是“悌道”的具体要求，他讲：“徐行后长者谓之弟，疾行先长者谓之不弟。夫徐行者，岂人所不能哉？所不为也。”孟子认为礼让尊老就是“悌”德的表现，否则就是“不悌”。走路不与长者争，并不是人不能办到的事情，而只是人不愿意做罢了，就好像“为长者折枝”一类的小事，不在于能做不能做，而在于愿意不愿意去做。孟子的深意在于强调尊老是轻而易举的事情，只要人去做就能做到。孟子还有“尊齿”的思想，也是这类思想的另一种表述。孟子说：“天下有达尊三：爵一、齿一、德一。朝廷莫如爵，乡党莫如齿，辅世长民莫如德。”这里的“齿”就是年长者的代称，孟子认为人活动的不同领域应遵循不同的原则，而在乡党间居处一定要以年龄为标准，尊敬年长者。

“长幼有序”所体现的是礼让的待人接物精神，这既是家庭伦理的要求，也是社会伦理的要求。《礼记》中除了前引的关于乡饮酒礼中的“尊老”理念外，还有许多关于长幼关系的表述，如，“年长以倍，则父事之；十年以长，则兄事之；五年以长，则肩随之。群居五人，则长者必异席。”①认为对待年长自己一倍的人，要像对待父亲一样对待；对待年长自己十岁的人，要像对待兄长一般；对待年龄高过自己五岁左右的人，虽可并肩而行，但亦要稍后一些。五个人同处，年龄最大者则还要单独就座。类似的论述还有：“从于先生，不越路而与人言。遭先生于道，趋而进，正立拱手。先生与之言则对，不与之言则趋而退。从长者而上丘陵，则必乡长者所视”②、“侍坐于长者，屦不上于堂，解屦不敢当阶。就屦，跪而举之，屏于侧。乡长者而屦，跪而迁屦，俯而纳屦。”③这些要求都指向了“长幼有序”，贯穿其间的核心精神则是孔子所言的“敬让之道”④。孔子讲：

---

① 《礼记正义·曲礼上》，[汉]郑玄注，[唐]孔颖达正义，吕友仁整理，上海古籍出版社2008年版，第40页。

② 《礼记正义·曲礼上》，[汉]郑玄注，[唐]孔颖达正义，吕友仁整理，上海古籍出版社2008年版，第45页。

③ 《礼记正义·曲礼上》，[汉]郑玄注，[唐]孔颖达正义，吕友仁整理，上海古籍出版社2008年版，第62页。

④ 《礼记正义·经解》，[汉]郑玄注，[唐]孔颖达正义，吕友仁整理，上海古籍出版社2008年版，第1907页。

“敬让之道也，故以奉宗庙则敬，以入朝廷则贵贱有位，以处家室则父子亲；兄弟和，以处乡里则长幼有序……长幼之序失，而争斗之狱繁矣。”①

儒家的“长幼有序”是一个联系家庭伦理和社会伦理于一体的行为处世要求：“在家中的为人教育也是为一个人走上社会为人处事的心态、礼仪和气质。在社会上的任何社会团体也都有个主从之道和先来后到之序。每一个人应该知道自己的位置、顺序、职责、义务和态度，如此才能理顺各种人际关系。”②从家庭内部的“长幼有序”开始，逐渐扩展到社会领域，就使得后儒多从家庭关系的原则出发来说明、论证社会伦理关系的合理性。如夫妻之间夫为主、妇为次，兄弟之间兄为主、弟为次，那么，社会领域当中就对应着是君为主而臣为次。相较于前述的父子、兄弟、夫妇的人伦之道，“长幼有序”有着更为重要的社会意义，是实现家庭伦理关系和社会伦理关系转换的节点，故为家庭教育所重。

第二节　家庭美德

古人在家庭教育过程中形成了很多持家、治家的具体要求和一些传家的优良品格，构成了传统家庭教育的重要内容，数千年的儒家家庭教育使得诸多为家庭提倡的美德成为了传统文化的优秀代表。《上虞雁埠章氏家训》中说：“传家两字，曰读与耕；心家两字，曰俭与勤；安家两字，曰让与忍”；古人还讲：“勤俭，治家之本；和顺，齐家之本；谨慎，保家之本；读书，起家之本；忠孝，传家之本。”③如此多的美德在“家国一体”的时代不仅具有家庭施教的意义，还有着广泛的社会意义：“人的根本人格就是家庭道德人格，国家、社会只不过是这种家庭道德人格的衍生与推广”④。

---

① 《礼记正义·哀公问》，[汉]郑玄注，[唐]孔颖达正义，吕友仁整理，上海古籍出版社2008年版，第1907—1910页。

② 刘献君主编：《中国传统道德》，华中理工大学出版社1998年版，第114页。

③ [清]金缨：《格言联璧》，吴茹芝编译，三秦出版社2008年版，第95页。

④ 张能为、代祥龙、王志红、王军：《多视角中的诠释——儒学文化的现代展开与实践》，安徽大学出版社2007年版，第3页。

一、勤俭

勤俭持家是中华民族的重要品格，这种品格的形成与儒家的家庭理念关系密切。《尚书·大禹谟》说："克勤于邦，克俭于家"，这是儒家典籍中关于"勤"和"俭"的最早论述，与"勤勉不怠国则兴，逸乐怠慢国则败"说的是同一个意思。《国语·鲁语下》记载了一个"敬姜论劳逸"①的故事，说的是公父文伯退朝回来后看到母亲在纺麻，认为自己身为人臣、丰衣足食，母亲不必再纺麻以自给，否则会被当权者认为他连母亲的衣食都不能供给，然而其母敬姜对此深不以为然，并说了一段颇富哲理的话：

> 夫民劳则思，思则善心生；逸则淫，淫则忘善，忘善则恶心生。沃土之民不材，淫也；瘠土之民莫不向义，劳也。

在敬姜看来，做人若是勤劳就会心思节俭，心思节俭就能产生善念，而安逸的生活只会使人奢靡，乃至于忘记善良的本性，进一步就会恶念频生。这与孟子所言"生于忧患死于安乐"其实并无二致，具体到家庭生活内部其实是强调勤俭持家的重要性。后儒继承了这种理念，教导子弟家人养成勤劳的品德。宋代吕本中《童蒙训》中认为勤劳之人可以治生以免受生活的冻馁，而懒惰之人则有饥寒交迫之忧，以此来劝导世人勤事生产、勤劳治家。明人史桂芬《训家人》所说："劳则善心生，养德养身咸在焉。逸则妄念生，丧德丧身咸在焉。吾命言儿、稽孙，不外一'劳'字，言劳耕稼，稽劳书史，汝父子其图之。"说的是无论耕稼还是读书作文都要勤事劳作、刻苦努力。霍韬也是从勤劳与德性的关系入手，教导子弟勤事农业以戒奢心怠心的，他说："凡子侄，多忌农作，不知幼事农业，则知粟入艰难，不生侈心。幼事农业，则习恒敦实，不生邪心。幼事农业，力涉勤苦，能兴起善心，以免于罪戾。故子侄不可不力农作。"他希望子侄能在勤苦的农业劳动中体会生活的不易，明白勤俭持家的道理，以此养成善心善德。当然，古人也认为不可勤于无用之事，以免荒废时日、蹉跎光阴。

---

① ［春秋］左丘明：《国语·鲁语下》，上海师范大学古籍整理研究所校点，上海古籍出版社1998年版，第205页。

儒家提倡勤俭持家，是因为勤俭能养德，而安逸奢靡则会败德、败家。孔子讲："以约失之者鲜矣。"是说因为简约而失败的情况是较少的。这里的"约"除了"俭约"外，应包含"简约"，前者较好理解，勤俭持家的古训早已深入人心，即"自奉必须俭约"；后者则可以理解为是个人修养层面约束、节制，即是对个人情感、欲念的规约。从后一种理解出发，这句话其实是说，能够对自我言行进行有效克制的人，是很少犯错误或者失败的。与这种思想倾向一致，司马光在《训俭示康》中说：

> 俭则寡欲，君子寡欲，则不役于物，可以直道而行；小人寡欲，则能谨身、节用、远罪、丰家。故曰："俭，德之共也。侈则多欲。"君子多欲则贪慕富贵，枉道速祸；小人多欲则多求妄用，败家丧身；是以居官必贿，居乡必盗。故曰："侈，恶之大也。"

司马光认为"俭"和"侈"与人的欲求紧密相关，认为"不俭"即是"多欲妄求"的表现，而过多的欲望则是败德丧家的罪魁祸首，他通过对"俭"和"侈"所反映的人之品性优劣的对比，表达了"崇俭"的思想。

古人在推崇勤俭的同时，也注意到过"俭"有可能滑向"吝"，所以还主张"俭而不吝"的持家之道。颜之推在《颜氏家训》中就引述孔子话语并进一步阐释道：

> 孔子曰："奢则不孙，俭则固；与其不孙也，宁固。"又云："如有周公之才之美，使骄且吝，其余不足观也已。"然则可俭而不可吝已。俭者，省约为礼之谓也；吝者，穷急不恤之谓也。今有施则奢，俭则吝；如能施而不奢，俭而不吝，可矣。

颜之推认为持家之道在俭约，但不能因此而走向"过俭"，以至于滑向"吝"的地步，遵循合礼的俭约就不会走向鄙吝，如对于穷困亲友不假以援手就是不合礼，就是鄙吝的表现。所以，他认为居家应该做到"施而不奢，俭而不吝"，即周施济众但不奢靡，俭约有礼而不吝啬。

家庭日用有"百事"之说，大抵不过"饮食、衣服、屋宅、园馆、舆马、仆御、器用、玩好"等。古人认为家庭日用开支稍有不严就会开了广费的口子，就会沦为"奢靡"，就有可能"倾覆家业"，因而多推崇勤俭的生活消费方式，这与自然经济是相适应的。与此同时，古人也提倡日用量力而行，所谓"丰俭随其财力,则不为之费"①,反对"不量财力而为之,或虽财力可办而过于侈靡"②。但古人也不提倡过"俭"的生活方式,认为要按照家庭实际的情况来决定日常的用度开支。南宋倪思在《经鉏堂杂志》中的一段关于侈、俭的论述颇能说明古人的这种持家居家理念。倪思说:

> 俭者,君子之德。世俗以俭为鄙,非远识也。俭则足用,俭则寡求,俭则可以成家,俭则可以立身,俭则可以传子孙。奢则用不给,奢则贪求,奢则掩身,奢则破家,奢则不可以训子孙。厉害相反如此,可不念哉!富家有富家计,贫家有贫家计,量入为出,则不乏日用矣③。

倪思批评世俗人视俭朴为鄙吝的看法为鼠目寸光的短见,认为家庭日用崇俭就可以丰衣足用,就可以安身,还可以此传教子孙,而奢侈则利害与此相反,两相比较,孰好孰坏显而易见。可贵的是,他认为富家和贫家都要根据自家实际情况规划日用所需,因家制宜,才为持家长久之计。

《红楼梦》为国人所喜爱,但曹雪芹并没有按照传统小说大圆满的思路设计行文,他描写了一个巨室由盛而衰的故事。其中,贾府生活的奢靡腐化无疑是导致贾府倾家覆族的重要原因之一,流露出作者勤俭持家的劝世思想。古人提倡勤俭持家,"勤与俭治生之道也,不勤则寡入,不俭则妄费"④,视俭德为立业成家的根本:"俭则约,约则百善俱兴;侈则肆,肆则万恶俱纵"⑤。勤俭节约的家庭美德是中华民族的优良传统,而其中蕴含着的俭而不吝、勤而不奢的持家理念至今仍然具有借鉴意义。

二、忍让

家庭要和顺家庭成员之间就要相互包容和理解,这种道德品格就是儒家推崇的礼让或忍让。儒家注重礼让之德,礼让是儒家提倡的最基本、最主要的

---

① [宋]袁采:《袁氏世范》,李勤璞校注,上海人民出版社2017年版,第59页。
② [宋]袁采:《袁氏世范》,李勤璞校注,上海人民出版社2017年版,第59页。
③ [宋]倪思:《经鉏堂杂志》。
④ [明]朱柏庐:《耻言》。
⑤ [清]金缨:《格言联璧》,吴茹芝编译,三秦出版社2008年版,第100页。

道德品质。“德莫若让”①,认为最值得称道的品德即是让。“让,德之主也,让之谓懿德”②,把“让”看作是诸德之主;《左传》还认为“卑让,德之基也”③,认为让在诸德中居于基础地位。“小不忍则乱大谋”,家庭内部如果争斗不息,互不相让,只能造成亲情疏离,亲人间的反目。孔子明确地说:“能以礼让为国乎,何有? 不能以礼让为国,如礼何?”孔子认为一个国家能行礼让就没有治理不好的,如果不能以礼让治国,那么即便有礼也是无用的。《礼记·曲礼》认为礼的重要作用就在于定君臣上下之分,认为君子“恭敬撙节退让以明礼”,也就是说君子谦逊退让就是为了明礼。孔子曾高度评价伯夷叔齐“不念旧恶,怨是用希”,认为他们是“大贤人”,一个重要的原因就是他们兄弟二人俱能以国相让的高尚品德。史料记载:

> 伯夷、叔齐,孤竹君之二子也。父欲立叔齐,乃父卒,叔齐让伯夷。伯夷曰:“父命也。”遂逃去。叔齐亦不肯立而逃之④。

作为孤竹国国君有意要立次子叔齐为国君,但叔齐却以国相让,伯夷亦不受,兄弟二人竟先后出逃以示相让。与此相反,《论语》中还记载了一个父子争国的故事,说的是孔子时代的卫国,灵公死后没有直接传位于其子,而是传位于其孙卫出公,这便引起在外避难的卫庄公蒯聩与子争国不相让的事件,最后兵戎相见,父子失恩,这段史实记录在《史记·卫康叔世家》。孔子评价这段历史说道:“鲁卫之政,兄弟也”,对父子相争乱国委婉地表达了批评。

忍让亦是儒家家庭教育提倡的重要美德,是个人行为处世的重要品质,所谓“待亲族,须以敬老济贫为主;待下人,须以宽为主;待多事小人,须以让为主”⑤,说的正是礼让处世的原则。以礼让行事,就能家齐人顺,起到缓和、协调家庭内部矛盾的作用。礼让的处世原则还要求在家庭内部行忍让,做到

① [春秋]左丘明:《国语·周语下》,上海师范大学古籍整理研究所校点,上海古籍出版社1998年版,第114页。

② [春秋]左丘明:《左传·昭公十年》(下),郭丹、程小青、李彬源译注,中华书局2012年版,第1727页。

③ [春秋]左丘明:《左传·文公元年》(上),郭丹、程小青、李彬源译注,中华书局2012年版,第578页。

④ [汉]班固:《史记·伯夷叔齐列传》。

⑤ [清]尹会一:《家训》。

“犯而不校”，即对他人的侵犯不做计较，宽仁以待。古人讲：“自古只闻忍与让，足以消无穷之灾悔；未闻忍与让，翻以让后来之祸患也。欲行忍让之道，先须从小事做起。”①

唐代有一个著名的九世同居之家，曾受到过唐高宗的嘉奖，该家之所以累世同居、和谐共处就是因为在家庭内部行忍让之道。司马光在《家范》将亦“忍、忍、忍”作为“家庭和睦之道”，并援引前述累世同居之家的事迹说道：

> 张公艺，郓州寿张人，九世同居，北齐、隋、唐，皆旌表其门。麟德中，高宗封泰山，过寿张，幸其宅，召见公艺，问所以能睦族之道。
>
> 公艺请纸笔以对，乃书“忍”字百余以进。其意以为宗族所以不协，由尊长衣食，或者不均；卑幼礼节，或有不备。更相责望，遂成乖争。苟能相与忍之，则常睦雍矣。

从司马光的记载来看，张公艺家族所以能数世同居，相安一处、守望相助就在于治家有方的张公艺能以忍让治家。《袁氏世范》中有“同居当鉴张公艺”，说的也是张公艺家族累世同居、合食共爨、足可称道的家教范例。所记故事虽同，但言语较之前述更为动情，流露出溢美之词。其文说：

> 张公艺九世同居，高宗临幸其家问本末，书“忍”字以对，天子流涕赐缣帛。三世一爨尚或有之，九世而同居者，不惟士庶之所难，虽九重之尊，亦或发问。噫！“为善于家，赏于朝。”信斯言也。“忍”之一字，其言得于颜子“犯而不校”之学，后进皆可以驯致。

家齐才能国治，这对见惯了宗室争斗的最高统治者来说无疑是可望而不可即的人伦亲情。张公艺家族忍让传家的风范感动了唐高宗，正是对其家族和谐忍让家风的肯定。袁采在该文末赋诗称赞道：“万木皆从一本传，比邻乐汝浪纷然。我知忍字为家宝，会有精神到九天。”盛赞礼让对于家庭和睦的重要性。

传统家庭教育注重礼让、忍让，还教育家人具体行礼让、忍让，也就是所谓的“处忍之道”的授受。《袁氏世范》说：

---

① ［清］张英、张廷玉：《父子宰相家训》，张舒、丛伟注，陈明审校，新星出版社2015年版，第77页。

> 人言:“居家久和者,本于能忍。”然知忍而不知处忍之道,其失尤多。盖忍或有藏蓄之意。人之犯我,藏蓄而不发,不过一再而已。积之既多,其发也,如洪流之决,不可遏矣。不若随而解之,不置胸次,曰:“此其不思尔!”曰:“此其无知尔!”曰:“此其失误尔!”曰:“此其所见者小尔!”曰:“此其利害宁几何!”不使之入于吾心,虽日犯我者十数,亦不至形于言而见于色。然后,见忍之功效为甚大,此所谓善处忍者。

为人处世也好,和睦家庭也罢,都离不开彼此的包容,但一味包容而不从思想上认识行忍的道理所在,则就会成为“隐忍”,即只是把矛盾隐藏了起来,这种忍让可能随着时间的积累还会爆发出来,造成更大的危害,这就需要做到“善处忍”。而当当事者明白了是诸如他人的欠考虑、无知、失误、见识短浅等造成了对自己的冒犯之后,就可以从内心深处豁达释怀,就能做到“犯而不校”,才不至于使忍让郁积成为隐忍,以至于产生不良影响。

历史上孔融让梨的故事说的正是长幼有序、兄弟相让的道理。《袁氏世范》还记载了东汉薛包让弟的故事,名为“兄弟分财当鉴薛包、李孟元”。说的是:“薛包好学有行,弟求分财异居,包不能止,乃中分其财。奴婢取老弱者,曰:‘我共事久矣。’田园取其荒者,曰:‘吾少所理,意所恋也。’器物取朽损者,曰:‘素所服,身口所安也。’”在兄弟分家之际,兄长主动索取不堪重用者,地力较差者,器用陈旧者,而将好的、优的、新的让给弟弟。

罗伦在《戒族人书》中也强调礼让的处世观念,他说:

> 何谓齐家?不争田地,不占山林,不尚争斗,不肆强梁,不败乡里,不凌宗族,不尚奢侈;弟让其兄,侄让其叔,妇敬其夫,奴恭其主;只要认得一“忍”字、一“让”字,便齐得家也。

在罗伦看来,不与人争利,不仗势欺人,不侵凌乡党宗族,家庭族人之间能够相互忍让,就没有不能齐家的。

在人们熟知的“六尺巷”故事中,张英所言:“一纸书来只为墙,让他三尺又何妨?长城万里今犹在,不见当年秦始皇”①,就是希望家人与邻里之间相处要行宽仁的训教。我们知道,张英教家有方,其子张廷玉也有乃父风范,父

① 刘建平:《子规犹啼:中国古代廉诗点评》,南京大学出版社2011年版,第195页。

子前后俱为宰相,“一门之内,祖父子孙先后相继入南书房,自康熙至乾隆,经数十年之久,此他氏所未有也”①,所说的就是张氏一门。张家重视家教,还有专论存世,今人整理而成的《父子宰相家训》就是张英《聪训斋语》和张廷玉《澄怀园语》两部家教文本的合集。张英一门在清代颇有影响,“自祖至玄十二人先后列侍从,跻鼎贵。玉堂谱里,世系蝉联,门阀之清华,殆可空前绝后而已”②,“三世得谥”、“六代翰林”,可谓荣盛一时。张英一门所以能有如此影响,与其家人待人宽仁、重视家庭的门风是分不开的。以上所论传统家庭教育注重礼让处世、持家的典训,仍具有很强的现实意义。

三、仁爱

儒家家庭美德之三是“仁爱”,儒家提倡家人养成“仁爱”的德性,这一德性诉求不仅要求家人之间要相亲相爱,还要求家庭成员能够超越血缘的限制,能广泛地施爱于他人,从亲亲开始,逐渐施诸于众,推己及人以至于博施济众。《论语·颜渊》中说:“樊迟问仁,子曰:‘爱人’”,孔子将爱人视为“仁”的内核。孟子也认为:“仁者,爱人”。《国语·晋语》中说:“爱亲之谓仁”③,就是说仁要从爱亲人开始,孟子也认为“亲亲,仁也”、“仁之实,事亲是也”,表达的都是爱自亲始的意思。“亲亲”之外,“泛爱众”也是“仁爱”精神的内核之一。《论语》中记载:“子贡曰:‘如有博施于民而能济众,何如?可谓仁乎?’子曰:‘何事于仁!必也圣乎!尧舜其犹病诸!夫仁者,己欲立而立人,己欲达而达人。能近取譬,可谓仁之方也已。’”孔子认为“博施于民”者的精神追求已经走向了超仁入圣的境界,而“仁”也只不过是做到以爱己之心爱人,以自己想要之事物施之于他人,这就是孟子所说的“人皆有所不忍,达之于其所忍,仁也”。儒家家庭教育重视“仁爱”之德的培养,将此视为最基本的道德品质。孔子就说:“人而不仁,如礼何?人而不仁,如乐何?”这是说“人如果没有仁德,即使行礼又有什么

---

① [清]吴振棫:《养吉斋丛录》(卷四)。

② [清]陈康祺:《郎潜纪闻初笔》(卷五)。

③ [春秋]左丘明:《国语·晋语一》,上海师范大学古籍整理研究所校点,上海古籍出版社1998年版,第275页。

意义呢？人如果没有仁德，即使行乐又有什么意义呢？"[①]也就是认为仁爱之德是人遵礼行事的基础，其实强调的是仁爱德性的基础地位。

传统家教注重从多个方面培养子弟的仁爱德性，刘廙《诫弟纬》中说："夫交友之美，在于得贤，不可不详。而世之交者，不审择人，务合党众，违先圣人交友之义，此非厚己辅仁之谓也。"[②]是希望弟弟能够谨慎择友，从向良师益友的学习中达到"以友辅仁"的交游目的。王昶在《家诫》中说："夫孝敬仁义，百行之首，行之而立，身之本也。孝敬则宗族安之，仁义则乡党重之，此行成于内，名著于外者矣。"[③]在这里，王昶认为要以孝敬来待宗族之人，而与乡党相处则要行仁义之德，如此才能从家庭到社会做得恰当合分，做到符合人之为人的要义。颜延之在《庭诰》中说："况心得复劣，身获仁富，明白入素，气志如神，虽十旬九饭，不能令饥，业席三属，不能为寒。"[④]还说："故望尘请友，则义士轻身，一遇拜亲，则仁人投分。"[⑤]颜之推在《颜氏家训》中说："生子孩提，师保固明，孝仁礼义，导习之矣。"欧阳修在《泷冈阡表》就盛赞他的母亲"恭俭仁爱而有礼"[⑥]；邵雍在《孝悌歌十章》中说："孝友睦姻兼任恤，智仁圣义与中和。"[⑦]陆游在《送子龙赴吉州掾》中说"仁义本何常，蹈之则君子。"[⑧]张纮在《临困授子靖留笺》中说："宜加三思，含垢藏疾，以成仁覆之大。"[⑨]这些家教文本中的训教都是从不同的方面强调了仁爱之于为人处世的重要性，流露出的是劝导家人养成仁爱之德的家教诉求。家人之间的亲爱相对来说是较为容易的，因为家人之间有天然的血缘联系。此外，对于一些家庭内部还存在非血缘关系的人员的人来说，爱亲的展开则还意味着由近及远地涵盖这部分人员。古代贵族家庭、地主家庭大都有数量不等的服务人员，"常以二十口家，奴婢

① 冯天瑜：《中华元典精神》，武汉大学出版社 2006 年版，第 51 页。
② ［三国·魏］刘廙：《诫弟纬》。
③ ［三国·魏］王昶：《家诫》。
④ ［南朝·宋］颜延之：《庭诰》。
⑤ ［南朝·宋］颜延之：《庭诰》。
⑥ ［宋］欧阳修：《泷冈阡表》。
⑦ ［宋］邵雍：《孝悌歌十章》。
⑧ ［宋］陆游：《送子龙赴吉州掾》。
⑨ ［汉］张纮：《临困授子靖留笺》。

盛多,不可出二十人,……不至此者,勿非道求之。”[①]说的就是这一现象,从仁爱出发,贵族、地主就要关心这些人的衣食冷暖:“雇工人及僮仔,除狡猾顽惰斥退外,其余堪用者,必须时其饮食,察其饥寒,均其劳逸。陶渊明曰:‘此亦人子也,可善遇之’”[②]。

在众多的家庭教育实践中,将对家庭成员仁爱之德的培育作为重中之重的当属清代郑板桥的家庭教育,学者就指出:“同情、热爱、关心劳动人民,是郑板桥家训的一个极其突出的特点。”[③]郑板桥早年生活艰辛,这种成长经历使得他形成了以“忠厚悱恻”为内核的仁民爱物(徐少锦、陈延斌语)的家教理念。郑板桥老来得子,但他并没有步入寻常的怜爱之中,而是强调“爱之必以其道”,他所说的“道”的最主要特征就是要使子弟养成“忠厚悱恻”的道德意识。郑板桥在《潍县署中寄舍弟墨第二书》中曾自述道:

> 平生最不喜笼中养鸟,我图娱悦,彼在囚牢,何情何理,而必屈物之性以适吾性乎!至于发系蜻蜓,线缚螃蟹,为小儿玩具,不过一时片刻便摺拉而死。夫天地生物,化育劬劳,一蚁一虫,皆本阴阳五行之气,氤氲而出。上帝亦心心爱念。而万物之性人为贵,吾辈竟不能体天之心以为心,万物将何所托名乎?

在郑板桥看来,天地孕育的万物都有其生存的价值,即便“蛇蚖、蜈蚣、豺狼、虎豹,虫之最毒者也”[④],也不能将之捕猎杀害,即便是以小动物作为孩童的玩物亦不可,因为这会令它们最终丧命。人作为天地之间最为珍贵的生物,具有天地赋予的仁爱本性,就要替天行道,保养万物,使之生生不息。郑板桥在外为官,不能亲自教授子弟,故他再三叮嘱堂弟要培养子弟仁民爱物的品德。他说:

> 我不在家,儿子便是你管束,要须长其忠厚之情,驱其残忍之性,不得以为犹子而姑纵惜也。家人儿女,总是天地间一般人,当一般爱惜,不可

---

① ［北齐］颜之推:《颜氏家训·止足》,王利器集解,中华书局 1993 年版,第 345 页。

② ［明］庞尚鹏:《庞氏家训》。

③ 徐少锦、陈延斌:《中国家训史》,人民出版社 2001 年版,第 682 页。

④ ［清］郑燮:《郑板桥集·家书·潍县署中寄舍弟墨第二书》,上海古籍出版社 1962 年版,第 16 页。

使吾儿凌虐他！凡鱼飧果饼，宜均分散给，大家欢嬉跳跃。若吾儿坐食好物，令家人子远立而望，不得一沾唇齿。

郑板桥叮嘱堂弟一定要培养子弟仁民爱物的品德，推己及人，不要使自家子弟欺凌别家子弟，要教诲子弟自幼学会与人分享，勿令别家子弟受到冷落。郑板桥如是说，亦如是做。他居官期间十分关心最底层人民的生活，“我想天地间第一等人，只有农夫，而士为四民之末”①，这种家教思想在“士、农、工、商”等级分明的传统社会无异于惊世骇俗之见，不但如此，他还在家书中教导家人一定要礼敬、同情农人。他说：

愚平生最重农夫，新招佃地人，必须待之以礼。彼称我为主人，我称彼为客户，主客原是对待之义，我何贵而彼何贱乎？要体貌他，要怜悯他；有所借贷，要周全他；不能偿还，要宽让他。

这段家书处处显示着郑板桥仁民爱物、万物一体的大仁大爱的家教理念，使得他的家教“浸润着一种强烈的尊重、重视农民，同情农民的情感。”②郑板桥为官清正廉洁，此外，他还将为官所得之俸禄用来接济穷困亲朋、乡邻。他说：

汝持俸钱南归，可挨家比户，逐一散给。南门六家，竹横港十八家，下佃一家，派虽远，亦是一脉，皆当有所分惠……敦宗族，睦亲姻，念故交，大数既得；其余邻里乡党，相周相恤，汝自为之，务在金尽而至。

这段家书则是要求子弟将他送回家中的薪资博施济众直到散尽资财为止。郑板桥认为天道福善祸淫，为人既要为自己、自家着想，也要为他人、别家着想。作为殷实之家，他不希望家中多置田地，在他看来，“若再多求，便是占人产业。莫大罪过。天下无田无业者多矣。我独何人，贪求无厌，穷民将何所措足乎？”这句家书则体现着儒家已欲立而立人、已欲达而达人的仁爱精神。总之，郑板桥教育家人子弟“第一要明理作个好人”，从他的家教实践来看，他所谓的“好人”就是能行仁爱于家庭内，并能由近及远、推己及人地施诸于乡里、亲朋故旧、自然万物的人。这种教育是对儒家仁爱思想在家庭范围内最好的诠释。

① ［清］郑燮：《郑板桥集·家书·范县署中寄舍弟墨第四书》，上海古籍出版社 1962 年版，第 12 页。

② 徐少锦、陈延斌：《中国家训史》，人民出版社 2001 年版，第 685 页。

四、谦虚

教育子女养成谦虚的美德是传统家庭教育的重要内容,征诸家训史料,诸如"持身谦逊而不敢虚骄"①,"愈谦抑,则人愈敬重"②,"鹤立鸡群,可谓超然无侣矣。然进而观于大海之鹏,则渺然自小;又进而求之九霄之凤,则巍乎莫及。所以至人常若无若虚,而盛德多不矜不伐也"③,"人孰无天理良心,是非公道,揆之天道,有满损虚益之义;揆之鬼神,有亏盈福谦之理。"④这些训教都是教导家人养成谦虚自牧、谦恭有节的待人接物态度的例证。

儒家家庭教育中对谦德的推崇由来已久。《尚书·大禹谟》中就说:"不自满假,惟汝贤",把不自满自大看作是贤人的重要品德之一。《大禹谟》还说:"满招损,谦受益,时乃天道",则视谦虚处事为效法不可违背的天道。《周易·谦卦》是专门谈论谦虚美德的,构成该卦的六爻无一不吉,虽并不是专门针对家庭教育而言,但作为君子品德修养的最重要一环,这样的理论诉求成为了后世谦德教育的源头。我们知道,《周易·谦》的卦象为下艮(象征山)上坤(象征地),原本在上的山在这里处于地下,《周易》的作者想以此来表达高山"卑以自处"的谦虚品格。《周易·谦》说:

> 天道下济而光明,地道卑而上行。天道亏盈而益谦,地道变盈而流谦,鬼神害盈而福谦,人道恶盈而好谦。谦,尊而光,卑而不可踰,君子之终也。

由此看来,无论是天道、地道、鬼神之道、还是人道都要求谦虚而忌满忌盈,而仁人君子以谦自处就能获得善果。这里的"鬼神害盈而福谦",《周易集解》注释为:"朱门之家,鬼阚其室;黍稷非馨,明德惟馨,是其义矣"⑤,即是说"富裕过盛则为鬼神所忌害";"人道恶盈而好谦"则是说"人类的本性是厌恶满盈而爱好谦虚"。后世家教中涉及忌满、忌盈、谦虚、厚道的思想大

① [宋]吕祖谦:《与内弟曾德宽》。

② [清]纪昀:《示三儿》。

③ [明]洪应明:《菜根谭》,杨春俏译注,中华书局2016年版,第81页。

④ [清]张英、张廷玉:《父子宰相家训》,张舒、丛伟注,陈明审校,新星出版社2015年版,第77页。

⑤ [唐]李鼎祚:《周易集解》。

都可以追溯至此。

孔子对《周易》之谦德也是推崇备至,他说:"加我数年,五十以学《易》,可以无大过矣",能使人"无大过"的行为处事方式就是要谦虚。孔子被认为是博学多能的多才多艺之人,但孔子却认为自己在很多方面做的不足称道。《述而篇》中记载孔子自道:"若圣与仁,则吾岂敢!抑为之不厌,诲人不倦,则可谓云尔已矣。"《子罕篇》中还记载有:"吾有知乎哉?无知也。"孔子甚至认为自己连君子的要求也没有达到,他说:"文,莫吾犹人也。躬行君子,则吾未之有得。"这些都是孔子自谦的记载。君子有功不居,处处谦和、退让,其美德更因此而得到彰显,是所谓"不求名来名自扬"。孔子也通过对学生和他人的评价来间接表达对谦虚美德的珍视。孔子让漆雕开去从政,漆雕开却说自己对从政还不是很有把握,孔子因而面露喜色。孟不反战败撤退时负责殿后,快要进城门时,边鞭打他的马边说道:"不是我想要待在后面,是马赶不进去",孔子认为他"不伐",即不居功自傲。孟不反之所以受到孔子的点名表扬,是因为孟不反所为深得《周易》所宣扬的"劳谦君子,万民服也"①的深意,而这也是孔子所提倡的为人处世的品德。孔子讲:"劳而不伐,有功而不德,厚之至也,语以其功下人者也。德言盛,礼言恭,谦也者,致恭以存其位者也。"②即是倡导有功劳但不应以此自视、自居,而应该谦卑自励,如此德行德性才会周厚,趋于极致。

"谦德"具体到儒家的家庭美德教育中就要求家庭成员养成卑以自牧、不骄不傲、好问存疑、谦恭有礼等的品格。《国语·晋语五》中有一则"范武子杖文子"的记载,表达的正是教子学谦让的深意。原文是:

> 范文子暮退于朝。武子曰:"何暮也?"对曰:"有秦客廋辞于朝,大夫莫之能对也,吾知三焉。"武子怒曰:"大夫非不能也,让父兄也。尔童子,而三掩人于朝。吾不在晋国,亡无日矣。"击之以杖,折委笄③。

秦国来的宾客卖弄隐语,范文子在朝堂之上对其中的事理一一加以解释,故而

① 《周易》,杨天才、张善文译注,中华书局2011年版,第153页。

② 《周易·系辞》,杨天才、张善文译注,中华书局2011年版,第580页。

③ [春秋]左丘明:《国语·晋语五》,上海师范大学古籍整理研究所校点,上海古籍出版社1998年版,第401页。

退朝回家的晚，父亲范武子责问他何以归家晚，他便将其中原委告知父亲，结果惹得范武子大怒。在范武子看来，并非是其他人不能应对，而是他人谦卑礼让尊者、长者的缘故，认为其子在朝堂之上的不谦让只能令他人处于窘境。当然，范武子的话可能有明哲保身的意味，但是令其子谦让待人的家教意味则是十分明显的。

三国时期的王昶所作《家诫》是一篇专门讲论谦虚美德的家教文献，他在该文中说：

> 夫人有善鲜不自伐，有能者寡不自矜；伐则掩人，矜则陵人。掩人者人亦掩之，陵人者人亦陵之……故君子不自称，非以让人，恶其盖人也。夫能屈以为伸，让以为得，弱以为强，鲜不遂矣。夫毁誉，爱恶之原而祸福之机也，是以圣人慎之①。

在王昶看来，人很少能做到不夸耀己能的，而人如果骄傲就会盛气凌人，自视过高就会鄙慢他人，以自我为中心的应事接物的态度只会招致别人"以己之道还诸己身"，故他教导家人一定要谦虚待人，不可有恃无恐，他还将之上升到关系个人安危祸福的高度，希望家人一定要严肃以待、慎之又慎。

颜之推也十分重视谦虚美德的教育，并将之与子弟的学习联系起来，教导子弟要多向他人学习求教、严谨求实，在广泛的交流中增进学识、砥砺品格，切忌孤陋寡闻、自以为是以至于自取其辱。《颜氏家训·勉学》中记载的一个事例就是对谦虚之于学识修养之重要性的强调。原文说：

> 俗间儒士，不涉群书，经纬之外，义疏而已。吾初入鄴，与博陵崔文彦交游，尝说《王粲集》中难郑玄《尚书》事。崔转为诸儒道之，始将发口，悬见排蹙，云："文集只有诗赋铭诔，岂当论经书事乎？且先儒之中，未闻有王粲也。"崔笑而退，竟不以《粲集》示之。魏收之在议曹，与诸博士议宗庙事，引据《汉书》，博士笑曰："未闻《汉书》得证经术。"收便忿怒，都不复言，取《韦玄成传》，掷之而起。博士一夜共披寻之，达明，乃来谢曰："不谓玄成如此学也。"

这段文字中，颜之推列举了两个"自以为是"的例子。前例中"俗儒"孤陋寡

---

① ［三国·魏］王昶：《家诫》。

闻，自认为“文集只有诗赋铭诔，岂当论经书事乎？”便对别人所说“《王粲集》中难郑玄《尚书》事”表示质疑，以他人所言闻所未闻，便将之视为超出自己视听范围外的“无稽之谈”。后例子中博士以“未闻《汉书》得证经术”来质疑魏收援引《汉书》验证经学义理的做法，在魏收拿出《韦玄成传》以示早有此例时，“博士”才为自己的孤陋寡闻而深表歉意。颜之推藉此是想教导子弟在学习过程中一定要谦逊谨慎、好学多问，而孤陋寡闻只会贻笑大方。

“戒满戒盈”是谦虚的本意。谦虚的人总能看到别人的长处进而心向往之，在倾慕之余就能集众家之所长，骄傲的人总是看到自己的长处，乃至于偏袒护短终入狭隘之境。传统家教的可贵之处就是提倡家人子弟切忌穷奢极欲，对富贵名利要淡泊以待、适可而止，这些都是对谦虚美德的提倡。《孝友堂家训》中就说：“言语忌说尽，聪明忌露尽，好事忌占尽。”“凡在朋侪中，切戒自满。惟虚故能受，满则无所容。”“能敬之人，时时见得自己不是；不敬之人，时时见得自己是；故《中庸》言君子，能戒惧而已也；其言小人，无忌惮已也。”[①]大都属于这一类的训教。谦虚还要有发自内心的恭敬之心，如果没有内在的恭敬心，就有伪诈之嫌，所以王阳明强调：“非但是外貌卑逊，须是中心恭敬，撙节退让，常见自己不是，真能虚己受人。故为子而谦，斯能孝；为弟而谦，斯能弟；为臣而谦，斯能忠。”把这种恭敬心施诸于家庭生活，就能起到和睦家庭关系的重要作用：“敬于父母则孝顺，敬于夫妇则肃和，敬于兄弟则友爱，敬于朋友则丽益，敬于僮婢则从令，敬于一切世俗则无辱。”[②]谦虚与恭敬之心相互发用，就能自然而然地处理好各种人际关系。

五、忠孝

忠孝是儒家家庭教育中的道德科目，也是儒家家庭美德的重要内容。“忠”是儒家人际往来的基本道德要求，是人际交往和行为处事的基本原则，涵盖了交友、治民和事君等社会关系的诸方面。与“忠”联系紧密的是“信”，儒家将“忠信”视为君子必备的道德品质。孔子就将忠信教育作为其道德教

① 瞿博主编：《中国家训经典》，海南出版社2002年版，第612页。

② 瞿博主编：《中国家训经典》，海南出版社2002年版，第612页。

育的基本内容而贯穿于他的整个教育活动之中。“子以四教:文、行、忠、信。”孔子将忠信教育作为其道德教育的两个基本内容。孔子强调“君子有九思”之第五思即为“言思忠”,即强调要言行一致,做到“耻其言而过其行”,并数次强调“主忠信”。他认为“言忠信,行笃敬,虽蛮貊之邦行矣;言不忠信,行不笃敬,虽州里行乎哉!”将忠信看作君子一生的立身之本。“夫子之道,忠恕而已矣。”“忠恕”成了孔子一以贯之的思想核心。《中庸》说:“忠恕违道不远。”《孟子》说:“强恕而行,求仁莫近焉。”将忠恕视为达至“仁”的途径。朱熹解释为“尽己之谓忠,推己之谓恕”。在此,“忠”实则包含了忠实于自己的言行和尽己之责以爱人的含义,恕则要求对待他人要“推己及人”,做到“己欲立而立人、己欲达而达人”。

朋友关系是“五伦”之一,儒家提出将忠信作为维系朋友关系的道德准则。孔子强调“居处恭,执事敬,与人忠。虽之夷狄,不可弃也。”意指对朋友所承担的义务,应当尽心去做,以此取信于朋友。在和朋友交往的方法上,孔子强调要“忠告而善道之”,即对朋友的不当之处要适时加以劝诫。“爱之,能勿劳乎?忠焉,能勿诲乎?”对子弟朋友的错,也要适时适度加以劝诫。曾子说:“吾日三省乎吾身:为人谋而不忠乎?与朋友交而不信乎?传不习乎?”也强调了朋友间往来要主忠的思想。“忠”也是从政为官的重要品德。“子张问政。子曰:‘居之无倦,行之以忠。’”只有不懈于政事,勤勉有加,忠心耿耿地去执行政令任务,才能成为一个有所作为的官员。在君臣关系方面,孔子“君使臣以礼,臣事君以忠”的思想为原本单方面的君臣关系赋予了新的内涵,使忠君有了前提条件而不流于简单、片面的愚忠。这是孔子思想的高明之处。

“孝”是儒家人伦思想的核心理念之一。孔子讲:“君子务本,本立而道生。孝弟也者,其为仁之本与!”将孝悌看作仁爱的根本,也是其道德教育的基点。在孔子之前的封建宗法制盛行时期,孝既是最高的道德准则,也是最高的道德规范,被广泛运用以维护血缘关系和政治关系,因而是家庭道德和社会道德的合体。随着时代的发展,孝的内涵也发生了变化,孔子时代的“孝”更多的是家庭道德规范的意义。在孔子看来,能够继承先人的遗志就是孝。孔子数次讲“三年无改于父之道”,这里的“父之道”是对以往历史文化传统的代称,也是对孝的引申阐述。孔子主张人行孝,故对违背孝的行为严词斥责:宰我要改“三年之丧”,孔子批评他“予之不仁也”;闵子骞躬行孝道,并被后人推为孔门德行科第二,孔子就曾夸他“人不间于其父母昆弟之言”;孟庄子“不改父之臣,与父之政”则受到孔子的褒扬。孔子还就如何行孝提出了自己的看法:孟懿子为“三桓”之一,常有违礼的举动,孔子对以“无违”意在强调孝要合乎礼节;孟武伯声色犬马、骄奢淫逸,孔子答以“父母唯其疾之忧”旨在说明孝是做人做事不让父母担忧;孔子答子游和子夏意在强调侍养父母并不是简单地解决温饱问题,还应该和颜悦色、存有内心的虔敬。

孔子强调“弟子入则孝,出则悌”,并认为这是“亲仁”的表现。孔子重孝是同孝的作用密切相关的。孔子将孝所起的作用与从政为官相提并论:“或问孔子曰:‘子奚不为政?’子曰:‘《书》云:“孝乎惟孝,友于兄弟,施于有政”,是亦为政,奚其为为政?’”,强调孝行可以影响社会风气,起到同从政为官教化民众一样的作用。认为统治者如能身体力行地去实践孝,则百姓自然就能做到忠。故此,孔子将“宗族称孝焉,乡党称弟焉”作为衡量士的一个重要指标。有子“其为人也孝悌,而好犯上者,鲜矣”的看法,便是对孔子将孝悌看成是具有重要社会作用的思想的继承和发扬。

儒家的“忠”和“孝”关系紧密,古代有“移孝作忠”之说。儒家倡导的“孝慈则忠”和“求忠臣于孝子之家”的古训说明忠是以孝为基础的伦理要求,孝和忠是可以相互转化的,这种转化意味着在家行孝就能做到于国尽忠:“其为人也孝弟,而好犯上者,鲜矣。不好犯上,而好作乱者,未之有也。”一个以孝悌为做人之根本的人,要他去以下犯上,这种情况很难想象。不好犯上,而去祸乱政治,根本就不会有。这即是说:“孝和忠是统一的,孝悌是宗法社会必然要求人们具备的品德,是联结家族内部关系以及家族与国家关系的情感纽结,因而是‘为仁之本’。孝悌的原则推广于国家社会,即忠君爱国”。这也是古代推行“以孝治天下”的重要原因。中国古代社会是一个以农为本的社会,农业兴则国家兴。农业的一个特点是需要投入大量的人力,广种薄收,以此为基础的社会流动性是不大的。而随着年龄的增长,人的体力等都逐渐消退,劳动力的多少可能也就是一个家庭兴旺发达的象征。这样的社会提倡“孝”和“忠”,自然也就无可厚非了。这在古代中国也是社会稳定、国家有序的标志。家国一体、孝敬父母、友爱兄弟的观念,扩展开来自然也就构成了社会治理的稳定性因素。而统治者也是千方百计地在社会范围内倡导“孝”,家庭更是将之作为日常施教的首重任务。“五刑之属三千,而罪莫大于不孝”,《孝经》的这一理念将孝作为了整个社会的基本道德要求,而这种理念背后潜含着家庭道德和社会道德的统一。

六、重学

注重学习是儒家的一个优良传统,敦学重教自然也就成了儒家家庭教育的一大特色,注重学习也就成为了传统家庭教育的美德之一。不同历史时期、不同阶层的家庭教育大都不同程度地重学重教,以劝导子弟家人学以成才,家庭教育本身就是敦学重教的表现。孔子就十分好学,他曾自信地说道:“十室之邑,必有忠信如丘者焉,不如丘之好学也”,把自己取得的一切成就都归之于热爱学习的结果。荀子还有《劝学篇》存世,认为“君子博学而日参省乎己,则知明而行无过矣”,君子广泛学习,每天检省自己的不是,就会智慧通达、行为无过。在重学的风尚下,“诗书传家”、“耕读地”等就成了传统家庭向往的理想家庭模式。“在儒家文化的价值系统中,勉学重教是受到普遍重视的一种价值观念。而在传统家训及蒙学读物中,由于光宗耀祖、扬名显亲等世俗功利的刺激,这种观念则显得更为强烈。”①颜之推的《颜氏家训·勉学》就是专门劝导子弟向学的。其文为:

> 自古明王圣帝,犹须勤学,况凡庶乎!此事遍于经史,吾亦不能郑重,聊举近世切要,以启寤汝耳。士大夫子弟,数岁已上,莫不被教,多者或至《礼》、《传》,少者不失《诗》、《论》。及至冠婚,体性稍定;因此天机,倍须训诱。有志尚者,遂能磨砺,以就素业;无履立者,自兹堕慢,便为凡人。人生在世,会当有业:农民则计量耕稼,商贾则讨论货贿,工巧则致精器用,伎艺则沉思法术,武夫则惯习弓马,文士则讲议经书。多见士大夫耻涉农商,差务工伎,射则不能穿札,笔则才记姓名,饱食醉酒,忽忽无事,以此销日,以此终年。或因家世余绪,得一阶半级,便自为足,全忘修学;及有吉凶大事,议论得失,蒙然张口,如坐云雾;公私宴集,谈古赋诗,塞默低

① 钱国旗:《学问修身与文化传家》,《青岛大学师范学院学报》2010年第3期。

头,欠伸而已。有识旁观,代其入地。何惜数年勤学,长受一生愧辱哉!

“学则不固”,颜之推强调学习对人之普遍的重要性,认为年龄达到一定界限的人就要学习、受教,即便成年以后也要学习,而正是人对学习的态度之不同才使得人有了高低贵贱之分。“学不可以已”,他认为各行各业的人都要通过学习以发挥专长,而文人士大夫就要讲论经义、授业传道。他批评文士徒有其名、无所事事、不明事理的废学行径,藉此希望子弟引以为耻,通过勤学来增长识见、学以致用。

《袁氏世范》中有“子弟不可废学”一节,也是专门谈论学习之重要性的。袁采说:

大抵富贵之家教子弟读书,固欲其取科第及深究圣贤言行之精微。然命有穷达,性有昏明,不可责其必到,尤不可因其不到而使之废学。盖子弟知书,自有所谓无用之用者存焉。史传载故事,文集妙词章,与夫阴阳、卜筮、方技、小说,亦有可喜之谈,篇卷浩博,非岁月可竟。子弟朝夕于其间,自有资益,不暇他务。又必有朋旧业儒者,相与往还谈论,何至饱食终日,无所用心,而与小人为非也。

在袁采看来,教子弟读书以图科第无可厚非,但他认为人之智识有高下之分,“学而优则仕”并非适用于每一个人,因为人的智识有高下之分,但学习却不能因此而废,因为学习能给人带来诸多益处,人们可以从广泛的学习中增益识见、提升自我,这种助益只有通过长时间的学习才能获得。

学习就是要明白为人处世的道理,按照圣贤的教诲去做人行事。宋代陆九韶《陆梭山公家制》之《居家正本》就是专门探讨这一类问题的。陆九韶说:

人之爱子,但当教之以孝弟忠信。所读须先六经论孟,通晓大义。明父子君臣夫妇昆弟朋友之节。知正心修身齐家治国平天下之道。以事父母,以和兄弟,以睦族党,以交朋友,以接邻里。使不得罪于尊卑上下之际。次读史,以知历代兴衰。究观皇帝王霸,与秦汉以来为国者,规模措置之方。

陆九韶认为家庭教育首先要注重德性培养,这就需要学习了解儒家经典的义理,学习人之为人所应遵循的人伦要求,懂得修、齐、治、平的道理,并在日常行事中践行这些人伦道德,以使行为无失。再次,要学习历代兴废存亡的经验教诲,了解治国平天下的道理。

儒家家庭教育思想中好学的家庭美德首先体现在学习意识的培养上,强调“子弟不可废学”,把学习看做是子弟成才的便捷途径。在学习的目的上,免不了有功利化的色彩,如“今汝等父母天地,兄弟成行,不于此时佩服诗书,以求荣达,其为人耶？其曰人耶？”①传统家教文本《神童诗》也是主张功利主义的读书目的的。同时,古人多推崇学以致用,则是更多地注意到了学习之安身立命的价值,所谓“积财千万,不如簿伎在身。伎之易习而可贵者,无过读书也”,说的是“学习的生存论意义”。传统家教重学,希望子弟树立正确的学习观,避免“学以自损”的现象:“夫学者所以求益耳。见人读数十卷书,便自高大,凌忽长者,轻慢同列;人疾之如仇敌,恶之如鸱枭。如此以学自损,不如无学也。”②传统家庭教育还特别强调学习方法的重要性,提倡“旦必读书”,即是要子弟每天都要学习。倡导“勿贪多苟求”的学习理念,认为学习不要贪多求全避免博而不精:“人性有长短,岂责具美,于六涂哉？但当皆晓旨趣,能守一职,便无愧耳。”③古代家教还提倡科学的学习方法,教导家人避免读死书、死读书:“开卷疾读,日得数十卷,至老死不解,可曰勤矣,然而无益……疾读则思之不审,一读而止,则不能识忆其文。虽勤读书,如不读也。”④这些教诲对于今人的家庭教育仍然具有一定的指导意义。

敦学劝教的家教传统不绝于史,上至帝王之家,下到普通百姓,都以劝学重教为风尚。如简文帝曾教其女要重视学习:“汝年时尚幼,所阙者学,可久可大,其唯学欤?”⑤欧阳修的《诲学篇》则是教子重学的名篇,其所言“玉不琢,不成器;人不学,不知道”⑥,至今仍被人奉为至理。陆游在75岁时仍不忘叮嘱幼子道:“古人学问无遗力,少壮工夫老始成。纸上得来终觉浅,绝知此事要躬行”⑦,则勉励子弟要知行结合,将读书所习之理运用于实践。清代康

① ［唐］元稹:《诲侄等书》。
② ［北齐］颜之推:《颜氏家训·勉学》,王利器集解,中华书局1993年版,第171页。
③ ［北齐］颜之推:《颜氏家训·涉务》,王利器集解,中华书局1993年版,第315页。
④ ［明］冯班:《家戒》。
⑤ ［南北朝·梁］简文帝:《诫当阳公大心书》。
⑥ ［宋］欧阳修:《诲学说》。
⑦ ［宋］陆游:《冬夜读书示子聿》。

熙本人就十分重视学习，他自述到："五更即起读书；日暮理事稍暇，复讲论琢磨，竟至过老，痰中带血，亦为少辍。朕少年好学如此。"以自己往年间刻苦学习的经历来教导皇子皇孙，勉励他们慕学。他认为人之优异全在于好学与否，他说："学而不厌，此圣人之所以为圣人也。千古圣贤与我同类人，何为甘于自弃而不学？苟志于学，希贤希圣，孰能御之？"希望子孙们能够认识到学习之于人的重要性。《朱子治家格言》中的"子弟虽愚，经书不可不读"①及《为学一首示子侄》等都是传统家教劝学的训教。

七、和睦

儒家有倡"和"的传统，如《周礼·春官宗伯》中说："以和邦国，以谐万民，以安宾客，以说远人"，认为乐的作用就在于使国家和睦，民众和谐，使宾客有归，使少数民族能够归附。《国语·郑语》记载史伯的话："夫和实生物，同则不继。以他平他谓之和，故能丰长而物归之；若以同裨同，尽乃弃矣。"②认为"和"才能使事物生长，而"同"则只会导致事物衰败，并认为不同事物间的相互矛盾运动就是和的本质规定，可见儒家的"和"是包容了不同事物间的差异的，求同存异就是"和"。儒家之"和"包容了不同事物的思想在《左传》中也得到了印证。《左传·昭公二十年》记载了春秋后期晏婴关于"和"的思想："若以水济水，谁能食之？若琴瑟之专一，谁能听之？同之不可也如是。"③亦是强调了不同事物间的矛盾运动才能形成"和"的局面。这种思想在传统家庭教育中就有体现。袁采在《袁氏世范》中说：

> 人之至亲，莫过于父子兄弟。而父子兄弟有不和者，父子或因于责善，兄弟或因于争财……盖人之性，或宽缓，或褊急，或刚暴，或柔懦，或严重，或轻薄，或持检，或放纵，或喜闲静，或喜纷拏，或所见者小，或所见者大，所禀自是不同。父必欲子之性合于己，子之性未必然；兄必欲弟之性

---

① ［明］朱柏庐：《治家格言》。

② ［春秋］左丘明：《国语·郑语》，上海师范大学古籍整理研究所校点，上海古籍出版社1998年版，第515页。

③ ［春秋］左丘明：《左传·昭公二十年》（下），郭丹、程小青、李彬源译注，中华书局2012年版，第1903页。

合于己，弟之性未必然。其性不可得而合，则其言行亦不可得而合。此父子兄弟不和之根源也……若悉悟此理，为父兄者，通情于子弟，而不责子弟之同于己；为子弟者，仰承于父兄，而不望父兄惟己之听，则处事之际，必相和协，无乖争之患……此圣人教人和家之要术也，宜孰思之。

尽管人们希望家庭内部能够和睦相处，但是家庭内部仍然少不了不和谐的因素，古人还对之作了分析。在袁采看来，父子、兄弟之间不和的主要原因是相互责善或因争夺家产所致。但也有其他因素所致的不和，他认为因个性的差异，有的人性格仁厚简慢，有的人性格偏执急躁，有的人刚愎自用，有的人性格柔弱，有的人稳重刻板，有的人轻浮无礼，有的人严以律己，有的人不任拘束，有的人谨小慎微，有的人不拘一格，在家庭中，“父必欲子之性合于己，子之性未必然；兄必欲弟之性合于己，弟之性未必然。”为人兄长者希望子弟和其一样行为处事，而由于他们的个性的差异，实际上是很难实现理想的预期的。更何况遇到事情“一以为是，一以为非，一以为当先，一以为当后，一以为宜急一以为宜缓”，少不了争执，以至于“不和之情自兹而启，或至于终身失欢”①，父子、兄弟关系就会失和，而可取的办法则是“为父兄者，通情于子弟，而不责子弟之同于己；为子弟者，仰承于父兄，而不望父兄惟己之听”②，一家人自然就会和睦，“必相和协”③。袁采在这里主张的家庭之“和”就是在承认家庭成员之个性、识见差异基础上的相互包容、理解，他希望家人之间不要以己之意来强求家庭其他成员，包容家庭成员在个性、识见方面的差异，“躬自厚而薄责于人”，以此来持家、治家，则家庭必然和睦。

《尚书·尧典》说：“八音克谐，无相夺伦，神人以和”④，则是舜希望夔不要搞乱了八种乐器的伦次，使它们配合有序，以让人们感受到由音乐所引发的快乐和谐的氛围。《左传·襄公十一年》载晋侯曰：“子教寡人和诸戎狄以正诸华，八年之中，九合诸侯，如乐之和，无所不谐”⑤，则是说诸侯和谐相处就如

① ［宋］袁采：《袁氏世范·睦亲》，李勤璞校注，上海人民出版社2017年版，第4页。

② ［宋］袁采：《袁氏世范·睦亲》，李勤璞校注，上海人民出版社2017年版，第4页。

③ ［宋］袁采：《袁氏世范·睦亲》，李勤璞校注，上海人民出版社2017年版，第4页。

④ 《尚书·虞书·尧典》，王世舜、王翠叶译注，中华书局2012年版，第28页。

⑤ ［春秋］左丘明：《左传·襄公十一年》（中），郭丹、程小青、李彬源译注，中华书局2012年版，第1169页。

同音乐奏出的华章一样有序。《论语》中说:“礼之用,和为贵”,认为礼的价值就在于达到“和”的目的。孔子还说:“君子和而不同,小人同而不和”,认为君子具有“和”的品质,而不强求别人与己相同,小人则相反。儒家家庭教育也崇尚和睦的家庭美德。人们常说“家和万事兴”,注重家庭内部的和谐,教导家庭成员形成尚“和”的道德氛围,是传统家庭教育的重要内容。《礼记·中庸》中提出:“中也者,天下之大本也;和也者,天下之达道也。致中和,天地位焉,万物育焉。”则是认为“中”是天下的根本,而“和”则是天下普遍的规律,而只要能达到“中和”的境界,万物就自然都能生长繁衍。以上这些关于“和”的论述,有的与政治有关,有的则是对“和”作了形而上的解读,共同指向的是儒家对于“和”的珍视,而儒家的这种理论诉求无疑是儒家追求家庭“和睦”的理论渊源。

儒家家庭教育注重“和谐”家庭氛围的营造。在传统的家庭教育当中,人们尤其注重兄弟之间的和睦,将之视为家庭和睦的基础,如颜之推就说:“兄弟不睦,则子侄不爱;子侄不爱,则群从疏薄;群从疏薄,则僮仆为雠敌矣。”在颜之推看来,作为同辈兄弟间的和睦是家庭、家族和睦的基点。否则,自同辈兄弟以下和以外的家庭成员(包括僮仆)都很难实现彼此关系的融洽。这种认识与他主张的一家之亲本于夫妇、父子、兄弟的认识是一致的,这也正是他强调“自兹以往,至于九族,皆本于三亲焉”的原因所在。这种强调兄弟关系之和睦对于整个家庭、家族关系的榜样示范作用也为后世继承,如《朱子治家格言》中就说:“家门和顺,虽饔飧不济,亦有余欢”。曾国藩也说:“夫家和则福自生。若一家之中,兄有言弟无不从,弟有请兄无不应,和气蒸蒸而家不兴者,未之有也;反是而不败者,亦未之有也。”“兄弟和,虽穷氓小户必兴;兄弟不和,虽家世宦家必败”,这些古训都将兄弟间的和睦融洽视为家庭和谐的基石。

古人尤其重视家庭成员中的女性在家庭和睦中的重要作用,主张女性在家行事主“和柔”的品德。宋若莘、宋若昭在《女论语》中就说:

> 处家之法,妇女须能以和为贵,孝顺为尊。翁姑嗔责,曾如不曾。上房下户,子侄宜亲。是非休习,长短休争。从来家丑,不可外闻。东邻西合,礼数周全。往来动问,款曲盘旋。一茶一水,笑语忻然。当说则说,当

行则行。闲是闲非,不入我门。莫学愚妇,不问根源。秽言污语,触突尊贤。奉劝女子,量后思前。

宋若莘认为妇女在家庭日常生活中具有重要影响,因而他倡导女性要养成柔顺的居家美德,能行忍让,能亲爱子侄,不介入是非口舌之中,时常与左邻右舍走动,保持邻里关系的融洽。如此,就能使得家庭内外关系和睦。从重视女性之于家庭和睦的重要性出发,古人则甚至不由分说地多将家庭不和之原因归结为妇女,如颜之推就说:"娣姒之比兄弟,则疏薄矣;今使疏薄之人,而节量亲厚之恩,犹方底而圆盖,必不合矣。惟友悌深至,不为旁人之所移者,免夫!"①即是认为不具有血缘关系的妯娌之间感情相对淡薄,这往往造成她们间的不和,而各自成家立业后的兄弟受到各自媳妇的影响,则难免导致兄弟之间不和。所以,颜之推希望兄弟间要和睦,不要受到其他因素的影响。《袁氏世范》也持类似的看法,袁采说:

人家不和,多因妇女以言激怒其夫及同辈。盖妇女所见不广不远,不公不平。又其所谓舅姑、伯叔、妯娌皆假合,强为之称呼,非自然天属。故轻于割恩,易于修怨。

不可否认,相较于具有血缘关系的亲属而言,非血缘关系的亲属之间更难相处,但这并不意味着妯娌之间就必然不能和睦相处。传统家庭教育多视女性为家庭不和之因的看法难免有偏颇不当之处,这透露着的是传统社会对待女性的不公。

和睦是家庭兴旺的象征,如何实现家庭的和睦则也是传统家庭教育的重要内容。古人认为家庭成员只有以情度情、将心比心,才能实现家庭和睦。袁采在《袁氏世范》中强调"同居长幼贵和",他说:

兄弟子侄同居,长者或恃其长,陵轹卑幼。专用其财,自取温饱。因而,薄书出入不令幼者预知。幼者至不免饥寒,必启争端。或长者处事公,幼者不能承顺,盗取其财,以为不肖之资,尤不能和。若长者总持大纲,幼者分干细务,长必幼谋,幼必长听,各尽公心,自然无争。

家庭内部"无争"即是和睦的表现,但也难免有无道家长专营私藏,不顾子弟

① ［北齐］颜之推:《颜氏家训·兄弟》,王利器集解,中华书局1993年版,第23页。

冷暖,也难免遇到不肖子孙悖逆兄长教训,这些都使得家庭不能和睦。这就需要家庭内部长幼有序,家长持心公正、开诚布公,调动其他家庭成员参与家庭事务的积极性和主动性,齐心合力实现家道兴隆。

王夫之在《姜斋文集》中有一段专门论述“和睦之道”的话,说的颇为深刻,兹摘录如下:

> 和睦之道,勿以言语之失,礼节之失,心生芥蒂。如有不是,何妨面责,慎勿藏之于心,以积怨恨。天下甚大,天下人甚多,富似我者,贫似我者,强似我者,弱似我者,千千万万。尚然弱者不可妒忌强者,强者不可欺凌弱者,何况自己骨肉。有贫弱者,当生怜念,扶助安生;有富强者,当生欢喜心,吾家幸有此人撑持门户。譬如一人左眼生翳,右眼光明,右眼岂欺左眼,以皮屑投其中乎?又如一人右手便利,左手风痹,左手岂妒忌右手,愿其同瘫痪乎?

在王夫之看来,和睦的家庭要不以言语礼节上的过失而心生嫌疑,彼此有不当的地方就要指出来,而不能隐藏积怨。持家之人要明白:天底下的穷人和富人都很多,彼此间少一些嫉妒、欺凌之心,家庭内部相应地多一些同情怜悯,视人之善为己善,家庭内部更不能嫌贫爱富、爱贤嫌愚,只有这样才能使家庭和睦。

第三节　家国情怀

家庭教育的作用是社会教育、学校教育所不能比拟的。儒家思想创生发展于“家国一体”的历史时期,儒家家庭教育充分认识到没有国就没有家,家国之间是紧密联系的。儒家虽然将修身、齐家、接世视为家庭教育的重要内容,但儒家更为强调参与到“治国”的事业中去建功立业,实现人从小我走向大我,从有限走向无限,成己成人,修己安人,成为一个真正的人的重要性。儒家家庭教育提倡的“家国情怀”就是这种理论诉求的体现。

一、齐家

儒家“齐家”思想是对如何持家、治家的训教,儒家对如何营家、管家提出了很多的见解。“齐家”在小农经济社会对于大多数家庭而言,更多地是对如何通过管理家庭来整齐家门以实现家道绵延的思考。儒家对这方面的关照主要有以下三方面内容：

（一）修身以齐家。这种齐家理念集中在《礼记·大学》中，《大学》认为“身不修不可以齐其家”，齐家之人不修身是不能治理好家庭的，这是因为人因其个人的亲爱、贱恶、畏敬、哀矜、傲惰等人情会使言行失于一偏，以至于“好而不能知其恶，恶而不能知其好”，所以要通过修身来正心正己以齐家，以实现“父子笃、兄弟睦、夫妇和”的家庭愿景。孔子将“德之不修”视为“吾忧”之一，这启示持家、治家者要常常反省自身德之不足。家长正己才能正家，所以，家长首先一定要修身，如父母对待子女要一视同仁、不能偏爱等。其次则是家庭子弟要修身，如懂孝悌、知书达理等。总的看来，修身以齐家不离“父慈子孝”、“兄友弟恭”、“夫义妻贤”、“长幼有序”（可参见“正家之道”部分的内容）的人伦要求，所谓：“夫家之所以齐者，父曰慈、子曰孝、兄曰友、弟曰恭、夫曰健、妇曰顺”[①]，说的正是这个道理。此外还涉及诸多家庭美德，如勤俭、忍让、仁爱、谦虚、忠孝、好学、和睦等（可参见“家庭美德”部分的论述），这些都属于“修身以齐家”的范畴。需强调的是，有鉴于家庭与社会关系之密切，儒家家庭教育尤其注重家人子弟为人处世品德的修养，这构成了“修身以齐家”思想的主要内容，为历代家教所承继，以至于很多家庭教育在实践过程中都提出了诸多具体的修身理念或德目。袁采在《袁氏世范》中认为处世需具备的品德有“乐观豁达”、“不可怀慢伪妒疑之心”、“人贵忠信笃敬”、“厚于责己而薄责于人”、“公平正直”、“有过必改”、“觉人不善知自警”、“遵礼义以制欲”、“见得思义”、“不为情惑”、“戒荒怠淫逸”等，认为人能修养这些德性，自然就能应事接物。叶梦得在《石林家训》中说：“汝曹以吾言书诸绅而铭之心，以修身焉，虽非至善，而亦不失于不善”[②]，是希望子弟能够遵循他所言修身之法以行事，而他认为子弟最当培植的是“安燕而气血不惰”、“劳倦而容貌不枯”、“怒不过夺、喜不过与”的品德。清人刘德新在《余庆堂十二戒》中要求子弟“戒妄念”、“戒骄傲”、“戒放荡”、“戒豪华”、“戒轻薄”、“戒赌博”等[③]。张

① ［明］孙奇逢：《孝友堂家训》。

② ［宋］叶梦得：《石林家训》。

③ ［清］刘德新：《余庆堂十二戒》。

廷玉在《澄怀园语》中则提出了“戒骄戒躁”、“沉默吉祥”、“适可而止”、“取之有道”、“宽恕待人”的修身要求。汪祖辉在《双节堂庸训》中提出的修身理念为“尽心”、“实干”、“务本”、“立志”、“耐苦”、“心平气和”、“惜时”、“脚踏实地”、“做事有恒”、“顾廉耻”、“慎小节”、“好名”、“勿好胜”、“财色两关尤当著力”、“不废因果”、“欲不可纵”、“贫贱不失节”、“遵法纪”①等。曾国藩为了教导子弟修养德性，还写有《修身五箴》，分别为“立志”、“居敬”、“主静”、“谨言”、“有恒”等，他还分别同父母、弟弟、儿子强调了修身之重要。此外，古代还有关于女子德行修养的专门训教，如明成祖朱棣皇后徐氏所著《内训》中就讲：“夫身不修则德不立，德不立而能成化于家者盖寡矣，而况于天下乎？是故妇人者，从人者也；夫妇之道，刚柔之义也。昔者明王之所以谨婚姻之始者，重似续之道也。家之隆替，国之废兴，于斯系焉！于乎闺门之内，修身之教，其勖慎之哉！”则是主张女子在家未嫁之时就要修养好德性，才能更好地成化于家，他还认为女子之德性“原于所禀而化成于习，匪又外至，实本于身”，强调了自身主观因素对于修养德性的重要，基于这样的认识，她提出了包括慎言、谨行、勤励、警戒、节俭、积善、迁善、崇圣、景贤等在内的女德。

（二）治生以齐家。这部分内容主要探讨家庭如何“殖财致富”（王长金语），指的是家庭如何发展生产以持家的问题。家庭生活必须要满足基本的用度，这就需要持家之人从多方面入手发展生产，为家人营治生活所需之物资。传统社会，“万般皆下品，惟有读书高”，读书入仕带来的现实利益自然使得很多家庭将“学而优则仕”视为营生的重要手段，宋真宗的《励学篇》提倡的就是这种读书治生理念，传统家庭中的功利主义读书观均是这一思想的体现。当然，传统家教也不尽如此，“盖尝论古之人，诗书礼乐与凡义理养生之类，得以为圣为贤，实治生之最善者也”②，这种读书观体现着的则是读书的价值理性。在更多的家庭治生理念中，重农以治生的思想在齐家思想中十分突出，如颜之推在《涉务篇》中就说：“夫食为民天，民非食不生矣，三日不粒，父子不能相存。”③意在强化子弟关于重农务本的意识，颜之推认为“荒果之畜”、“园场

---

① ［清］汪祖辉：《双节堂庸训》。

② ［宋］叶梦得：《石林治生家训要略》。

③ ［北齐］颜之推：《颜氏家训·涉务》，王利器集解，中华书局1993年版，第324页。

之所产”、“鸡豚之善”、“埘圈之所生”及“栋宇器械，樵苏脂烛”都是稼穑种殖而来，只要子弟能守农桑本业，一家人的生计自可无忧。这种思想倾向是传统家庭教育治生思想的主线。庞尚鹏《庞氏家训·务本业》事无巨细地讨论了家庭日常生计问题，内容涉及“踏勘耕管”、“池塘养鱼”、“柴用耕田”、“种植蔬菜”①等。相对而言，宋代叶梦得《石林治生家训要略》对治生问题的论述更具有代表性。儒家思想重义轻利，“君子喻于义，小人喻于利”，但实际的家庭生活离不开日用百物，治生难免重利，孔子亦认为人可以通过正常的渠道来营生致富：“富而可求也，虽执鞭之士，吾亦为之”。叶梦得认为治生是从圣贤到普通人都在做、也应该做、值得去做的事，他说：“人之为人，生而已矣。人不治生，是苦其生也，是拂其生也，何以生为？”②人生来就要经营生活，满足家庭及个人所需，这是人之为人的基本保障。他认为士农工商都有赖以生存的本业：“出作入息，农之治生也；居肆成事，工之治生也；贸迁有无，商之治生也；膏油继晷，士之治生也。”社会各阶层的人都要从事一定的事业才能立足于世，所以，对于家庭而言，经营生计、产业自然无可厚非。家庭治生合情合理，但叶梦得强调治生行为要符合道义，不能损人利己，唯利是图，他说：“治生非必营营逐逐，妄取于人之谓也。若利己妨人，非唯明有物议，幽有鬼神，于心不安，况其祸有不可胜言者矣，此岂善治生欤？”叶梦得认为善治生者首先是“要勤”，黎明即起并将与生活有关之世务及时料理，不得因循拖延，否则，“今日姑待明日，则费事损业，不觉不知，而家道日耗矣。”对于家庭而言，芒种时节如果不及时播种，秋收季节收获自然不多；其次要节俭。所谓“夫俭者，守家第一法也。”家庭日用百物一切都以节省为本，不可过多浪费，“宁使家有盈余，毋使仓有告匮”；再次是要“耐久”，也就是要专心于一务，不能“方务于东，又驰于西”，欲速而不达。为了防止破败家业，“必先定吾规模，规模既定，由是朝夕念此，为此必欲得此，久之而势我集、利我归矣”，专注于一事，通过长时间的兢兢业业来使家庭获益。这些理念对于今人营治家庭生计仍然具有一定的指导意义。

---

① ［明］庞尚鹏：《庞氏家训》。

② ［宋］叶梦得：《石林治生家训要略》。

（三）制用以齐家。这种齐家思想就是以管理好家庭日常开支为核心的齐家思想。家庭消费无外乎“开源”和“节流”，“开源”就是治生，“节流”就是“制用”。在“制用”方面，古人提倡“量入为出”的家庭日用观，认为家庭消费应“素行其位”，根据各自家庭的实际情况来决定日常的开支用度所费。这一理念来自于《中庸》所说“君子素其位而行，不愿乎其外。素富贵，行乎富贵；素贫贱，行乎贫贱”的理念，也就是传统家庭制用思想中倡导的“随资产之多寡，制用度之丰俭”①，不做过多消费，更不允许浪费。古人认为家庭日用有度，家道自然就会久盛不衰，这方面的训教以宋代陆九韶《居家正本制用篇》最为著名。陆九韶十分重视日常家用开支的管理，他说：“古之为国者，冢宰制国用。必于岁之杪，五谷皆入，然后制国用……国既若是，家亦宜然。故凡家有田畴。足以赡给者。亦当量入以为出。然后用度有准，丰俭得中。”②陆九韶认为治家如治国，国家要预算好各项开支，国用才能有度，而这与管理家庭的道理是一致的。家庭用度也要有一定的标准，既不浪费也不吝啬，还要留有结余以备他用。他对家庭日用作了十分详细的规划，以此来为家庭开支确定准则。他主张家庭日用除去“租税”、“种盖粪治”之必须开支外，应将所剩的收入分为十等，预留十分之三以备旱涝之患，十分之一以用祭祀，剩余十分之六要均分为十二份，以给每月所需。每月用度份额还可再行细分为三十等份，令“日用其一”，且不可用尽，按照陆九韶的规划日用最好为规划的七成即可，但也不可过少，否则就走向鄙吝。如此则每年就都能结余出来很多，就可以用于日常的置办衣物、整修房屋、求药治病、接待宾客、人情往来、扶危救困之需。不同的家庭由于家庭经济状况的不同，在日常的用度上也就会表现出不同的日用事项。小农自然经济条件之下，家庭财富的积累并非易事，家庭的日常开支也大都分化为不同的情况：有的家庭富足，但却吝啬；有的家庭小康，而入不敷出；有的家庭紧衣缩食尚且不能维持日常开销，“量入为出”更多地是一种理想化的家庭用度理念。《袁氏世范》从家庭贫富所造成的日用习惯入手对如何更好地齐家做了具体的分析，他

---

① ［宋］陆九韶：《陆梭山公家训》。

② ［宋］陆九韶：《居家正本制用篇》。

认为:“起家之人易于增进成立者,盖服、食、器、用及吉凶百费规模浅狭,尚循其旧故。日入之数多于日出,此所以常有余。富家之子易于倾覆破荡者,盖服、食、器、用及吉凶百费规模广大,尚循其旧。又分其财产立数门户,则费用增倍于前日。”①在袁采看来,家庭收支的平衡与否是家庭是否兴旺发达的象征,创家立业之家遵循前有的生活习惯用少收多,故家道兴,安享富贵生活的家庭亦尚循既有的消费理念,但由于日用百出,难免家道终衰,两相对比,流露出袁采劝世人在治家用度方面要量力而行、适度节余的齐家思想。需指出的是,宋代商品经济较为发达,功利主义思想盛行,所以治生、制用类的齐家思想很多,除了前引的训教外,赵鼎《家训笔录》中规定的“治家十三项”,倪思《经锄堂杂志》规定的“岁计”、“月计”、“子孙计”等所谓的“治家三计”,这些训教大都事无巨细地交代如何合理地安排家庭生计以营治家庭生活的思想。这些齐家理念是对此前齐家思想结合现实社会所做的发展,是古人以自身所处的时空背景为依据提出的有益思考,在家庭教育思想中具有独特的意义,值得珍视。

二、亲宗族

传统中国是血缘宗法社会,国家之外最重要的社会组织就是宗族,宗族是同姓子弟组成的以血缘为纽带的生产、生活组织形式。《说文》讲:“宗,尊祖庙也。从宀从示,作冬切”②。《白虎通·论五宗》解释“宗”为:“宗者,尊也。为先祖者,宗人之所尊也。古者所以必有宗,何也? 所以长和睦也。大宗能率小宗,小宗能率群弟,通其有无,所以纪理族人者也。”③《白虎通·论九族》解释“族”为:“族者何也,族者凑也,聚也,谓恩爱相流凑也。上凑高祖,下至玄孙,一家有吉,百家聚之,合而为亲,生相亲爱,死相哀痛,有合聚之道,故谓之族。”④相较而言,古代“宗”包含了等级尊卑的成分,而“族”则强调的是依据血缘而形成的聚合体。这也是学者将宗族定义为“是以男系血缘家庭为主

① [宋]袁采:《袁氏世范·睦亲》,李勤璞校注,上海人民出版社2017年版,第58页。
② [汉]许慎撰:《说文解字》,[宋]徐铉校订,愚若注音,中华书局2015年版,第146页。
③ [汉]班固等:《白虎通义·宗族篇》。
④ [汉]班固等:《白虎通义·宗族篇》。

体,以大宗中的男系血缘家庭为主干的一种等级性的社会组织"①的原因所在。合而言之,宗族标志着具有共同血缘纽带的人们之间的亲疏程度,内含着相亲相爱和守望相助的道德责任。儒家家庭教育提倡"亲宗族",认为人从"不失其亲"再到"可宗",是人之为人的标志之一。传统家庭教育使诸如"教养同族,使生死无所失,皆豪杰所当为者"②,"人能以祖宗之念为念,自知宗族之当睦矣"等的理念成为了家庭教育的重要内容。

(一)周济族人。这是"亲宗族"的第一个方面,也就是从出自一脉的血缘亲情出发,倡导宗族间要扶危救困、患难相恤。《论语》中记载:原思做孔子的家宰,孔子给了他九百石粟,原思推辞不要。孔子则要原思再莫推辞,奉劝他可以拿这些粟来接济族人乡党。孟子也说:"乡里同井、出入相友、守望相助、疾病相扶持","老吾老,以及人之老;幼吾幼,以及人之幼",教人们像爱护自己的亲人一样关爱他人。《仪礼·丧服传》也说:"异居而同财,有余则归之宗,不足则资之宗",认为宗族间有通财之义。《礼记·礼运》描绘的大同社会也是"人不独亲其亲,不独子其子,使老有所终,壮有所用,幼有所长,矜寡孤独废疾者,皆有所养"。先秦时期儒家思想只是诸子中的一脉,影响有限。后秦法甚严,国家层面力行郡县制,还提倡兄弟分家,因而宗族制度的发展受到限制。汉代经过数代的发展,在勋臣家族和经学世家等的基础上逐渐形成了贵族阶层,宗族及与之相关的制度文化又开始得以复兴,因而史书中也有了关于宗族相救恤的记载。如《汉书·朱邑传》评价朱邑道:"身为列卿,居处俭节,禄赐以共九族乡党,家无余财"③,就是对朱邑抚恤宗族乡党盛德的称赞,而类似的记载在东汉以后的史书中屡见不鲜,《后汉书》、《三国志》、《南史》、《北史》、《隋书》、《旧唐书》等都有记载④。充斥于史书中的这一现象说明:宗族相扶助的理念大都被视为是值得称道的社会现象。到了宋代,恢复宗族制度再次成为一项社会运动,受到自上而下全社会的推崇,周亲恤族的理念亦得

① 季乃礼:《三纲六纪与社会整合——由〈白虎通〉看汉代社会人伦关系》,中国人民大学出版社2004年版,第233页。

② [明]王士晋:《宗规》。

③ [汉]班固:《汉书·卷八十九·循吏传第五十九·朱邑传》,中华书局2000年版,第2695页。

④ 常建华:《宗族志》,上海人民出版社1998年版,第318—319页。

以发扬光大，而在社会运动过程中，范仲淹的作为堪称表率。

传世的范仲淹家教文本显示，范仲淹虽然认为宗族间有亲疏远近之分，但均为祖先后人，自己身居高位理应周恤亲族，周济穷困族人。范仲淹所创立的义庄由义田、义学、义宅三部分构成。范仲淹最早用自己的官俸在宗族聚居之地购得田地十多顷，用所获租米来接济穷困宗亲，他为了使这一宗族福利制度得以传承，还亲自制定《义庄规矩》（以下简称《规矩》）13条，其内容则涉及“诸房宗族供给衣食及婚嫁丧葬之用的发放标准、范围、数量等具体事宜”的具体规定，覆盖宗亲穿衣吃饭、日常用度等方面。如以年龄为依据在族内逐户计口给米，各家各户遇到婚丧嫁娶都给予一定限额的资助。范仲淹之后，其子和族人进一步完善了《规矩》，还增加了“义学”的内容。“义学”建立在义庄提供的物质经济基础之上，把为宗族子弟遴选老师和为他们接受教育提供便利纳入了宗族保障的范围之内，如规定：

> 诸位子弟内选曾得解，或预贡有士行者二人，充诸位教授，月给糙米五石……虽不曾得解预贡，而文行方为众所知者，亦听选。仍诸位共议……若生徒不及六人。止给三石。及八人给四石。及十人全给。

即是规定要按照入学人数和教师本人的水平为教师提供相应生活保障。此外，完善后的《规矩》还规定了对贫穷而无能力供子弟读书之宗亲予以资助的具体办法，如规定：

> 诸位子弟得贡试大比试者，每人支钱一十贯文，再贡者减半并须实赴大比试乃给，即已给而无故不试者追纳。

规定对参加科举的子弟予以资助，多次参加者照实际情况酌情减半，领得资助而无故不参加者还面临着追缴资助的惩罚，这些措施有助于鼓励督促宗亲子弟敦学。《规矩》的这一做法将宗族子弟的“教”和“养”最大程度地结合了起来，具有开创性的意义：“范文正公曾建义宅，置义田，义庄……又设义学以教养咸备……为其宗族者，宅于斯，学于斯。”①后世在此基础上发展形成了所谓的“义学田”，专门用来资助宗族子弟受教育。

---

① ［宋］范仲淹撰：《范仲淹全集·附录六·历代义庄义田记·清宪公续定规矩》（中），李勇先、王蓉贵校点，四川大学出版社2007年版，第1168页。

到了南宋，袁采在《袁氏世范·睦宗》中还提出了“置义庄不若置义学”的理念，认为与其让宗族子弟饱食终日无所事事，不如善加训导使宗族子弟自立，这也是从侧面对义学重要性的强调。此外，范氏一门还在义田、义学之外建有义宅，为鳏寡孤独之宗亲提供居身之所：“先文正公，少产北地及长还吴，访求宗族置田以赡之，号曰义庄；广其居，为义宅。”①《范氏复亦宅记》中还有范仲淹创建义宅的相关记载。义宅经范氏后人扩建，功能也更趋完善。由范仲淹开创的宗族周济制度为时人所效仿，仁宗时期的刘辉，神宗朝的曾巩，后来的吴奎、韩贽等都竞相模仿，影响已超出一家一族的范围，还得到了封建国家的提倡，使创建宗族救恤制度成为了一种社会潮流。

据常建华的统计，南宋时期义田、义庄的创建多达52处，在一定意义上已经普及开来。有元一代义庄数量虽有所减少，但明以后又得以发展，至清代达到鼎盛，清代个别地方义庄规模空前，蔚为壮观。后人评价范仲淹开创的宗族救恤模式道：“兴置义庄，周给宗族，自范氏始。其意义已远远超出范氏一族的周济赈济，宋代的官办慈善机构如安济坊、漏泽园等后来纷纷兴办，范仲淹无疑有倡导之功。”②史学家刘子健先生在《宋初改革家：范仲淹》一书中说道：“宋代以来苏州人才的鼎盛，社会事业的发达，范仲淹养恤和教育族人的福利制度，无疑产生正面的作用。由于范氏义庄在南宋后成为全国的榜样，各地大族纷纷购置田地仿效，义庄延绵不绝，影响力之广泛与深远难以估量”③。

范仲淹的宗族抚恤思想产生伊始虽然只是在家族内部实施，但随着义庄规模的不断完善，救助的范围也超出了本族的范围，具有了更为广泛的社会意义。儒家提倡“穷则独善其身，达则兼济天下”，周济宗族的思想体现了“爱自亲始”的泛爱思想，这既是开明文人、士大夫对儒家修齐治平思想的躬行，也是封建国家鼓励和支持相关宗族活动的重要原因。

（二）教导族众。儒家家庭教育既注重对宗亲的周济，也注重对族人的规戒引导和教育，族塾义学就是一种较为典型的宗族教育方式，而后儒制定的大量的家规族约则还为族人的言行提供了应当遵守的准则。历史上，一些文人

① 师晟、邓民轩编著：《范仲淹立身行事九九方略》，中国戏曲出版社2011年版，第270页。

② 方健：《范仲淹评传》，南京大学出版社2001年版，第413页。

③ 方健：《范仲淹评传》，南京大学出版社2001年版，第420页。

士大夫写有专文以论述教导族人的道理，尤以明代理学家罗伦所著《戒族人书》和何尔健的《廷尉公训约》为最。

罗伦为人耿直、淡泊名利、刚正不阿，他的族众教育思想也有这种特色。他在《戒族人书》中说："为人祖宗父兄者，惟愿有好子弟"，把培养好子弟看做家族的头等大事，他认为"好子弟"并不是说要有好田宅、好衣服、好官爵以显耀乡里，而是说要有好的名节。好的名节可以"与日月争光，与山岳争高，与霄垠争久，足以安国家，足以风四方，足以奠苍生，足以垂后世"，则是勉励族众子弟建功于国家，赢得生前身后名，做人人效法的道德文章楷模。与此相反，"恶子弟"只知道"求饱暖，习势利"，争名夺利、趋炎附势，毫无气节可言。族中若有"恶子弟"，在家则辱没祖宗，为家人招来祸端，终害家害己。这样的子弟做官就会"污朝廷、祸天下、负后世"，就好像宋代奸臣蔡京、秦桧那样祸延子孙，连后代都不敢认其为亲。罗伦认为人的成长和完善离不开亲友的训导，培养"好子弟"离不开家中亲友的栽培："然所谓好子弟，亦在父兄子侄成就之耳"，故他希望列位叔父兄长一定要教育好自家子弟，以免子弟堕落为不肖子弟，至于"取讥天下，贻笑后世"，为人所耻笑。罗伦立志"做天地间一个完人"，他意识到："未有治国不由齐家，家不齐而求治国，无此理也。"治理好国家要从齐家开始，而他所谓齐家就是："不分田地，不占山林，不尚争斗，不肆强梁，不败乡里，不陵宗族，不扰官府，不尚奢侈，弟让其兄，侄让其叔，妇敬其夫，奴荣其主"，希望家族成员勿要仗势欺人、侵夺乡里、扰乱地方，家族成员之间则要友善关爱，按照相应的道德责任行事。罗伦希望家族成员间尤其要忍让行事："只要认得一忍字，一让字，便齐得家也"，如若为了"一亩田"、"一亩住基"而彼此相争、诉讼于州县，往往得不偿失，实不可取。罗伦希望族人亲属之间要视如一家，不要各亲其亲、各子其子，他说："父母之心，爱子孙一也。今夺吾父母之子，以与自己之子，甚非我父母之心也。"族人亲属之间相互侵夺，站在祖先的角度来看，实为不忍，这种有违祖宗心愿的悖逆行为就悖逆了亲亲之天理。罗伦希望族人之间能够推己及人、以情度情、相亲相爱。故而他强调若家中"田地事物"有不明的地方，只要在家庭内部分辨清楚即可，不许争讼至官府，"无片言只字经动府县方好"，否则就是"不能齐家"。罗伦认为自己虽身居官职，但不能不讲明礼义齐家之道，使族人明晓安危祸福之所在。罗伦仕途坎坷,这也使他对做官并没有太过于钟情,他认为:“自古坏事,皆是爱官职底人,弄得狼狈了脱,使根本不安,枝叶安得保乎?”官做不好反而会牵连家人族众,所以他教导族人切不可凭官势来营家治生,要礼义相告、本分做人。他希望族人能够谨遵他的教导,切莫视为迂腐之言。

明代何尔健《廷尉公训约》也是专门为教导族众而作,全文共十四则,每一则开头均冠以“吾族务要恪遵祖训”,以强调遵照祖训行事的重要性。第一则主要讲“以丧葬祭祀为重事”,说的是族人办理丧事的若干要求,如临丧务必要尽心尽力而为,做好春祭和秋祭,精心准备祭品和丧服,强调即便“家贫分卑”,但办理此类事情务必要“必诚必敬,竭尽孝思”,做到慎终追远、事死如生、事亡如存;第二则讲在家庭族众中敦行伦理纲常的重要性,强调“父慈子孝、兄友弟恭、夫妇和顺”的核心地位,而同宗相处须安分守己,切不可恃己之尊而凌卑,逞己之强而欺弱,晚辈不许冒犯长辈,富贵者应当周济穷困。长辈要时常行伦理纲常之教,以先祖为榜样,努力做到“宗族称孝,乡党称弟”;第三则谈“以守身为良法”,所谓“身体发肤受之父母”,爱护身体就显得尤为重要,而这就要求违背常规的行为不做,不利于自我修养的朋友不交,没有实际功用的事情不做,即所谓:“欲守其身,必先严绝匪彝。损己之友,且莫相交;无益之事,且莫妄作”,否则,家必倾败、身必丧亡;第四则是说“立志读书”,“人生必读书”,何尔健教导族人虚心学习做君子,遍读经籍,穷则可以为通儒做正人,达则可以为忠诚、为义士,既能有功于国家,还能光宗耀祖,而不要仅渴求于功名科第,而这就需要父母从小教导子弟读书,而作儿孙的也要以光宗耀祖自励;第五则专门谈教子:父母要在子弟年幼时就加以训教,若童蒙之际教养无方,就会使子弟纵情肆为,终至败堕。对于父母而言,即便是家庭穷困,也要想法设法为子弟择师授教,以图日后能有所成就;第六则是谈亲贤远恶:希望族人遇到老成忠厚和有道德、遵法纪之人,要主动向他们学习,而遇到轻薄顽劣、背信弃义、趋炎附势、为非作歹之人就要疏远他们,争取在宗族中“为一族之善人”,在乡党为“一乡党之善人”;第七则谈婚嫁:男婚女嫁不能贪图对方的地位和金钱,必须选择有家法积善之门第人家之子女以婚配,从俭行礼勿要贪求过多的聘礼和嫁妆,只要对方贤德善良,即便其家门贫穷联姻亦未尝不可;第八则谈勤俭持家:凡事都要以勤俭为本,种田也好、读书也罢,抑或为官、抑或经营，乃至于学一技，都要不辞辛劳，而家庭用度则务必要省约。如此，则自然衣食无忧、家业兴起；第九则说继嗣，也就是过继子女的问题。何尔健为此提出的原则是：宗族中若有乏嗣者，应当在本族中选择过继之人以延续香火，这是因为同宗同祖、血脉相通，切不可过继异姓之人，乱宗灭祀；第十则谈夫妻关系：家庭的分工是男主外而女主内，若不幸丧妻再续，则要依礼义而行，为人妻者主要责任在于协助丈夫培养佳儿；第十一则教族人勿要为利欲所困，为人要安分守己，勿要无中生有、诓骗资财，做廉耻丧尽、刑辱难逃之事；第十二则是教族人勿要嫖赌；第十三则教族人有备无患，外言不入、内言不出，莫要相信神鬼之言，上当受骗，世守清白门风，遵礼守法以免祸端；第十四则教族人戒争斗，要族人心存和顺、律己谦恭，言谈举止都要与人为善，勿要有恃无恐、欺凌他人。这些教诲涉及诸多方面，值得称道。

三、睦乡邻

重视邻里关系是中国的传统，《尚书・大传》已经有了邻里的记载："古八家而为邻，三邻而为朋，三朋而为里，五里而为邑"，《左传・僖公十三年》中说："救灾恤邻，道也。行道有福"①，《左传・隐公六年》中也说："亲仁善邻，国之宝也。"②这些记载说明了作为基层社会组织形式的邻里以及邻里间相互扶助、亲仁善邻等的理念。处理好邻里关系是古代家庭教育的重要内容，儒家在这方面也有诸多理性的思考。

（一）与邻为善。"与邻为善"是中国人的传统美德，蔡襄在《福州五戒》中说："居乡党之间，则为良善。"这种美德的形成是和家庭教育分不开的。《论语》中记载原思做孔子的家宰，孔子给了他九百粟作为报酬，原思推辞不要。孔子要原思不要推辞，教他把多余的粟拿出来接济邻里乡党。可以看出孔子之仁的应有之义，从中感受到了人文关怀的一面。

儒家思想主张在邻里关系上要遵循一定的是非善恶的标准，《论语》中记

---

① ［春秋］左丘明：《左传・僖公十三年》（上），郭丹、程小青、李彬源译注，中华书局2012年版，第389页。

② ［春秋］左丘明：《左传・隐公六年》（上），郭丹、程小青、李彬源译注，中华书局2012年版，第55页。

载："孰谓微生高直？或乞醯焉，乞诸其邻而与之。"对于孔子所论，孔安国注解道："乞之四邻，以应求者，用意委曲，非为直人。"认为微生高弄虚作假，与他惯常的"直"德相违背。朱熹则认为微生高的做法"掠美市恩"，慷邻人之慨，沽名钓誉。但是，在另一个地方，微生高则被看做是守信之人，《庄子·盗跖》中记载"尾生与女子期于梁下，女子不来，水至不去，抱梁柱而死。"，是说微生高曾与女子相约于桥梁之下，因为洪水来袭而微生高不曾食言求生，乃至于被水淹死。但在这里，孔子通过考究微生高在生活中与邻里相处的细节，认为微生高并非真诚、豪爽之人，有人跟他借醋，他却从邻居家借了以后再转借于他人："醯（即醋）本非人必不可少之物，有则与之，无则辞之，而尾生为了落个周施令名，却沾沾作态，向邻居转讨来再施予借酪者，其平日博得'直'名的情况可想而知。"①这些理解基本上都是对微生高慷邻人之慨的批评。不过，这一事例也呈现出孔子重视邻里关系的一面："从字面的直接意义上似乎是孔子在怀疑关于当时人们对微生高这个人的直的品格的怀疑，但透过这种直接的字面意思，我们却发现古人是多么重视邻里关系——别人来借醋，自家没有，即使转借也要满足邻居的需要，这是多么可贵呀！"②

孔子主张在邻里关系上遵循一定的道德原则，从以上的事例来看，邻里间相处"直"与"不直"就包含着道德判断的因素。邻里间相处不能"掠美市恩"、"慷他人之慨"。一个假借他人之物来行乐善好施之举的人，不是一个正直的人。孔子主张邻里关系要坚持道德原则的思想还体现在儒家向来对"乡愿"式的人物的批判上。先秦儒家，不管是孔子亦或是孟子，都对"乡愿"式的处世方式持否定态度。孔子讲："乡愿，德之贼也"，认为乡愿式的人最容易败坏社会民风良俗。《孟子·尽心下》中孟子和万章在讨论孔子何以"思鲁之狂士"时涉及对乡愿的看法，与此关系紧密的论述是：

曰："何如，斯可谓之乡愿矣？"

曰："何以是嘐嘐也？言不顾行，行不顾言。则曰古之人，古之人，行何为踽踽凉凉。生斯世也，为斯世也，善斯可矣。阉然媚于世也者，是乡

① 马育良：《〈论语〉：一种可能的情感解读》，《孔子研究》2004年第2期。

② 肖群忠：《论中国古代邻里关系及其道德调节传统》，《孔子研究》2009年第4期。

愿也。”

万子曰：“一乡皆称愿人焉，无所往而不为愿人。孔子以为德之贼，何哉？”

曰：“非之无举也，刺之无刺也。同乎流俗，合乎污世，居之似忠信，行之似廉洁，众皆悦之，自以为是，而不可与入尧舜之道。故曰德之贼也。孔子曰：恶似而非者。恶莠，恐其乱苗也。恶佞，恐其乱义也。恶利口，恐其乱信也。恶郑声，恐其乱乐也。恶紫，恐其乱朱也。恶乡愿，恐其乱德也。君子反经而已矣。经正则庶民兴，庶民兴，斯无邪慝矣。”

孔子讲“知和而和，不以礼节之，亦不可也”。乡愿式的人就是一味求和而无原则立场之人，就是所谓的“老好人”，就是在乡里间、邻居间“和稀泥”的人。因为，“‘和’并不是说大家不分是非对错，那就乡愿，孔子一向对乡愿是批判的。什么叫乡愿？就是好好先生……儒家讲和谐不会到乡愿的地步，只为了息事宁人，追求表面的和谐而忘记是非善恶的道义。”①但在现实生活中乡愿式的人物大有人在，这类人“对每一个人都很客气，长袖善舞”，甚至为全乡人所喜爱，即便如此，乡愿式的邻里关系并不为孔孟所赞同。而孔子认为一个人在乡里间相处，不是人人都说你是好人，你就果真如此。这从下面的对话就可以看得出：

子贡问曰：“乡人皆好之，何如？”子曰：“未可也。”“乡人皆恶之，何如？”子曰：“未可也。不如乡人之善者好之，其不善者恶之。”

乡党们都说某个人好，不见得就真好；都说某个人不好，此人也未必就真坏。真实的情况可能应该是乡党中好的人说他好，不好的人说他不好。因为，在孔孟看来，乡党中间也有善有不善，有好有不好，不能因为乡党们的一面之词就对某个人作出某种评价。这些言说都体现了儒家主张在“与邻为善”的同时要坚持一定的道德规范行事的要求。

与“与邻为善”相对的就是“以邻为壑”，这种在乡党间行为处事的方式不为儒家所称许。《孟子·告子下》中记载了孟子在和白圭的一段对话，表达的就是这个意思。其文是：

① 傅佩荣：《论语300讲》，中华书局2011年版，第394页。

> 白圭曰："丹朱之治水也愈于禹。"
>
> 孟子曰："子过矣。禹之治水，水之道也。是故禹以四海为沟壑。今吾子以邻国为壑。水逆行，谓之洚水。洚水者，洪水也。仁人之所恶也。吾子过矣。"

白圭（字丹，作者注）对自己的治水方法很得意，自认为要超过大禹治水的方法，但孟子并不以为然。孟子认为大禹治水是疏浚河道，使洪水延河道而涌入大海，而白圭则是把洪水引向了邻国，牺牲了邻国的利益，嫁祸于他人而已。这便是"以邻为壑"的出处。孟子批评"以邻为壑"的处世理念，就是教人们在处理邻里关系时不要转嫁矛盾，做损邻以利已的事情。《袁氏世范》中的"邻居当鉴王吉"的故事就是教育家人不能做有损于邻居的事。儒家提倡在邻里关系上应该坚持应有的原则，这些邻里关系思想为后儒继承，《袁氏世范》中就说：

> 言忠信，行笃敬，乃圣人教人取重于乡曲之术。盖财物交加，不损人而益己，患难之际，不妨人而利己，所谓忠也。有所许诺，纤毫必偿，有所期约，时刻不易，所谓信也。处事近厚，处心诚实，所谓笃也。礼貌卑下，言辞谦恭，所谓敬也。若能行此，非惟取重于乡曲，则亦无人而不自得。然"敬"之事于已无损，世人颇能行之，而矫饰假伪，其中心则轻薄，是能敬而不能笃者，君子指为谀佞，乡人久亦不归重也。

袁采在这里引述孔子的话，希望邻里间、乡邻间相处要坚持忠、信、笃、敬的道德理念，以这样的角度来看，乡愿们行的实际是矫饰过的"忠"、"信"、"笃"、"敬"，表面看来对人诚敬，实则不然。

（二）礼待乡曲。儒家主张邻里之间、乡党之间相处应以礼而行："夫礼者，自卑而尊人，虽负贩者，必有尊也，而况富贵乎！富贵而知好礼，则不骄不淫；贫贱而知好礼，则志不慑。"孔子主张"富而好礼"，"富而无骄"，认为富而好礼可以免祸。南宫敬叔因为富有开罪于鲁定公，经人从中周旋才得以回国复职，但南宫敬叔对自己的傲慢行为仍然不知收敛，孔子认为他这样做还不如迅速贫穷的好，因为南宫敬叔"富而不好礼"，免不了还要重蹈覆辙，南宫敬叔听到孔子的话之后开始依礼布施他的钱财。从这样的角度出发，儒家认为身份地位高者应该好礼而不能盛气凌人，否则会带来意想不到的后果。"孔子于乡党，恂恂如也，似不能言者。”孔子在乡党间谦虚好礼，也奉行尊老爱幼的原则：“乡人饮酒，杖者出，斯出矣。”乡饮酒礼是民间的一种礼仪活动，意在尊老以敦睦乡邻教化，孔子在乡里间名望很好，举行乡饮酒礼毕，要等到年长者出去后，（孔子）才走出去，在乡里间行事彬彬有礼，一副谦谦君子的形象。“乡人傩，朝服而立于阼阶。”乡人们举行跳神活动，孔子就会穿上朝服站立在阼阶迎候。这些说教和孔子的生活场面为后世家处理乡党关系提供了借鉴。

把“富而好礼”的要求具体到现实生活中就包含着邻里乡党间相处要尊老爱幼、扶贫济困、热心公益，不能因富贵贫贱而区别对待邻里、乡党等的具体要求。《袁氏世范》中“处富贵不宜骄傲”就说：

> 富贵乃命分偶然，岂宜以此骄傲乡曲！若本自贫窭，身致富厚，本自寒素，身致通显，此虽人之所谓贤，亦不可以此取尤于乡曲。若因父祖之遗资而坐享肥浓，因父祖之保任而驯致通显，此何以异于常人！其间有欲以此骄傲乡曲，不亦羞而可怜哉！

袁采的观点虽然有命定论的色彩，但他的立意在于以此来劝告世人莫要因个人身份地位的显达而在乡里间肆意任为、骄傲蛮横，而是要谦虚谨慎、礼待乡曲。

邻里乡党间应该相互帮助，一方有难八方支援，而不能“各人自扫门前雪，休管他人瓦上霜”。常言道“远亲不如近邻”，邻居在很多时候为我们的生活提供了各种各样的便捷，而在古代社会发展条件下，家中遇到紧急情况还能从邻居那里及时得到帮助，《袁氏世范》中“睦邻里以防不虞”说的就是这个意思：

> 居宅不可无邻家，虑有火烛，无人救应。宅之四围如无溪流，当为池井，虑有火烛，无水救应。又须平时抚恤邻里有恩义。有士大夫平时多以官势残虐邻里，一日为仇人刃其家，火其屋宅。邻里更相戒曰：“若救火，火熄之后，非惟无功，彼更讼我以为盗取他家财物，则狱讼未知了期！若不救火，不过杖一百而已。”邻里甘受杖而坐视其大厦为煨烬，生生之具无遗。此其平时暴虐之效也。

居乡还要热心当地的公益事业，要主动积极从各方面致力于公益事业的发展。“富而好礼”还要求具备一定社会能力的人应该分担一定的社会责任。人们常说的“有钱的出钱,有力的出力”,不能因眼前利益或暂时对自己没有好处,就不愿承担力所能及的社会责任。《袁氏世范》有“造桥修路宜助财力”一节,是说:

> 乡人有纠率钱物以造桥、修路及打造渡船者,宜随力助之,不可谓舍财不见获福而不为。且如造路既成,吾之晨出暮归,仆马无疏虞及乘舆马过桥渡而不至惴惴者,皆所获之福也。

乡党间贫富有差异,人的社会地位也可能有这样那样的不同,但这些不应该妨碍人之间的交往,更不能以身份论高低,对乡党区别对待,《袁氏世范》“礼不可因人轻重”有:

> 世有无知之人,不能一概礼待乡曲,而因人之富贵贫贱设为高下等级。见有资财有官职者则礼恭而心敬。资财愈多,官职愈高,则恭敬又加焉。至视贫者、贱者,则礼傲而心慢,曾不少顾恤。殊不知彼之富贵,非我之荣,彼之贫贱,非我之辱,何用高下分别如此!长厚有识君子必不然也。

儒家除了对富者、贵者的要求外,也提倡“贫而无谄”,认为贫贱居乡但不能因此而丧失为人的尊严,低三下四央求邻里乡党为自己和家庭谋私利这便是《朱子治家格言》中所言“见富贵而生谄容者,最可耻;遇贫穷而作骄态者,贱莫甚”的道理体现。虽然这种要求已经超越了单纯的邻里关系的范畴,但是对于邻里之间相处这一理念仍然具有现实意义。

(三)里仁为美。儒家思想注重邻里关系,认为既要与邻为善、也要礼待乡曲,但同时,儒家家庭教育也认为邻里风尚对人的成长具有重要的熏陶作用,所以必须要慎重选择邻居,通过与心仪的乡邻同处来潜移默化影响子弟的成长。孔子就说:“里仁为美。择不处仁,焉得知?”朱熹解释这句话道:“求善居而不处仁者之里,不得为有智也。”“里有仁厚之俗为美。择里而不居于是焉,则失其是非之本心,而不得为知矣。”①孔子此语实际是说邻里长期相处形成的淳朴仁厚的风尚最为重要,家人子弟就要选择生活于这样的邻里环境中,否则就不明智。孟子虽然并没有直接谈及邻里居所环境的问题,但他重视家居环境作用的意识是可以通过他对环境问题的论述来探知的,孟子说:“富

① [宋]朱熹:《论语集注》。

岁,子弟多赖;凶岁,子弟多暴,非天之降才尔殊也,其所以陷溺其心者然也。今夫麰麦,播种而耰之,其地同,树之时又同,浡然而生至于日至之时,皆熟矣,虽有不同,则地有肥硗、雨露之养、人事之不齐也。”在孟子看来,子弟的懒惰强暴并非是其才能资质有别,关键还是环境的作用,如果把这种观念具体到居家环境的角度来看,则孟子无疑也是强调居家环境的。实际上,这样的认识也体现在孟子个人的成长经历上。刘向在《列女传·卷一·母仪》中记载了“孟母三迁”的故事,说的正是家居环境对孟子成长的重要影响。其文是:

> 孟子幼时,其舍近墓,常嬉为墓间之事,其母曰:此非吾所以处子也。遂迁居市旁;孟子又嬉为贾人炫卖之事,母曰:此又非所以处子也。复徙居学宫之旁;孟子乃嬉为设俎豆揖让进退之事,其母曰:此可以处吾子矣。遂居焉。

孟母三次搬家,前两次搬家之后孟轲都受到了生活环境的影响,而这种影响在孟母看来都不利于小孟轲的成长,直到最后搬至学宫附近,孟子受其影响变得好礼,孟母才定居于此。人的成长受到周围环境的影响,而风尚崇美的居乡环境就会对子弟的成长造成积极影响。这正是孔子所说“与善人居,如入芝兰之室,久而不闻其香,即与之化矣;与不善人居,如入鲍鱼之肆,久而不闻其臭,亦与之化矣。丹之所藏者赤,漆之所藏者黑,是以君子必慎其所处者焉”①的择居思想的真谛。当然,如果所居环境客观上无法改变,那么按照荀子的思想,就要更加注重家庭教育:“干、越、夷、貉之子,生而同声,长而异俗,教使之然也。”②用良好的家庭教育影响子弟成长,以免其受到不良环境的影响。儒家的这种择居思想所体现出的是:“人的主观能动性可以表现在对环境的选择上,这是一种道德理智,它是一种实践性的智性。”③仁能利智,强调良好的居乡环境对人成长的助益作用。

“里仁为美”的居乡理念反映了环境对人的成长的重要作用,后儒的家庭教育都对此予以关注。颜延之在《庭诰》中认为:“习之所变亦大矣,岂唯蒸性

---

① 王德明:《孔子家语译注》,广西师范大学出版社1998年版,第189页。

② [战国]荀况:《荀子·劝学》(上),王天海校释,上海古籍出版社2005年版,第1页。

③ 詹世友、栗玉仕:《论中国古代教化的实践智慧》,《南昌大学学报(人社版)》2000年第1期。

染身,乃将移智易虑。”认为环境习染不光能影响人的性情和身体,还能对人的智识产生潜移默化的影响,故而十分强调环境习染的重要性。他说:“‘与善人居,如入芷兰之室,久而不闻其芬。’与之化矣。‘与不善人居,如入鲍鱼之肆,久而不知其臭’。与之变矣。是以古人慎所与处。”颜之推也继承了乃祖的这种家教理念,他说:“不识仁义……深不可与为邻,何况交结乎?”①在颜之推看来,子弟年少,心性俱未成熟,容易模仿周围人的言行举止,长期以往就会习以为常,“自然似之”,周围若俱是善良之人,则子弟行为多受其影响,自然向好,否则会对子弟造成不良影响。这既是强调了家居环境的重要性,也透露出“居必择仁”的居乡理念,《袁氏世范》中的“邻居当鉴王吉”的说教也表达了类似的理念。从家庭教育方法的角度来看,注重环境浸染作用实际上就是隐性教育法或曰“感染教育法”,感染教育法是现代德育过程中最主要的方法,“就是人们在无意识和不自觉的情况下,受到一定感染体或环境影响、熏陶、感化而接受教育的方法。”②看来,这样的方法古今通用。

四、爱国家

在孔孟的思想论集中较少直接谈到怎样去爱国,但是在他们的行迹中我们却可以看到他们心忧家国矢志不渝的情怀。孔子讲:“志士仁人,无求生以害仁,有杀身以成仁”,希望仁者不畏艰难,不要因小利而害大义,应见义勇为。孔子身居异乡,但他依然惦念着自己的母国和人民:“子在陈,曰:归与!归与!吾党之小子狂简,斐然成章,不知所以裁之。”孔子在陈地依然怀念鲁国,为鲁国子民的教育前景、乡风民俗之日下担忧。中华乡土情节的一个重要体现就是安土重迁、叶落归根。孔子晚年回到了自己的母国,结束了他漂泊的生活,把精力集中在整理历史文化典籍当中,他被尊为国老以承顾问,尽自己的绵薄之力为鲁国前途命运建言献策。孔子后来赋闲在家,《论语》说:“子之燕居,申申如也,夭夭如也。”即是说他居家形容规整,一派端详平和之气,但殊不知这只是孔子闲居之一面。他“身闲未敢忘国忧”,身闲心不闲,依然关

① [北齐]颜之推:《颜氏家训·归心》,王利器集解,中华书局1993年版,第406页。

② 郑永廷主编:《思想政治教育方法论》,高等教育出版社2010年版,第165页。

心着鲁国的前途命运，为自己未能为鲁国的强大作出贡献而忧愁。在《列子·仲尼篇》中记载孔子闲居之时亦忧心忡忡，充满了对国家前途命运的担忧，说：

仲尼闲居，子贡入侍，而有忧色。子贡不敢问，出告颜回。颜回援琴而歌。孔子闻之，果召回入，问曰："若奚独乐？"回曰："夫子奚独忧？"孔子曰："先言尔志。"曰："吾昔闻之夫子曰：乐天知命故不忧。回所以乐也。"孔子愀然有间曰："有是言哉？汝之意失矣。此吾昔日之言尔，请以今言为正也。汝徒知乐天知命之无忧，未知乐天知命有忧之大也。今告若其实：修一身，任穷达，知去来之非我，亡变乱于心虑，尔之所谓乐天知命之无忧也。曩吾修《诗》、《书》，正礼乐，将以治天下，遗来世。非但修一身，治鲁国而已。而鲁之君臣日失其序，仁义益衰，情性益薄。此道不行一国与当年，其如天下与来世矣？吾始知《诗》、《书》、《礼》、《乐》无救于治乱，而未知所以革之之方。此乐天知命者之所忧。"

从这个记述来看，孔子闲居仍念念不忘国家的前途命运，尽管他给学生们讲过乐天知命的道理，教人要乐观豁达，但是在鲁国颓废的国事面前，孔子"位卑未敢忘忧国"，他对自己"述而不作"整理文化古籍寄托家国情怀的愿景作了反思，对鲁国君臣失序、道德沦丧、人情淡薄的社会做了反思，而他常记心间的仍然是寻找济世救国的良方，希望弟子们在"乐天知命无忧"之外，还要知晓"乐天知命有忧"的道理，关注国家社会的前途命运。

孟子也充满了爱国热情。他评价孔子去陈归鲁的行为道："孔子之去鲁，曰：'迟迟吾行也。去父母国之道也。'去齐，接淅而行，去他国之道也。"①认为孔子去母国与去他国行为方式上是有差别的，而这种差别本身就包含对母国的眷恋和不舍。孟子亦说"鱼，我所欲也，熊掌，亦我所欲也，二者不可得兼，舍鱼而取熊掌者也。生，我所欲也，义，亦我所欲也。二者不可得兼，舍生而取义者也"，则希望人能够在苟且偷生和成全大义的两难处境中舍生取义。这是对爱国主义的最崇高表达。历史上虞潭母教子"舍生取义"的事迹等就是对儒家爱国忠君思想的生动体现。儒家推崇"孝"，《孝经·广扬名章》还说

① 杨伯峻：《孟子译注·尽心下》，中华书局2015年版，第366页。

“以孝事君则忠”,把家庭伦理的“孝”和社会伦理的“忠”联系起来,使“忠孝”成为了对传统中国家庭教育之爱国主义教育的高度概括,这种教诲成为后世儒者砥砺名节、报效家国的精神动力之源。儒家家庭教育中的爱国思想教育在一些特殊的历史时期表现得尤为突出。

宋代是民族矛盾尖锐的时代,爱国主义在这一时期的家庭教育中占有相当重要的地位。岳飞是南宋著名抗金将领,他“精忠报国”的事迹给后人留下了深远的影响。岳飞身上体现出来的爱国精神是与他秉承“汝为时用,其殉国死义乎”的爱国主义家教思想一脉相承的。其母姚氏深明大义,在岳飞早年从军过程中就勉励他以国事为重,勿要惦念家中老小,还曾让人代她向在征战中的岳飞捎话:“为我语五郎,勉事圣天子,无以老媪为念。”民间传说岳母为了激励岳飞一心报国,曾在岳飞后背刻有“尽忠报国”四字,以勉励岳飞不忘家仇国恨,报效疆场以洗国耻。岳飞 20 岁随军征辽,就投身于民族振兴的大业。建炎三年秋,时年 27 岁的他面对金军攻破长江防线,皇帝奔逃于海上,将帅弃城自保,士卒逃溃,他慷慨陈词道:

> 我辈……当以忠义报国,立功名,书竹帛,死且不朽。若降而为虏,溃而为盗。偷生苟活,身死名灭,岂计之得矣?①

绍兴三年,有鉴于岳飞功勋卓著,高宗特赐“精忠岳飞”旌旗。四年,岳飞首次北伐即收复襄阳六郡;六年,第二次北伐长驱伊洛;十年,第三次北伐收复蔡、陈、郑州及西京诸地,兵临朱仙镇,直捣金军大本营。同年,高宗以十二道金牌令其回师,后被秦桧一党编织罪名以“莫须有”为名下狱治罪,其子岳云也一同被害,家人则被流放岭南。孝宗继位后,曾力主抗金,并为岳飞平反:“追复元官,以礼改葬”。

岳飞精神最值得珍视的除了他身上表现出来的“精忠报国”不计个人安危的献身精神外,还有他严于律己持家的精神。宋代商品经济发达,推行重文轻武的国策,官员大都生活奢靡,“金钱巨亿”、“置歌儿舞女”是官僚阶层生活的真实写照,但岳飞勤俭节约、淡泊明志,他曾讲:“文臣不爱钱,武臣不惜死,天下太平矣”,他不治家业,死后“家无余财”,其俭朴家风令负责督办案件的

---

① 龚延明:《岳飞评传》,南京大学出版社 2001 年版,第 326 页。

官员都“恻然叹其贫”。史料记载岳飞夫人有一回穿了丝绸做的衣服，岳飞便对夫人讲道：“我听说皇后娘娘、王妃、贵嫔（指被金人掳去的帝室）在北方过着艰苦穷困的生活，你既跟我同忧乐、共甘苦，那就不适宜穿这么好的衣服了。”时刻未忘国忧，这正是他“北虏未灭，臣何以家为”之信念的写照。岳飞教子甚严，在“封妻荫子”盛行的时代，随着岳飞战功卓著，其子岳云追随乃父征战沙场，骁勇善战、屡立战功，但岳飞对他严格管束，要求他身先士卒、奋勇抗敌，在军功面前一视同仁，甚至对其子要求额外严格，曾多次推辞朝廷给予其子的封荫。他说：“正己而后可以正物，自治而后可以治人，若使臣男受无功之赏，则是臣已不能正己而自治，何以率人乎？”不仅不为屡立战功的岳云请功，还时常训导他要奋勇杀敌报效国家。岳飞以忠孝、忠义为主要内容的家教对其家庭产生了重要影响，后人评价道：“岳飞的家教是卓有成效的。在儿辈中，培养了岳云这样名垂青史的青年将领；在孙辈中，出了岳珂这样著名的学者。”①

同样是生活于南宋内忧外困时期的朱熹，其家庭教育也充满爱国主义的内容。朱熹的父亲朱松反对与金媾和，主张北伐。绍兴八年金派使者到临安签订合约，朱松与胡珵、张扩等抗战派人员联名上书反对妥协，朱松被贬谪饶州，父亲的处境在年幼的朱熹那里埋下了爱国抗金的萌芽。成人后的朱熹不忘家国，时刻惦念着国家的前途命运，当他听闻金主完颜亮领兵百万意欲一举消灭宋廷时，他作《感事》以明志：“闻说淮南路，胡尘满眼黄。弃躯惭国士，尝胆念君王。却敌非干橹，信威藉纪纲。丹心危欲折，伫立但彷徨。”表达了捐躯赴国难的爱国忠君思想。随着宋金战事的变化，朱熹也在不同的作品中表达着他对国运的忧愁，他的《次子有闻捷韵四首》、《闻二十八日之报喜而成诗七首》、《与黄枢密书》、《感事》等都是他心念家国、为国分忧的真实写照。朱熹到晚年仍然感叹道：“尝记年十岁时，先君慨然顾语熹曰：‘太祖受命，至今百八十年矣’叹息久之。铭佩先训，于今甲子又复一周，而衰病零落，终无以少塞臣子之责，因和此诗，并记其语，以示儿辈，为之盡然感涕云。”②足见父亲

① 龚延明：《岳飞评传》，南京大学出版社 2001 年版，第 311 页。

② 张立文：《朱熹评传》，南京大学出版社 1998 年版，第 5 页。

忠君体国的爱国行迹和遗训对朱熹影响之深远。赵构退位之后，宋孝宗赵昚继位，贬斥主和的秦桧一党，起用抗战一派。朱熹上《封事疏》主张抗金，其中讲道："夫金虏于我有不共戴天之仇，则其不可和也义理明矣。"宋廷在出师北伐继而失利后，孝宗在抗金事宜上表现出妥协的一面，朱熹连上三疏仍力谏抗金。他认为君父之仇不可不报，"然则今日所当为者，非战无以复仇，非守无以制胜，是皆天理之自然，非人欲之私忿也。陛下亦既有意于必为矣，间者不知何人辄复唱为邪议，以荧惑圣听，至遣朝臣持书以复虏师，而为讲和之计。臣窃恨陛下于所不当为者不能必止而重失此举也。"①在朱熹看来和金人议和是有违天理的，他义正辞严地规谏触犯了孝宗，被降职虚位以待，但这些都不曾使他关心国家民族前途之心有所动摇。

在关于爱国主义的家教中，陆游的家庭教育有着鲜明的特色。陆游生长于宋金民族矛盾激烈的时代，是南宋著名的爱国主义诗人，年纪轻轻的他就树立了保家卫国的崇高志向。他曾在《书叹》中寄语"少年志欲扫胡尘"②，在《小园》中畅怀"少年壮气吞残虏"③，他常以先辈们纵然危身害家也不负家邦的事迹勉励自己和子孙。在其流传下来的近万首诗篇中，就有 200 多篇家教诗，这些家教诗篇中亦有很大一部分是表达对国事安危之牵念的。陆游一生主张抗金，晚年仍不忘北伐事宜，他有多首《示儿》诗传世，如《仆顷在征西大幕，登高望关辅，乐之。每冀王师拓定，得卜居焉。暇日记此意，以示子孙》，其中最为脍炙人口的名篇《示儿》至今仍是人们耳熟能详的爱国家教诗篇中的典范："死去元知万事空，但悲不见九州同。王师北定中原日，家祭无忘告乃翁。"④从中可以看出其对国家振兴的殷切期望，用这样的诗文来传示子孙，无疑是鼓励他们牢记国耻，投身于国家振兴的事业之中，而他的其他诗篇也大都"向子弟进行为官之道的教育，他要求儿子无论是务农还是做官，都要报效国家，为民造福，实实在在做事做人。"⑤

① 张立文：《朱熹评传》，南京大学出版社 1998 年版，第 16 页。

② ［宋］陆游：《书叹》。

③ ［宋］陆游：《小园》。

④ ［宋］陆游：《示儿》。

⑤ 徐少锦、陈延斌：《中国家训史》，人民出版社 2011 年版，第 458 页。

晚明入清的文人士大夫，在家庭教育中十分注重气节教育，如顾炎武的母亲在明都沦陷后绝食明志，并遗嘱顾炎武道："无为异国臣子，无负世世国恩，无忘先祖遗训。"①顾炎武在明亡后坚持抗清，失败后著书立说，身体力行了母亲的临终教诲，还不忘教导他在清廷为官的外甥砥砺名节。诸如王夫之、史可法的家庭教育都有不忘前朝、守身明志一类的训教。这些内容构成了中国古代儒家家庭教育中关于爱国主义教育最为光彩的一面。由此也可以看出，中国古人的爱国主义情结早就深入到了普通家庭，化为了人们的实际言行。

① ［明］顾炎武：《日知录·正始》。

第五章　儒家家庭教育方式与方法

古代家庭教育方式、方法多样，共同服务于家庭教育价值诉求的实现，多样化的家庭教育方式、方法综合作用，使得家庭教育取得了显著的成效。在历史的发展过程和具体的家教实践中，儒家家庭教育方式、方法得到了丰富的实践检验，形成了诸多行之有效的家庭教育方式、方法，对这部分内容的总结，有助于加深我们对儒家家庭教育的理解。

第一节　儒家家庭教育方式

儒家家庭教育要取得成效，离不开切实可行的家庭教育方式，在家庭教育过程中，逐渐形成发展起来了诸多的家庭教育方式，其中一些主要的家庭教育方式，为不同历史时期的人们所普遍沿用，成为了儒家家庭教育不可或缺的组成部分。

一、家训教育

家训是家庭教育最主要的形式："重视家庭教育，可以说是贯穿五千年古今中华家庭文化的显著特色，而家训则是历代家庭教育的最主要表现形式，是包含着丰富的治家教子思想主张的家庭文化的载体。"①家训作为家庭教育的一种方式，承载着"父祖对子孙、家长对家人、族长对族人的直接训示、亲自教

① 郭齐家、李茂旭：《中华传统传世家训经典 · 前言》，人民日报出版社 2009 年版，第 4 页。

诲,也包括兄长对弟妹的劝勉,夫妻之间的嘱托。”①从所训教的内容和特点来看,可以分为“君主帝后的家训”、“达官显宦的家训”、“商贾农夫的家训”、“科学家、文学家的家训”、“女训女教”等。家训教育有着自身的特点,不同于家规、家法、家礼等的教育形式。有学者将家规、家礼等家庭教育形式与家训不加区别一概而论的作法是不可取的。需指出的是,“古代家庭教育思想发达,家规、家训、家范、家法等不同程度地执行着教化的职能,使得主流价值观得以下潜和践行。”②本书认为家训使得经典家教理念实现了生活化的转化,家规使得家教理念规范化,家礼则使得家教理念成为日常言动的行为素养,尽管三者都使得家教理念深入日常生活,但三者在作用机理方面存在明显的差别,故有必要分别加以论述。

学者们关于家训的特点提出了很多的观点,如戴素芳在《传统家训的伦理之维》中认为家训的特点是“融精英文化与大众文化于一炉”,“合家族性与社会性于一体”,“历史性与代传性的有机统一”,“等级性与和谐性有机结合”③;王长金在《传统家训思想通论》中则认为家训的特点应该是“传承性”、“政教性”、“多元性”、“系统性”、“局限性”④。这些观点都言之成理,从中还可以看出,学者对家训特点的认识是相似或相近的。但本书认为,家训的突出特点是将儒家经典家庭教育理念,以家训的形式,运用日常生活化的语言作了切合人们生活实际的转化,将经典理念转化成为人们日常生活的具体体验,使得儒家经典家教理念具有了操作性,更便于人们在家庭生活中去践行,实现了经典理念的生活化转化,为人们搭建起了架通道德理想生活和实践生活的桥梁。如在家训中“父慈子孝”的理念可以被阐释成:

> 慈父之爱子,非为报也,不可内解于心……三月婴儿,未知厉害也,而慈母之爱谕焉者,情也。故言之用者,昭昭乎小哉;不言之用者,旷旷乎大哉!⑤

---

① 戴素芳:《传统家训的伦理之维》,湖南人民出版社2008年版,第1页。
② 马云志、王永祥:《儒家教化思想传统与启示》,《甘肃社会科学》2017年第3期。
③ 戴素芳:《传统家训的伦理之维》,湖南人民出版社2008年版,第9—14页。
④ 王长金:《传统家训思想通论》,吉林人民出版社2005年版,第6—8页。
⑤ [汉]刘安:《淮南子·缪称训》,阮青注释,华夏出版社2000年版,第190—192页。

刘安以由血缘产生的天然情感入手，具体解释了父母疼爱子女的原因，用具体的生活常识来诠释“父慈子孝”背后的人伦情亲，使得这一理念具有了鲜活的生活气息。“父慈子孝”的重要一条就是要把慈爱转化为对子弟的教养，袁采将之阐释为：

> 慈父固多败子，子孝而父或不察……为人父者，能以他人之不肖子喻己子，为人子者，能以他人之不贤父喻己父，则父慈而子愈孝，子孝而父益慈，无偏胜之患矣。至于兄弟、夫妇，亦各能以他人之不及者喻之，则何患不友、恭、正、顺者哉！①

袁采认为由于人性的差别，慈父有败子，孝子也可能有不慈之家长，他认为作为子女和家长都应该要经常自我反省，通过对照他人来检点自己的所作所为，才能从纠正自身的问题入手，使得子女和家长之间的关系更为融洽，更有益于做到“父慈子孝”，而如果家人都能以情度情、以心度心、以类度类就能使家门和顺。这样的阐释更富有“人情味”，也契合儒家“反躬自省”、“躬自厚而薄责于人”的要求，实现了家教理念的生活化阐释。

“兄友弟恭”是儒家重要的家庭伦理，传统家训对这一人伦要求的阐释也多采取切近生活的转化。如《颜氏家训·兄弟》中说：

> 兄弟者，分形连气之人也，方其幼也，父母左提右挈，前襟後裾，食则同案，衣则传服，学则连业，游则共方，虽有悖乱之人，不能不相爱也。

颜之推的这一解释，为抽象的说教赋予了具体可感的人生成长轨迹，而这样的轨迹是每个人都感同身受的。而同样对于“兄友弟恭”的解释，在史典那里就是：

> 父母而下，惟有兄弟，孩提时无刻不追随相好。长各有室。或听妻子言语，或因财帛交易，多致参商。有余则妒忌。不足则较量。及患难相临，虽至厚之亲朋，终不若至薄之兄弟。若能同居共爨为妙，然有势不能不分者，如食指多寡不同，人事厚薄不一，各有亲戚，各有交游，好尚不齐，难称众心，易生水火。各行其志则事无条理，况妯娌和睦者少，米盐口语，

① ［宋］袁采：《袁氏世范·睦亲》，李勤璞校注，上海人民出版社2017年版，第5—6页。

易致争端。分爨而不分居者为上，甚至分居，兄友弟恭当愈加和了。①

史典从多个方面说明了兄不友弟不恭的原因，如妻子的挑唆、分财导致的矛盾、嫉妒之心等，并说明了患难之际兄弟的重要性，但落脚点还是放在突出兄弟关系之不易：再好的朋友关系也不如兄弟关系牢靠。他认为兄弟之间同居共食虽然值得称道，但是因为人情各异，兄弟间各自的日常用度等的差别，实际上很难使得两家人共同生活，所以，他既赞同兄弟间分食共居，也赞同分食分居，认为这样的话可能更容易使兄弟之间关系融洽。这样的认识，由于从生活中的实际情况出发，真实地反映了现实生活问题，所以也更易为人们所接受，更易于在实际的家庭生活中加以运用。总之，家训的独特言说方式使得经典理论不再生硬、枯燥，容易使人产生情感共鸣，更有利于践行。此外，再加上家训作主在言说过程中的各种论证艺术，如大量引用历史实例、事例，运用类比触物生情等，更加增强了家教的亲和力，间接增强了说服力，从整体上促进了儒家人伦思想的大众化、社会化程度，使精英儒学朝着通俗儒学的方向迈进。这也是家训文献，尤其是其中的名篇为人们所喜闻乐道的原因所在。“中国传统文化总是将社会的种种文化价值观念通过各种途径灌输到家庭，经过家庭的吸收和加工，把一定文化背景下的社会规范作为家训的基本出发点，由此，使各种家训通过各种不同的方式体现出一定的社会价值。”②家训教育的这种特点，对于在中国传统社会居于主流地位的儒家思想而言作用尤为突出。

在家庭教育的发展过程中，积累起来了浩如烟海的家教文本和材料：有的是系统全面的专著；有的只是经典文献中的寥寥数字；有的则是专就某一事而作；有的则夹杂在历史人物的传记当中；有的穿插于其相关的言论之中。据有关学者的统计研究表明：《中国丛书综录》辑录的家训有 119 种；《四库全书》辑录的有 171 种；《古今图书集成·家范典》辑录的有 116 卷 31 部 155 类③。实际上，存留于历史长河中的家训文献远不止于百种，在郭齐家和李茂旭编著的《中华传世家训经典》中有多达上千的家训文献名目，而在这众多的文献

① ［清］史典：《愿体集》。

② 戴素芳：《传统家训的伦理之维》，湖南人民出版社 2008 年版，第 11 页。

③ 王长金：《传统家训思想通论》，吉林人民出版社 2005 年版，第 5 页。

中，一部分不同历史时期的代表作则为人所熟知：如先秦时期的《康诰》、《酒诰》、《周易·家人卦》，孔子的《庭训》；魏晋南北朝时期的名篇有曹操的《戒子植》，诸葛亮的《诫子书》，班昭《女诫》，王修的《诫子书》，王肃的《家诫》，嵇康的《家诫》，王祥的《训子孙遗令》，王昶的《诫兄子及子书》，陶渊明的《与子俨等疏》，颜之推的《颜氏家训》；唐宋时期的名篇有李世民的《帝范》，宋若莘、宋若昭的《女论语》，司马光的《训俭示康》，陆游的《放翁家训》，朱熹的《与长子受之》，袁采的《袁氏世范》等。明清时期的名篇有：杨继盛的《给子应尾、应箕书》，高皇后的《内训》，傅山的《霜红龛家训》，袁了凡的《了凡四训》，康熙的《庭训格言》，张英的《聪训斋语》，张履祥的《训子语》，汪辉祖的《双节堂庸训》等。在众多的家训著作中《颜氏家训》和《袁氏世范》最为人所称道，影响也最为深远。

家训涉及的训教内容广泛，专著性质的家训在这方面最为突出。以《颜氏家训》为例，该书共七卷二十篇，其篇目和主要涉及的话题内容为：《致序》开宗明义说明写作的目的，劝导子弟谨守家风；《教子》主要围绕严教和慈爱两方面来阐述如何对子女施教的问题；《兄弟》论述如何处理兄弟关系；《后娶第四》讨论男子续弦的问题，认为处理此类问题不可草率为之；《治家》讨论如何管理家庭的问题，主要强调以身帅众的上行下效的重要性；《风操》谈论士大夫的风度节操，具体则为士大夫行为处事的具体要求；《慕贤》探讨倾慕贤才的问题，劝导子孙要见贤思齐；《勉学》则用了相当的篇幅来劝勉子弟向学，教导子弟学以致用安身立命；《文章》则是讨论各种文体的不同特点，通过对一些名人文章的评述来阐释自己的文学观；《名实》探讨声名的问题，希望子弟将“修艺”与“修德”相结合，做到名实相副；《涉务》则是劝导子弟“专心致力于世务”，以求有用于家邦；《省事》则是告诫子弟要谨言慎行，有所为而有所不为以保全身家；《知足》则是教导子弟要虚己待人，不可纵欲求满；《诫兵》则是以颜氏一门“世以儒雅为业”来劝导子弟重文轻武；《养生》则是谈休养身体的问题；《归心》则主要谈信仰的问题；《书证》则是作者对经史中的有关问题作的记述、考证、辨伪；《音辞》则是作者记述的有关语言和音韵方面的知识；《杂仪》主要谈及包括书法、绘画、骑射、博弈、投壶、卜筮、算术等的具体技艺，希望子弟对此都有所涉猎；《终制》谈论养生送死之事，劝勉子弟丧事从简。可以看出,系统完备的家训专著体制之宏大周全,亦可从中体会出作主对子弟教导之细致入微。

有“《颜氏家训》之亚”之称的《袁氏世范》也是家训领域的鸿篇巨制,该书作于公元1178年,为时任乐清县令的袁采所作。共三卷,分别为《睦亲》、《处己》、《治家》。各卷有条目不等的次级论说主体和具体论说内容,如《睦亲》有:“性不可以强合”,“人必贵于反思”,“父子贵慈孝”,“处家贵宽容”,“父兄不可辩曲直”,“人贵能处忍”,“亲戚不可失欢”,“家长尤当奉承”,“顺适老人意”,“孝行贵诚笃”,“人不可不孝”,“父母不可妄憎爱”,“子弟须使有业”,“子弟不可废学”,“教子当在幼”,“父母爱子贵均”,“父母常念子贫”,“子孙当爱惜”,“父母多爱幼子”,“祖父母多爱长孙”,“舅姑当奉承”,“同居贵怀公心”,“同居长幼贵和”,“兄弟贫富不齐”,“分析财产贵公当”,“同居不必私藏金宝”,“分业不必计较”,“兄弟贵相爱”,“众事宜各尽心”,“同居相处贵爱”,“友爱弟侄”,“和兄弟教子善”,“背后之言不可听”,“同居不可相讥议”,“妇女之言寡恩义”,“婢仆之言多间斗”,“亲戚不宜频假贷”,“亲旧贫者随力周济”,“子孙常宜关防”,“子弟贪缪勿使仕宦”,“家业兴替系子弟”,“养子长幼宜异”,“子多不可轻与人”,“养异姓子有碍”,“立嗣择昭穆相顺”,“庶孽遗腹宜早辨”,“三代不可借人用”,“收养义子当绝争端”,“孤女财产随嫁分给”,“孤女宜早议亲”,“再娶宜择贤妇”,“妇人不必预外事”,“寡妇治生难托人”,“男女不可幼议婚”,“议亲贵人物相当”,“嫁娶当父母择配偶”,“媒妁之言不可信”,“因亲结亲尤当尽礼”,“女子可怜宜加爱”,“妇人年老尤难处”,“收养亲戚当虑后患”,“分给财产务均平”,“遗嘱公平维后患”,“遗嘱之文宜预为”,“置义庄不若置义学”。这六十则孝论题都有相应的解说性质的文字,以具体说明所要言说的问题的义理。其它《处己》(共67条)和《治家》(共66条)也都有相应的具体问题和解说,从中亦可看出完备的家训教育之规模。《颜氏家训》和《袁氏世范》作为传统家训教育的代表作,其确立的家训体例为后世所继承,成为后世家教可资借鉴的范本,甚至为后人直接沿用,发挥着“轨物范世”的作用,成为教育子弟和进行社会教化的重要文本。

二、家规教育

国有国法家有家规,儒家家庭教育在后世的发展中还形成了制度化的教育模式,即家规和家法的出现。这种家庭教育形式,将家庭教育制度化、规范化,将家庭教育的有关内容以制度的形式做了设定,为家庭成员行为处事提供了制度化的行为规范,要求家庭内部照此而行。一般而言,这种家庭教育形式更多地发生于大家庭内部,在家族内部实行。因为家庭内部人数众多,日常的教育管理显得力不从心,唯有通过制度化的规戒来协调日常家庭生活事物,才能使家庭成员做到有章可循,才能更好地维护家庭成员和家族的整体利益。学者指出:“家规教子是继家书、家诫、家训、家教诗文之后出现的又一种教子形式,主要指用成文的条例来确定教子的内容、规程、奖惩方法,在家庭中起法规作用,使家长和子弟的言行有法可依,有章可循。”①这种家庭教育管理模式俨然将家庭作为一个小型的社会,因而在教育管理方式上也呈现出社会化的特点。可以想见,这种制度化的家庭教育方式如果没有社会历史背景提供的大前提是寸步难行的,而事实上,自从宋代以来,士大夫阶层开始了恢复宗法制度的努力,而这一潮流也被统治阶层所认可并通过各种方式予以支持,使之得到了进一步的巩固和发展,元明清三代都对这种家庭(家族)自治现象给予支持(旌表大家族的现象就足以说明这一问题)。因而在宋以后的家庭教育过程中大都能看到家规、家法的踪迹。像《郑氏规范》这样完备的家庭教育管理模式就曾得到不同历史时期封建统治者的旌表和肯定,这在很大程度上为这种家庭教育形式的发展完善提供了社会保障。从制度儒家的角度来看,这种家庭教育管理模式不过是把儒家有关家庭教育的道德伦理理念进行了制度化的设计,并使之成为家庭(族)内部成员行为处事的准则。与“家规”教育形式紧密相关的还有“家法”,“家法”同“家规”都是家庭教育制度化、规范化、条律化的产物。这一种家庭形式的特点是“要求具体,可操作性强;善恶评价明确,奖惩毫不含糊;运用强制手段,收效迅速。”②正是因为家规、家法在施教

① 马镛:《中国家庭教育史》,湖南教育出版社 1997 年版,第 275 页。

② 徐少锦、陈延斌:《中国家训史》,人民出版社 2011 年版,第 378 页。

过程中有着强力执行的一面,有着严格的赏善惩恶要求,这使得它不像家训那样"温情脉脉"。

在儒家家庭教育历史上,《柳氏家规》被认为是"我国古代家庭教育史上最早的一部比较系统和完整的家法"①,所谓"言家法者,世称柳氏",而产生于唐代的《陈氏家法三十三条》和历经宋、元、明三代的《郑氏家规》则影响最巨。《陈氏家法》是唐代陈崇所作,陈氏一门世代同居,人口众多,为便于管理教育族众,制定了家法。《陈氏家法》条律开始就明确了家长的相关职责,规定确立主事(一人)和副事(两人)来管理家庭的日常生活:"掌管内外诸事,内则敦睦九族,协和上下,束辖弟侄。"第二条立库司(两人)"作一家之纲领",具体职责是"握赏罚之二柄,主公私之两途,惩劝上下,勾当庄宅,掌一户版籍、税粮及诸庄书契等。"为了便于管理族众,规定各庄选一人为首,配一人为副,管辖所在各庄的"弟侄";家庭的日常生活所需则有专门的"宅库人"打理,家中(族中)的婚姻嫁娶则由专门的"勘司(一人)"掌管。在家庭成员的教育方面则规定"立书堂一所"以使"弟侄子孙有赋性聪敏者令修学",并"立书屋一所"用于童蒙教育。还规定要设立祭祀祖先的场所一处,"命二人学医,以备老少疾病";"厨内令新妇八人,掌庖炊之事",由专人负责大家庭的日常饮食;规定了饭食的具体时间以及就餐的座位次序,还有"守护先祖道远、卜筮","培养医生,为族人治病","合居同食,共财同享","劝勤责懒,奖功惩过"②等。涉及日常生活的方方面面。《家法》第三十条,专门规定"立荆杖一所",对"不遵家法、不从尊长命,妄作是非"者进行惩戒,而惩戒的具体规定则视情节有:"各杖五……决杖一十"(30 条),"各笞十五,剥落合给衣装,归役一年"(31 条),"各决杖二十,剥落合给衣装,归役三年"(32 条)等。需要指出的是,早在《陈氏家法》之前,"家法"一词就已经在家庭教育领域流行,如唐代韩休、穆宁、柳公绰等的"家法"在正史中都被提到和肯定过,但这些家族的"家法"更多的是社会道德规范、行为处事方式、教育子弟的方法的意思,真正意义上的家法规范则要从《陈氏家法》开始,此后,"这一倾向经过宋、明的增益,

---

① 刘颖:《中国传统家训与现代家庭青少年道德人格培养》,上海人民出版社 2015 年版,第 95 页。

② 徐少锦、陈延斌:《中国家训史》,人民出版社 2011 年版,第 375—378 页。

至清代达到高峰。清代的一些‘宗族法’条文细密、周全,处罚明确、严厉,呈现出家教专制性加强和道德教育、法律教育相融合的倾向。”①

《郑氏规范》说的是浦江郑氏,郑氏从宋代开就同居合爨,从有着“同居第一世祖”之誉的郑绮开始到六世孙郑太和开始制定《规范》,凝结了郑氏数代人的家庭教育智慧。《规范》也从最初的五十八则增加到一百六十八则,中间经七世孙郑钦、郑铉增补,最终定型于八世孙郑涛、郑濂、郑源之手,该家族也一直延续至明代,受到明太祖朱元璋“江南第一家”的旌表。无疑,郑氏义门在中国家庭教育史上的地位与《郑氏规范》关系紧密:“阖族殆千余指,合族聚食而雍睦恭谨,不殊乎父子兄弟之至亲,宋元国朝屡旌其门”。《郑氏规范》作为最为系统化的家规,其具体内容可分为七个方面:“对家长的要求”,“对宗子的要求”,“道德常规教育”,“文化知识学习规程”,“官德教育”,“实践锻炼”,“行为规范教育”,“女子教育”,“惩戒措施”等。正是这些完备的条规,使得郑氏家族能够严以律己、世代共处、守望相助,成为封建社会大家庭教育的典范。我们可从《明史·郑濂传》中对其家庭教育窥见一斑:

> 郑濂,字仲德,浦江人。其家累世同居,凡三百年。郑氏家法,代以一人主家政。濂受知于太祖,昆弟由是显。濂诣京师,太祖问治家长久之道;赐之果,濂拜赐怀归,剖分家人。帝闻嘉叹,欲官之,以老辞。时富室多以罪倾宗,而郑氏数千指独完。会有诉郑氏交通者,吏捕之,兄弟六人争欲行,濂弟湜竟往。时濂在京师,迎谓曰:‘吾居长,当任罪。’湜曰:‘兄年老,吾自往辩。’二人争入狱。太祖召见曰:‘有人如此,肯从人为逆耶?’宥之,立擢湜为左参议,命举所知。湜举同郡王应等五人,皆授参议。

郑氏兄弟争死手足相保同舟共济的精神正是对《规范》中“不得私假、不得私与”(13 条)、“常视一家如一人”(15 条)、“成人之道”(69 条)、“宗人实共一气所生,彼病则吾病,彼辱则吾辱”(89 条),“子孙须恂恂孝友,实有义家气象”(102 条),“子孙不得从事交结”(113 条)等家规精神的遵循。正是因为治家有方,所以郑氏一门在明代屡受旌表,除了朱元璋的旌表外,建文帝旌表

① 徐少锦、陈延斌:《中国家训史》,人民出版社 2011 年版,第 378 页。

其门为“孝义家”，明宪宗旌表其门为“孝义之门”，这种表彰的背后是与家法族规的社会作用分不开的。这即是学者所指出的：“家法族规在中国传统社会里，对社会的稳定、家族的发展起了重要作用，它是对国家法律制度的补充，促进了中国家族宗法社会的法制化发展。”①

明清时期是家规、家法的繁荣时期，除了上列的两部外，还有曹端的《家规辑略》，杨廉的《家规》，何伦的《何氏家规》，宋诩《治家之要十七则》，温璜《治家八则》，孙奇逢的《孝友堂家规》，窦克勤的《家规》，汪正的《先正遗规》等。在这些家规、家则中，有些家规有明确的奖惩规定且十分具体，如朱勇在《清代宗族法研究》中所列的家法处罚方式就包括训斥、罚跪、记过、锁禁、罚银、革胙、鞭板、鸣官、不许入祠、出族、处死等，这些惩罚措施依次加重②；有些则只是把日常的训教内容分门别类、分条呈列，内容简省易于遵行，如前面提到的《治家之要十七则》和《治家八则》等。需指出的是：“家训家规是古代以家庭为范围的道德教育形式，也是中华道德文化传承的一种方式。由于历史上流传下来的家训家规往往都是士大夫家庭家族所制定，这些家训家规的始作者多是文化名人或有名的官员，社会影响较为广泛，故这些家训家规的功能远超出对本家族的教育作用，而成为社会教育的一种独特形式，为社会一般家庭提供了范本和楷模。尤其是，这些家训家规对原家族的繁衍发展起了重要的保障作用，容易引起后世更多人的关注和效法，从而使得本来作为家族内的训规成为道德教育的普遍教材。”③有学者指出“家法族规从本质上说是一种他律手段，是对个体‘自由’本性的限制，或许也会对个人物质利益造成损害……个体社会化不能随心所欲，当一般道德教化作用不明显的时候，惩戒性的家法族规可以发挥重要的制度保障作用”④。总的看来，正是因为家规、家法有着广泛的社会作用，才使得这种家庭教育形式大行于传统家庭教育领域。

---

① 王长金：《传统家训思想通论》，吉林人民出版社2005年版，第13页。

② 朱勇：《清代宗族法研究》，湖南教育出版社1987年版，第98—99页。

③ 中央纪委监察部网络中心编：《中国家规》，中国方正出版社2017年版，第2页。

④ 刘颖：《中国传统家训与现代家庭青少年道德人格培养》，上海人民出版社2015年版，第97页。

三、家礼教育

“夫礼，先王以承天之道，以治人之情”①，礼是至理的象征，对于规制人情有重要作用。“故礼义也者，人之大端也”，为人须要尊礼而动。中国自古以来就是“礼仪之邦”，这种国格的形成与国人好礼仪的生活习惯是分不开的。从国家层面来讲，有所谓的“礼仪三千”，从家庭角度来讲，则还有专门的“家礼”。家礼在家庭教育中占据了重要的地位，礼仪生活作为家庭教育的重要内容，无疑对于形成好礼的文化氛围是有促进作用的。礼教是儒家家庭教育的重要内容，也是家庭教育的重要方式。通过系统全面的礼仪教化使家庭伦理道德的要求具体化为视、听、言、动的行为素养，这是家礼教育的重要意图。

儒家家礼教育经历了发展完善的过程。早在孔子时期，就已经重视在家庭范围内对礼的教育。在“过庭之训”中，孔子教导其子孔鲤首先要学习的是《诗经》，所谓“不学诗，无以言”，接下来他便谈到了礼，他说“不学礼，无以立”，从此“礼教”便构成了家庭教育中的重要组成部分。在《孔子家语》一书中《大婚》、《问礼》、《五仪》、《论礼》、《礼运》、《冠颂》、《庙制》、《曲礼·子贡问》、《曲礼·子夏问》、《曲礼·公西赤问》等篇章都不同程度地涉及到礼的教育。孟子去妻之所以未遂，就在于在孟母看来，是孟子失礼在前，而不能完全责怪于儿媳，也反映出礼在孟子家庭生活中的重要性。在后世家礼教育中，颜之推的家礼教育和朱熹的家礼教育则具有不同的象征意义。颜之推的家礼教育并不像朱熹的家礼教育那样系统、全面，朱熹的家礼教育则有专门的《家礼》一书作为依凭，显得系统而周全。

在《颜氏家训》中，颜之推十分重视礼的教育，《风操篇》就是他在家庭内部开展礼教的指导思想。他在开篇就说：“吾观《礼经》，圣人之教：箕帚匕箸，咳唾唯诺，执烛沃盥，皆有节文，亦为至矣。但既残缺，非复全书；其有所不载，及世事变改者，学达君子，自为节度，相承行之，故世号士大夫风操。”②颜之推在这里所说的《礼经》就是记载先秦典章制度礼节文饰的《礼记》，《礼记》中

① 《礼记正义·礼运》，[汉]郑玄注，[唐]孔颖达正义，吕友仁整理，上海古籍出版社2008年版，第943页。

② [北齐]颜之推：《颜氏家训·风操》，王利器集解，中华书局1993年版，第59页。

不乏“值得深思的处世之道”和“个人修身养性的基本原则”，礼“一种广义的交往形式和规范”①，也对人们行为有规范意义，而诸如《冠义》、《昏义》、《乡饮酒义》、《燕义》、《聘义》、《丧服小记》、《问丧》、《士丧礼》等还都与日常的家庭生活（主要与婚丧嫁娶，作者注）紧密相关，而家庭教育之所以重视家礼的教育，就是因为它能为家庭成员的行为处世和家庭日常生活提供指导。颜之推所以专设《风操》一篇，原因也正是基于此。颜之推认识到礼在不同的时代会有所变化，而博学通达之士人君子则会因应变化推陈出新，制定出随世而变世代传承的家礼。尽管各自风格内容有异，但有基本可以遵循的脉络，故他希望能将自己所了解的有关礼的情况记录在案，以供子孙学习、遵行。

礼与人的生活密切相关，所以颜之推所谈之礼具体而微，充满了生活气息。他说：“《礼》云：见似目瞿，闻名心瞿。”教导子弟事死如事生，见到同故去的父母面容相似之人，或者听到他们的名字要神情恭敬。尽管如此，他认为虽然人的情感触动之后需要宣泄出来，但遇到声音容貌近似双亲的叔伯兄弟等特殊情况下则就要行忍。他援引《礼记》中说的“临文不讳，庙中不讳，君所无私讳”，认为人虽然需要在提到亡故之亲人的名号时要隐讳，但在具体的情境中则要先考虑这种举动是否适当，要避免避讳不当所带来的其他后果，以免不合情理，不可泥古不化，闹出笑话。他认为南北礼俗有别，南方人年初是不到有丧事的人家吊唁的，但北方人则与之相反，他认为北方人的做法于礼无据，不值得提倡。南方人宾客到来不外出迎接，见面后也只是相互拱手而不欠身，北方人则要到门口迎接，见面后则要相对作揖，颇有古代之遗风，北方人的作为可为待客之道。颜之推希望家人以礼待客，“门不停宾，古之所贵”②，不能使宾客滞留于家门口。他希望要对包括家仆在内的人严加训教，以免在待客方面失礼，有客到来应该做到“折旋俯仰，辞色应对，莫不肃敬”③。在称呼他人方面，他认为称呼其名是一种具有古风的可取之法。在同他人的谈话过程中，如果涉及自家身世、故去的先辈就要言简意赅谨慎行事。在称呼家人亲戚朋友方面，要遵从时下的习惯：“古人皆呼伯父叔父，而今世多单呼伯叔。从

---

① 杨国荣：《善的历程：儒家价值体系研究》，华东师范大学出版社 2009 年版，第 29 页。

② ［北齐］颜之推：《颜氏家训·风操》，王利器集解，中华书局 1993 年版，第 124 页。

③ ［北齐］颜之推：《颜氏家训·风操》，王利器集解，中华书局 1993 年版，第 125 页。

父兄弟姊妹已孤，而对其前，呼其母为伯叔母，此不可避者也……晋世已来，始呼叔侄；今呼为侄，于理为胜也。"①而称呼内外亲戚尤其需要区别对待："凡亲属名称，皆须粉墨，不可滥也。无风教者，其父已孤，呼外祖父母与祖父母同，使人为其不喜闻也。"②同一祖先的后代，如果属于同辈，仍然可以兄弟相称，而对外人称呼自己的宗亲就要以族人相称，否则会违背礼制。

丧礼是家礼中的重要内容，颜之推对此着墨很多。他引《礼·间传》中的话说道："斩缞之哭，若往而不反；齐缞之哭，若往而反；大功之哭，三曲而偯；小功缌麻，哀容可也，此哀之发于声音也。"③说的是人在服亲丧期间哭丧的具体要求和相应的举动背后包含的意蕴，哭丧过程中有的边哭边哀诉，这在礼制上叫做"号"，南方人哭丧往往如此，北方人则在服一年以下的轻丧时只哀号而不哭泣。而对于在守丧、出丧期间听信阴阳家所言不敢哀哭、子孙不留家中、门前燃火、户外列灰等不近人情之行为不足取、不可采信。每年在元旦和冬至里，不管是父亲亡故了拜见其他长辈，还是母亲亡故了拜见其他长辈都要表达哀恸之情。颜之推认为"礼缘人情"④，即"礼是根据人的感情需要而设立的"，人们怀念故去的亲人本无可厚非，但是也要根据事理而有所取舍，不可一味固执，"因噎废食"，避免令他人不明就里引起误会。颜之推主张对古礼在"损益"的基础上用之于日常生活，不可一味泥古，如《礼记·玉藻》中说："父没而不能读父之书，手泽存焉尔，母没而杯圈不能饮焉，口泽之气存焉尔。"说的是亲人亡故后，不忍再用其生前使用过的器皿，因为在这些器皿上有他们生活的印迹，人们容易感物伤怀，但颜之推认为人的日用百物何其之多，不能尽数废弃，对于亲人所留存下来的有特别意义的遗物应该妥善保存，传给后代。再如《礼记·檀弓》中说："忌日不乐"，要求人们不要在亲人的忌日里宴饮游乐，因为人们对故去的亲人有无限的思慕以至哀痛。在颜之推看来，"忌日不乐"虽然可取，但是若因为感慕先人就谢绝宾客、停罢本应该去做的事务则值得商榷，更何况有些人虽闭门不出但照样在家中谈笑风生豪吃海

① [北齐]颜之推:《颜氏家训·风操》，王利器集解，中华书局1993年版，第82页。

② [北齐]颜之推:《颜氏家训·风操》，王利器集解，中华书局1993年版，第85页。

③ [北齐]颜之推:《颜氏家训·风操》，王利器集解，中华书局1993年版，第95页。

④ [北齐]颜之推:《颜氏家训·风操》，王利器集解，中华书局1993年版，第105页。

喝,这些在他看来都是不明白礼之本质在于心怀敬意的表现,尽管人们为了行礼把外在的仪式做得很周全,但失去了敬意的仪式再多也是违礼之本意。

宋代家庭教育思想发达,这与社会范围内复建宗族组织的潮流相一致。庞大的家族组织内部的维系离不开家礼的教育,尊礼因而成为了家庭教育中的重要方面,很多在家庭教育方面卓有成效的士大夫亲自制定家礼,把日常生活中涉及的与礼有关的仪文事无巨细地加以介绍或规定成条文,教导家人照文遵行。司马光的《居家杂仪》是宋代家礼教育的开山之作,而朱熹的《家礼》则是家庭教育史上最为名世的家礼教育文献,后世家礼大都遵照此例。朱熹在《家礼・序》中说:“凡礼有本、有文,自其施於家者言之,则名分之守、爱敬之实,其本也。冠婚丧祭,仪章度数者,其文也。”①朱熹认为礼有本有文,其本在于定名分、体现家人间的亲爱之情,而其表现形式(即“文”)则具体包含在“婚、丧、嫁、娶”等的礼仪之中,二者(即内容和形式)缺一不可,都需要在日常的生活中加以修练,以便在临事之际使行止都合乎礼的要求。

《家礼》由五部分内容构成。第一是通礼,由“祠堂”、“深衣制度”、“居家杂仪”构成。“祠堂”即是家庙,发挥着“敬宗收族”的作用,是一个家庭、家族生活的中心,有固定的位置、祭祀时间,主祭和其他祭祀人员之间还有相应的顺序位置要求,这些都在祠堂部分作了说明。“深衣”则是一种礼服,有一定的制作之规,如“圆袂”、“方领”、“曲裾”、“黑缘”、“大带”、“缁冠”、“幅巾”、“黑履”等,朱熹对深衣的各个组成部分之具体规格都做了详细的说明。“居家杂仪”则是援引司马光《居家杂仪》以说明家人各自的职责所在。第二是冠礼,即成人礼,对男子而言为“冠”,于女子而言则为“笄”,是一个人能承担家庭、社会责任,具有一定自主行事能力的象征,在人的成长过程中具有重要意义。行冠礼或笄礼自然要严肃对待,遵照一定之仪轨。第三是昏(婚)礼。儒家认为婚礼是人伦之始,所谓“有男女,然后有夫妇;有夫妇,然后有父子”②,《中庸》也说“君子之道,造端乎夫妇”。昏礼是合二姓之好的标志,主要有议昏、纳采、纳币、亲迎等流程,每一过程都须遵循一定的礼节要求。第四是丧

① [宋]朱熹:《朱子全书・第七册・家礼・序》,朱杰人等主编,上海古籍出版社 2010 年版,第 873 页。

② 《周易・序卦》,杨天才、张善文译注,中华书局 2011 年版,第 675 页。

礼,儒家强调慎终、事死如事生,朱熹对此亦规定得十分谨严,共有数十余个行礼环节,每个环节又都有具体的礼仪要求。如"疾病迁居正寝"、"既绝乃哭复"、"立丧主"、"护丧"、"司书司货"、"治棺"、"讣告於亲戚僚友"、"设帏及床,迁尸掘坎"、"陈袭衣"、"沐浴"、"设奠"、"置灵座设魂帛"、"立铭旌"、"遂小敛"等等,是整部《家礼》中篇幅最巨者。第五是祭礼,祭祀是"追远"的体现,是通过祭祀感念故人的一种方式。《家礼》中提到的祭祀主要有"四时祭"、"初祖祭"、"先祖祭"、"祢祭"、"忌日祭"、"墓祭",都包含特定的内容和仪式要求。

朱熹的《家礼》将与家庭生活密切相关的"冠、昏、丧、祭"过程中的行礼要求做了全面的总结和说明,所谓"庶几古人所以修身齐家之要,谨终追远之心,犹可以复见"①是也,成为后世家礼教育效法的典范,此外,《家礼》的影响还超出了家庭的范围,在礼教盛严的宋代及后世,还为自下而上的民间教化提供了以家礼为中心的蓝本,诚如朱熹所言:"而于国家所以崇化导民之意,亦或有小补云",实现了因俗制礼和以礼制俗二者的统一。

四、私塾

《礼记·学记》中说:"古之教育,家有学,党有庠,术有序,国有学",可以看出,重视家庭内部施教的传统由来已久,而在古代众多的家庭教育方式中,私塾无疑具有重要地位。在儒家教育系统中,私塾属于私学系统,是官学之外最重要的教育渠道,与家庭教育关系最为密切。传统社会,普通家庭子弟往往是先就读于各种私塾性质的学校,待学习达到一定程度之后再进入高一级的官学系统学习。家庭私塾教育本身是私学发展的产物,孔子是私学的创立者。孔子之前"学在官府",能接受教育者多为贵族宗室子弟,普通人家子弟没有正式接受教育的机会和途径。孔子博学多能聚众讲读诲人不倦,打破了教育垄断的局面,孔子就说:"自行束修以上,吾未尝不教也",只要是愿意受教的他无有不教的,有的还是父子俱受教于孔子门下。孔子之后,数千门人弟子开

---

① [宋]朱熹:《朱子全书·第七册·家礼·序》,朱杰人等主编,上海古籍出版社 2010 年版,第 873 页。

枝散叶，走在了战国私人讲学授教风气之先，为后世私学的发展做出了重要贡献。诸子百家争鸣背后则是诸子百家私学的兴盛。章太炎就曾指出："老聃仲尼而上，学皆在官，老聃仲尼而下，学皆在家人。"①平民百姓之子弟能接受系统的教育亦由此始，私塾就是私学与家庭教育结合过程中发展产生的众多教育形式之一（书院教育和社学教育中的私人授教都属于私学的范畴）。

私塾也叫学塾、学馆等，有广义和狭义之分。广义上的私塾是处于小学阶段的私人教育，而狭义上的私塾则仅指家办教育，人们通常意义上所说的私塾则大都属于后者："有的是父亲或祖父亲自教子孙，父祖不能教的时候就聘请一位先生代父祖为之，让先生在家里住下，每天教子弟读书"②，二者共同的特点是所教内容大都属于初级教育且都或紧或疏地与家庭教育相关联。我们知道，古代官学很少设置蒙学阶段的教育内容，这一部分内容主要由民间私学、私塾来完成，正是因为私塾教育的基础性地位，故而很多关于私塾教育的记载则更多地收录于地方教育史料。如《广西地方教育志》在说明广西地方私学的发展情况时就指出："在整个封建时代，广西官学设置数量都极少，有条件进入官学的人数极为有限。且官学无担负蒙学教育的任务，民间私塾乃成为青少年接受启蒙教育的主要场所，特别是农村，儿童教育主要由私塾承担。"③广西一地的情况如此，全国范围内其他地方的童蒙教育现状也大体与之相近。这种状况说明了作为家庭教育方式之一的私塾在童蒙教育阶段的重要作用。教育史资料显示：宋代是私塾教育得以大发展的时期，这从各地方的实际情况就可以看出，如《安徽地方教育志记载》："自宋以来，私塾林立，遍布城乡，故有'十户之村，不废诵读'之誉。"④而与之相似的记载则更多见于宋代教育史料当中。

私塾有家办的私塾和由弃举业而居乡里的儒生设学馆以授徒两种，前者多由有一定实力的家庭延聘教师至家教授子弟，后者为子弟至一定年龄在缴纳相应的学费后可以入塾就读。由自家出资兴办的私塾也叫家馆，"家庭教

① 童岳敏：《唐代的私学与文学》，上海古籍出版社 2014 年版，第 6 页。
② 邢铁：《中国家庭史》（宋辽金元卷），人民出版社 2013 年版，第 418 页。
③ 李宏：《宋代私学发展略论》，中央编译出版社 2014 年版，第 17 页。
④ 李宏：《宋代私学发展略论》，中央编译出版社 2014 年版，第 17 页。

育未必皆是父母亲授子女，承担教职者亦可能是族中通经术、有学识的其他长者，抑或延聘教师前来授学。在大家族中，如果学龄儿童、少年人数较多，则可能设立家族学馆。”①“家庭办学一般是在地主、商人、官宦人家的一种家学形式，它是在家庭内部设立学校，一般只有一个老师教家庭内部子弟，采用个别教学”②。此外，一些实力雄厚的家族还办有族塾，“族塾亦可称为义学，是一种具有家族性质的学校，主要是由宗族或世家大族出资在宗祠中设立组织办学，由本族优秀儒生担任或聘请专职教师来教育本族子弟的私学。”③为了使宗族子弟都有能力上学，一些家族还规定了相应的族塾制度，从族田、族产等中为受教子弟提供与学习相关的资助。学者就指出：“宋元时期随着家族组织的敬宗收族作用的突出，作为收族的重要方式之一的家族私塾学校也受到高度重视，称作义学、义塾、家塾等，不仅由家族提供先生的费用，还为有读书科考能力的贫穷家庭的子弟提供助学费用。”④如范仲淹的《义庄规矩》就规定了族塾的规模、型制，还规定了族塾家师的薪资：

> 诸位子弟内选曾得解或预贡有士行者二人，充诸位教授，月给糙米五石。虽不曾得解、预贡而文行方为众所知者，亦听选。仍诸位共议（本位无子弟入学者不得与议）。若生徒不及六人，止给三石，及八人给四石。及十人全给（诸房量力出钱以助束修者，听）。

可见，范氏一族不仅设有族塾，还为本族子弟从宗族学识德才兼修而又闻名的族人中选配了两名塾师，并根据二位塾师所教子弟的人数为他们提供生活所必需的物资，使其安心授教。

宋代吕祖谦在《宗法条目》中也对家塾从居处、饮食、衣服、束脩四个方面做了规定，分别为：

> 居处：屋宇损漏户牆破缺，与凡日用之未备者，在塾诸生告於掌事者，以时脩整，掌事者亦时一检校。
>
> 饮食：尊长月一具食，延塾之师。在塾诸生佐掌事者检校，每日二膳，

① 张国华主编：《中国家庭史》（先秦至南北朝时期），人民出版社 2013 年版，第 576 页。

② 李宏：《宋代私学发展略论》，中央编译出版社 2014 年版，第 43 页。

③ 李宏：《宋代私学发展略论》，中央编译出版社 2014 年版，第 31 页。

④ 邢铁：《中国家庭史》（宋辽金元卷），人民出版社 2013 年版，第 418 页。

冷煖失节,在塾诸生告於掌事者,随轻重行遣,掌事者亦时一检校,药物准此。

衣服:以家之有无,诸生之众寡,为之节。

束脩:以家之有无,诸生之众寡,为之节。

吕祖谦的家塾中设有专职掌事者负责私塾的日常运行,并负有照顾受教子弟和塾师生活起居的职责,掌事者还要根据族中各家的实际情况,为其受教子弟提供衣服以及决定学费的取舍,具有很强的宗族福利性质。

"江南第一家"的浦江郑氏家族在家族内部也设有族塾,名为"东明精舍",规定年龄达到十六岁的本族子弟都可入学受教,其家族办学规模甚为规整。宋濂曾就此说道:

前为荣,而后为寝,寝之东西分为四斋,斋之名,其西曰成性,曰四勿;其东曰继善,曰九思。东与西户皆相向,其问难之所曰敬轩,其鼓琴之处曰登轩,其退休之室曰游泳轩。

可以看出,郑氏族塾在型制上是相当完备的,还形成了集教养于一体的族塾办学模式,从四斋的命名可以看出郑氏家族对子弟教育的重视和厚望,而设置的教育内容则突显了注重子弟全面发展的家教理念。

家庭教育虽是以家庭为活动区间的教育,但是家庭教育并非是独自发挥作用的,家庭教育与社会教育、官学教育　起在人的成长过程中发挥着重要的作用,而家庭教育则于重教崇化还有特殊的作用,这种作用也体现在族塾教育过程中。我们知道,家族办学在明清还发展出了一种族办书院的教育形式,这种以族塾为原型的教育形式多由一个家族单独或几个家族联合办学,受教育者除了本族子弟外还有同乡子弟,为他们提供受教的场所,如周潘书院、柳溪书院、率溪书院等都是这类教育形式的典范,而这种教育形式则不仅发挥着家庭、家族教育的作用,还有社会教育、教化的自觉,这就使族塾教育有了更为广泛而深远的社会影响。

家庭是社会的基本单元,家庭教育在任何时代都处于基础教育的地位,而家庭教育中的私塾教育则正是对子弟进行初级蒙教的开始。童蒙教育阶段的私塾教育之主要内容是教子弟读书识文认字,"通常是六七岁时开始读书,称为启蒙、开蒙,一般家庭让孩子认几个字就行了,上层富裕家庭则要让子弟一直读下去,直到把该读的书读完,能够参加科举考试才算完成了家教阶段的学习。”[1]与这种教育阶段相匹配,私塾教育阶段的教育文本多为简单易懂的读物,如《仓颉篇》、《兔园册》、《三字经》、《百家姓》、《千字文》、《幼学琼林》、《童蒙须知》、《神童诗》、《千家诗》、《弟子规》、《名物蒙求》、《闺训千字文》、《增广贤文》、《菜根谭》、《龙文鞭影》等,据学者统计,数千年来的私学蒙教累计流传下来的童蒙读物多达 1300 多种,所教的内容涉及经学、史学、子学、文学、识字、伦理、名物、科技等方面,内容丰富、语言明快、形式灵活多变,具有以培育孩童道德意识为中心的特点,其中的很多读物至今仍为孩童初级教育的范本。

五、交游

古人讲:“世人有虑子弟血气未定,而酒色博弈之事,得以昏乱其心,寻至于失德破家,则拘之于家,严其出入,绝其交游,致其无所见闻,朴野蠢鄙,不近人情。殊不知此非良策,禁防一驰,情窦顿开,如火燎原不可扑灭。况拘之于家,无所用心,却密为不肖之事,与外出何异!不若时其出入,谨其交游,虽不肖之事习闻既熟,自能识破,必短愧而不为。”[2]古代家庭教育方式多样,通过交游来间接达到教导子弟之目的也是儒家家庭教育倡导的方式之一。儒家家庭教育把与良师益友的切磋琢磨和走出家门的实践游学作为增长人之才干的有效途径,倡导借人际交往和社会实践了解社情、增进学识。这种教育方式既促进了受教者的社会化程度,也使受教者的认知得到了检验和升华,以下将之分为交友和游学两类并分别加以论述。

(一)交友

朋友是人生必不可少的交往对象,儒家家庭教育对朋友赋予了理性的灵光:“师友当以老成庄重、实心用功为良。若浮薄好动之徒,无益有损,断断不宜交也。”[3]谨慎交友是古代家庭教育中恒久的话题之一。

人的智识有高下之分,与才能优己者交游不失为一进步之阶梯。孔子认

---

① 邢铁:《中国家庭史》(宋辽金元卷),人民出版社 2013 年版,第 418 页。
② [宋]袁采:《袁氏世范·处己》,李勤璞校注,上海人民出版社 2017 年版,第 5 页。
③ 郭齐家、李茂旭:《中华传世家训经典》(第 2 卷),人民日报出版社 2009 年版,第 727 页。

为交友要选择学识修养高过于己者，他讲："主忠信，勿友不如己者。"①倡导人们多与德性修养高于自己、或有某方面专长的人交友。孔子还讲："益者三友，损者三友。友直，友谅，友多闻，益矣；友便辟，友善柔，友便佞，损矣。"②这几句话集中代表了孔子的交友观，孔子提倡积极进取的人应结交三方面的朋友：结交正直的人，结交仁厚之人，结交识见广博的人，这是人成长上进的要求；而消极怠惰者交往的朋友则为：固执偏激的人，伪善阴险的人，巧舌如簧的人，与这样的恶人往来，是带不来益处的。这些理念和孔子强调朋友间"切切思思"的作用是分不开的。荀子也认为"择贤友而友之"③，如此，身处其间者见到的就是"忠、信、敬、让之行"，耳濡目染之下就能达到"身日进于仁义而不自知也者，靡使然也"④的效果，使往来双方都提高修养。荀子在《劝学》中讲："蓬生麻中不扶自直，白沙在涅与之俱黑"⑤，从交友的角度来看，说的也是朋友间相互浸染的重要性。这样的交游理念为传统家教所继承，基于此，颜之推在《颜氏家训》中还提出"君子必慎交游"的家教理念，他说：

> 人在少年，神情未定，所与款狎，熏渍陶染，言笑举动，无心于学，潜移暗化，自然似之；何况操履艺能，较明易习者也？是以与善人居，如入芝兰之室，久而自芳也；与恶人居，如入鲍鱼之肆，久而自臭也。墨子悲于染丝，是之谓矣。君子必慎交游焉。孔子曰："无友不如己者。"颜、闵之徒，何可世得！但优于我，便足贵之⑥。

颜之推希望子弟谨慎交友，多与德高且有艺能之人交往，只要是有长处者就要诚心倾慕之。

少不经事的未成年人在成长过程中尤其要谨慎择友。《大戴礼记·保傅》中说："少成若性，习贯之为常"。青少年好奇心强，也最具有可塑性，这一时期的孩子"心智尚未成熟，价值取向尚未定型"，其成长离不开积极的熏陶、感染，与有益的朋友往来无疑对人的成长具有重要价值。"何者为益友？凡

---

① 杨伯峻：《论语译注·学而》，中华书局 2016 年版，第 8 页。

② 杨伯峻：《论语译注·季氏》，中华书局 2016 年版，第 245 页。

③ ［战国］荀况：《荀子·性恶》（下），王天海校释，上海古籍出版社 2005 年版，第 960 页。

④ ［战国］荀况：《荀子·性恶》（下），王天海校释，上海古籍出版社 2005 年版，第 960 页。

⑤ ［战国］荀况：《荀子·劝学》（上），王天海校释，上海古籍出版社 2005 年版，第 9 页。

⑥ ［北齐］颜之推：《颜氏家训·慕贤》，王利器集解，中华书局 1993 年版，第 127—128 页。

事肯规我之过者是也。何者为小人？凡事必徇己之私者是也。”①《袁氏世范》中记载唐代名相王珪母亲从其子所交之友中预判出其子定不会流落于凡庸的故事很能说明这一点。原文是：

李氏尝谓人曰："吾儿必贵，未知所与游者何如人？"异日，房玄龄、杜如晦到其家。李惊喜曰："二客公辅才，汝贵不疑！"自孟母择邻之后，无复有贤德之母光于史牒。珪母乃以交游之贤，卜知其子之贵。噫！知子莫如父，未闻有母之知子也，异哉！

这一家教故事常被用来说明交游的重要性。从相关史料中可知，王硅“性沉澹，志量隐正，恬于所遇，交不苟合。”是说他“志向深沉”，严于交友，从不乱结交朋友。当然，王珪交友得道是和他明于辨人识人分不开的，他的善于识人是为当时之人所称道的。这也提醒我们，善于交朋友的一个重要前提是要对朋友的优缺点有一个客观全面的认识。若良莠不分，必然难以从所交之人中做出取舍，更何谈谨慎交游？

人在交友的过程中，最先都是从自己周围的人开始，尤其以同学、同窗为多，但古人也认为，对于同学间的往来交游，也要慎重起见。朱熹《训子从学》中对如何交朋友就做了说明，朱熹讲：

交游之间，尤当审择，虽是同学，亦不可无亲疏之辨。此皆当请于先生，听其所教。大凡敦厚忠信，能言吾过者，益友也；其谄谀轻薄，傲慢亵狎，导人为恶者，损友也。推此求之，亦自合见得五七分，更问以审之，百无所失矣。但恐志趣卑凡，不能克己从善，则益者不期疏而日远，损者不期近而日亲。此需痛加检点而矫革之，不可荏苒渐习，自趋小人之域。如此虽有贤师长，亦无救拔自家处矣。

在朱熹看来，即便是同学，在学识修养方面也是因人而异，有些同学能纠正自己的过失，而有些同学则“谄谀轻薄，傲慢亵狎”，谄谀奉承引导友人作恶。当然，不能与“益者”往来也许是自己才德不够而不能亲近，这就需要本人痛改前非，发挥主观能动性，努力提升自己，主动去亲近德行优己者。在此过程中，尤其还要留意家长的教诲和师长的指导，做到“百无所失”。

---

① ［清］王永彬：《围炉夜话》，乙力编译，三秦出版社 2008 年版，第 115 页。

“人以类聚，物以群分”，个人的喜好在日常的生活中都会自然流露出来，所以，“人之交友，不出趣味两字。有以趣胜者；有以味胜者；有趣味俱乏者；有趣味俱全者。然宁饶于味，而无宁饶于趣。”[①]通过观察所交之人的兴趣爱好，从而做出鉴别，以判断交与不交。故古人多倡导与忠诚笃信之人往来：“师友当以老成庄重、实心用功为良，若浮薄好动之徒，无益有损，断断不宜交也。”[②]交朋友一定要选择道德修养高的人，与对自己德业修养没有益处的人就不要交往。古人为了谨慎交友起见，甚至强调要少交、乃至于不交朋友：“泛交则多费，多费则多营，多营则多求，多求则多辱，语不云乎以约失之者鲜矣，当三复斯言”[③]；“交游鲜有诚实可托者，一读书则此辈远矣，省事省罪，其益无穷”[④]；“居今之世，为今之人，自己珍重，自己打算，千百之中，无一益友”[⑤]。这些都是传统家庭教育过程中强调朋友要谨慎选择，不能泛泛而交，择友不必过多、多则无益的教诲。

《礼记·学记》中说：“独学而无友，则孤陋而寡闻。”[⑥]孔子也讲：“德不孤，必有邻”，都是强调交友对于自身道德素养提升的重要作用，视朋友为个人道德修养和学业进步的磨刀石。传统家庭教育除注重“谨慎交游”之外，还视朋友为个人道德学业精进的帮手，倡导“以文会友，以友辅仁”，这种理念被后人解释为：“人情孤独则懒惰，易观摩则奋历生。置诸众正友之中，则寡失德；置诸多闻人之中，则不寡陋。故辅仁之功，取友为大。”[⑦]学业的精进离不开朋友之间的切磋琢磨，没有同学、朋友之间的相互切磋琢磨，就不能很好地提升自己。不加选择的滥交，就不可能达到“以友辅仁”的作用，所以古人认为要交益友而远损友。

完善学识修养是朋友间交往的应有之义，传统家教在诸多方面践行着这

---

① ［明］陈继儒：《安得长者言》。

② ［明］吴麟徵：《家诫要言》。

③ ［明］陈继儒：《安得长者言》。

④ ［明］吴麟徵：《家诫要言》。

⑤ ［明］吴麟徵：《家诫要言》。

⑥ 《礼记正义·学记》，［汉］郑玄注，［唐］孔颖达正义，吕友仁整理，上海古籍出版社2008年版，第1438页。

⑦ ［清］康有为：《论语注》。

样的家庭成员交友观:“有讽喻我者,必其爱我之甚,不置我于度外者,当和颜以受之。彼乐其言,我得实益”①;“自治所以治人,全交乃在好学。芝兰之士,易远难亲;怀安习非,则正人望而却之”②。儒家认为只要是行忠孝仁义之人都在可结交的范围之内,即便因此而招致祸端也在所不辞。《颜氏家训·省事》中就讲:

王子晋云:“佐饔得尝,佐斗得伤。”此言为善则预,为恶则去,不欲党人非义之事也。凡损于物,皆无与焉。然而穷鸟入怀,仁人所悯;况死士归我,当弃之乎?伍员之托渔舟,季布之入广柳,孔融之藏张俭,孙嵩之匿赵岐,前代之所贵,而吾之所行也,以此得罪,甘心瞑目。

此外,颜之推还教导子弟要果断地同悖礼乱行、意气用事、违法犯罪、悖逆人伦之人绝交。《颜氏家训·省事》接着说:

至如郭解之代人报雠,灌夫之横怒求地,游侠之徒,非君子之所为也。如有逆乱之行,得罪于君亲者,又不足恤焉。

古人常将“师友”并提,也是对朋友之砥砺作用的强调,所谓“三人行,则必有我师焉”,也包含着朋友间勉励共进的要求。所以,古人提倡要善于向身边朋友学习,切忌舍近求远,认为只要是有长处者,不管其从事着什么样的职业,都应与之交往并向其学习:“爰农商工贾,厮役奴隶,钓鱼屠肉,饭牛牧羊,皆有先达,可为师表,博学求之,无不利于事也。”③但凡有过己之能者,都要向其虚心求教提升自我。人无完人,现实中的人很难尽善尽美,不能求全责备于朋友,所谓“好而知其恶,恶而知其美”④,朋友间相处既要能看到其不足之处,但更要善于发现朋友的长处,如此朋友间的往来才能长久。正如《袁氏世范》所指出的:“人之性行虽有所短,必有所长。与人交游,若常见其短,而不见其长,则时日不可同处;若常念其长,而不顾其短,虽终身与之交游可也。”人能如此交友,就能集众善于一身,达到“以友辅仁”的“为己”目的。

(二)游学

儒家是提倡游学的,这种游学不单单是现代意义上的“实践教育”、“社会

① [明]彭端吾:《彭氏家训》。

② [明]陈龙正:《家矩》。

③ [北齐]颜之推:《颜氏家训·勉学》,王利器集解,中华书局1993年版,第162页。

④ 《大学·中庸》,王国轩译注,中华书局2015年版,第24页。

考察”,更被儒家在理论层面赋予了哲学化的意蕴。孔子说“父母在,不远游,游必有方。”《礼记·曲礼上》也说:“夫为人子者,出必告,反必面;所游必有常,所习必有业,恒言不称老。”①这两句话虽各有侧重,但却都强调了同一个意思:父母健在,为人子女者就不能去远方,要去的话也要有个规划。这种理念在现代看来可能已经过时,但是在农业经济时代,社会交往的有限性是一个不争的客观事实,人的活动范围有限,“乡土中国”的一个特点就是“安土重迁”的社会心理较为浓厚,故孔子认为“士而怀居,不足以为士矣。”士人若留恋乡土,就不是合格的士,“君子怀德,小人怀土”,鼓励人们(尤其是士)要走出日常生活的小圈子,在广阔的社会交往中提升识见。有学者从家庭的职能出发,认为传统中国重视“游必有方”的原因是“家庭是保障人们物质生活的基本单位。家庭作为生产和消费单位的性质,就决定了人们在物质生活上对家庭的高度依赖性。离开家庭,个人就难以得到生存所必需的物质资料,就无法生存下去。……就是为了把子女留在父母身边,以便其向父母提供物质资料和生活照料,满足家庭养老的功能。”②从小农经济的社会出发,这种理解不无道理,但是我们也要看到,先秦儒家大都不反对为人子弟者合理的出游,主张人在出游、交游、周游的过程中体认社会获得真知,实现理想抱负。

孔子不仅不反对出游,而且还主张仁人君子寄情山水,在大自然的陶冶中培养德性、升华自我。他说:“知者乐水,仁者乐山。”把仁人君子的道德修养与大自然的山水相比附,朱熹就此解释道:“乐,喜好也。知者达于事理而周流无滞,有似于水,故乐水;仁者安于义理而厚重不迁,有似于山,故乐山。”③在孔子看来智慧通达的人喜欢水,仁爱之人喜欢山。这与智慧之人喜欢动,仁爱之人喜欢静的情趣是相合的,也就是说人要提升自我就要在大自然的怀抱中去陶冶情操。孔子所论和朱熹的注解其实说的是:“人的审美情感的‘外在化’、‘自然化’,而客观的自然又在‘内在化’的过程中对人的心理情感结构的

① 《礼记正义·曲礼上》,[汉]郑玄注,[唐]孔颖达正义,吕友仁整理,上海古籍出版社2008年版,第33页。

② 吕红平:《先秦儒家家庭伦理及其当代价值》,人民出版社2015年版,第183页。

③ [宋]朱熹:《四书章句集注》,中华书局1983年版,第90页。

塑造发挥了重要的作用，产生了'知者乐，仁者寿'的结果。"①如果要推究这种教育理念背后的深意，则正如学人所指出的："道德本乎人性，人性出于自然，自然之美反映于人心，表而出之，则为艺术。故有道德者多知爱艺术，以此二者皆同于自然也。《论语》中似此章富于艺术性之美者尚多，鸢飞戾天，鱼跃于渊，俯仰之间，而天人合一，亦合于德性与艺术耳，此之谓美善合一。善美合一，此乃中国古人所倡天人合一之深旨。"②这种理解使得儒家的交游思想具有了形而上的意味。

儒家主张通过外出游学来提升学识、修养，所谓"圣人无常师"，圣人没有学习的特定之规，一则表现为学习范围之广，一则是说没有固定的学习之法，寓有学习的途径、方式多样化、多元化的深意。孔子就曾外出周游列国十四年，在此过程中，他每到一处就虚己好问："子禽问于子贡曰：夫子至于是邦也，必闻其政，求之与？抑与之与？子贡曰：夫子温、良、恭、俭、让以得之。夫子求之也，其诸异乎人之求之与！"③孔子所到之处，所遇见之人不分年龄大小都会主动向其请教，以此来了解所到之处的政治情况、乡土风情，他的"博文"与他在游历过程中的好问是分不开的。他游览太庙，则"每事问"，以及时了解相关的礼仪知识。而孔子也把教学的场地搬到了野外，当师徒一行进入林地，看到雌雉冲天而起，孔子（看到这种情景）感慨地说："山梁上的雌雉，真是懂得时机啊！真是懂得时机啊！"通过对大自然飞禽走兽的观察教导子弟要学会观察周围的环境，适时作出相应的举动，随时、随势而动。孔子的博学多能和他爱交游访学求教的习惯是分不开的。孔子早年曾离开母国远赴天子之都游学，还专门拜访了老子，老子的临别赠言深深影响了孔子一生的为人处世的态度，成为儒学史上的佳话。有"亚圣"之称的孟子也是周游列国，与众多贤人一同交游，他最先到了齐国，并在齐国与匡章交游，"五不孝"的思想就是针对时人批评匡章而发的，他还在公元前324—320年之间"之宋过薛归邹赴鲁游腾"（杨泽波语），孟子也到过梁国，向梁惠王宣传他的"仁政"思想等，其游历各国的史料记载颇丰。孔孟的游历不仅丰富了他们的人生阅历，使他们

① 马育良：《〈论语〉：一种可能的情感解读》，《孔子研究》2004年第2期。

② 钱穆：《〈论语〉新解》，三联书店2002年版，第169页。

③ 杨伯峻：《论语译注·学而》，中华书局2016年版，第9页。

对社会生活和人民疾苦有了深切的体验，进而使他们的思想得以丰富和完善，更使得他们的思想得以弘扬。儒家的这些交游访学思想对后世产生了深远影响。

"读书，只能获得理性知识；跋山涉水，行路万里，到社会生活的海洋中领略浩渺风烟，读无字之书，得到的是真情感受和实践知识。凡大有为之人，都应该走出去，与黎民大众共呼吸。"①通过游学来提升自己，这样的"社会实践"也发生在家庭教育过程中。在这方面，司马迁和郦道元值得一提。《太平御览》中引卫宏所说道："司马迁父谈世为太史，迁年十三，使乘传行天下，求古诸侯之史记。"②说的是司马谈令年仅十三岁的司马迁跟随自己周游全国，以了解各国之史实，说明了"司马迁壮游可能是在司马谈决策和指导下进行的"（张大可语）。司马迁也在《太史公自序》中对自己的周游时间和路线做过详细的记载，他说："二十而南游江、淮，上会稽，探禹穴，窥九疑，浮於沅、湘；北涉汶、泗，讲业齐、鲁之都，观孔子之遗风，乡射邹、峄；厄困鄱、薛、彭城，过梁、楚以归。"③这则记载虽然与卫宏《汉阳仪》中所记载的有所出入，但由于是司马迁本人所记，显得更为信实，从中可以看出，司马迁从二十岁开始，就周游全国，足迹从南到北，遍访名山大川和历史名迹。而司马迁也在《史记》的不同地方，多次提及他的周游经历，言语间表达出周游对于他书写相关传记之重要价值，如在《五帝本纪赞》中说："余尝西至空桐，北过涿鹿，东渐於海，南浮江淮矣，至长老皆各往往称黄帝、尧、舜之处，风教固殊焉。"④在《孔子世家赞》中说："适鲁，观仲尼庙堂车服礼器，诸生以时习礼其家，余祗回留之不能去云。"⑤写到战国时期著名的"四君子"之一的孟尝君时，在《孟尝君列传赞》中说："吾尝过薛，其俗闾里率多暴桀子弟，与邹、鲁殊。问其故，曰：孟尝君招致天下任侠，奸人入薛中盖六万余家矣。世传孟尝君好客自喜，名不虚矣。"⑥写到战国时期楚国伟大的爱国诗人屈原时，在《屈原贾生列传赞》中说："适长

① 张大可：《司马迁评传》，南京大学出版社1994年版，第44页。
② 张大可：《司马迁评传》，南京大学出版社1994年版，第42页。
③ ［汉］司马迁：《史记·卷一百三十·太史公自序第七十》，中华书局2000年版，第2489页。
④ ［汉］司马迁：《史记·卷一·五帝本纪第一》，中华书局2000年版，第35页。
⑤ ［汉］司马迁：《史记·卷四十七·孔子世家第十七》，中华书局2000年版，第1566页。
⑥ ［汉］司马迁：《史记·卷七十五·孟尝君列传第十五》，中华书局2000年版，第1853页。

沙,观屈原自沉渊,未尝不垂涕,想见其为人。"①无疑,《史记》之所以被称为"史家之绝唱,无韵之离骚",有"信史"的美誉,这与司马迁周游古迹、名山大川的实地考察是分不开的,而这种实地考证以资写史的传统,自然也是离不开其父亲早年间的"决策和指导"。实际上,司马迁的周游远不止他本人所提到的这些,由于司马迁本人太史令的职责所在,其一生大部分时间都随侍在汉武帝左右,随其周游天下,再加上他还曾奉命巡游等,"这些不同性质的出游,都使得司马迁的行年充满了传奇色彩,从而有条件地对深广的社会生活作全方位的考察。"②"不仅使他获得了广博的社会知识,搜求了遗文古事;而且还开阔了视野,推展了胸怀,增长了他的识见贺才干。这是《史记》成功的条件之一。"③

在中国游学史上,郦道元是另一位值得标榜之人物。郦道元,字善长,生长于世代官宦之家,生活于魏晋南北朝时期的北魏,因写有《水经注》一书而为后世所敬仰,在中国古地理学、地名学、历史学、考古学等领域享有盛名。而追究郦道元成就取得的原因,则不能不提到他的周游经历。郦道元曾经自述年幼之际随任官的父亲四处辗转,饱览山川人物的经历,正是在随父亲往来奔波的过程中,使得可以对山明人物、名胜古迹等产生了浓厚的兴趣。他说:"先公以太和中作镇海岱,余总角之年,侍节东州。至若炎夏火流,间居倦想,提琴命友,嬉娱永日,桂笋寻波,轻林委浪,琴歌既洽,欢情亦畅,是焉栖寄,实可凭衿。"④写的正是随父在外的时日里寄情山水游戏欢畅的生活场景,流露出对美好山河景象的眷恋之情,郦道元对大自然的热爱由此萌芽。郦道元后来任官北魏,随魏主多次巡游,这些为他写《水经注》提供了第一手资料。他在《水经注序》中说:"脉其枝流之吐纳,诊其沿途之所躔,访渎搜渠,缉而缀之。"野外实地考察成了他研究地理的治学方法,他在实地考察过程中比对相关历史资料,纠正了很多此前关于地理山川记载中的谬误。陈桥驿先生就曾

① [汉]司马迁:《史记·卷八十四·屈原贾生列传第二十四》,中华书局 2000 年版,第 1949 页。

② 张大可:《司马迁评传》,南京大学出版社 1994 年版,第 41 页。

③ 张大可:《司马迁评传》,南京大学出版社 1994 年版,第 41 页。

④ [南北朝·北魏]郦道元:《水经注·卷二十六·巨洋水》。

指出:“郦道元的野外地理考察工作,并不是简单地沿途浏览,而是与地图对照,文献查阅,父老访问等方法结合进行的……他所获得的野外考察成果,大都确实可靠,具有很高的价值。”①足见,对郦道元而言,游学或实地考察成了他获取相关科学认识的最便捷途径,而这种方式与其“总角之年”随父四处交游养成的兴趣爱好是有很大关联的。

近世以来,随着社会的变迁,游学还出现了新的变化。在救亡图存的时局面前,向西方学习逐渐成了时代潮流,因而出国游学(主要是留学)成了从上到下提倡的求学方式。前述“儒家家庭教育思想的近代转向”一节就曾列举了诸多出国留学的事例,而这一时期的人们还从思想认识上来明确游学(出国留学)的重要性。洋务运动干将之一的张之洞就十分强调游学的重要性,他在所著《劝学篇》中专列《游学》一节来说明这个问题。他说:

> 游学之益,幼童不如通人,庶僚不如亲贵。尝见古之游历者矣,晋文公在外十九年,遍历诸侯,归国而霸。赵武灵王微服游秦,归国而强。春秋战国最尚游学,贤如曾子、左邱明,才如吴起、乐羊子,皆以游学闻。其余策士杂家不能悉举。后世英主名臣,如汉光武学于长安,昭烈周旋于郑康成、陈元方,明孙承宗未达之先,周历边塞;袁崇焕为京官之日,潜到辽东。此往事明效也。

张之洞所论是希望主政者意识到选派学子出国游学(留学)的重要性,加大选派出国留学的力度。张之洞还让自己的儿子和孙子都去日本游学。在他看来,“出洋一年,胜于读西书五年,此赵营平百闻不如一见之说也。如外国学堂一年,胜于中国学堂三年,此孟子‘置之庄岳’之说也。”②认为尽管洋务运动过程中也创办了诸多新式学堂,但就成效而言不如选派学子直接去国外游学。在众多的留学目的地中,他还独钟情日本。这是因为,“至游学之国,西洋不如东洋,一路近省费,可多遣;一去华近,易考察;一东文近于中文;易通晓;一西书甚繁,凡西学不切要者,东人已删节而酌改之。中东情势风俗相近,易仿行,事半功倍,无过于此。若自欲求精求备,再赴西洋,有何不可?”③也就

---

① 陈桥驿:《郦道元评传》,南京大学出版社 1994 年版,第 134—135 页。

② 张之洞:《劝学篇》,冯天喻、姜海龙译注,中华书局 2016 年版,第 179—180 页。

③ 张之洞:《劝学篇》,冯天喻、姜海龙译注,中华书局 2016 年版,第 185 页。

是说,在当时迫切需要"学以自强"的洋务运动中,去日本游学要较去其他国家见效快,这也是张之洞希望学子留学日本,并让自己的家人出国游学的重要原因。

第二节 儒家家庭教育方法

儒家家庭教育方法是家庭教育过程中施教的具体方法,是儒家家庭教育思想的重要组成部分。家庭教育目标的实现与否与方法是否有效关系密切,要使家庭教育取得成效,就必须要采用适当合理的方法。在诸多的施教方法中,有些是原则方法,是家庭施教过程中最基本最普遍遵循的教育方法;有些则是常用方法,是在家庭施教过程中结合具体情况较为通用的方法;有些则是具体操作方式,其运用则具有特殊性。儒家家庭教育原则方法在家庭教育过程中具有优先指导地位,最能体现儒家优秀家庭教育思想和理念,其他家庭教育方法的运用要以此为准,是儒家家庭教育实践智慧的结晶,本文也主要集中探讨这一类施教方法。

一、因材施教法

家庭教育要根据子弟个性施教,这就需因材施教,在对子弟个性认识的基础上有针对性地进行教育。这种教育理念早在儒家创始人孔子那里就已受到重视。《论语》作为孔子教育思想的集萃,从中可以看出孔子育人的一大重要特点就是因材施教:"夫子教人,各因其材"①,程颐也说:"孔子教人,各因其材。"②朱熹在《论语集注》中引张栻的话说道:"圣人之道,精粗虽无二致,但其施教,则必因其材而笃焉。"孔子弟子三千贤人七十二,教学成就的取得与此是分不开的。《论语》中记载了一个孔子和子路讨论"闻斯行诸"的故事,是对孔子充分遵循学生不同个性基础上施教的最好说明,原文如下:

子路问:"闻斯行诸?"子曰:"有父兄在,如之何其闻斯行之?"

① [宋]朱熹:《论语集注》。

② [宋]程颢、程颐:《河南程氏遗书》(卷一九)。

冉有问:"闻斯行诸?"子曰:"闻斯行之。"公西华曰:"由也问'闻斯行诸',子曰'有父兄在';求也问'闻斯行诸',子曰,'闻斯行之'。赤也惑,敢问。"子曰:"求也退,故进之;由也兼人,故退之。"

孔子对人在了解道理后是否应该立即去实践的问题上主张因人而异,他对子路和冉有报以不同的回答,就是因为两人个性不同、行为方式有别,冉有平时行动缓慢,所以要鼓励他积极一些;子路平时做事不够稳重,所以要让他多采纳一下他人的意见。孔子强调做事审慎,但是由于人的个体差异,不能用同样的标准去要求所有人,对于平时就拘谨乃至于畏缩者而言,适当地鼓励他们主动去做,对于他们的成长成才更为有效。孔子的这种教育方法是建立在他对学生个性的充分了解基础之上的,《论语》中有很多孔子品评子弟的不同用语,如《论语》中类似"由也果"、"赐也达"、"求也艺",还有评价闵子骞的用的"唁唁如也",评价子路用的"行行如也",评价冉有和子贡用的"侃侃如也",都是对学生个性的中肯评价。也正是孔子对学生个性的充分了解,才使得他能更好地因材施教,在品德方面涌现出颜渊、闵子骞、冉伯牛、仲弓等为代表的优秀学生,在外交辞令方面有宰我和子贡这样的出类拔萃者,在临政事民方面则有冉有、季路两位代表,而子游和子夏两位的文学造诣更是为后人称道。

孟子说:"君子之所以教者五:有如时雨化之者;有成德者;有达财者;有答问者;有私淑艾者。此五者,君子之所以教也。"①孟子也认为应该根据受教育者不同的特点加以教育。《中庸》中讲"故天之生物,必因其材而笃焉。故在栽者培之,倾者覆之。"就是孔子对因材施教的重视。每个人的个性不同,做事的行为方式不同,好的个性需要加以培植和完善,不好的则需要及时纠正,这些都需要家庭教育施教主体细心观察、及时引导。董仲舒认为:"故知其气矣,然后能食其志也;知其声矣,而后能扶其精也;知其行也,而后能遂其形也;知其物矣,而后能别其情也"②,则是认为教育要根据受教者的"气"、"声"、"行"、"物"之不同加以施教。张载说:"人与动植之类,已是大分不齐,于其类中又极有不齐。某尝谓天下之物无两个有相似者……至于同父母之兄

① 杨伯峻:《孟子译注·尽心上》,中华书局2015年版,第353页。

② [汉]董仲舒:《春秋繁露·正贯》,张世亮、钟肇鹏、周桂钿译注,中华书局2012年版,第158页。

弟,不惟其心之不相似,以至声音形状亦莫有同者。"[①]认为即便是一母所生之兄弟亦有不同,所以施教就要区别对待。朱熹也说:"教人之至难,必尽人之材,乃不误人"[②],认为好的教育方法就要根据人的个性,只有因人之材才能不误人子弟。这些说的都是因材施教的问题。家庭教育要因材施教,要在掌握子弟个性差异的基础上有针对性地施教。孔子教育的一个突出特点就是因材施教,主要就是根据受教者的个性差异来制定教育的具体内容和进度。

因材施教要求"教育者要针对教育对象的不同特点和实际情况进行教育和教学"[③],具体到家庭教育而言,就要根据家庭成员的不同特点、个性等有针对性地施教,做到有的放矢。家庭教育得法者大都遵循这样的教育方法。《袁氏世范》中说:"刘商有子七人,各受一经。一门之内,七业俱成。邓禹有子十三人,使各守一艺,教养子孙为后世法。"《袁氏世范》中记载的这二位教子有方的家长,无疑是教子有方的典范,他们的教育方法贵在"各守一经"、"各守一艺",没有求全责备。《三字经》中也说:"窦燕山,有义方,教五子,名俱扬",说的是五代时期蓟州渔阳窦禹钧把五个儿子都教育成人的故事。可以想见,刘商教子、邓禹教子、窦禹钧教子都是遵循了家庭教育之"义方",而这种"义方"无疑是同他们因材施教紧密结合的。明代许相卿在其所著《徐云村贻谋》中认为对于材质不同的子弟,要在教育的内容和方向上作出区别,他认为:"生子质敏才俊,可忧可喜,便思预加检防。痛抑文艺辨给,只令学礼读书,陶习谦晦慎厚性情,禁绝浮夸傲诞者游处。"有子天资聪颖虽然可喜,但要尤其注意抑制其才艺和巧言善辩的弊端,只有令其学习礼仪、用功读书,营造良好的环境来陶冶其性情,禁止同那些浮夸、放荡之人交游,如此才能"庶成美器"。而他认为"子弟性资拙钝",就要早早让其学一技以自立,莫要强求仕途,"大都教子正要渠做好人,不是定要渠做好官",如此各安所业。

二、循序渐进法

在儒家的教育思想中,循序渐进地施教是一个基本的教育方法。人之智

---

① [宋]张载:《张子全书·语录》。

② [宋]朱熹:《近思录·教学》。

③ 李如密:《儒家教育理论及其现代价值》,中华书局2011年版,第56页。

识增长是一个循序渐进的过程,“欲速则不达”,不可急于求成,家庭教育就要遵循这样的规律。孔子讲:“吾十有五而志于学,三十而立,四十而不惑,五十而知天命,六十而耳顺,七十而从心所欲不逾矩。”孔子认为自己十五岁开始立志学习,三十岁时才有所成就,四十岁才能做到明辨是非,五十岁时才能明晰大道运行的规律,六十岁时才洞悉道的真谛,七十岁时做起事来从心而动而又不受任何外在的制约,虽指出的是人之不同年龄阶段的智识之别,但无疑强调人的认识领悟能力是随着人的年龄的增长逐渐增长的。孟子讲:“道在迩而求诸远,事在易而求诸难”,“源泉混混,不舍昼夜,盈科而后进”,“流水之为物也,不盈科不行”。《孟子》中记载了一个“揠苗助长”的故事,从教育的角度来看,就是违背了事物循序渐进的发展规律,最后落得个“非徒无益,而又害之”的结果。“学恶乎始?恶乎终?曰:其数则始乎诵经,终乎读礼。”①“不积跬步,无以至千里;不积小流,无以成江海。骐骥一跃,不能十步;驽马十驾,功在不舍。”②《学记》也说:“一年视离经辨志,三年视敬业乐群,五年视博习亲师,七年视论学取友,谓之小成;九年知类通达;强立而不返,谓之大成。”《大学》中讲:“至于用力之久,而一旦豁然贯通焉,则众物之表里精粗无不到,而吾心之全体大用无不明矣。”表明一个人只有经过长时期的探索和积累,才能做到对事物的融会贯通,内心的疑惑也才会释然,也说的是人的理性认识增长并非一蹴而就。孩童的成长有自身的规律可循,只有把握好了这些规律,循序渐进地加以引导,才能率性之以道,取得好的家庭教育效果。张载认为“教人者必知至学之难易,知人之美恶,当知谁可先传此,谁将后倦此。若洒扫应对,乃幼而逊弟之事;长后教之,人必倦弊”,也就是说教育要分清先后难易,由简单到复杂而不能相反,常识性的教育内容应该在年幼之际加以训导,否则,人们容易倦怠,所以,他说:“故善养子者,当其婴孩,鞠之使得所养,全其和气,乃至长而性美,教之示以好恶有常。至如不欲犬之升堂,则时其升堂而扑之;若既扑其升堂,又复食之于堂,则使孰适从,虽日挞而求其不升堂,亦不可得也。”③他以犬食于堂为例来说明要及时对孩童的不良习性加以训导,如此才

① ［战国］荀况:《荀子·劝学》(上),王天海校释,上海古籍出版社2005年版,第22页。

② ［战国］荀况:《荀子·劝学》(上),王天海校释,上海古籍出版社2005年版,第18页。

③ ［宋］张载:《经学理窟·学大原下》。

能循序渐进达到预期的教育效果。

朱熹家教的一大特点是“有序施教”（见“朱熹家庭教育思想”部分），也即“循序渐进”，他对此有高度的自觉，他说：“请问循序渐进之说？曰：以二书言之，则先《论》而后《孟》，通一书而后及一书；以一书言之，则其篇章文句，首尾次第，亦各有序而不可乱也。量力所至，约其课程而谨守之。字求其训，句索其旨，未得乎前，则不敢求其后，未通乎此，则不敢志乎彼，如是循序而渐进也。”①他虽然谈的是学习《论语》和《孟子》的先后顺序问题，但他强调学习不可扰乱了应有的先后顺序，认为在没有掌握基本常识的情况下就不要再去贪求复杂的内容，如此学习才能循序渐进学有所成。王阳明认为：“婴儿在母腹时，只是纯气，有何知识？出胎后，方始能啼，既而后能笑，又既而后能认识其父母兄弟，又既而后能立、能行、能持、能负，卒乃天下之事，无不可能。”②王阳明认为人从婴幼儿至成人是一个自然而然的过程，人是逐渐掌握人事活动的各项技能和智识的，最后才能能力充足并有所担当。这其实是说：人的成长需要经历诸多阶段，每一阶段都会有相应的特点，遵照这些特点，才能取得很好的教育效果。

循序渐进以施教离不开施教者的循循善诱，颜渊曾感叹孔子的施教得法道：“仰之弥高，钻之弥坚。瞻之在前，忽焉在后。夫子循循然善诱人，博我以文，约我以礼，欲罢不能。既竭吾才，如有所立卓尔。虽欲从之，末由也已。”在颜渊看来，孔子的施教循循善诱使受教者不断向学，以至于令受教者欲罢不能，终使其聪明才智得以尽情展露。这启示人们：家庭教育要在循序渐进的同时做到循循善诱，如此才能取得好的教育成果。司马光在《家范》中对早期童蒙教育的论述为此提供了一个很好的注脚。司马光说：

> 凡子始生。若为之求乳母。必择良惠妇人稍温谨者。子能饲之，教以右手。子能言，教之自名及唱诺万福安置。稍有知，则教之以恭敬尊长。有不识尊卑长幼者，则严诃禁之。六岁教之数与方名，男子始习书字，女子始习女工之小者。七岁男女不同席，不共食，始诵《孝经》、《论

---

① ［宋］朱熹：《读书之要》。

② ［明］王阳明：《王阳明全集·卷一·语录一·传习录上》（上），吴光等编校，上海古籍出版社2011年版，第16页。

语》,虽女子亦宜诵之。自七岁以下谓之孺子,早寝晏起,食无时。八岁出入门户及即席饮食,必后长者,始教之以谦让。男子诵《尚书》,女子不出中门。九岁男子诵《春秋》及诸史,始为之讲解使晓义理。女子亦为之讲解《论语》、《孝经》、《列女传》、《女戒》之类,略晓大义。十岁男子出就外傅,居宿于外,读《诗》、《礼》、《传》,为之讲解,使知仁义礼智信。自是以往,可以读孟荀杨子,博观群书。

司马光认为孩童从出生以后就要接受训导,会吃饭的时候就要教他用右手著筷,会说话的时候就要教他使用日常礼节问候语,能辨别事物有智识的时候就要教他懂得礼敬尊长,到了适学阶段则要教其习数识字,七岁开始教男女有别的道理,学习《孝经》、《论语》,八岁以后就要教孩童懂得长幼有序谦让的道理,学习《尚书》,九岁开始学习历史,女子则要依据其年龄学习相关的女教内容,十岁则要让子弟出外就读,学习《诗经》、《礼记》等,教之以为人处世之道。此后,就可以进行广博的学习了。可见,在司马光看来,家庭施教要依据受教育者年龄的增长依次进行,童蒙阶段的教育要以生活常识为主,待智识逐渐开化以后再进行读书写字的教育,以此类推以至于博闻强识。

孔子认为人在年少的时候人格气质没有成型,就要避免纵情声色;到了壮年的时候人格气质趋于成熟,此阶段就要防止好强争斗;到了老年气血禀赋虽然逐渐下降,但要切忌贪多求全。孔子这句话注意到了人在不同的年龄阶段缺点的差异,提醒人们要根据年龄时段的特点循序渐进地加以预防引导。清康熙皇帝就以这种思想来指导皇子教育,他引孔子的话并现身说法勉励子弟加强道德修养切忌骄奢淫逸。他说:

朕今年高,戒色、戒斗之时已过,惟或贪得,是所当戒。朕为人君,何所用而不得,何所取而不能,尚有贪得之理乎?万一有此等处,亦当以圣人之言为戒。尔等有血气方刚者,亦有血气未定者,当以圣人所戒之语各存诸心而深以为戒也①。

康熙注意到了人之不同成长阶段的差异,希望子弟能够引古训以为戒,有重点

① [清]爱新觉罗·玄烨:《庭训格言》,唐汉译注,中国社会科学出版社 2008 年版,第 147—148 页。

地加强自我修养。在“普天之下莫非王土”的封建社会,作为高居社会金字塔顶端的君主,能有这样的家庭教训着实令人钦佩。需强调的是,康熙皇帝十分重视宗室子弟的教育和社会教化,他之后的雍正更是将其所作《圣谕十六条》丰富完善为《圣谕广训》,此后,自上而下的乡约教化成了清代社会教化的重要内容,从康熙草创,再到其后的延续,这种社会范围内的“循序施教”对于“康乾盛世”的形成还起到了积极的作用。

三、宽严相济法

儒家认为治家如治国,治国的方法可施用于治家,所谓“道之以政,齐之以刑,民免而无耻;道之以德,齐之以礼,有耻且格。”德教和刑教各有所长,但都不可偏废,德刑并用、相辅相成才能治理好国家。孔子说:“鞭扑之子,不从父之教;刑戮之民,不从君之政。”①就是说靠单纯的棍棒是难以教导子弟和治理百姓的。孟子也说:“善政,不如善教之得民也。善政民畏之,善教民爱之。善政得民财,善教得民心。”认为政治措施不如政治教化深入人心,政治制度之外还要有政治教化,这种理念具体到家庭教育中即是要求家长教育子弟要严慈相济、不可失之于一偏。人们常说“棍棒之下出孝子”,前述关于“家法”、“家规”的部分就可以看做是严教的主要举措,即用制度或强力施教,这种家庭教育方法具有强制性,另一方面古人又认为家庭教育要如春风化雨般耳濡目染地施教,这样的家庭教育方法在古代家教思想中尤为强调。

宽以教家的一个重要表现就是在家庭教育过程中用自然的血缘亲情来教育感化家人,所谓“夫同言而信,信其所亲;同命而行,行其所服”是也。《袁氏世范》中记载三国时期著名医学家皇甫谧早年间“目不存教”,叔母忧心如焚声泪俱下的教诲使得早年不思上进的皇甫谧改过迁善,知道了“成人”的重要性,终使皇甫谧发愤忘食,以圣贤为榜样刻苦求学,学习用功竟至于“羸疾”的地步,终学有所成。这种亲情感化的教育方式是家庭教育最常用的方法,但一味任德的方法并不为传统家教所提倡,古人多注重宽严相济的家庭教育方法。

颜之推视治家如治国:“笞怒废于家,则竖子之过立见;刑罚不中,则民无

① [汉]刘向:《说苑·杂言》。

所措手足。治家之宽猛,亦犹国焉。"故他主张治家要"训导"和"刑戮"并重,对于屡教不改者就要施以"刑教"。颜之推在《颜氏家训》中认为,尽管家庭教育过程中父母的榜样示范起着关键性的作用,但是对于"父慈而子逆,兄友而弟傲,夫义而妇陵"①者,则属于"刑戮之所摄"②,认为家庭风化固然要有在上者春风化雨般的施教,但对于德教所不能教化者,就要毫无犹豫地采取严格的教育措施。当然,颜之推反对一味严苛治家,也反对一味怀柔,认为二者都失之于偏颇。颜氏十分赞许家长在教育子弟方面的严格管教,还列举事例来说明严教的不可废弛,认为但凡子弟有错就要加以训诫教训,督促他们改正错误,克己守分。他说:

王大司马母魏夫人,性甚严正。王在湓城时,为三千人将,年踰四十,少不如意,犹捶挞之,故能成其勋业。梁元帝时,有一学士,聪敏有才,为父所宠,失于教义:一言之是,遍于行路,终年誉之;一行之非,揜藏文饰,冀其自改。年登婚宦,暴慢日滋,竟以言语不择,为周逖抽肠衅鼓云。

颜氏在这里列举了两个例子,前者因为母教的严厉而成就了"勋业",后者因为父教的松弛而惨遭身灭,一严一宽所造成的家庭教育结果形成了强烈的对比,以当时众所周知的鲜活事例,深入浅出地说明了家长教子一定要从严的深意。当然,颜之推也反对过严的家庭教育,他说:

梁孝元世,有中书舍人,治家失度,而过严刻,妻妾遂共货刺客,伺醉而杀之。

在颜之推看来,梁中书舍人被害,与其治家过于严苛以至于妻妾无法忍受故买凶杀人有直接的因果关系。他之所以这样说,就是认为中书舍人治家不近人情,过于严苛。此外,他也反对治家过于宽仁,认为治家滥施仁恩,对于家道久远也十分不利。他说:

世间名士,但务宽仁;至于饮食饷馈,僮仆减损,施惠然诺,妻子节量,狎侮宾客,侵耗乡党,此亦为家之巨蠹矣。

他以有些家庭治家过于宽仁以至于妻子童仆反客为主,待人无礼傲慢,背地里

---

① ［北齐］颜之推:《颜氏家训·治家》,王利器集解,中华书局 1993 年版,第 41 页。

② ［北齐］颜之推:《颜氏家训·治家》,王利器集解,中华书局 1993 年版,第 41 页。

侵夺乡里危害四邻的事例说明治家不可过宽。他列举梁中书舍人因为治家过于严苛而“祸起萧墙”，终至引来杀身之祸，而齐房文烈对家奴不顾家人生死外出购粮不回，将自家宅院借于他人居住而被人“彻屋为薪略尽”的行为“卒无一言”。颜之推希望子弟从这些行为中吸取教训、引以为戒，治家应宽严相济、秉持中道，才能立家久远，不至于败家破产。

司马光所言“慈母败子”的故事则是教人不要过于宽仁教家，而他在《居家杂仪》中规定的家教处罚措施就包括：杖责、鞭笞、放出、驱逐等。但可贵的是，司马光并不主张一味严教，主张对受教育者先施以教育，达不到预期效果之后再进行处罚，以处罚来辅助教育，做到宽严相济。这种思想也体现在他所草创的《义庄规矩》中，《义庄规矩》的一大特点就是“用奖惩结合的办法来调控家族成员的教育和宗族的管理，以收抑恶扬善之效。以前家训中也有劝赏的成分，但不具体，《义庄规矩》的具体化是家训史上的一个发展，从此以后，家训中奖惩结合的规定逐渐增多。这种礼、法并用的做法，对于强化家庭教化起了重要作用。”①而学者这里指出的礼法并用的族众教育管理办法其实就是宽严相济的家庭教育方法在宗族范围内的适用。后人教子继承这种宽严相济的教育方法，如霍韬在其所著《家训》中就指出：

> 凡社学师，须考社学生务农力本，居家孝弟，以纪行实。乡间骄贵子弟，耻力田勿强。本家子侄兄弟，入社学耻力田，耻本分生理，初犯责二十，再犯责三十，三犯斥出，不许入社学。

霍韬主张宗族子弟应该努力向学，但他强调学习之外还要参加相应的农业劳作，自家子弟如若耻于农事，就要施以相应的处罚，这种把学习和劳作结合起来，教育子弟重学的同时要勤事农业，不忘“本分生理”的宽严相济的教育法则是古代“耕读传家”的重要家教理念。

四、榜样示范法

也叫典型教育法，这种教育理念所体现的原理是令人“自然无意识地效仿其所仰慕者的生活方式，因此，榜样的作用，尤其在德行与礼仪上，其效力常

① 徐少锦、陈延斌：《中国家训史》，人民出版社2011年版，第424页。

常胜过劝告和指令。”①儒家家庭教育注重家庭施教者自身的身教和正反典型的示范教育作用。《春秋纬·元命苞》:“教之为言,效也,上为下效,道之始也。”说的是在上者的榜样引领作用。这里的榜样有两种意思,一是指父母自身的身教。二是指以古圣先贤的行为事迹教育子弟。这与儒家强调正己正人的思想是一致的,儒家认为只有施教者以身作则、身先示范才能更好地实行教育,施教者本人首先要严以律己,端正自己的品行,才能以此示范别人,达到教育的目的。具体到家庭教育中,在施教的过程中就希望子弟学做君子、圣贤,所谓“希圣希贤”,就是以古圣先贤的往行作为子弟学习效法的榜样。此外,父母是子弟的第一任教师,所谓“师者,人之模范也。模不模,范不范,为不少矣”②,就要求家长要都能以身行教,通过自身言行的榜样示范来实现教育感化的目的。前文曾引“曾子杀彘”的故事说明“正己正家”的家教理念,就是以身作则、身先垂范的家教范例。这是榜样示范的第一层含义。此外,榜样示范法还提倡世人借鉴过往正反两面的家庭教育历史经验,从古人的典型施教中吸取家庭教育的智慧。需指出的是,通常我们理解榜样示范的教育方法,多从正面的角度来理解,其实负面典型也是儒家提倡的家庭教育方法,所谓“见贤思齐,见不贤而内自省也”,家庭教育除了运用好正面引导外,还要运用好反面典型的规诫作用,引导受教育者认识到反面典型所造成的不良后果,在正反的对比中弃恶从善、择善而从、改邪归正,是所谓“见善如不及,见不善如探汤”。如《袁氏世范》中有“觉人不善知自警”一节,说的正是负面典型的教育作用,袁采说:

> 不善人虽人所共恶,然亦有益于人。大抵见不善人则警惧,不至自为不善。不见不善人则放肆,或至自为不善而不觉。故家无不善人,则孝友之行不彰;乡无不善人,则诚厚之迹不着。譬如磨石,彼自销损耳,刀斧资之以为利。老子云:“不善人乃善人之资。”谓此尔。若见不善人而与之同恶相济及与之争为长雄,则有损而已,夫何益?

善与不善相形见绌,家庭教育既需要正面引导,也需要反面对比教育,在一个

① 郭秉文:《中国教育制度沿革史》,商务印书馆2014年版,第20页。

② [汉]杨雄:《法言·学行》,韩敬译注,中华书局2012年版,第10页。

家庭内部,正是因为那些不肖子的恶行,才突显了孝子贤孙们的善行义举,才使人们知道了哪些行为值得称道,哪些行为属于悖逆以弃之之列。

古代诸多《家范辑录》类的家庭教育文本,从字面看来就是对过往家庭教育思想的选编、摘录,间接体现出所选家教文本的普遍适用意义,是对前人家庭教育思想的集萃,榜样示范的意味浓重,如司马光的《家范》就是这一类家教文本的代表。我们知道,司马光本人是博古通今的历史学家,所以他提倡向古人学习的家庭教育方法不足为奇。如司马光为了说明“谦恭治家,尊贵集门”的道理,援引西汉名臣石奋治家、教子、睦邻的事例;为了说明“勤俭致富,仗义疏财”的道理,援引西汉樊重的为人处世事例;为了说明“累世同居,亲密无间”的道理,援引隋唐时期命士刘君良一门的事例;为了说明“家庭和睦之道”的道理,援引张公艺家族的事例;为了说明“礼乐教子诗书传家”的重要性,则援引唐代河东节度使柳公绰的家教事例;为了说明“由俭入奢易,由奢入俭难”的持家理念,则援引当时名相张文节的持家思想;为了说明“福禄不要全占尽,留下一些给儿孙”的道理,则援引晋光禄大夫张澄的事例,这样的例子在《家范》一书中俯拾皆是。司马光用历史上的家教事例来佐证说明自己家教理念的做法,正是他对“典型示范”教育法的重视。

另一提倡家庭教育过程中榜样示教作用的是《袁氏世范》,袁采在该书中选择了诸多对家庭教育具有模范示教作用的典型案例,既注重对正面典型的宣教,也重视负面典型的警示训教,且正反事例多穿插其间,在相互的对比中表达着扬善抑恶的家教理念。这样的家教典型有:“子之于父当鉴顾恺”,“子之于母当鉴陈遗”,“父之于子当鉴刘商、邓禹”,“母之于子当鉴王珪母李氏”,“孙之于祖父当鉴张元”,“孙之于祖母当鉴刘商”,“子之于继母当鉴王延”,“子之在官无贻父母之忧当鉴陶侃、陈尧咨”,“子之在家宜安父母之贫当鉴韩康伯”,“弟妹之于兄姊当鉴孔融、李勣”,“兄姊之于弟妹当鉴卢延、贾逵”,“兄弟异母当鉴王祥、王览”,“兄弟分财当鉴薛包、李孟元”,“夫之于妇当鉴何曾”,“妇之于夫当鉴乐羊子之妻”,“妇之于姑当鉴姜诗之妻”,“妇翁之于婿当鉴张宣子”,“叔母之于侄当鉴任氏”,“伯父之于侄女当鉴刘平”,“叔之于嫂当鉴颜含、马援”,“叔之于侄当鉴郗鉴、谢安”,“侄之于叔当鉴王济”,“娣之姒当鉴钟氏、郝氏”,“内外兄弟当鉴皇甫谧”,“甥舅恩义当鉴羊祜”,“同居当鉴张公艺”,“邻居当鉴王吉”,“独居当鉴鲁男子”,“贫贱则励固穷之操当鉴谢侨”,“富贵则防席势之骄当鉴房玄龄、穆宁、柳玭”①等。袁采对这些历史上典型的家教案例一一作了解说,并在每一案例的末尾以“诗评”的方式表达了他对这些家庭教育范型的珍视。袁采的用意很明确:就是希望世人能够从这些正反的家庭教育事例中汲取智慧、慕贤向学、改恶迁善,并在家庭生活和教育过程中践行。

五、说理教育法

言传身教是家庭教育的基本方法,“正己正人”、“榜样示范”说的都是“身教”,“言传”即说理教育法亦是家庭教育的基本方法,是家庭教育施教者有目的、有计划地对受教育者进行的理论灌输和说教,使受教育者明晓教育内容自身包含的事理,以自觉践行。说理教育法并不等同于单纯地灌输,古人在家教实践中根据自身的生活经验,运用多种言说论理方式,使得说理教育深入浅出、形象生动,使得论说的事理通过多种视角得以展现,避免了说理教育法的简单直白。魏收在《魏书·列传第八十九·吐谷浑》中记载了“阿豺命子弟折箭”的故事,其文是:

> 阿豺有子二十人。阿豺谓曰:“汝等各奉吾一只箭。折之地下。”俄而命母弟慕利延曰:“汝取一只箭折之。”慕延折之。又曰:“汝取十九支箭折之。”延不能折。阿豺曰:“汝曹知否?单者易折,众则难摧,戮力一心,然后社稷可固。”言终而死。

这里的阿豺即是历史上有名的吐谷浑国的国王,为了确保国祚绵延,他希望自己死后子弟间团结一致,但他并没有直接向他们讲明这个道理,而是以“藏教于物”的方式使子弟感同身受其中的深意,继之以相应的说理,这种说理的教育方式容易引发受教育者的精神共鸣,有助于受教者更加有效地接受训教的内容。

家庭教育也有直陈事理的,《温氏母训》中记载了两例关于母教的故事,这两则故事是通过母子间的对话来阐明事理的,就说理教育法而言具有代表

---

① ［宋］袁采:《袁氏世范》,李勤璞校注,上海人民出版社2017年版,第155—188页。

性。其一是：

问介："子夏问孝，子曰'色难'，如何解说？"介跪讲毕。母曰："依我看来，世间只有两项人是色难。有一项性急人，烈烈轰轰，凡事无不敏捷，只有在父母跟前，一味自张自主的气质，父母其实难当。有一项性慢人，落落拓拓，凡事讨尽便宜，只有在父母跟前，一番不痛不痒的面孔，父母便觉难当。"

这一则家教材料中，儿子温璜就《论语·学而篇》中"子夏问孝"孔子答以"色难"的问题请教于母亲，母亲则结合自身的生活体验，从两方面做了解答，向儿子说明了行孝过程中"色难"的道理。在温母看来，急性子的人和慢性子的人都有缺点：急性子的人做事雷厉风行，做起事来自然很少顾及父母的意见，以至于令父母难堪；慢性子的人行动缓慢、中规中矩，行事不出头但多占尽便宜，得了便宜还卖乖，有这样的子弟父母也觉难当。我们知道，《论语》中的"色难"指的是为人子者要和颜悦色地孝敬父母，使父母生活得舒适，而在这个故事中温母的解说则从父母的角度出发，将现实生活中令父母"色难"的情形从自身的感受出发作了解说，这种解说虽然没有元典出处的高度理论化，但对于日常生活中的人更好地孝敬父母却具有警示意义，这种充满生活气息的说理更能使受教育者明晓其中的事理。《温氏母训》中还有另一则类似的说理教育，更有益于指导子弟在家行孝，内容是：

问介："'至于犬马皆能有养，不敬，何以别乎？'如何解说？"介跪讲毕。母曰："这个'敬'字，不要文皱皱说许多道理。但是人子肯把犬马二字常在心里省觉，便是恭敬孝顺。你看世上儿子，凡日间任劳任重的，都推与父母去做，明明养父母，直比养马了；凡夜间晏眠早起的，都付与父母去守，明明养父母，直比养犬了。将人比畜，怪其不伦，况把爹娘禽兽看待，此心何忍？禽兽父母，谁肯承认？却不知不觉日置父母于禽兽中也。一念及此，通身汗下，只消人子将父母、禽兽分别出来，勾恭敬了，勾孝顺了。"

温璜和母亲谈论的话题出自《论语·学而》，为"子夏问孝"孔子所答的内容，孔子的本意是为人子弟者要在孝养父母之外做到孝敬父母，因为在孔子看来"养"父母的行为本身并不能区别人之行为的高贵，只有在"养"的过程中存心恭敬地待父母才能称得上是人之所为。温母则依然从自身平常居家的经验出发,认为为人子要做到"敬"其实很简单,为人子弟者但凡家中有重体力活就不让父母去做,能平时做到早睡早起收拾庭宇,而不是将之付诸于父母,如此就是孝敬父母,否则,虽然没有将父母视为"犬马",但所行只能令父母成为家中的劳苦之人,则是与家中所养犬马无异。这样的说理方式没有纯粹的理论说教,生活味十足,也更能触发子弟行孝的良心。

古代家教为了说明事理,还多采用触物连类的类比手法进行说理,这种思维方式是中国传统思维的主要代表,即通过对相似事物之间的比较来实现触类旁通表达己意的目的。《论语》中说"逝者如斯夫！不舍昼夜。"孟子也说:"原泉混混,不舍昼夜,盈科而后进,放乎四海。有本者如是,是之取尔。"①都是从大自然的景象出发,劝导世人要珍惜时间积极有为,这是典型的"类比"的说理论证方式。邓淳在其家教文本《家范辑要》中援引《福寿全书》的话说:"蝉之为物,吟风戏露,最称无求,犹不免螳螂之患,为其躁也,故君子不以清高而忘慎密。"则是从自然动物的活动现象比附出了慎言简行的家教理念。再如汪辉祖在《双节堂庸训》中为了论说处世和气待人的道理,说道:

> 春夏发生,秋冬肃杀,天道也。惟人亦然。有春夏温和之气者,类多福泽;专秋冬严凝之气者,类多枯槁。固要岩岩特立,令人不可干犯,亦须有蔼然气象,予人可近。孤帆自党,毕竟无兴旺之福。

汪辉祖从大自然的春生夏长秋收冬藏中演绎出了为人要团结和气不可孤芳自赏的道理,就是典型的类比说理的方式。类似的家教方式很多,如《围炉夜话》中说:"天地无穷期,生命则有穷期,去一日,便少一日;富贵有定数,学问则无定数,求一分,便得一分。"②也是从自然界的物象来感知出的家教理念。此外,传统家教为了更好地说理还有运用对比的方式来进行说理的,如前述榜样示范教育法中的正面典型和反面典型,就是这种说理教育法的运用;在徐少锦、陈延斌所著《中国家训史》中还记载了一个"杨王孙的以事说理法"③的家教故事,这种说教则属于"寓教于事",也很能代表家庭教育过程中说理教育法的特点。

---

① 杨伯峻:《孟子译注·离娄下》,中华书局 2015 年版,第 206 页。

② [清]王永彬:《围炉夜话》,乙力编译,三秦出版社 2008 年版,第 26 页。

③ 徐少锦、陈延斌:《中国家训史》,人民出版社 2011 年版,第 237 页。

要强调的是：古代家教还有专门用于言说论理的文体——疏，疏被认为是专门用来“分析与说清道理”的，这种文体特点决定了这种家教文体本身高度的说教气息。我们知道，陶渊明就有《与子俨疏》，是专门劝导子弟间要相亲相爱的，陶渊明在行文伊始就说“天地赋命，生必有死”，即交代了自己时日无多，语言悲婉凄凉，并引用《论语·颜渊篇》中的话说：“死生有命，富贵在天”，认为人的穷达都是不能妄求的，紧接着他对自己一生行事进行了简单的回顾，“暗蕴着一生贫困、理想没有实现的深深感伤”①，“对因自己的固穷守节而累及儿子，深表不安与内疚”②，写自己对大自然的热爱则表露着他高洁的情怀，最后他以历史上兄弟相友善的事例来训导诸子，“然汝等虽不同生，当思四海皆兄弟之义”，希望兄弟之间要手足相依、同居共财、患难与共，成全人伦大义。陶渊明的这一训教情真意切，旁征博引、语言清新脱俗，读来不禁令人心生钦佩。总之，这些方法的运用都是为了更好地说明事理，实现家庭教育目的。

六、启发诱导法

启发诱导法是儒家家庭教育的重要方法，儒家教育理论中有注重启发诱导的传统，《论语》中说：“不愤不启，不悱不发，举一隅不以三隅反，则不复也。”朱熹解释说：“愤者，心求通而未得之状也；悱者，口欲言而未能之貌也。启，谓开其意；发，谓达其辞。”③即是说不到学生自己探索而不得时不去开导之，不到学生自己琢磨表达观点时不去引导他，给学生阐述看法如果不能触类旁通，就要变换教学方法。强调的是要在子弟有所思而不得和欲言而不能时及时施教，以实现最佳的教育效果。《礼记·学记》也说：“故君子之教，喻也：道而弗牵，强而弗抑，开而弗达。道而弗牵则和，强而弗抑则易，开而弗达则思。”这里的“喻”就是启发诱导的意思，这句话是说要“引导学生而不是牵着他们走；要严格要求学生，但不施加压力；开个端绪，但不把道理和盘托出。引导而不牵着走，就能处理好教与学之间的矛盾关系；严格要求而不施加压力，

① 王人恩主编：《古代家训精华》，甘肃教育出版社1997年版，第77页。

② 王人恩主编：《古代家训精华》，甘肃教育出版社1997年版，第77页。

③ ［宋］朱熹：《论语集解》。

学生就不视学习为畏途;开个端绪而不和盘托出,就可以让学生独立思考"①。孟子也说:"君子引而不发,跃如也","予不屑之教诲也者,是亦教诲之而已矣"。这些论述都是对启发诱导教育法的重视。

儒家不仅提倡启发诱导的教育法,而且在实践中还自觉地运用这一教育方法。《论语》中很多发生在孔子和学生之间的对话都是在学生就有关问题思而无所得的情况下孔子才加以解答的,如"孟懿子问孝","孟武伯问孝","子游问孝","子夏问孝","子贡问君子","子张学干禄","林放问礼之本","颜渊问仁"等,都是在学生有疑惑的情况下,孔子才加以解释引导,且孔子强调学生要能触物连类、举一反三,重视受教者主动性的发挥。《论语》中有一则孔子运用启发诱导法教育子路的故事,原文说:

> 子谓颜渊曰:"用之则行,舍之则藏,唯我与尔有是夫!"子路曰:"子行三军,则谁与?"子曰:"暴虎冯河,死而无悔者,吾不与也。必也临事而惧,好谋而成者也。"

这则材料发生在孔子和颜渊及子路的对话中间,颜渊是孔子的高足,有"三月不违仁"的美德,为人宽厚仁爱甚为孔子器重,而子路则是一个性格豪爽以至行事有些好勇争胜的人,所谓"子路,行行如也",就是说他过于刚强,这在孔子看来其实是缺点的表现。孔子为了使子路行为处世稳重沉着,在上面的对话中表达了对颜渊的器重,而一旁的子路有些按耐不住,认为自己可以率领军队征战去敌,但孔子并未直接回应他的话,而是以间接委婉的方式道出他是不会任用一个只凭蛮力做事的人的,言外之意显而易见。想必子路听到这话也会反躬自省,查漏补缺扬长避短,三思而后行,日渐于"临事而惧,好谋而成",在"狂"和"狷"之间找到行为的平衡点,"得中行而与之",则仁必有勇,勇亦必有仁。这正是启发诱导教育法的独到之处。此外,《论语》中记载的两则关于孔子家教的记录则还说明了孔子直接地将这一方法运用于日常家教,我们对比"过庭之训"和"汝为《周南》、《召南》矣乎？人而不为《周南》、《召南》,其犹正墙面而立也与"②,这两则孔子家教材料明显呈现出递进的关系,在"过

---

① 高时良:《〈学记〉研究》,人民教育出版社2005年版,第150页。

② 杨伯峻:《论语译注·阳货》,中华书局2015年版,第258页。

庭之训”中孔子只强调“不学礼,无以立”、“不学《诗》,无以言”,而到了后一则材料则已经更为具体地强调侧重学习《周南》和《召南》的重要性,这种循循善诱的家教方法值得肯定。

“人之虚实真伪在乎心,无不见乎迹”①,通过一个人的言谈举止可以预见一个人的发展趋向。孔子说:“视其所以,观其所由,察其所安。人焉廋哉?人焉廋哉?”就是教人通过对细微举止的观察来认人识物。史书中记载纣王的叔父箕子从商纣王喜欢玉制筷子的举动中预料到纣王将把国家带上不归路。后来,纣王的所作所为也印证了箕子的看法:纣王从用精美的筷子到“象箸玉杯”,再到贪吃美味佳肴,逐渐发展到营造豪华的宫室,最后“以酒为池以肉为林”,乃至于“宫中九市为长夜之饮”,终至身死国灭。这启示家庭教育的施教者:人的兴趣爱好能反映一个人的志向,对子弟表现出的不良习性加以诱导,及早防患于未然,教导子弟确立正确的人生追求,这需要在尊重子弟习性的基础上循循善诱。《袁氏世范》中记载了谢安及时纠正侄子不良倾向的家教范例,用的就是启发诱导的方法。原文说:

> 谢玄之好佩紫罗香囊,其叔谢安患之。不欲伤其意,因戏赌而焚之此叔于至微之饰而能警其侄者。

这个故事在《晋书》里亦有记载,原文是:

> 玄字幼度。少颖悟,与从兄朗俱为叔父安所器重。安尝戒约子侄,因曰:“子弟亦何豫人事,而正欲使其佳?”诸人莫有言者。玄答曰:“譬如芝兰玉树,欲使其生于庭阶耳。”安悦。玄少好佩紫罗香囊,安患之,而不欲伤其意,因戏赌取,即焚之,于次遂止②。

谢安所处的时代门阀士族盛行,钟鸣鼎食之家多纨绔子弟,《颜氏家训》中所批判的浮华奢靡的生活习性就是那个时代贵游子弟的行为特征。谢安从侄子喜尚香囊的爱好中意识到这种偏好有可能走向喜尚浮华的一面,所以,他在不违背侄子意愿的前提下用“戏赌”的方式巧妙地收回了香囊,避免了直接训教过程中受教者的抵触情绪,使受教者在不知不觉中受到教育。谢玄后来为世

---

① [北齐]颜之推:《颜氏家训·名实》,王利器集解,中华书局1993年版,第306页。

② [唐]房玄龄等:《晋书·卷七十九·列传第四十九·谢玄传》,中华书局2000年版,第1384页。

所重，成为东晋历史上著名的风云人物，与其早年间就接受的家庭教育是分不开的。

七、内省自觉法

这种家庭教育法也叫做自我教育法，儒家在施教过程中并没有忽视施教者和受教者双方的自我能动性，所谓“为仁由己，而由人乎哉”，“我欲仁，斯仁至矣”，就是肯定了人的自我教育能力。孔子讲：“躬自厚而薄责于人，则远怨矣。”认为人应该严以律己而宽以待人。曾子说“吾日三省吾身”，强调为人处世要多做自我检省，“曾子杀猪”的故事也折射出曾子对于妻子言行不当的及时检省，意识到家长必须要言出必行才能教育培养子弟。《孟子・公孙丑上》中讲到“仁者如射，射者正己而后发；发而不中，不怨胜己者，反求诸己而已矣”，做事达不到预期的目的首先要从自身出发找问题的原因。孟子还说：“爱人不亲，反其仁，治人不治，反其智，礼人不答，反其敬，行有不得者皆反求诸己。”[①]爱人、敬人而得不到相应的行动反应，就要检省自己爱人、敬人的行为本身是否合理适当。孟子还说：“人病舍其田而芸人之田，所求于人者重，而所以自任者轻”[②]，认为人之患就在于放松自我约束而对他人要求苛刻。荀子也说：“故君子之度己则以绳，接人则用抴。度己以绳，故足以为天下法则矣；接人用抴，故能宽容，因求以成天下之大事矣。”[③]也是强调君子处世要从自身行为出发，严格要求自己而宽厚包容他人。这些论说都是儒家强调施教双方俱要反躬自省，自查自纠改恶迁善。

人贵在有自知之明，贵在有自省意识，贵在自我革新。自省是个人进步的重要阶梯，在一定意义上自省构成了事物不断发展飞跃的动力之源，人之自知就需要培养反思自己行为的能力。外因是事物发展变化的条件，“以身示教”注重家长的正面引导，是一种通过外因对受教者产生作用的教育方式，是由外而内的教育影响；内因则是事物变化发展的根本原因，“内省自觉”强调发挥受教者的主动性，是通过调动受教者的自我意识，实现自我教育，强调的是内

① 杨伯峻：《孟子译注・离娄上》，中华书局2015年版，第178页。
② 杨伯峻：《孟子译注・尽心下》，中华书局2015年版，第376页。
③ ［战国］荀况：《荀子・非相》（上），王天海校释，上海古籍出版社2005年版，第186页。

因的作用。内因和外因结合起来,一外一内相互作用,才能取得更好的教育效果。颜之推就是位能自觉反省的人,他曾说:

慈兄鞠养,苦辛备至;有仁无威,导示不切。虽读《礼》、《传》,微爱属文,颇为凡人之所陶染,肆欲轻言,不修边幅。年十八九,少知砥砺,习若自然,卒难洗荡。

颜之推父母早亡,他的教育主要来自于兄长的教诲,但他自觉认识到兄长施教的诸多不足,以至于他养成了很多难以改变的不良习性。正是以为颜之推能觉察到自身的不足,才使得他十分注重自我修养以完善自我。

无独有偶,元稹也是在自觉内省中实现自我超越的,他在《诲侄等书》中说:

吾尚有血诚将告于汝:吾幼乏岐嶷,十岁知文,严毅之训不闻,师友之资尽废。忆得初读书时,感慈旨一言之叹,遂志于学。

元稹为自己孩童时期缺乏应有的教育感到自责,正是这种内省自觉使得他十分珍视来之不易的学习机会,也促使他发愤向学。

孔子讲:"已矣乎!吾未见能见其过而内自讼者也。"孔子认为自己很少能看到有人犯了过失而能自我检讨改正的。这里投射出的是孔子对于"人格修养的内省意识"①的重视。孔子讲"父父、子子",这一理念的反面就是"父不父,子不子",是说做父母的要做好长辈应该做的,当晚辈的也要做好晚辈该做的事情,父子都要有对自身行为的反思意识,通过反省,做的对的继续坚持,做的不好的就要及时改正。自己做不好而去要求别人做好,岂不是心中有愧。在反思的过程中相互包容,取长补短就能实现父子关系的和谐,实现家庭的和睦。《袁氏世范》中的"人必贵于反思"说的就是家庭教育过程中施教者和受教者双方(父子双方)都要有自我反思的道德修养。原文说:

人之父子,或不思各尽其道,而互相责备者,尤启不和之渐也。若各能反思,则无事矣。为父者曰:"吾今日为人之父,盖前日尝为人之子矣。凡吾前日事亲之道,每事尽善,则为子者得于见闻,不待教诏而知效。倘

① 林存光:《历史上的孔子形象:政治与文化语境下的孔子和儒学》,齐鲁书社2004年版,第51页。

吾前日事亲之道有所未善,将以责其子,得不有愧于心!”为子者曰:“吾今日为人之子,则他日亦当为人之父。今吾父之抚育我者如此,畀付我者如此,亦云厚矣。他日吾之待其子,不异于吾之父,则可俯仰无愧。若或不及,非惟有负于其子,亦何颜以见其父?”然世之善为人子者,常善为人父。不能孝其亲者,常欲虐其子。此无他,贤者能自反,则无往而不善;不贤者不能自反,为人子则多怨,为人父则多暴。然则自反之说,惟贤者可以语此。

袁采认为,为人父者和为人子者都要各尽其道,不可相互指责,否则就会家门不和,反躬自省就能使家门和顺。为人父者要常反思:自己事亲的方式、方法会为子弟所耳濡目染仿效学习,如果自己不能善待父母,又有何面目要求子弟善待自己。同样的道理,作为人子要能换位思考自己以后定会为人之父,父母养育我之恩情甚厚,日后我当待子弟如父母待我般深厚,如果自己做不到,就要反省自己如何报答父母养育之恩。袁采认为善为人子者,日后亦善为人父母,而之所以能如此就是因为为人子、为人父母者善于反躬自省以自觉,而家门不幸者则大都不善于检省自己所作所为是否正当合理。

值得一提的是,古代家教还形成了一种专门用来进行自我检省、自我教育的家教文体——箴,这种文体主要是“规诫他人或自己为主题的”,以明代方孝孺所著的《家人箴》、《幼仪杂箴》、《四箴》最为有名。徐少锦和陈延斌在他们合著的《中国家训史》第三十三章“明清的箴铭、歌诀体家训和诗训”中有相关的论说。后世家教多遵从内省自觉的施教理念,王阳明在《传习录中·教约》中说:

遍询诸生:在家所以爱亲敬长之心,得无懈忽,未能真切否;温凊定省之仪,得无亏缺,未能实践否;往来街衢,步趋礼节,得无放荡,未能谨饬否;一应言行心术,得无欺妄非僻,未能忠信笃敬否。诸童子务要各以实对,有则改之,无则加勉。

王阳明在这里就叮嘱子弟一定要能自觉检省日常的行为举止是否合理、得当,符合礼仪的就要继续坚持,否则,便要及时改正。

以上内容基本呈现了儒家家庭教育思想的概况,需说明的是:探究儒家家庭教育思想并非是为了单纯地向人们展示传统家庭教育思想的内涵和魅力,而是为了服务现代家庭、家教、家风建设。当前,对本民族优秀传统文化的珍视是对自身文化价值自信的重要体现。儒家家庭教育思想作为历史文化资源,对现代家庭教育有着诸多启示,借鉴儒家家庭思想中的有益成分,更好地为当代家庭建设、家教完善、家风培育服务,使优秀的传统家庭思想在现代文明家庭中焕发出新的时代气息,显得尤为重要。时过境迁,传统家庭教育思想难免有糟粕,但并非全都不合时宜,其中历久弥新的部分仍然具有鲜活的意义,依旧能给予今人以启迪。从大的方面来讲,儒家家庭教育思想启示我们要更加重视家庭、重视家教、重视家风,正文中的相关部分的论述已经回答了这些问题,不再赘述,而以下三方面的启示则具有现实紧迫性:

一是现代家庭教育要注重道德涵养。“人生小幼,精神专利,长成已後,思虑散逸,固须早教,勿失机也。”①只有让子女从小就受到良好的行为习惯和道德意识的习染,才能使其形成正确的行为习惯和思维方式,为其成长奠定厚实的基础。道德涵养要重视人格养成。高尚的情趣是完美人格的重要内容,古代家教倡导的“富而不骄”、“俭而不吝”、“严己宽人”、“推己及人”、“爱众亲仁”等理念有助于形成健康人格,对物质生活极大丰富而道德素养层次不一的人与社会都有助益。现代学校教育也促使我们认识到:现代家庭教育一定要注重道德涵养。“而在当代,中小学教育长期仅以考试成绩和升学率论成败,大学教育则主要以就业率和考研率论英雄,其结果均导致重智力而轻道德教育的现象,孝德教育自然随之未被充分重视。”②儒家提倡的家庭美德以及家国情怀,尽管施效的时空场域发生了变化,但我们仍然可以从中看到诸多与现代思想政治教育提倡以道德教育为基础的融通之处。现代思想政治教育,“要按照我国颁布的《公民道德建设实施纲要》的指导思想、方针原则、主要内容进行,坚持以人民为核心,以集体主义为原则,以爱国家、爱人民、爱劳动、爱社会主义为基本要求,以社会公德、职业道德、家庭美德为着力点,使道德教育既坚持社会主义的主导方向,又具有多样性。”③儒家家庭教育过程中

① [北齐]颜之推:《颜氏家训·勉学》,檀作文译注,中华书局 2013 年版,第 107 页。

② 卢明霞:《养老视阈下中国孝德教育传统研究》,中国社会科学出版社 2016 年版,第 129 页。

③ 张耀灿等:《现代思想政治教育学》,人民出版社 2006 年版,第 156 页。

提倡的诸多德育理念与现代德育要求有相近、相似之处，能为现代德育借鉴好传统德育资源，更好地发挥家庭的德育作用提供思想资源。如儒家家庭教育中提倡的家国情怀能够为现代德育中的爱国主义教育的开展提供很好的素材。此外，传统家教读物具有浅显易懂的特点，能够把深奥的人生智慧涵融在通俗化的说教和故事当中，与孩童的认知接受心理较为契合，可为孩童德性养成提供一定的借鉴意义①。

二是现代家庭教育要注意方法得当。“父子之严，不可以狎；骨肉之爱，不可以简”②。不同于其他社会关系，家庭是由血亲纽带组成的，在日常的家教实践中过于严苛可能会导致亲子之间关系的疏薄，而溺爱则又有可能导致孩童从小对外界事物产生错误的认知，不利于子女树立正确的价值观。现代家教要借鉴“慈而有教”的理念，培养孩童养成知书达理的品质。同时，家庭内部亲子间的血缘关系是天然的催化剂，父母要做到春风化雨般的亲情感化，在进行言教的同时以身作则地力行身教，做到循循善诱循序渐进，若“有爱而无教”则会助长子女骄慢的习性，不利于成长。在宽与严之间，古人甚至认为与其溺爱宽松导致不良后果，不如严加教诲使其终生受益③。

三是现代家风培育要践行社会主流价值观。家风是家庭成员人生观、世界观、价值观的基石，是由长辈带头“自上而行于下，自先而施于后”④的浸染下形成的家庭文化氛围，家风与民风、社风紧密相关。此外，健康向上的社会环境可使人在体验过程中进一步强化认知，所以，社区环境、社会风气也须齐头并进，与优良的家风一道互促互进、协同发力。当前，从时代大背景出发，就要把践行社会价值观作为家风的主要内容，把家庭文化的培育和国家的发展进步结合起来，从细微处着眼，从日常生活中着手，内化价值理念，注重从家庭开始培育社会成员的责任意识和担当精神。

我们知道：“一定历史时代和一定地区内的人们生活于其下的社会制度，受着两种生产的制约：一方面受劳动的发展阶段的制约，另一方面受家庭的发

① 马云志、王永祥：《〈颜氏家训〉〉论说》，《理论学刊》2017 年第 1 期。

② ［北齐］颜之推：《颜氏家训 · 勉学》，檀作文译注，中华书局 2013 年版，第 12 页。

③ 马云志、王永祥：《〈颜氏家训〉论说》，《理论学刊》2017 年第 1 期。

④ ［北齐］颜之推：《颜氏家训 · 勉学》，檀作文译注，中华书局 2013 年版，第 12 页。

展阶段的制约。”①各个历史时期的家庭发展的状况对社会的发展具有重要的影响。“千千万万个家庭成为国家发展、民族进步、社会和谐的重要基点”②。家庭教育关乎人的成长和社会发展进步。现实中的每个家庭的发展都和国家的命运息息相关,国家和社会的进步为家庭及其成员的发展提供了必不可少的条件,家庭幸福指数的提升离不开社会的文明进步,没有作为社会基本构成单元的家庭的稳定和谐,社会发展就难以为继。家庭职能的科学定位和优化,在为家庭带来益处的同时,还能产生“滚雪球”的社会效应,对社会整体发展产生直接或间接的影响。在当代,注重家庭职能的合理优化,注重培育优良家风,把社会主流价值观的培育和践行融入家庭日常生活之中,在注重科学文化知识学习的同时,潜移默化地涵养道德,把家庭的发展和国家的命运紧密相连。

我们也要认识到:古代意识形态建构注重发挥家庭在主流价值观传播中的作用,所谓“求忠臣于孝子之家”,就是看到了家庭德育之于人才成长的重要性。培育践行核心价值观也要把文明家风的培育作为重要抓手,因为,“人只有在家庭之中才能生长为人。家庭给与了人生命,使人认识到本身的价值,存在的美好,有了生存的欲望,生存的意义,人的意义。”③当代家风培育尤其要注重对传统家庭美德的传承,传统家风思想中的家国情怀、忠孝理念、勤俭节约、治生齐家、长幼有序、敦亲睦族、与邻为善等风尚,内含着爱国、诚实、富强、和谐、文明、公正等的价值范畴,对传统家庭美德的提倡能起到内化核心价值观意蕴的深意。文化自信的最终实现在于价值观自信,“核心价值观中的诸多范畴能与传统文化实现意义的融通,核心价值观个人层面的要求则还大都包含于传统美德中,返本开新式的阐释能使核心价值观更加契合国人的文化接受心理。”④

传统家风与世风之间是互动关联的,社会主义核心价值观三个层面的要

① 《马克思恩格斯选集》(第四卷),人民出版社 1995 年版,第 2 页。

② 习近平:《动员社会各界广泛参与家庭文明建设推动形成社会主义家庭文明新风尚》,见 http://news.xinhuanet.com/politics/2016-12/15/c_1120127183.htm。

③ 刘烈:《重构孔子:历史中的孔子与孔子心理初探》,中国国际广播出版社 2011 年版,第 325 页。

④ 马云志、王永祥:《儒家儒家思想传统及启示》,《甘肃社会科学》2017 年第 3 期。

求之间也具有相互联系、相互作用的机理，对家庭层面价值观的培育践行，则能产生联动效应。千千万万家庭自觉以核心价值观作为家庭成员的言行标的，近可以孕育优良家风，远可以促进核心价值观深入寻常百姓家，既能实现治家齐家的目的，也能体现社会主义文明家庭的社会担当。正如习近平总书记在第一届全国文明家庭代表大会上指出的："无论时代如何变化，无论经济社会如何发展，对一个社会来说，家庭的生活依托都不可替代，家庭的社会功能都不可替代，家庭的文明作用都不可替代。"所以，要特别注重优良家风的传承，注重使家风培育成为内化核心价值的重要载体。精神文明建设部门和舆论宣传单位要协同配合，设计好相应的层级工作协同机制，积极推动社会范围内文明家庭的创建，使家风内化核心价值观成为家庭教育的应有之义。

结　　语

从古到今,追求家庭的和睦是人们的共同期盼。中华民族向来更是以重视家庭、重视家教、重视家风为民族风尚。儒家思想形成发展于血缘宗法制度盛行的年代,对血缘亲情的理论关照,自然使其对与家庭有关的问题倾注了大量的哲思。重视发挥家庭的思想政治教育作用也是现代德育的重要着力点,注重发挥学校、家庭和社会的综合协同作用还是现代思想政治教育体制现代化的重要标志。儒家注重个人、家庭、社会、国家间的相互关联,在儒家思想中,"修、齐、治、平"是人生价值的完美轨迹,而作为基石性的修身齐家则离不开家庭教育。可以说,儒家自始就重视家庭人伦和家庭教育。从周公到孔子,家庭教育实践已然成为了他们日常活动的重要组成部分。在此基础上,经过后儒的发展,儒家家庭教育思想逐渐得以丰富和完善,其间倾注了不同历史时期后儒的各种理论创建,形成了特色鲜明的理论体系。上至帝王将相,下到普通百姓,都普遍重视家庭教育的实践和理论升华,在此过程中凝练形成的家庭教育文本卷帙浩繁,可以从中揭示出不同的家教倾向,蕴含了深刻的社会历史文化积淀,反映了不同时期家庭教育的概况,也透露出家庭与社会国家间的紧密联系。孟子说:"国之本在家,家之本在身"。儒家视家庭为整个社会结构的基石,把修身(实际上就是家庭教育)看作是家庭兴盛、家道兴隆、家业传承的关键。儒家不仅重视家庭,还特别强调社会教化,所谓"儒家者流,盖出于司徒之官,助人君顺阴阳、明教化者也",故而尤其强调家庭在社会教化统序中的重要作用,希望通过家庭教育、家风培育来影响社会风化,展示了儒家独特的意识形态建构思想。同时,儒家从社会教化的角度出发,重视自上而下的教化引领,所谓"自天子以至于庶人,一是皆以修身为本"。王室贵胄之家也都以实施家庭教育、践行家庭伦理为标榜,再推而广之,“以孝治天下”,通过对以孝为核心的家庭人伦的践行来整合家庭与社会国家,借助于言传身教以求实现“一家仁,一国兴仁;一家让,一国兴让”的社会理想。

历史上的很长时期,儒家思想都居于主流地位。汉代拨乱反正,开始恢复在秦法破坏下的家庭人伦理念,重视家庭内部关系的和谐,出现了专门用于训教的家庭教育文本,此后,各种家庭教育活动见诸史册,各种家教文本逐渐繁盛起来,再加上社会教化和官学教育的完善,使得儒家价值理念开始了社会化、大众化的进程。在以家庭为主渠道的儒家价值理念下渗过程中,精英儒学和世俗儒学二者之间是既有一致性的地方,也存在一定的张力,这是主流意识形态进入寻常百姓家的一条重要历史经验。宋代贵族家庭的教育为我们展示了精英儒学在家庭施教过程中的完整性,体现了儒家元典精神的魅力。同时,我们也注意到儒家提倡“中庸”,倡导不偏不倚的行为处世(处事)方式,但这种诉求在家庭教育实践中也被转变成了“折中主义”、“乡愿”、“明哲保身”等的现实行径。这种家庭教育现象一方面说明了家庭教育的可贵,另一方面也说明了具有浓厚生活意味的家庭教育的实践困境。需特别指出的是:儒家元典中的理念经由家庭教育的生活化解读,更加富有了生活气息,更加容易为家庭教育所认可、接受、践行。本书也注意到:在不同的历史时期,一些名门望族世代官宦家庭人才辈出、家风纯正,以至于为世所重是与其纯正的家庭教育思想分不开的。如颜之推的家庭教育,司马光的家庭教育,范仲淹的家庭教育,曾国藩的家庭教育等。这些著名的家庭教育案例中,施教者大都有较为系统的家教理论,有对家庭教育的理性思考,字里行间充满了重学厚德的家教倾向。本书也注意到:一些著名历史人物和名门望族的家庭教育不仅对其家庭、家族产生了深远影响,而且对其后的家庭教育和社会发展产生了深远的影响。前者如《颜氏家训》、《袁氏世范》、《朱子治家格言》的广为称道,后者如范仲淹对家庭成员的教育和对整个范氏家族的眷顾与训导,尤其是其父子数代创建、完善的义庄、义田、义学等家族福利制度,蕴含着儒家扶危救困、患难相恤、守望相助的“大同”理想和“不患寡而患不均”的分配诉求,还彰显了古代优秀文人士大夫在儒家思想的培育下表现出的“修齐治平”的人生情怀。范氏一门创建的义庄制度还为后人群起效仿,对中国社会福利事业的发展起到了积极的促进作用。这样的家庭教育思想为现在的人们如何从家庭教育入手实现“共建”、“共享”的社会诉求提供了历史的镜鉴。

《论语·子路篇》中说:“如有王者,必世而后仁”。社会发展到一定的阶段之后,必然要走向重道崇德、更加注重精神文明、重视教化的文明培育当中。注重精神文明的培育,家庭的作用尤其值得珍视,因为“家庭是人生的第一个课堂,父母是孩子的第一任老师”,而且,“家庭是社会的细胞。家庭和睦则社会安定,家庭幸福则社会祥和,家庭文明则社会文明。”从重视家庭教育开始,构成多样化社会各组成部分之间的和谐就显得尤为重要。所以,对包括儒家家庭教育思想在内的传统家教思想的研究势将会更加受到人们的重视。适应这种形势的发展,需要从以下方面加强有关家庭教育思想的研究:

首先,需要进一步深化对儒家家庭教育基本理念主张的研究。对该部分内容的研究可以起到正本清源的作用,可以为人们掌握儒家家庭教育思想的基本主张提供基本的遵循。尤其需要注重对优秀传统文化中的家庭教育理念思想的研究,除了儒家以外,历史上的中国传统文化谱系中还包括了诸子百家,这些学派也都不同程度地对家庭及家庭教育问题有过理论关照,有些学派的家庭思想则从创始起就表现出了与儒家家庭思想迥异的旨趣,对这些内容的研究,可以使我们在对比过程中更好地理解儒家家庭教育的优势与不足,看到其他学派思想中的独到之处,为今人吸收借鉴提供更为宽阔的思想视野。

其次,要深化儒家家庭教育思想在不同历史时期所表现出的差异与当时的社会历史文化背景之间关系的研究。社会存在决定了社会意识,儒家家庭教育思想的产生也都是具体社会历史文化背景下的产物,家庭教育文本中表现出的多重意蕴,甚至是相互矛盾的地方,除了同作主个人的思想理念、为人处世之道有关外,更多地还要从作主所处的社会历史背景中探寻原因,这种研究能使具体人物的具体家庭教育思想变得生动可感,更容易使人们理解其施教文本的深刻内涵。历史上的很多家教文本,并非都是儒家思想的折射,有些家教思想的提出者本身就是诸子百家学说的集大成者,儒家思想也在自身发展过程中吸收借鉴其他学派的思想观点,所以,对于历史上的同一家教文本,不同的学者会解读出不同的思想蕴涵,这是必然的现象。如很多学者就从诸葛亮的《诫子书》中读出了道家思想的基因;有些学者从《了凡四训》中不仅看到了对家庭人伦道德的重视,还看到了大量充斥着应果报应等的佛老思想,而对于今人而言,我们的研究势必就要做有效的批判吸收。

再次,要强化思想家家庭教育思想与其整体思想关系的研究。思想家的思想是成体系的,是有逻辑主线的,家庭教育思想作为其在家庭内部施教的思想凝练,不可能不受到作主本人整体思想旨趣的影响。同时,思想家整体思想中对具体问题的阐释则可以从家庭教育思想中找到相应的具体说明。这样的研究就会使得宏观和微观相结合,更有助于我们了解思想家的思想全貌。我们可以从思想家极具生活气息的家教言论当中,感受其为人处世的"变"与"不变",更加亲切地感受到思想家的人格魅力,学习他们接物应事的实践智慧。

最后,需进一步深化对儒学借力家庭得以社会化的相关机制的研究。"学以致用"是德育工作者必须具备的问题意识,德育工作者的一个重要任务就是要通过学习和工作,宣传社会主流价值,总结各方面的德育经验,服务于当下的精神文明建设。在文化自信的时代,对传统优秀家庭教育思想的研究自然应该是题中应有之义。历史上的中国,由于家庭、家族的特殊性,使得家庭、家族在自觉认可、接受社会主流价值理念的同时,也自觉地肩负起了社会教化的义务,封建国家还通过各种措施把家庭教育纳入社会化的教化管理机制当中,进入了制度化教化机制之内的家庭教育,更有动力践行社会主流价值观和维护主流价值观。从儒家家庭教育和社会教化互动的历史经验来看:凡是儒学居主流地位的时代,上至王公贵族,中至文人士大夫,下至普通百姓之家,大都能重视家庭教育,重视家风培育,而即便是儒学式微的年代,儒家家庭人伦思想仍然能够在家庭、家族范围内得到不同程度的践行。这种现象所揭示的是儒家家庭人伦理念的强大生命力,也说明了家庭教育对社会主流价值观传播的重要作用。这似乎向我们表明,社会主流价值观的社会化,在一定程度上首先要使主流价值观念家庭化:深入百姓家,为千千万万的家庭所认可、信赖并践行,才能最终实现社会化、大众化的目的。当下,我们面临着如何更好地传播社会核心价值观的德育任务,从中国历史上价值观已然深入百姓家的历史经验中,或许能从中借鉴到传播主流价值观的诸多有效路径。

参 考 文 献

一、著作

1. 徐少锦、陈延斌:《中国家训史》,人民出版社 2011 年版。

2. 马镛:《中国家庭教育史》,湖南教育出版社 1997 年版。

3. 徐梓:《家范志》,上海人民出版社 1998 年版。

4. 常建华:《宗族志》,上海人民出版社 1998 年版。

5. 毕诚:《中国古代家庭教育》,台湾商务印书馆 1994 年版。

6. 阎爱民:《中国古代的家教》,台湾商务印书馆 1998 年版。

7. 杨良志:《中国古代家教故事》,黑龙江少年儿童出版社 1987 年版。

8. 侯又白:《图说古代圣贤教子》,团结出版社 2006 年版。

9. 杨茂义:《中国古代家庭教育简论》,北京理工大学出版社 2009 年版。

10. 刘泳聪:《中国古代育儿》,台湾商务印书馆 1998 年版。

11. 张怀承:《中国的家庭与伦理》,中国人民大学出版社 1993 年版。

12. 郭晶、易帆:《紫禁城的学堂》,中国海关出版社 2006 年版。

13. 王长金:《传统家训思想通论》,吉林人民出版社 2005 年版。

14. 李润强:《传统家庭形态及家庭教育——以隋唐五代家庭为中心》,人民出版社 2008 年版。

15. 戴素芳:《传统家训的伦理之维》,湖南人民出版社 2008 年版。

16. 符得团、马建欣:《古代家训培育个体品德探微——以〈颜氏家训〉为例》,中国社会科学出版社 2012 年版。

17. 郭齐家、李茂旭:《中华传世家训经典》(1—4 卷),人民日报出版社 2010 年版。

18. 允生:《中国传统家教宝典》,中国广播电视出版社 1992 年版。

19. 谢宝耿:《中国家训精华》,上海社会科学出版社 1997 年版。

20. 王人恩主编:《古代家训精华》,甘肃教育出版社 1997 年版。

21. 陆林:《中华家训》,安徽人民出版社 2000 年版。

22. 谢宝耿:《中国蒙学名著鉴赏辞典》,上海辞书出版社 2015 年版。

23. 南宫庄:《蒙养书集成》,三秦出版社 1989 年版。

24. 依然:《中国历代童蒙读物大全》,中国广播电视出版社 1990 年版。

25. 杨维森:《古代杨氏名人家训》,贵州人民出版社 2002 年版。

26. 成晓军:《名儒家训》,湖北人民出版社 1996 年版。

27. 成晓军:《慈母家训》,重庆出版社 2008 年版。

28. 成晓军:《名臣名儒家训》,重庆出版社 2008 年版。

29. 成晓军:《帝王家训》,湖北人民出版社 1994 年版。

30. 中共中央组织部研究室:《古人谈从政·育人·教子》,北京大学出版社 1987 年版。

31. 王三聘:《古今事物考·家训》(二卷),上海书店影印本 1987 年版。

32. 中央纪委监察部网络中心编:《中国家规》,中国方正出版社 2017 年版。

33. 辞海编辑委员会:《辞海》,上海辞书出版社 1999 年版。

34. 中国百科大辞典编撰委员会:《中国百科大辞典》(第 4 卷),中国大百科全书出版社 1999 年版。

35. 潘允康:《社会变迁中的家庭:家庭社会学》,天津社会科学出版社 2002 年版。

36. 麦惠庭:《家庭改造问题》,东方文化书局 1970 年版。

37. 邵正坤:《北朝家庭形态研究》,科学出版社 2008 年版。

38. 孙本文:《社会学原理》,商务印书馆 1931 年版。

39. 徐杨杰:《中国家族制度史》,人民出版社 1992 年版。

40. 张国刚主编:《中国家庭史》(1—5 卷),人民出版社 2013 年版。

41. 费孝通:《乡土中国生育制度》,北京大学出版社 1998 年版。

42.《马克思恩格斯论教育》,人民教育出版社 1958 年版。

43.《马克思恩格斯选集》(1—4 卷),人民出版社 1995 年版。

44. 中国大百科全书总编辑委员会《教育》编辑委员会:《中国大百科全书》,中国大百科全书出版社 1985 年版。

45. [战国]荀况:《荀子》(上、下),王天海校释,上海古籍出版社 2005 年版。

46.《诗经》,程俊英译注,上海古籍出版社 1985 年版。

47. 王道俊、王汉澜:《教育学》,人民出版社 1999 年版。

48. 熊少严、戴双翔:《社会变迁中的家庭教育》,广东科技出版社 2009 年版。

49. 杨伯峻:《列子集释》,中华书局 1979 年版。

50. 杨伯峻:《论语译注》,中华书局 2010 年版。

51. 张艳国:《家训辑览》,武汉大学出版社 2007 年版。

52. [唐]李延寿:《北史》,中华书局 2000 年版。

53. 费成康:《中国的家法族规》,上海社会科学出版社 2016 年版。

54. [南朝·宋]范晔:《后汉书》,中华书局 2000 年版。

55. [梁]沈约:《宋书》(四十二卷),中华书局 1974 年版。

56. [宋]欧阳修、宋祁:《新唐书》,中华书局 2000 年版。

57. [唐]李延寿:《南史》,中华书局 2000 年版。

58. 刘烈:《重构孔子:历史中的孔子与孔子心理初探》,中国国际广播出版社 2011 年版。

59. 冯瑞龙、詹杭伦主编:《华夏家训》,天地出版社 1995 年版。

60.《大学·中庸》,王国轩译注,中华书局 2006 年版。

61. 祝瑞开:《中国婚姻家庭史》,学林出版社 1999 年版。

62. 王永平:《六朝家族》,南京出版社 2008 年版。

63. 余英时:《士与中国文化·汉晋之际士之新自觉与新思潮》,上海人民出版社 1987 年版。

64. [汉]司马迁:《史记》,中华书局 2000 年版。

65.《礼记正义》,[汉]郑玄注,[唐]孔颖达正义,吕友仁整理,上海古籍出版社 2008 年版。

66.《尚书大传》,中华书局 1985 年版。

67.《尚书》,王世舜、王翠叶译注,中华书局 2012 年版。

68. 辜堪生、李学林:《周公评传》,四川大学出版社 2005 年版。

69. 安德义:《论语解读》,中华书局 2007 年版。

70. 罗义俊:《老子译注》,上海古籍出版社 2012 年版。

71. [清]王永彬:《围炉夜话》,乙力编译,三秦出版社 2008 年版。

72. 熊贤君:《中国女子教育史》,山西教育出版社 2009 年版。

73. [北齐]颜之推:《颜氏家训集解》,王利器集解,中华书局 1993 年版。

74. [清]爱新觉罗·玄烨:《庭训格言》,唐汉译注,中国社会科学出版社 2008 年版。

75. [清]张英、张廷玉撰:《父子宰相家训》,张舒、丛伟注,陈明审校,新星出版社 2015 年版。

76. [春秋]左丘明:《左传》(上、中、下),郭丹、程小青、李彬源译注,中华书局 2012 年版。

77. 徐儒宗:《人和论——儒家人伦思想研究》,人民出版社 2008 年版。

78. 田亮、陈丛兰、敬晓庆:《中国传统伦理概论》,西北工业大学出版社 2011 年版。

79. 青石:《〈易经〉的智慧》,中国华侨出版社 2015 年版。

80. [汉]班固:《汉书》,中华书局 2000 年版。

81. [北齐]颜之推:《颜氏家训》,檀作文译注,中华书局 2011 年版。

82. 王永祥:《董仲舒评传》,南京大学出版社 1995 年版。

83. [汉]董仲舒:《春秋繁露》,张世亮、钟肇鹏、周桂钿译注,中华书局 2012 年版。

84. 余志平:《唯天为大——建基于信念本体的董仲舒哲学研究》,商务印书馆 2003 年版。

85. 余明侠:《诸葛亮评传》,南京师范大学出版社 1996 年版。

86.《周易》,杨天才、张善文译注,中华书局 2011 年版。

87.《礼记 · 孝经》,胡平生、陈美兰译注,中华书局 2007 年版。

88. 张造群:《礼治之道——汉代名教研究》,人民出版社 2011 年版。

89. [唐]吴兢:《贞观政要》,谢保成集校,中华书局 2003 年版。

90. [后晋]刘昫等:《旧唐书》,中华书局 2000 年版。

91. [春秋]管仲:《管子》,刘柯、李克和译注,黑龙江人民出版社 2002 年版。

92. [宋]范仲淹:《范仲淹全集》(上、中、下),李勇先、王蓉贵校点,四川大学出版社 2002 年版。

93. [元]脱脱等:《宋史》,中华书局 2000 年版。

94. 周鸿度:《范仲淹史料新编》,沈阳出版社 1989 年版。

95. 方健:《范仲淹评传》,南京大学出版社 2001 年版。

96. [宋]张田编:《包拯集》,中华书局 1963 年版。

97. 陈旭:《清官——研究传统中国文化的一个独特视角》,中国社会科学出版社 2010 年版。

98.《司马光讲周易:白话〈温公易说〉》,袁永锋、马卫东译,长春出版社 2010 年版。

99. 李昌宪:《司马光评传》,南京大学出版社 1998 年版。

100. [宋]朱熹:《朱子全书》(七、十二、十三、二十三、二十五、二十六卷),朱杰人等主编,上海古籍出版社 2010 年版。

101. 陈学恂主编:《中国教育史研究》(宋元、明清、近代卷),华东师范大学出版社 2009 年版。

102. [明]王阳明:《王阳明全集》(一、二、三、四、七、八、十七、二十、二十六、二十八、三二、三八卷),吴光等编校,上海古籍出版社 2011 年版。

103. 张祥浩:《王守仁评传》,南京大学出版社 1997 年版。

104. 南怀瑾:《漫谈中国文化——金融 · 企业 · 国学与中国文化》,东方出版社 2008 年版。

105. [清]曾国藩:《曾国藩全集》(十四、二十、二十一册),岳麓书社 2011 年版。

106. 璩鑫圭主编:《中国近代教育史资料汇编》,上海教育出版社 1990 年版。

107.《清代四名人家书》,《近代中国史料丛刊》第63辑第624册。

108.[清]左宗棠:《左宗棠全集》,岳麓书社1987年版。

109.中国史学会主编:《中国近代史资料丛刊——戊戌变法》,神州国光社1953年版。

110.郑观应:《郑观应集》(下册),上海人民出版社1988年版。

111.[清]张之洞:《劝学篇》,冯天喻、姜海龙译注,中华书局2016年版。

112.李清良:《中国阐释学》,湖南师范大学出版社2001年版。

113.杨国荣:《善的历程:儒家价值体系研究》,华东师范大学出版社2009年版。

114.郭沫若:《青铜时代》,科学出版社1960年版。

115.朱俊义:《孔子天命鬼神思想研究》,中华书局2015年版。

116.杨泽波:《孟子评传》,南京大学出版社2011年版。

117.[宋]袁采:《袁氏世范》,李勤璞校注,上海人民出版社2017年版。

118.《周易》,杨天才,张善文译注,中华书局2011年版。

119.李景林:《教养的本原:哲学突破期的儒家心性论》,北京师范大学出版社2009年版。

120.苟小泉:《中国传统哲学本体论形态研究》,北京师范大学出版社2013年版。

121.姜国柱:《中国认识论史》,武汉大学出版社2008年版。

122.[春秋]左丘明:《国语》,上海师范大学古籍整理研究所校点,上海古籍出版社1998年版。

123.孔繁:《荀子评传》,南京大学出版社2011年版。

124.罗安宪:《中国孔学史》,人民出版社2008年版。

125.李亚彬:《道德哲学之维——孟子荀子人性论比较研究》,人民出版社2007年版。

126.邵汉明:《儒家哲学智慧》,吉林人民出版社2005年版。

127.张岱年:《中国哲学大纲》,中国社会科学出版社1982年版。

128.成中英:《论中西哲学精神》,东方出版中心1996年版。

129.赵馥洁:《中国传统哲学价值论》,人民出版社2009年版。

130.唐凯麟、张怀承:《成人与成圣——儒家伦理道德精粹》,湖南大学出版社1999年版。

131.《孝经》,喻岳衡、喻涵注译,岳麓书社2012年版。

132.冯友兰:《中国哲学史新编》,人民出版社1982年版。

133.[汉]刘安:《淮南子》,阮青注释,华夏出版社2000年版。

134.张立文:《中国哲学范畴发展史》(人道篇),中国人民大学出版社1995年版。

135.钱逊:《〈孟子〉读本》,中华书局2010年版。

136.葛荣晋:《中国哲学范畴史》,黑龙江人民出版社1987年版。

137. 张立文:《宋明理学研究》,中国人民大学出版社。

138. 陈谷嘉:《宋代理学伦理思想研究》,湖南大学出版社 2006 年版。

139. 陈来:《宋明理学》,华东师范大学出版社 2003 年版。

140. 李兆祥主编:《儒家教育思想研究》,中华书局 2010 年版。

141. 赵逢玉:《仁学探微——〈论语〉〈大学〉解析》,中国矿业大学出版社 2003 年版。

142. [汉]刘安:《淮南子》,阮青注释,华夏出版社 2000 年版。

143. 高时良:《中国古典教育理论体系》,人民出版社 2002 年版。

144.《马克思恩格斯全集》(第 42 卷),人民出版社 1979 年版。

145. 张瑞璠主编:《中国教育哲学史》(第 1 卷),山东教育出版社 1999 年版。

146. 钱逊:《孟子读本》,中华书局 2010 年版。

147. 杨伯峻:《孟子译注》,中华书局 2015 年版。

148. 朱义禄:《儒家理想人格与中国文化》,复旦大学出版社 2006 年版。

149. 张文俊:《德性智慧的开启——〈周易〉伦理思想研究》,中国社会科学出版社 2011 年版。

150. 姚淦铭:《〈大学〉智慧》,山东人民出版社 2009 年版。

151. 何桂美:《古代家庭道德教育》,中国地质大学出版社 2010 年版。

152. [清]郑燮:《郑板桥集》,上海古籍出版社 1962 年版。

153. 王志民主编:《中国名门家风丛书》,北京人民出版社 2015 年版。

154. 王力:《中国古代文化常识》,中国人民大学出版社 2012 年版。

155. 顾鉴塘:《中国历代婚姻与家庭》,商务印书馆 1996 年版。

156. 王德明:《孔子家语译注》,广西师范大学出版社 1998 年版。

157. [汉]班固:《白虎通德论》,上海古籍出版社 1990 年版。

158. 张松辉、周晓露:《〈论语〉〈孟子〉疑义研究》,湖南大学出版社 2006 年版。

159. [春秋]晏婴:《晏子春秋集释》,吴则虞集释,中华书局 1982 年版。

160. 邢铁:《中国家庭史》(宋辽金元卷),人民出版社 2013 年版。

161. 季乃礼:《三纲六纪与社会整合——由〈白虎通〉看汉代社会人伦关系》,中国人民大学出版社 2004 年版。

162. 陈寅恪:《唐代政治史论述稿》,上海古籍出版社 1982 年版。

163. 石云祥,贺本明:《古代家教篇》,青海人民出版社 1989 年版。

164. [战国]韩非:《韩非子》,《韩非子》校注组编写,周勋初修订,凤凰出版社 2009 年版。

165.《诗经》,赵逵夫注评,凤凰出版社 2011 年版。

166. 焦杰:《性别视角下的〈易〉、〈礼〉、〈诗〉妇女观研究》,中国社会科学出版社 2011

年版。

167. 金景芳、吕绍纲:《周易全解》,上海古籍出版社 2005 年版。

168. 刘淑丽:《先秦汉魏晋妇女观与文学中的女性》,学苑出版社 2008 年版。

169.《仪礼注疏》,[汉]郑玄注,[唐]贾公彦疏,王辉整理,上海古籍出版社 2009 年版。

170. 张能为、代祥龙、王志红、王军:《多视角中的诠释——儒学文化的现代展开与实践》,安徽大学出版社 2007 年版。

171. 张立文:《朱熹评传》,南京大学出版社 1998 年版。

172. 陈后民:《蓝田吕氏遗著集校》,中华书局 1993 年版。

173. 冯友兰:《三松堂全集》,河南人民出版社 2001 年版。

174. 张分田:《中国古代统治思想研究》,人民出版社 2013 年版。

175. 李丰春:《中国古代旌表研究》,云南大学出版社 2011 年版。

176. [唐]房玄龄等:《晋书》(三十三、七十九卷),中华书局 2000 年版。

177. 胡舒云:《九品官人法考论》,社会科学文献出版社 2003 年版。

178. [汉]许慎:《说文解字》,[宋]徐铉校订,愚若注音,中华书局 2015 年版。

179. 吕红平:《先秦儒家家庭伦理及其当代价值》,人民出版社 2015 年版。

180. [清]严可均辑:《全后魏文》(四十一卷),金欣欣、金菲菲审定,商务印书馆 1999 年版。

181. 刘献君主编:《中国传统道德》,华中理工大学出版社 1998 年版。

182. [清]金缨:《格言联璧》,吴茹芝编译,三秦出版社 2008 年版。

183. 刘建平:《子规犹啼:中国古代廉诗点评》,南京大学出版社 2011 年版。

184. 冯天瑜:《中华元典精神》,武汉大学出版社 2006 年版。

185. [明]洪应明:《菜根谭》,杨春俏译注,中华书局 2016 年版。

186. 瞿博主编:《中国家训经典》,海南出版社 2002 年版。

187. 师晟、邓民轩编著:《范仲淹立身行事九九方略》,中国戏曲出版社 2011 年版。

188. 傅佩荣:《论语 300 讲》(上、下),中华书局 2011 年版。

189. 郑永廷主编:《思想政治教育方法论》,高等教育出版社 2010 年版。

190. 龚延明:《岳飞评传》,南京大学出版社 2001 年版。

191. 刘颖:《中国传统家训与现代家庭青少年道德人格培养》,上海人民出版社 2015 年版。

192. 朱勇:《清代宗族法研究》,湖南教育出版社 1987 年版。

193. 童岳敏:《唐代的私学与文学》,上海古籍出版社 2014 年版。

194. 李宏:《宋代私学发展略论》,中央编译出版社 2014 年版。

195. [宋]朱熹:《四书章句集注》,中华书局 1983 年版。

196. 钱穆:《〈论语〉新解》,三联书店2002年版。

197. 张大可:《司马迁评传》,南京大学出版社1994年版。

198. 陈桥驿:《郦道元评传》,南京大学出版社1994年版。

199. 李如密:《儒家教育理论及其现代价值》,中华书局2011年版。

200. 郭秉文:《中国教育制度沿革史》,商务印书馆2014年版。

201. [汉]杨雄:《法言》,韩敬译注,中华书局2012年版。

202. 高时良:《〈学记〉研究》,人民教育出版社2005年版。

203. 林存光:《历史上的孔子形象:政治与文化语境下的孔子和儒学》,齐鲁书社2004年版。

204. 卢明霞:《养老视阈下中国孝德教育传统研究》,中国社会科学出版社2016年版。

205. 张耀灿等:《现代思想政治教育学》,人民出版社2006年版。

二、论文

1. 陈志勇:《唐宋家训研究》,福建师范大学2007年博士学位论文。

2. 刘欣:《宋代家训研究》,云南大学2010年博士学位论文。

3. 柳称:《魏晋南北朝时期家庭教育研究》,南开大学2014年博士学位论文。

4. 刘晓飞:《金代汉族家庭形态研究》,吉林大学2013年博士学位论文。

5. 闫续瑞:《汉唐之际帝王、士大夫家训研究》,南京师范大学2004年博士学位论文。

6. 王瑜:《明清士绅家训研究(1368—1840)》,华中师范大学2007年博士学位论文。

7. 胥文玲:《明清闽北家族教育研究》,福建师范大学2010年博士学位论文。

8. 王仁磊:《魏晋南北朝家庭关系研究》,郑州大学2010年博士学位论文。

9. 崔延平:《北宋士大夫交游研究》,山东大学2011年博士学位论文。

10. 田欣:《宋代商人家庭研究》,河北师范大学2011年博士学位论文。

11. 田雪:《〈颜氏家训〉中的士族文化研究》,河北师范大学2013年博士学位论文。

12. 周俊武:《激扬家声——曾国藩家庭伦理思想研究》,湖南师范大学2004年博士学位论文。

13. 刘铁铭:《曾国藩德育思想及其当代价值研究》,中南大学2011年博士学位论文。

14. 罗晶:《司马光伦理思想研究》,湖南师范大学2013年博士学位论文。

15. 朱明勋:《中国传统家训研究》,四川大学2004年博士学位论文。

16. 吕振宇:《〈家礼〉源流编年辑考》,华东师范大学2013年博士学位论文。

17. 柏贵喜:《四—六世纪内迁胡姓家族制度研究》,华中师范大学2002年博士学位论文。

18. 刘泽友:《湘鄂西土家族家族司法研究》,湘潭大学2009年博士学位论文。

19. 赵红卫:《明清安丘曹氏家族文化与文学研究》,山东师范大学 2012 年博士学位论文。

20. 马金亮:《魏晋南朝东海王氏家族文化研究》,山东师范大学 2015 年博士学位论文。

21. 高田:《锡山秦氏家族文学研究》,苏州大学 2013 年博士学位论文。

22. 张秉国:《临朐冯氏文学世家研究》,四川大学 2006 年博士学位论文。

23. 赵雷:《士族与魏晋南朝文学研究》,苏州大学 2009 年博士学位论文。

24. 孙艳庆:《中古琅邪颜氏家族学术文化与文学研究》,扬州大学 2010 年博士学位论文。

25. 黄金元:《明清之际济南府望族与诗歌研究》,山东师范大学 2010 年博士学位论文。

26. 梁尔涛:《唐代家族与文学研究》,苏州大学 2011 年博士学位论文。

27. 常昭:《六朝琅邪颜氏家族文化与文学研究》,山东师范大学 2011 年博士学位论文。

28. 汪仕辉:《唐代士族家学研究——以京兆韦氏、赵郡李氏、吴郡陆氏为例》,武汉大学 2011 年博士学位论文。

29. 丁蓉:《科举、教育与家族:明清常州庄氏家族研究——以毗陵庄氏族谱文献为中心》,华东师范大学 2012 年博士学位论文。

30. 邓玲:《海南家谱与汉文化南迁研究》,华中师范大学 2012 年博士学位论文。

31. 黄清敏:《魏晋南北朝教育制度述论》,华中师范大学 2012 年博士学位论文。

32. 刘静:《走向民间生活的明代儒学教化研究》,华东师范大学 2004 年博士学位论文。

33. 鲍永军:《汪辉祖研究》,浙江大学 2004 年博士学位论文。

34. 秦海滢:《明代山东教化研究》,东北师范大学 2004 年博士学位论文。

35. 王有英:《清前期社会教化研究》,华东师范大学 2005 年博士学位论文。

36. 赵楠:《唐代的教育和教育诗》,南京师范大学 2006 年博士学位论文。

37. 张雪红:《传播与转型:走向生活世界的宋代社会教化研究》,华东师范大学 2010 年博士学位论文。

38. 张祎琛:《清代善书的刊刻与传播》,复旦大学 2010 年博士学位论文。

39. 冯江:《明清广州府的开垦、聚族而居与宗族祠堂的衍变研究》,华南理工大学 2010 年博士学位论文。

40. 张学智:《〈颜氏家训〉与现代家庭伦理》,《中国哲学史》2003 年第 2 期。

41. 邵鹏:《汤因比的中国史观》,《甘肃社会科学》2002 年第 4 期。

42. 熊梅:《论诸葛亮形象的伟儒倾向》,《青海社会科学》2011 年第 2 期。

43. 尹旦平:《〈颜氏家训〉的道德教育思想》,《江汉论坛》2001 年第 1 期。

44. 钱国旗:《〈颜氏家训〉的社会批判思想——论颜之推对不良士风及学风的揭露和批判》,《江海学刊》2005 年第 3 期。

45. 张怀承:《论天人合德与道德价值的定位》,《伦理学研究》2002 年第 2 期。

46. 邓文平、雷涛:《儒家天人合一思想的内涵与实质》,《江西社会科学》2010 年第 4 期。

47. 杨信礼:《儒家人生哲学论纲》,《山东社会科学》1992 年第 4 期。

48. 王路平、宋太庆:《孔子思想与中华民族精神》,《孔子研究》1992 年第 4 期。

49. 周德钧:《〈论语〉社会学读解四题》,《孔子研究》1998 年第 4 期。

50. 王司瑜:《中国古代重教化思想的三种人性视角》,《学术交流》2011 年第 1 期。

51. 李海超:《先秦儒家对人伦次序的安排——以对夫妇一伦的考察为中心》,《孔子研究》2014 年第 4 期。

52. 黎小龙:《义门大家庭的分布与宗族文化的区域特征》,《历史研究》1998 年第 2 期。

53. 钱国旗:《学问修身与文化传家》,《青岛大学师范学院学报》2010 年第 3 期。

54. 马育良:《〈论语〉:一种可能的情感解读》,《孔子研究》2004 年第 2 期。

55. 肖群忠:《论中国古代邻里关系及其道德调节传统》,《孔子研究》2009 年第 4 期。

56. 詹世友、栗玉仕:《论中国古代教化的实践智慧》,《南昌大学学报(人社版)》2000 年第 1 期。

57. 马云志、王永祥:《儒家教化思想传统与启示》,《甘肃社会科学》2017 年第 3 期。

58. 马云志、王永祥:《〈颜氏家训》〉论说》,《理论学刊》2017 年第 1 期。

三、其他

1. 习近平:《不论时代发生多大变化都要重视家庭建设》,见 http://politics.people.com.cn/n/2015/0217/c70731-26580958.html。

2. 习近平:《动员社会各界广泛参与家庭文明建设推动形成社会主义家庭文明新风尚》,见 http://cpc.people.com.cn/n1/2016/1212/c64094-28943655.html。

3. 中共中央办公厅、国务院办公厅:《关于实施中华优秀传统文化传承发展工程的意见》,《人民日报》2017 年 1 月 26 日。

4. 习近平:《在北大历数中华文化中永不褪色的思想和理念》,见 http://politics.people.com.cn/n/2014/0505/c1024-24975949.html。

5. 习近平:《在纪念孔子诞辰 2565 周年国际学术研讨会上的讲话》,见 http://cpc.people.com.cn/n/2014/0925/c64094-25729647.html。

6. 习近平:《在中共中央政治局第十三次集体学习时的讲话》,《人民日报·海外版》2014 年 7 月 31 日。

7.《民族伟大复兴要以中华文化发展繁荣为条件——学习领会习近平总书记在山东考察时重要讲话精神》,《光明日报》2013 年 12 月 4 日。

8.《推动儒学融入现代社会》,《人民日报》2016 年 9 月 11 日。

后　记

本书的出版得到了兰州大学马克思主义学院的资助，在此向兰州大学马克思主义学院学术委员会的各位老师表示衷心感谢。该书出版过程中，蔡文成院长一直给予了多方的鼓励和支持，使得此书得以尽早面世，在此向蔡文成院长表示感谢。

本书是在我的博士论文的基础上修改而成的。回首博士阶段学习的经历，一幕幕画面至今仍不时回映在眼前，那段时光虽充满艰辛，但却让我倍感充实。求学过程中，得到了诸多良师益友的指点和关爱，时过数年回想起来，他们中有的成了我的同事，有的成为了好朋友，对他们的深情厚谊已深怀心底。

感谢我的博士生导师马云志教授。马老师的教诲，让我坚定了学习方向，引导着我不断深入学习。马老师宽和仁爱、开明深邃的魅力令人钦佩，她学识渊博、见解独到、语言犀利，她喜欢古诗词，喜欢用婉转凝练的语言传递思想的流动，这些都是我一直努力向她学习的地方。记得 2014 年的教师节，我在给马老师发送了祝福短信后，得到了她如下回复："谢谢你，能做你的老师是我一生的幸福，能在传道中守望、奉献，我是多么快乐！感谢你的成全。"自此以后，老师的这句话就铭刻在了我的脑海中，成了我的座右铭。马老师的诸多教诲言犹在耳、历历在目，她用"终日乾乾，与时偕行"的古训鼓励我珍惜时光勤奋学习，用"苦行僧"来勉励我学过程中要不畏艰辛，用"坐冷板凳"来勉励我对待学业要执着如一，受教三载，让我深切感受到了静下心来踏实学习的重要。

此外，我还要感谢马忠教授。马老师是我的硕士研究生导师，他严谨的治学态度、敏锐的学术眼光、勤奋的专研精神让我由衷倾佩。我在本科学习阶段与马老师相识，是马老师让我坚定了继续深造的决心，我在学业上的成长与马老师的提点和鼓励是分不开的。马老师对传统文化充满兴趣，致力于传统文化的研究，经典名句对他而言信手拈来，他对《论语》的研究颇有心得，也指导我在这方面开展了一些研究。我后来对儒家家庭教育思想的学习，就是从对《论语》的学习和了解入手的，正是得益于此前这方面的积累，才使我在后来开展以儒家家庭教育思想为主的研究进行的较为顺畅。马老师在我学习传统文化过程中给予的指导，为从事这方面的学习研究打下了初步的基础，令我获益良多。

家人一直是我学习成长道路上坚强的后盾。祖父是我最敬重的人，他工作四十余年，忠于职守、待人和善，他手不释卷学习劲头十足，是我的启蒙老师。父亲忠实质朴、待人真诚，他对工作的忠诚教会了我脚踏实地本分做人做事。母亲勤俭持家、敦亲睦族、朴实无华，她做事雷厉风行、自立自强、乐善好施，从母亲身上学会了积极主动的人生态度。兄长待我关爱有加，时常鼓励我主动积极追求梦想。亲人的无私厚爱给了我前行的动力。

本书还得到了兰州大学马克思主义学院张枫宜、张竞文、袁文静、申悦雯、邓昌宇、王永腾和好友任荣的帮助，诸君的耐心校对使得书稿避免了很多遗误。

儒家家庭教育思想博大精深，其中的很多优秀内容至今仍具有现实意义，还需要进一步深入研究，因本人学识有限，书中难免还存在不足之处，唯恐贻笑大方，粗陋不足的地方还请同仁多多指正、不吝赐教。

王永祥

2023 年 3 月 15 日

责任编辑:柴晨清

图书在版编目(CIP)数据

儒家家庭教育思想研究/王永祥 著. —北京:人民出版社,2023.4
ISBN 978-7-01-025593-4

Ⅰ.①儒… Ⅱ.①王… Ⅲ.①家庭教育-儒家教育思想-研究-中国
Ⅳ.①G78②G40-092

中国国家版本馆 CIP 数据核字(2023)第 065047 号

儒家家庭教育思想研究

RUJIA JIATING JIAOYU SIXIANG YANJIU

王永祥 著

人民出版社 出版发行
(100706 北京市东城区隆福寺街 99 号)

北京九州迅驰传媒文化有限公司印刷 新华书店经销

2023 年 4 月第 1 版 2023 年 4 月北京第 1 次印刷
开本:710 毫米×1000 毫米 1/16 印张:26
字数:429 千字

ISBN 978-7-01-025593-4 定价:86.00 元

邮购地址 100706 北京市东城区隆福寺街 99 号
人民东方图书销售中心 电话 (010)65250042 65289539